权威·前沿·原创

皮书系列为
"十二五""十三五"国家重点图书出版规划项目

河南蓝皮书

河南文化发展报告
（2017）

ANNUAL REPORT ON CULTURAL DEVELOPMENT OF HENAN
(2017)

加快构筑全国重要的文化高地

主　编 / 卫绍生
副主编 / 李立新　杨　波

社会科学文献出版社
SOCIAL SCIENCES ACADEMIC PRESS (CHINA)

图书在版编目(CIP)数据

河南文化发展报告.2017/卫绍生主编.——北京：社会科学文献出版社，2017.7
（河南蓝皮书）
ISBN 978-7-5201-0464-7

Ⅰ.①河… Ⅱ.①卫… Ⅲ.①文化发展-研究报告-河南-2017 Ⅳ.①G127.61

中国版本图书馆CIP数据核字（2017）第047314号

河南蓝皮书
河南文化发展报告（2017）
——加快构筑全国重要的文化高地

主　　编 / 卫绍生
副 主 编 / 李立新　杨　波

出 版 人 / 谢寿光
项目统筹 / 任文武
责任编辑 / 杨　雪　王玉霞

出　　版 / 社会科学文献出版社·区域与发展出版中心（010）59367143
　　　　　 地址：北京市北三环中路甲29号院华龙大厦　邮编：100029
　　　　　 网址：www.ssap.com.cn
发　　行 / 市场营销中心（010）59367081　59367018
印　　装 / 北京季蜂印刷有限公司

规　　格 / 开　本：787mm×1092mm　1/16
　　　　　 印　张：22　字　数：332千字
版　　次 / 2017年7月第1版　2017年7月第1次印刷
书　　号 / ISBN 978-7-5201-0464-7
定　　价 / 78.00元

皮书序列号 / PSN B-2008-106-2/8

本书如有印装质量问题，请与读者服务中心（010-59367028）联系

▲ 版权所有 翻印必究

河南蓝皮书系列编委会

主　　任　魏一明　张占仓

副 主 任　周　立　袁凯声

委　　员　（按姓氏笔画排序）

　　　　　　卫绍生　万银峰　毛　兵　牛苏林　王玲杰
　　　　　　王建国　王　超　王景全　任晓莉　闫德亮
　　　　　　完世伟　吴海峰　张占仓　张林海　张新斌
　　　　　　张福禄　李太淼　周　立　袁凯声　曹　明
　　　　　　魏一明

主要编纂者简介

卫绍生 河南省社会科学院首席研究员,文学研究所所长,享受国务院政府特殊津贴专家。兼任中国《三国演义》学会副会长、中国《文选》学研究会理事、河南姓氏文化研究会副会长、郑州大学教授。长期从事中国文学和文化学研究,发表《竹林七贤——一个时代的文化符号》《陶渊明与六朝文人隐逸之风》等学术论文百余篇,出版《魏晋文学与中原文化》《魏晋文学的多维观照》《六言诗体研究》《神秘文化与中国人》等研究专著10多部。主持完成的国家社科基金项目"《竹林七贤集》辑考及研究"以免于鉴定等级结项。主持完成河南省社科规划重大项目"华夏历史文明传承创新区建设的战略布局及发展路径研究"、一般项目"中原文化与中原经济区战略研究"和"河南文化产业投融资现状及实践问题研究"等10多项,科研成果多次荣获河南省社会科学优秀成果奖和河南省政府发展研究奖。

李立新 河南省社会科学院文学研究所副所长、研究员。兼任河南省姓氏祖地与名人里籍研究认定中心副主任兼秘书长、中国殷商文化学会副秘书长、河南姓氏文化研究会秘书长、《黄河文化》副主编。长期从事甲骨学殷商史与中原文化研究,在《考古与文物》《中国历史文物》等杂志发表论文50余篇,并编著《中原文化解读》《中华姓氏河南寻根》等专著。主持并完成国家社科基金课题一项。连续多年参与河南省委省政府文化建设相关文件的起草工作和省内文化专题调研活动,对河南文化建设有一定的实践感悟和理论积累。

杨波 河南省社会科学院文学研究所副所长、副研究员。兼任中国

《三国演义》学会理事、河南省文学学会副秘书长。主要从事中国古典文学和文化学研究,已发表《张之象〈唐诗类苑〉编刻考》《从〈纂修四库全书档案〉看乾隆时期的文化政策》《从两幅圣旨看明代的监察制度》等学术论文 30 多篇,出版《诰命敕命真迹》《菊谱》《千秋一曲舞霓裳》等研究专著 8 部。主持国家社科基金青年项目"唐诗类苑研究",参与完成省部级课题"华夏历史文明传承创新区建设的战略布局及发展路径研究""新农村建设中的豫西窑院文化保存现状及保护对策研究"等 7 项,科研成果多次获得省部级优秀社科成果奖。

摘　要

　　2016年是河南文化建设的重要节点。河南省结合全面建成小康社会和建设华夏历史文明传承创新区等新要求、新任务，确立了"加快构筑全国重要的文化高地"的新目标。河南省委、省政府发布的《华夏历史文明传承创新区建设方案》，为加快建设华夏历史文明传承创新区提供了遵循，明确了任务，确定了"抓手"。中共河南省委出台的《关于繁荣发展社会主义文艺的实施意见》，对河南繁荣发展社会主义文艺做出了全面部署。河南文化建设站在新的历史起点上，各项工作全面推进：公共文化服务体系建设示范区（项目）创建工作取得新进展，公共文化网络设施进一步完善，公共文化服务水平进一步提升；文化精品创作生产成效显著，一些作品先后获得大奖；文化遗产保护成效显著，16处历史文化遗产被列入国家大遗址保护"十三五"专项规划；"河南省非物质文化遗产数据库建设工程"扎实推进；文化产业逆势快速发展，2015年文化及相关产业实现增加值1111.87亿元，首次突破千亿大关，占GDP的比重达到3%。2017年，河南文化建设将继续保持好的发展态势，围绕"加快构筑全国重要的文化高地"这一新目标，发挥优势，补齐短板，在实施重大文化工程方面实现新突破，在打造文化高地方面取得新成就。

　　关键词：河南　文化高地　文化竞争力

目 录

Ⅰ 总报告

B.1 2016~2017年河南文化发展态势分析与展望
　　　　　　　　　　　　　　　　河南省社会科学院课题组 / 001
　　一　2016年河南省文化建设基本情况分析……………… / 002
　　二　"十三五"时期河南省文化发展趋势分析 ………… / 018
　　三　加快构筑全国重要文化高地的制约因素 …………… / 023
　　四　构筑全国重要文化高地的对策建议 ………………… / 026

B.2 2015年河南省区域文化竞争力分析评价报告
　　　　　　　　　　　　　　　　河南省社会科学院课题组 / 032
　　一　2015年河南省区域文化建设的基本态势 …………… / 033
　　二　2015年河南省区域文化竞争力分析 ………………… / 042
　　三　2015年河南省区域文化竞争力评价 ………………… / 067
　　四　提升河南区域文化竞争力的几点建议 ……………… / 072

Ⅱ 文化事业篇

B.3 河南省公共文化服务体系示范区建设研究 …… 卫绍生　田　丹 / 075
B.4 河南省公共文化服务体系示范项目建设研究 ………… 席　格 / 090

001

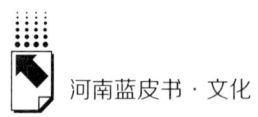

B.5 传承弘扬中华优秀传统文化的调查与建议
　　……………………………… 河南省社会科学院课题组 / 100
B.6 河南省古村落保护开发现状的调查与思考
　　………………………………… 李立新　郭　艳　杨　波 / 113
B.7 新世纪河南戏曲发展现状与对策建议 …………… 张厚萍 / 128
B.8 河南省公共文化服务体系建设绩效评估研究
　　……………………………… 河南省社会科学院课题组 / 142

Ⅲ 文化产业篇

B.9 2016年中原出版传媒集团产业发展报告
　　………………………………………… 中原出版传媒集团公司 / 157
B.10 2016年河南广播影视产业发展报告 ……………… 李　娟 / 171
B.11 近年来河南会展业发展态势分析与展望 ………… 徐春燕 / 182
B.12 2016年河南动漫产业发展报告 …………………… 李孟舜 / 196
B.13 2016年河南网络文化产业发展态势分析 ………… 郭海荣 / 209
B.14 河南文化产业园区发展研究 ……………………… 宋艳琴 / 224
B.15 河南文化产业的转型升级与前景展望 …………… 席　格 / 235

Ⅳ 专题研究篇

B.16 建设全球华人根亲文化圣地是构筑全国重要
　　文化高地的着力点 ………………………………… 李立新 / 252
B.17 "一带一路"背景下中原文化"走出去"研究
　　………………………………………………………… 卫绍生 / 264
B.18 中原文博会：以自身发展助推河南文化高地建设 …… 靳瑞霞 / 273
B.19 郑州国际文化创意产业园的调查与建议 ………… 郭树伟 / 285

B.20 宝丰县赵庄魔术文化产业发展状况、

环境分析与经验启示 ························· 王志标　张俊菲 / 297

B.21 中原礼乐文化现代传承和产业发展的调研建议

··· 王媛媛 / 308

Abstract ·· / 320
Contents ·· / 321

皮书数据库阅读**使用指南**

总 报 告
General Report

B.1
2016~2017年河南文化发展态势分析与展望

河南省社会科学院课题组*

摘　要：　2016年，河南省文化建设快速推进：省十次党代会提出"加快构筑全国重要的文化高地"新目标，《华夏历史文明传承创新区建设方案》颁布实施；公共文化服务体系示范区（项目）创建工作积极推进，公共文化服务水平不断提升；文化遗产保护工作成效显著，16处历史文化遗产被列入国家大遗址保护"十三五"专项规划，"河南省非物质文化遗产数据库建设工程"有条不紊地进行；文化产业发展实现新的突破，一批省级文化产业示范园区、基地、项目建设持续推进，文化及相关产业增

---

* 课题组长：卫绍生；副组长：李立新、杨波；课题组成员：郭海荣、郭艳、陈勤娜、田丹；执笔：杨波、郭海荣。

加值仍然保持着12%以上的增长速度；河南文化的软实力和影响力在对外文化交流的过程中不断增强，河南文化建设站在新的历史起点上。但是，相对较低的人均GDP制约着河南文化建设的总体投入，文化资源的有效整合和保护利用尚不到位，中小文化企业发展仍然步履维艰，文化创意人才依然紧缺，文化产业创新能力不足等主客观因素，不同程度地制约着河南文化建设的发展速度。2017年，面对依然相当严峻的发展形势，河南应在调整发展理念、创新发展模式、优化发展环境、完善发展机制等方面下大功夫、下深功夫、下苦功夫，为在新的历史起点上实现新的奋斗目标打下更加坚实的基础。

关键词： 文化高地　新的起点　发展趋势

2016年，河南省深入贯彻落实党的十八大以来中央有关文化发展的重要精神，大力推进文化建设，出台了《中共河南省委关于繁荣发展社会主义文艺的实施意见》和《华夏历史文明传承创新区建设方案》，提出了"加快构筑全国重要的文化高地"发展目标，在一系列事关文化发展全局重大政策的推动下，河南省的文化建设站在新的起点上，文化建设的速度在加快，"两个效益"在提升，文化的支撑和引领作用在加强，呈现出稳健向好的发展趋势。

一　2016年河南省文化建设基本情况分析

（一）河南文化建设站在新的历史起点上

2016年是"十三五"规划的开局之年，也是全面深化改革的关键之年。

省委书记谢伏瞻在河南省第十次党代会报告中提出了"加快构筑全国重要的文化高地"的奋斗目标。这是继河南省八次党代会提出"加快从文化资源大省向文化强省跨越"和河南省九次党代会提出"加快建设文化强省"这两大阶段性奋斗目标之后，河南省委对"十三五"时期河南文化发展提出的新目标，标志着河南文化建设站在新的历史起点上。这一目标建立在大力推进文明河南建设，不断提高全省人民文明素质，不断涌现文化精品，日趋完善公共文化服务体系建设，壮大文化产业发展，不断提升中原文化影响力的基础上，与"十三五"国家文化建设的目标相一致，是华夏历史文明传承创新区建设的内在要求，是河南省全面建成小康社会的必要条件，对今后河南文化建设必将起到深远影响。

建设华夏历史文明传承创新区，是河南作为华夏历史文明核心区域必须承担的重大文化使命，也是实现"加快构筑全国重要的文化高地"发展目标的现实抓手。2016年9月，河南省委省政府下发了《关于印发〈华夏历史文明传承创新区建设方案〉的通知》，明确了建设华夏历史文明传承创新区的指导思想、基本原则、战略定位、发展目标，确定了实施全球华人根亲文化圣地建设工程、中国文化遗产保护传承示范基地建设工程、全国重要的文化产业基地建设工程、现代文化创新发展高地建设工程、中华文化"走出去"重要基地建设工程等五大工程，[①] 为华夏历史文明传承创新区建设提供了必要的政策保障。

表1　华夏历史文明传承创新区建设五大工程和重点项目

	重大工程	重点项目
华夏历史文明传承创新区建设重大工程和重点项目	1. 实施全球华人根亲文化圣地建设工程	1. 嵩山论坛 2. 中华姓氏文化园
	2. 全国重要的文化产业基地建设工程	1. 中原民俗文化博物馆 2. 中原文化博物馆苑 3. 中原古民居博览园

---

① http://news.dahe.cn/2016/10-26/107669223.html.

续表

	重大工程	重点项目
华夏历史文明传承创新区建设重大工程和重点项目	3. 现代文化创新发展新高地建设工程	1. 中央新影华夏文化产业园 2. 中国·郑州中原国际文化智汇港 3. 郑州现代文化产业创新示范区 4. 开封宋都古城文化核心展示区 5. 安阳殷墟大遗址文化旅游体验区 6. 濮阳杂技体验示范区 7. 许昌三国文化展示体验旅游核心区 8. 桐柏——大别山红色旅游区
	4. 中国文化遗产保护传承示范基地建设工程	1. 重点文化设施建设项目 2. 中原人文精神"五大工程" 3. 社会主义核心价值观网络传播"八大工程" 4. 文化综合体 5. 大河全媒体矩阵 6. 全媒体数字资源聚合投送平台
	5. 中华文化"走出去"重要基地建设工程	1. 中国豫剧节 2. 海峡两岸河洛文化暨豫剧发展论坛 3. 中原文化产品和服务出口基地

建设方案确立的"到2020年,纳入该方案的重点项目基本完成,华夏历史文明传承创新区初具规模。华夏历史文明得到有效保护和传承,社会主义核心价值观建设深入推进,社会文明程度和公民思想道德素质普遍提高,文化改革发展动力、活力明显增强,文化产业进一步发展壮大,文化产业体系进一步完善,文艺精品力作不断涌现,现代公共文化服务体系建立健全,文化市场体系健康发展,河南形象显著提升,河南成为全国重要的区域性文化中心,在社会主义文化强国建设中走在中西部地区前列"的发展目标,① 与河南省第十次党代会确立的"加快构筑全国重要的文化高地"发展目标有内在一致性。目前,河南已经开展了相关项目的推介和推进工作,华夏历史文明传承区建设进入实质性

---

① http://news.dahe.cn/2016/10-26/107669223.html.

实施阶段。

文化建设的显著成就为加快构筑全国重要的文化高地提供基础支撑。河南省公共文化服务网络建设基础扎实，成效显著，已建成2个国家级公共文化服务体系建设示范区，待验收的国家级公共文化服务体系建设示范区1个，12个省级公共文化服务体系建设示范区和12个公共文化服务示范项目正在创建中。在文化产业方面，河南努力做大优势文化产业园区，做强重点文化企业，扶持中小文化企业，培育新型文化企业，提升文化企业的科技含量，持续推进省级文化产业示范园区、基地、项目建设，提升文化产业规模和效益明显，不断增强文化产业实力，加快文化及相关产业增加值的增长速度，实现文化产业发展新的突破，所有这些，都为构筑全国文化高地打下了坚实基础。

六大国家战略为构筑文化高地提供强有力的政策支撑。河南拥有的国家粮食生产核心区、中原经济区、郑州航空港经济综合实验区、郑洛新国家自主创新示范区、中国（郑州）跨境电子商务综合试验区、中国（河南）自由贸易试验区等六大国家战略，为河南经济发展提供了政策支持，也为河南"加快构筑全国重要的文化高地"提供了强有力的政策支撑。

（二）公共文化服务水平不断提升

公共文化基础设施逐步升级。2016年，河南省不断加大对公共文化建设的投资力度和政策扶持力度，着力提升公共文化基础设施的科技含量，加强软件方面建设，不断提高服务能力。一是继续深入实施文化惠民工程，免费开放博物馆、图书馆等公共文化服务设施，积极创建公共文化服务体系示范区（项目），多举措推进基本公共文化服务标准化、均等化进程，取得了阶段性成果。偃师二里头夏朝遗址博物馆、中原考古博物院、省直文艺院团新建剧场等文化项目得到有序推进，濮阳市图书馆、商丘市博物馆等重大文化设施相继建成开放。二是继续扶持文艺院团演出和艺术精品创作，加强对文物、文化遗产、传统村落的保护力度。三是在全省范围内新建一大批农民

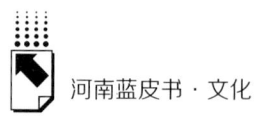

体育健身工程和乡镇体育建设工程。目前，全省共有公共图书馆158个，文化馆205个，艺术表演团体171个，博物馆283个，其中民办博物馆新增15个，全国重点文物保护单位358处，113个项目入选国家级非物质文化遗产名录。广播人口覆盖率为98.43%，电视人口的覆盖率为98.64%，有线电视用户1068.89万户。全年期刊出版总印数0.88亿册，图书出版总印数2.39亿册，报纸出版总印数19.45亿份。年末共有综合档案馆177个，各类档案已开放472.78万卷（件），基本完成省图书馆的数字化、信息化、网络化建设。①

公共文化服务体系示范区（项目）创建工作稳步推进。构建基本公共文化服务体系是文化建设的重要组成部分，也是坚持"五大发展理念"、推动地方政府不断提升公共文化服务水平的重要内容。为贯彻落实党的十八届三中、四中、五中全会精神，2015年11月，河南省委、省政府出台了《关于加快构建现代公共文化服务体系的实施意见》，下发了《河南省基本公共文化服务实施标准》，现代公共文化服务体系建设进入加快推进阶段。2016年4月，省委、省政府在郑州召开了"全省现代公共文化服务体系建设推进会"。6月，河南省先后有3个城市获得创建国家公共文化服务体系示范区资格，6个省辖市获得创建国家公共文化服务体系示范项目资格。9月，省委、省政府在永城召开了"全省基层公共文化服务体系建设现场会"，省政府办公厅还先后下发了《关于做好政府向社会力量购买公共文化服务工作的实施意见》和《关于推进基层综合性文化服务中心建设的实施方案》等政策文件，设立了"政府购买公共文化服务专项资金"，从资金和技术两个层面给予大力支持。目前，全省已有四批共计48个公共文化服务体系建设示范区和示范项目正在创建之中（见表2）。

---

① 《2016年河南省国民经济和社会发展统计公报》，河南省统计局网站，2017年3月1日。

表2 河南省级公共文化服务体系示范区（项目）名单

入选时间	创建批次	示范区	示范项目
2014年12月	第一批 （2014年度）	淮阳县 永城市 林州市 洛阳市涧西区 巩义市 焦作市解放区	1. 开封市：欢乐周末 2. 信阳市：豫南民间舞蹈广场化 3. 鹤壁市：淇水亲子故事乐园 4. 安阳市："321"公共文化共建 5. 获嘉县：同盟大讲堂 6. 平顶山市：文化客厅
2014年12月	第二批 （2015年度）	漯河市郾城区 兰考县 淅川县 灵宝市 南乐县 舞钢市	1. 漯河市："幸福漯河" 2. 西华县："老区新网" 3. 济源市：文化礼堂 4. 郑州市：国际街舞大赛 5. 焦作市：萤火虫阅读计划 6. 三门峡市：印象天鹅城
2016年2月	第三批 （2015年度）	新郑市 洛阳市老城区 西峡县 民权县 淮滨县 西平县	1. 平顶山市"茉莉芬芳"鹰城名家讲读音乐会 2. 鹤壁市"淇水百花苑"文化共建项目 3. 信阳市浉河区网格化一站式社区文化建设 4. 焦作市"百姓文化超市" 5. 郑州市二七区田园二七文化志愿者服务 6. 汝州市"互联网+乡土文化"项目
2016年6月	第四批 （2016年度）	洛阳市瀍河区 荥阳市 鹤壁市鹤山区 方城县 濮阳县 汤阴县	1. 郑州市"天中讲坛" 2. 三门峡市陕州区地坑院民俗文化园 3. 开封市"回族文化微展馆" 4. 鹤壁市山城区"十百千群众文化提升工程" 5. 安阳文化大舞台 6. 原阳县文化惠民信息平台

这些市县在创建公共文化服务体系示范区（示范项目）过程中，依托当地的地缘优势和文化优势，走出一条具有地方特色的创建之路，从而为河南公共文化服务体系建设的全面提挡升级提供了现实基础。其中洛阳市在2016年8月的第二批国家公共文化服务体系示范区（示范项目）验收工作中，以72项验收指标优秀率达90%、达标率达100%的好成绩，得到文化部的高度评价。有"十三朝古都"美誉的洛阳坚持走创新发展之路，积极探索传统媒介与新兴媒介的深度融合、传统文化资源与现代服务体系的深度融合、传统文化品牌与现代产业理念的深度融合等模式，在文化服务供给、

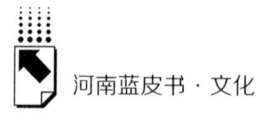

文化管理体制、文化运行机制、人才队伍建设、社会各界参与等方面，形成了公共文化服务体系建设的洛阳特色，为河南其他省辖市提供了可供参照的经验。

文化惠民工程精彩不断。省财政厅等七部门联合出台了《河南省"十三五"时期贫困地区公共文化服务体系建设实施方案》，大力推进精准文化扶贫，积极争取中央财政支持，先后为全省38个国家级贫困县、1580个村级文化活动室配送了价值3160万元的文化设备，为省级以上贫困县配送48辆流动图书车和20辆流动文化服务车。① 全省各地举办的"戏曲进校园""舞台艺术送农民""农家讲堂""中原国学讲堂""知识大讲堂""欢乐中原""中原文化大舞台""农村放映室"等各种类型的文化活动持续开展，为更多的民众带来丰富多彩的文化享受。以信阳市为例，2016年前10个月，全市共出动108个农村电影放映队，放映公益电影29068场，其中科教片4341场，辐射周边2384个行政村，观影人次达到397万，既为农民提供了休闲娱乐享受，又进行了科学普及工作，提高了民众的认识水平。在这系列文化活动中，"中原国学讲堂"尤为突出，它已经开展10年，有超过10万人到现场聆听学习，既提高了民众的文化素养和精神口味，又有助于人们增强价值共识，为中原经济区建设添砖加瓦。全民诵读活动开展得有声有色。"全民阅读月""少儿经典诵读大赛""中秋诗会""重阳诗会""唐宋诗词朗诵会"等各类读书活动让河南更添书香。反腐倡廉是2016年河南文化活动的重要内容。2016年河南豫剧院推出"廉政文化三部曲"的压轴巨制《张伯行》，与此前两部作品《全家福》《九品巡检暴式昭》前后呼应，"廉政文化三部曲"已经在全国演出近400场，受到观众一致好评。此外《红灯记》《焦裕禄》《史来贺》《村官李天成》《铡刀下的红梅》《燕振昌》等剧目增加了演出场次，电影《刻在石磨上的勋章》也与观众见面。

原创性文艺精品喜获丰收。2016年，河南文艺界以习近平总书记在文

---

① 《河南省文化厅2016年工作总结》，河南省文化厅网站，2017年4月20日。

艺工作座谈会上的讲话精神和《中共中央关于繁荣发展社会主义文艺的意见》为指导，坚持以社会主义核心价值观为引领，遵循以人民为中心的创作导向，研究制定并实施《中原人文精神"五大工程"实施方案》，把创作生产优秀作品作为中心任务，推出了一大批原创性文艺精品。在戏曲影视方面，全年推出新创剧（节）目70余部，豫剧《张伯行》、话剧《焦裕禄》、歌剧《蔡文姬》、舞剧《关公》等一批优秀剧目登上舞台。其中豫剧《焦裕禄》荣获第十一届中国艺术节"文华大奖"，主演贾文龙同时荣获"文华表演奖"，实现了中国艺术节大奖"六连冠"和文华大奖"五连冠"；歌剧《蔡文姬》荣获"第五届少数民族文艺汇演"银奖，话剧《焦裕禄》、豫剧《重渡沟》、曲剧《药香》还入选2016年度中原文艺精品创作工程重点项目。2016年12月初，河南影视制作集团制作的电影纪录片《永远的焦裕禄》，河南郑州教育电视台制作的《井冈山的那些事》、河南能源化工集团制作的《一名神枪手的抗战岁月》、河南信阳广播电视台制作的《信念的力量——大别山革命斗争历史启示录》，在"人文中国第五季·红色记忆"主题纪录片、专题片推选研讨活动中，分别获得二等奖和三等奖。① 河南颂勋文化传播有限公司、解放军八一电影制片厂联合摄制的革命军事题材电影《铁血英魂·杨靖宇》荣获第14届俄罗斯军事电影节最佳电影奖、最佳男演员奖和第12届中美国际电影节入围奖、最新晋男演员奖共四项大奖。② 由河南（周口）三川影业股份有限公司历时三年摄制完成的3D古装动作电影《夺路而逃》荣获第三届旧金山国际新概念电影节"最佳影片""最佳导演""最佳音乐创作"三项大奖③，创造了华语电影新历史。微电影《我心中的美丽中国》获第十三届中国大学生广告艺术节学院奖最高奖，《光影人生》《白发亲娘》《你好，树先生》分别获得首届中原微电影节大奖。此外，奚同发的《雀儿问答》、冯杰的《九片之瓦》等都是2016年新出的优秀作

---

① http：//www.ctaa.org.cn/a/xiehuidongtai/16/12/14/11/3252.html.
② 《（河南）省新闻出版广电局关于近期获奖电影作品的表彰通报》，参见河南省新闻出版广电局文件（豫新广办〔2016〕455号）。
③ http：//henan.sina.com.cn/news/2016-11-01/detail-ifxxfysn8328806.shtml.

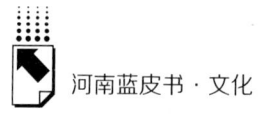

品。河南省京剧艺术中心的原创京剧《罗摩衍那》在第三届越南国际实验戏剧艺术节上获得最佳明星奖、最佳组织奖及3项表演金奖。河南籍青年导演崔渡编剧创作的国内首部女性公路题材电影剧本《过年回家路》荣获2016年夏衍杯优秀电影剧本征集"潜力电影剧本"。在文学创作方面，李天岑的《人伦》、赵瑜的《我们的精神生活》、程韬光的《碧霄一鹤——刘禹锡》、高金光的《人间呼吸》、吴元成的《花木状》等优秀作品荣获第二届杜甫文学奖。值得一提的是，河南作家刘峰晖（庚新）的原创网络长篇小说《宋时行》获得"网络文学奖"，这是河南省首次有青年网络作家摘得此类桂冠。在图书出版方面，中原出版传媒集团旗下的海燕出版社绘本图书《斗年兽》和大象出版社的《名人家风丛书》入选国家新闻出版广电总局2016年向全国青少年推荐百种优秀出版物，大象出版社的《河南艺术名家推介工程丛书》获得河南外宣"六个一"工程优秀作品奖；《中国汉字文物大系》《停云馆帖汇考》《大面阵数字航空摄影原理与技术》《风雅颂十二音诗》《小梅学戏》以及《出版的革命》分别荣获图书奖、音像电子出版物奖和优秀科研论文奖，共有6部作品获奖，创造了历史之最；在第25届"金牛杯"优秀美术图书奖评选中，河南美术出版社共获得包括4种奖项在内的8个奖，其中《民国书法》获金奖；中州古籍出版社《中国茶书全集校证》获全国古籍整理图书一等奖。

（三）文化产业不断发展壮大

2016年，河南文化产业发展实现新的突破，文化及相关产业增加值保持着12%以上的增长速度，其中全省财政文化体育与传媒支出较上年有大幅增长，文化、体育和娱乐业在固定资产投资方面完成了547.66亿元的投资额，比上年增长47.6%，登封市鹅坡少林武术文化博览有限公司等6家企业和"中国少林大成（柏林）健康中心"等2个项目分别入选2015~2016年度国家文化出口重点企业和重点项目名录。

2015年河南省文化及相关产业增加值首次超过千亿元，达1111.87亿元，年增幅12.9%，其中法人单位实现增加值1005.51亿元，年增幅为

12.8%，增速明显高于国民生产总值，占GDP比重超过3.0%。① 全省文化及相关产业法人单位超过52000家，比上年增长35.71%，其中文化制造业7410家，同比增长34%，占全省法人单位数量的14.2%；文化批零业8853家，同比增长66.7%，占全省法人单位数的17%；文化服务业35840家，同比增长30.1%，占比高达68.8%。

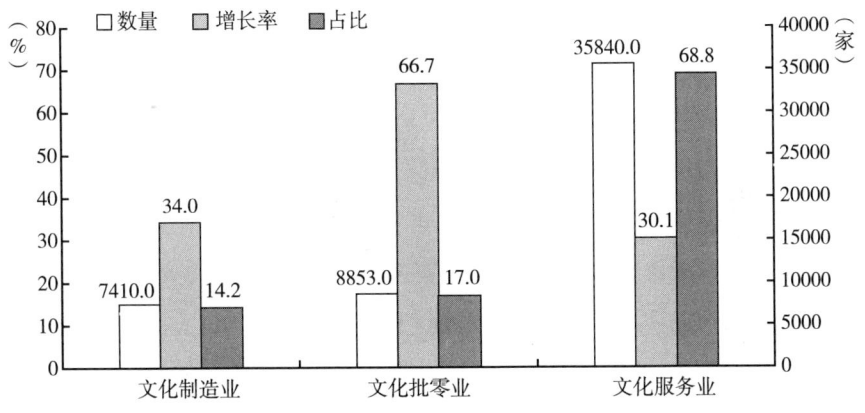

图1 2015年河南文化企业数量、增长率及占比情况

全省规模以上文化及相关产业企业2718家，比上年增加542家，在全国排第7位，居中部六省之首。其中文化制造业企业1006家，比上年增长7.2%，单位数居全国第7位，中部六省第2位；文化服务业企业1072家，增长15.3%，居全国第5位，中部六省第1位；文化批零业企业640家，增长幅度高达57.4%，位居全国第7位，高居中部六省第1位。

全省规模以上文化及相关产业企业拥有资产2867.57亿元，比上年增长17.9%。其中文化制造业企业资产为1600.84亿元，上年增长11.2%；文化批零业企业220.66亿元，比上年增长3.0%；文化服务业企业1046.07亿元，比上年增长34.5%。全省规模以上文化及相关产业企业实现营业收入3179.69亿元，比上年增长16.0%，居全国第8位，在中部六省居第2位。

---

① 因河南文化产业的详细数据尚未正式公布，这部分内容主要以2015年相关产业数据进行分析说明，2016年最新数据则在行文中标出。

其中文化制造业企业营业收入2431.12亿元,文化批零业企业收入397.23亿元,文化服务业企业351.33亿元,营业收入分别比上年增长14.2%、14.3%、32.0%。截止到2015年末,河南省文化产业总资产达到4995.82亿元,比上年增长21.1%;年营业收入4017.45亿元,比上年增长17.2%。行业从业人员数量108.58万人,比上年增加近11万人,涨幅高达9.8%。

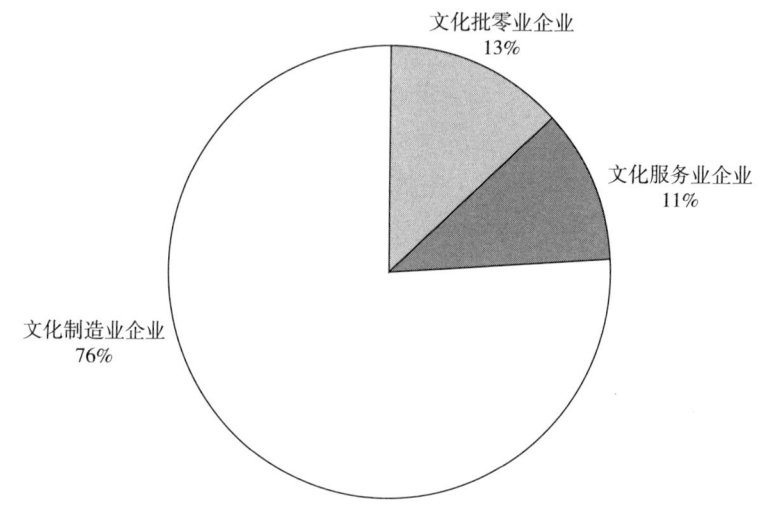

图2 2015年河南规模以上文化企业营业收入占比情况

从河南各省辖市文化及相关产业增加值增幅来看,2015年位居前三名的省辖市分别是郑州、许昌和南阳,对应数据为280亿元、120亿元和90亿元。文化产业增加值占GDP比重最高的是许昌市,为5.7%,有11个省辖市增速在10%以上,全省文化产业经营状况持续向好。

传统文化产业势头良好。河南省全年规模以上文化及相关产业企业从业人员45.86万人,比上年增长6.5%。其中从事文化创意和设计服务3.49万人,新闻出版发行服务2.39万人,文化艺术服务1.20万人,文化信息传输服务1.15万人,文化专用设备的生产0.65万人,广播电影电视服务0.45万人;增幅分别为22.1%、-5.6%、30.1%、14.4%、9.0%、36.9%。按照门类分,文化用品的生产全年营业收入达到1178.30亿元,工艺美术品的生产达 956.00 亿元,文化产品生产的辅助生产达 528.58 亿元,新闻出版发行服务达 119.58 亿元,广播电影电视服务达 15.45 亿元,分别比上年增长 7.5%、21.6%、19.2%、2.8%、41.7%,各项指标稳步增长。

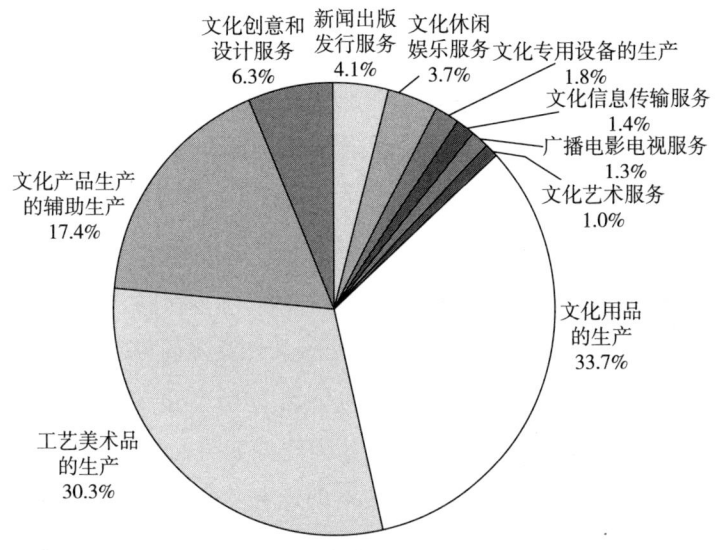

图 3　2015 年河南文化各行业营业收入占比情况

2016 年,河南省出版发行业表现出稳中有升、重点工作稳步推进、转型升级成效显著的良好发展态势。以中原出版集团为例,近年来,该集团立足传统出版行业,积极实施内容资源及印刷出版的数字化、信息化工程,推进产业转型升级。目前,中原出版集团全媒体数字加工集团已建立多个数据库,并借"一带一路"东风将数字内容远销到海内外。2015 年,集团资产总额近 137 亿元,营业收入 126.22 亿元,年利润收入 6.49 亿元。凭借雄厚的产业能力和稳定的增长态势,2016 年该集团分别荣获第八届"全国文化企业 30 强",和第二届"河南省重点文化企业"荣誉称号,成为河南省唯一入选全国服务业企业 500 强的文化企业,在全国同行业和河南省文化产业领域都彰显出不凡的综合实力与社会影响力。

新兴文化产业发展迅速。2015 年河南文化创意和设计收入 172.21 亿元,文化信息传输服务45.81亿元,增幅分别为39.0%和50.8%,在文化产业十大门类中,文化创意类企业资产增加值最多,年增长82.3亿元,设计服务位列第三,为44.63亿元。受"互联网+"政策影响,以此为主要经营模式的文化信息传输服务类企业收入增幅也高达34.4%。文创行业利润在2015年达16亿元,增长了14.7%;文化信息传输服务年利润3.45亿元,增长了32%。为推动新兴文化产业健康快速发展,河南省政府和省文化厅先后印发《进一步支持文化企业发展的规定》《大力推进文化金融合作,促进小微文化企业特色文化产业发展的若干意见》《关于印发河南省"互联网+"行动实施方案的通知》,对小微企业的融资困难、人才缺乏等问题提供针对性强、操作性强的应对方案。同时加大对新兴文行产业的扶持力度,进行相应的财税减免。为推动河南省文化资源优势向文化发展优势的切实转变,河南省财政厅于2016年4月下达2016年度文化产业项目资金,重点对省政府命名的"双十"工程、社会效益突出的文化产业、传统媒体和新兴媒体融合类等30个项目和与数字创意有关的动漫、网络游戏、软件设计、电脑特技、数字媒体、影视作品等43个新型文化业态项目进行支持,其中包括5000万元的文化产业项目补助资金和5000万元的新型文化业态扶持资金。① 同年,河南省收到的中央文化产业发展专项资金共计7780万元,其中部分向小微企业倾斜,尽量减少"锦上添花",增加"雪中送炭"。2016年河南省政府办公厅发布《河南省支持文化企业发展和经营性文化事业单位转企改制的若干政策》,对从事电影生产发行链条式的全产业链实行财税减免,扶持尚处于发展期的影视生产行业。《2016年全省文化工作要点》中提出要推动文化转型升级,加快文化科技融合,要求加大云计算、大数据等在文化产业中的相关运用。

文化产业"双十"工程持续推进。2016年4月,河南省第二届文化产业"双十"工程入选名录公布,郑州国际文化创意产业园、开封宋都古城文化产业园区、许昌钧瓷文化创意产业园、漯河市源汇区开源文化产业园

---

① 《发展创意文化 河南省2016年下达亿元资金支持文化产业》,河南文明网,2016年4月28日。

区、镇平县（石佛寺镇）玉文化产业园区、汝州市汝瓷电子商务产业园等6家文化产业园区入选河南省第二届"双十"工程重点文化产业园区；郑州华强文化科技有限公司、开封清明上河园股份有限公司、洛阳日报报业集团、河南省杂技集团有限公司、项城市汝阳刘笔业有限公司、西平县棠溪剑业有限公司、河南日报报业集团有限公司、中原出版传媒投资控股集团有限公司、河南有线电视网络集团有限公司、河南文化影视集团有限公司等10家文化企业入选河南省第二届"双十"工程重点文化企业。

文化科技创新工程取得新进展。为推动文化与科技融合发展，河南省科技厅于2014年推出了《河南省文化科技创新工程实施方案》。2016年4月，河南省科技厅与河南省委宣传部联合组织了河南省首批文化和科技融合示范基地评选工作，经单位申报、相关部门推荐、专家评审、实地考察等程序，认定开封宋都古城文化产业园区、洛阳高新技术产业开发区、濮阳国际杂技文化产业园、南阳生态工业园区、汝州市汝瓷电子商务产业园、禹州市文化改革发展试验区等6家单位为河南省首批文化和科技融合示范基地。

河南文化产业推介平台日趋成熟。2016年5月，河南组团参加第十二届中国（深圳）文博会，展示了武则天金简、中原拓片等颇具中原文化特色的现代文创产品。此外，河南省还积极参加中俄文化大集、台湾地区文化产品手工艺展等国内外重要的文化产业交易会，提高河南文化产业和文化产品的社会知名度。洛阳牡丹文化节是河南省久负盛名的文化节会，2016年第34届中国洛阳牡丹文化节迎来世界各地客商600余位，签约总额高达518.1亿元。2016年10月召开的第三届中原（鹤壁）文博会已发展成中原最大的文化产品交易展示平台，文博会期间共有138个项目签约，比上届增长68.29%；签约总金额近99亿元，比上届增长13.71%，现场交易额约3.157亿元，比上届增长29.10%。签约类别最多的是动漫项目，共有23个计6.2892亿元。增幅最高的是演艺类项目，共签约13个，签约金额达2.5843亿，增幅36.30%。涉及海峡两岸的文化合作项目14个，参展商204家，为历年之最。

（四）文化遗产保护顺利推进

2016年河南省文化遗产保护工作成效显著。在国家文物局印发的《关于印发〈大遗址保护"十三五"专项规划〉的通知》中，河南省共有包括二里头遗址、偃师商城遗址、汉魏洛阳故城、隋唐洛阳城遗址、殷墟等在内的16处历史文化遗产被列入大遗址保护"十三五"专项规划内。在2016年度"全国十大考古发现"评选中，河南洛阳汉魏洛阳城太极殿遗址入选，这是河南省自2003年以来连续14年有重大考古发现入选。2016年度"河南省五大考古发现"入选项目为灵井许昌人旧石器遗址、洛阳伊川徐阳东周墓地、信阳战国城阳城址八号墓、洛阳汉魏洛阳城太极殿遗址、巩义东区唐宋墓。2016年，河南省第七批文物保护单位公布，共有327处文物单位入选，包括近现代重要史迹及代表性建筑59处，古建筑149处，石窟寺及石刻8处，古遗址86处，古墓葬26处，其他1处。

在非物质文化遗产保护方面，"河南省非物质文化遗产数据库建设工程"的前期准备和数据采集规范培训工作已基本完成，相关配套设施已基本完备，数据采集工作正在有条不紊地进行。正在进行的"河南省传统美术抢救保护工程"，对省内各级非物质文化遗产代表性项目名录内的传统美术项目调查摸底、建档登记。河南省文物科技研究取得重大进展。文物考古研究院研制出的"考古出土干缩变形木质文物润胀复原关键技术"荣获"十二五"文物保护科学和技术创新奖二等奖，这是河南省在文物科技发展方面取得的重大突破，填补了国内空白。河南博物院与浙江自然博物馆共同主办的"生命·超越——中原文物中的动物映像"展览摘取第十三届全国博物馆十大陈列展览精品奖，河南文物局在第七届博物馆及相关产品与技术博览会上荣获"最佳组织奖"，河南博物院等获得"最佳展示奖"。南阳市汉画馆编纂的《中国南阳汉画像石大全》荣获全国美术图书大奖。

（五）河南对外文化交流成效显著

2016年，河南对外文化交流取得显著成效。在德国柏林举行的"第四届中国艺术节"上,以河南少林功夫、杂技演出、民间工艺展为主的河南地方文化展演受到好评;第三届越南国际实验戏剧艺术节上,河南省京剧艺术中心的京剧《罗摩衍那》获得最佳明星奖、3项表演金奖、2项表演银奖和最佳组织领导奖,成为整个艺术节的最大亮点;中国豫剧优秀剧目北京展演月上,包括《程婴救孤》《大漠胡杨》《风雨故园》等新老剧目在内的23场豫剧在北京长安大戏院、梅兰芳大剧院等地展演,获得巨大成功。河南成功举办多场高端文化论坛,如第5届嵩山论坛、2016海峡两岸周易文化论坛、第十四届河洛文化研讨会、第十届黄帝文化国际论坛等,这些国际文化交流活动对提升河南文化影响力有重大作用。2016年河南文化演出足迹遍布世界各大洲,开封市杂技团的非洲三国演出,河南省少林武术表演团的巴勒斯坦、地中海、北美之旅,河南京剧艺术中心的美国、中国台湾之行,"欢乐春节"河南文化艺术团的中亚之行,《功夫诗·九卷》的法国之旅,《程婴救孤》在北美的系列巡演等,不仅充分展示了河南文化的魅力,更唤醒了当地民众学习中原文化的热情。2016年7月,文化部第四届少林功夫非洲学员班开班,共招收来自十多个非洲国家的弟子百余人。8月,河南省杂技集团收购美国布兰森市综合艺术活动中心,成立美国杂技训演基地,并以此为平台努力提高河南杂技国际竞争力。

河南文化"走出去"在2016年迈出了新的步伐。中原出版传媒集团在吉尔吉斯斯坦筹建"中原文化海外发展中亚分中心",以数字化方式推动中原文化"走出去"。河南航空港卫视传媒公司也正在积极筹备中,并努力将其打造成河南加入"一带一路"战略唯一的海外传播融媒体集团。河南影视集团设立的"中国非洲电影频道"仅两年时间就播出时长超过1.3万小时,收视率火爆异常,成为河南海外宣传新窗口、中原文化"走出去"的新平台。北京时间10月14日凌晨,河南省杂技集团海外上市启动仪式在加拿大温哥华市举行,迈出了开拓海外市场的重要步伐,是河南文化"走出去"又一里程碑式的成就。① 在2015~2016年度国家文化出口重点企业和

---

① 参见《中原文化"走出去"更要"留下来"》,《河南日报》2016年10月19日。

重点项目名单中，河南共有6家企业和2个项目入选，成为传播河南文化的重要载体，增强了河南文化的软实力和影响力。

表3　2015~2016年度国家文化出口重点企业和重点项目

文化出口重点企业	1	中原出版传媒投资控股集团有限公司
	2	登封市鹅坡少林武术文化博览有限公司
	3	固始县恒达工艺品有限公司
	4	固始县华源工艺有限公司
	5	潢川县永江羽毛制品有限责任公司
	6	河南约克信息技术股份有限公司
文化出口重点项目	1	登封市大成健身有限公司的"中国少林大成（柏林）健康中心"
	2	河南电影电视制作集团公司的"中国非洲电影频道"

二　"十三五"时期河南省文化发展趋势分析

2016年，河南省委省政府坚定不移地推进稳增长、促改革、调结构、惠民生，在经济保持良好发展态势的同时，进一步加大对基础文化设施的投资力度，加快公共文化服务体系建设的速度，取得了显著成效，为"十三五"时期的文化建设开了个好局。在党的十八届三中、四中、五中、六中全会精神和河南省十次党代会精神指导下，河南文化建设将按照中央和省委关于"十三五"规划建议的总体要求和相关部署，瞄准新的发展目标，实施新的发展战略，扎实推进中原人文精神"五大工程"建设，推进公共文化服务体系建设更上层楼，不断完善文化市场体系和文化产业体系，持续推动高成长性文化产业迅速成长，努力提升文化产业占国民经济的比重，进一步增强中原文化的传播力和影响力，华夏历史文明传承创新区建设取得明显成效。

（一）相关文化政策引领河南文化建设驶入快车道

2016年，河南省按照中央精神，密集出台了一系列推动文化改革发展的政策举措与实施意见，河南文化建设驰入快车道。2016年初，李克强总理在政府工作报告中重提"中部崛起新十年规划";2016年12月23日,国家发改委《关于报送促进中部地区崛起'十三五'规划(修改稿)的请示》,获得国务院正式批复,明确要求"山西、安徽、江西、河南、湖北和湖南省人民政府要深化对促进中部地区崛起重要性、紧迫性的认识,增强政治意识、大局意识、核心意识、看齐意识,将《促进中部地区崛起"十三五"规划》确定的重大工程、重大项目、重大政策、重要改革任务与本地区经济社会发展紧密衔接起来,抓紧安排部署,完善推进机制,强化政策保障,分解落实各项工作,确保《规划》提出的目标任务如期完成"[①]。2016年12月6日,国家文物局、国家发展和改革委员会、科学技术部等部委《关于印发〈"互联网+中华文明"三年行动计划〉的通知》发布,提出三年发展目标和四大主要任务,即"到2019年末,初步构建文物信息资源开放共享体系,基本形成授权经营、知识产权保护等规则规范","推进文物信息资源开放共享、调动文物博物馆单位用活文物资源的积极性、激发企业创新主体活力、完善业态发展支撑体系","为满足人民群众多层次、多形式、多样化的精神文化需求,促进文化繁荣和经济社会发展做出新的贡献"。[②] 同月,科技部、文化部、国家文物局三部门联合制定发布了《国家"十三五"文化遗产保护与公共文化服务科技创新规划》,明确了"十三五"时期国家在文化遗产保护与公共文化服务科技创新工作中的总体思路、发展目标、主要任务和重大举措,为贯彻落实中共中央、国务院关于科技创新、文物保护利用、构建现代公共跟文化服务体系等方面的文件精神,加强文化遗产的保护与传承,不断提升公共文化服务能力提供了政策依据。[③] 2016年12月,住建部、发改委、卫计委、教育部等中央19部委联合基本完成了全国城镇体系规划的编制,从国家决策层面评选出除北京、广州、上海、深圳四

[①] 《河南:〈促进中部地区崛起"十三五"规划〉获国务院批复》,《河南日报》2016年12月24日。
[②] http://www.gov.cn/xinwen/2016-12/06/content_5143875.htm。
[③] 科技部、文化部、国家文物局印发《国家"十三五"文化遗产保护与公共文化服务科技创新规划》,《中国文化报》2016年12月14日。

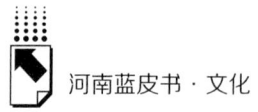

个全球城市之外的11个国家中心城市，分别是天津、重庆、沈阳、南京、武汉、成都、西安、杭州、青岛、郑州、厦门，并明确了中心城市的国家使命。

从河南的发展现状来看，河南地处中国内陆腹地，具有承东启西、接南引北、辐射八方的战略地位，也是中部崛起的龙头和枢纽，区位优势毋庸置疑。2015年12月出台的《中共河南省委关于制定〈河南省国民经济和社会发展第十三个五年规划〉的建议》，对文化建设提出明确的发展目标，即"公共文化服务体系基本建成，华夏历史文明传承创新区建设取得明显成效，文化产业成为国民经济支柱性产业"。① 2016年10月，河南省委省政府印发了《华夏历史文明传承创新区建设方案》，明确了华夏历史文明传承创新区建设的发展目标和实施路径。2016年10月31日，省委书记谢伏瞻在中国共产党河南省第十次代表大会上做了题为《深入贯彻党中央治国理政新理念新思想新战略，为决胜全面小康让中原更加出彩而努力奋斗》的工作报告，提出河南要实现"从'四个大省'向'四个强省'转变"、"加快构筑全国重要的文化高地"等发展目标。这些目标，与党中央的新理念、新思想、新战略相契合，与河南的发展实际相契合，对于河南的文化建设必将起到巨大的推动作用。11月公布的《河南省科技创新"十三五"规划》，明确了"十三五"期间河南省科技创新目标、创新驱动发展战略的思路举措及科技创新的各项具体工作，堪称河南实施创新驱动发展的"施工图"。② 作为承担国家使命的中心城市之一，作为中部崛起的龙头城市，河南郑州又迎来一次新的发展机遇，河南文化建设即将在"中部崛起"的快车道上高速前行。

（二）差异化管理助推现代公共文化服务体系建设

构建现代公共文化服务体系是河南文化建设的重要内容。2016年，为加快推进现代公共文化服务体系建设，进一步加大政府购买公共文化服务力度，河南省出台了《关于做好政府向社会力量购买公共文化服务工作的实

---

① 《中共河南省委关于制定河南省国民经济和社会发展第十三个五年规划的建议》，《河南日报》2016年1月4日。
② 河南科技网 http://www.hnkjt.gov.cn/2016/11/30/1480493639724.html。

施意见》，设立1亿元专项资金用于购买21项公共文化服务。这一专项资金主要分为艺术发展专项资金和政府购买公共文化服务资金两大类型，是在河南省财政厅整合以往的"舞台艺术送农民专项资金""省直艺术创作专项资金""县级公共文化服务设施奖补专项资金"等6个专项资金的基础上，并新增4668万元资金而设立的。在推动公共文化服务标准化、均等化的同时，差异化管理已经纳入管理目标，政府在购买公共文化服务产品的同时，充分考虑服务对象在文化消费需求、文化消费习惯和文化消费条件等方面的差异性，注重把握好管理方面共性与个性的关系，解决好传统公共文化服务内容单一、与群众的文化需求不相适应、服务效能总体偏低等现实问题，使现代公共文化服务体系建设成为真正的文化民生工程。

（三）强化相互协作促进文化产业快速发展

在竞争日益激烈的市场经济形势下，采取优势互补、抱团取暖、合作共赢的发展模式，是河南文化企业逆境生存和发展壮大的正确选择，也促进了河南文化产业快速发展。开封与洛阳两个省辖市的做法具有典型意义。

2015年以来，开封市依托国家级文化产业示范园区宋都古城文化产业园区，紧紧围绕建设国际文化旅游名城这一目标，率先提出了"文化+"发展理念，大力实施"文化+旅游""文化+会展"等专项行动，持续探索文化与经济社会融合发展新模式，取得了显著成效。2015年10月，为了拓展"一带一路"沿线城市的旅游资源和合作空间，开封以"新丝路、新旅游、新合作"为主题，率先倡议"一带一路"沿线城市间旅游资源共享、品牌共建、客源互动，与来自陕西、新疆、甘肃等"一带一路"沿线17个省、市、自治区的30多个城市，共同发布了"一带一路"城市旅游联盟《开封宣言》，在国内外引起广泛关注，为河南文化产业创新发展、抱团发展开拓出新的道路。① 2016年上半年，开封市文化旅游接待总人次突破

---

① 《开封文化旅游产业发展亮点纷呈》，河南省人民政府网站，http://www.henan.gov.cn/zwgk/system/2015/12/07/010605125.shtml。

2500万，同比增长13.7%；旅游综合收入达到187.2亿元，同比增长67.4%，文化旅游产业已成为开封发展的强有力引擎。①

近年来，洛阳市紧紧围绕"四高一强一率先"奋斗目标，以华夏历史文明传承创新为核心，以丰富的历史文化和山水资源为依托，以重大产业项目和文化品牌为支撑，在重点旅游项目、两大节会品牌、创新发展思路、推动产业融合、提升旅游服务等方面做出了有益尝试，文化产业一直保持着强劲的增长势头，先后被评选为"世界旅游大城市""文化魅力、特色魅力旅游胜地""国际知名休闲旅游胜地""中国优秀旅游城市""中国十大最佳魅力城市"。2016年11月17日，在中国铁路旅游"老家河南·千年帝都"洛阳旅游推介会上，洛阳市旅发委与中国铁道旅游联盟签订了战略合作协议，共同打造洛阳旅游专列精品线路，预计2017年将有50趟旅游专列输送来洛旅游大军。2016年12月18日，由洛阳市文化产业协会联合市工商联、市企业联合会、市社科联、市侨联等单位发起成立的洛阳文化产业联盟宣布正式启动，旨在整合洛阳各社团的优势资源，以跨界融合、抱团发展的理念开展工作，致力于推动优化产业整体布局，提升文化产业的科技含量和原创水平，培育新型文化业态，必将为洛阳文化产业实现集聚化、集团化、规模化发展做出更大贡献。截至2016年11月，洛阳市共接待游客总人数10916.55万人次，同比增长9.44%，其中接待入境游客109.27万人次，同比增长14.92%；旅游总收入868.86亿元，同比增长15.7%，文化旅游产业已成为国民经济的重要组成部分。②

（四）文化"走出去"的形式与内容更加丰富多彩

2016年，河南省文化厅积极构建文化产业交易平台，培育宣传中原文化和中华文化的有效载体，多次组织河南省文化企业参加国内外重要文化产

---

① 《开封文化旅游市场持续火爆》，河南省旅游局信息中心 http：//news.cncn.com/235136.html。
② 《开好头 收好尾 2016洛阳旅游亮点多》，http：//www.lyta.com.cn/news/getContentDetail/4028808b58bdb0410158fb4e9d0000d5/LM00510。

业交易活动,如中俄文化大集、中国台湾文化产品手工艺展、深圳文博会等,鼓励和支持具有中原文化元素的河南豫剧、歌舞、民乐、功夫、杂技等文化产品"走出去"。2017年,按照省委关于"加快构筑全国重要的文化高地"这一发展目标,河南文化相关部门必将依托五大国家级战略发展平台和众多省级文化交流平台,积极对接文化部提出的文化创新工程、"互联网+文化"行动计划、文化大数据工程等重大文化项目,充分发挥河南文化建设的新优势,利用"中原文化丝路行"等活动载体,用更加丰富多彩的形式和内容,加快推动中原文化"走出去",不断提升河南文化的软实力和影响力。

三 加快构筑全国重要文化高地的制约因素

2016年河南文化建设虽然取得了令人欣慰的成绩,但由于人口基数大,全省人均国民生产总值和财政收入低于全国平均水平,公共文化服务能力仍有很大的提升空间,文化资源的有效整合和保护利用尚不到位,重点文化产业的核心创新能力不足,中小文化企业发展仍然步履维艰,城乡居民文化消费的潜在优势未能充分发挥,与国内文化先进省市相比还有不少差距,加快构筑全国重要的文化高地还存在诸多制约因素。

(一)文化建设总投入偏低制约打造文化高地

人均国民生产总值虽然与居民的人均收入和生活水平并不等同,但可以反映一个国家或地区在居民人均收入、生活水平及社会建设方面的投入能力与投入水平,因此常常用来作为居民人均收入水平、生活消费水平和公共文化服务水平的重要参照指标。尽管河南近年来的经济增速高于全国平均水平,经济总量稳居全国第五位,表现出"换挡不失速、量增质提升"的态势,但庞大的人口数量、相对粗放的运营模式以及众多影响经济平稳增长的不确定因素,使得河南经济社会文化等方面发展面临的形势依然复杂严峻,公共文化服务能力和和城乡居民文化消费水平仍有很大的提升空间。河南省统计局、国家统计局河南调查总队公布的《2015年河南省国民经济和社会发展统计公报》显示，2015年年末全省总人口为10722万人，常住人口9480万人，全年全省生产总值37010.25亿元，比上年增长8.3%。其中，第一产业增加值4209.56亿元，增长4.4%；第二产业增加值18189.36亿元，增长8.0%；第三产业增加值14611.33亿元，增长10.5%。三次产业结构为11.4∶49.1∶39.5。[①] 2015年河南省人均国民生产总值34939.38元，低于全国平均值约10.92%，较全国人均国民生产总值39222.39元还有不小差距。"十三五"时期要全面建成小康社会，最艰巨最繁重的任务在广大农村贫困地区。河南目前尚有430万农村贫困人口，占全国农村贫困人口的7.7%，脱贫攻坚任务十分艰巨，加上省内区域发展程度不平衡，因而对全省文化建设方面的投入不可避免地产生一定程度的影响。

（二）文化资源的有效整合和开发利用尚不到位

中原地区丰富的文化资源令人叹为观止。近年来，从政府到民间也都充分认识到这座文化金矿的价值，陆续投入不少人力、物力和资金。从文化事业费投入来看，2015年全国文化事业费682.97亿元，人均文化事业费49.68元，增长16.5%。东部地区文化单位文化事业费287.87亿元，占42.1%，比重提高了0.5个百分点；中部地区文化单位164.27亿元，占24.1%，比重提高了1.2个百分点；西部地区文化单位文化事业费193.87亿元，占28.4%，比重下降了0.9个百分点。从文化产业增加值来看，2015年全国文化产业实现增加值25829亿元，高于同期GDP增速2.3个百分点，占GDP的比重为3.82%；河南省文化产业实现增加值1111.87亿元，比上年增长12.9%，占GDP的比重首次突破3.0%。但由于各种因素，目前全省范围内文化资源的有效整合和保护利用尚不到位，投入和产出大多低于全国平均水平。归根结底，这些现象还是与当地普遍存在着文化发展定位不准确、部分地区供需不对位、基层综合性文化中心千篇一律、地域文化特色不够明显、文化政策落实不足等问题，亟须深入探究和妥善解决。

---

① 数据来源：《河南日报》2016年2月28日。

（三）中小文化企业发展仍然步履维艰

中小文化企业是推动文化产业发展的重要力量，在推动文化产业健康发展过程中具有不可替代的作用和价值。与全国文化企业的整体发展状况基本一致，河南的中小文化企业发展仍然步履维艰。截至2015年年底，河南共有中小文化产业企业近5万家，其数量占全部经营性文化企业的97.5%，吸纳从业人员多达38.8万人。[①] 任何企业的发展都离不开资金和技术的支持，融资能力和技术创新能力更是限制中小企业发展的常见瓶颈。由于受规模偏小、实力薄弱、无形资产多、有形资产少、建设周期长、经济效益不太明显、文化产品与资本市场之间信息不畅等因素影响，相对于那些体量较大、投入较多的大型文化企业来说，河南中小文化企业属于"弱势群体"，融资难、融资贵、融资慢等问题随处可见，企业发展步履维艰，成为制约河南文化产业快速发展的一大瓶颈。而资金投入的短缺或不及时，又严重影响着文化企业技术创新能力的提高，从而形成恶性循环。因此亟需健全文化产业投融资体系，以多层次、宽领域、高效能的投融资体系为中小文化企业的快速发展提供有力的支撑。

（四）高层次文化创意人才依然紧缺

如果说文化创意产业是新经济时代对文化建设工作提出的新挑战、新机遇和新课题，那么人才就是一个国家或地区发展文化产业的决定性因素。党的十八大以来，推动传统产业改造升级和高新技术产业迅猛发展，早已成为中央和地方政府调整经济结构和转变发展方式的普遍共识。但由于观念、政策、知识产权保护体系不够完善等因素的影响，河南文化创意产业原创能力不强、主体力量不足、文化贸易逆差等问题仍比较突出，归根结底还是因为文化创意人才的储备不足，缺少高素质、专业化的复合型文化人才。高层

---

① 参见李燕《（河南）省中小文化企业投融资路演暨项目推介活动在郑举行》，http://www.hawh.cn/whcy/2016-10/27/content_270737.htm。

次、复合型文化创意人才的紧缺,将会成为影响河南构筑全国重要的文化高地的重要障碍。

(五)文化核心产业创新能力不足

在文化产业的几大核心要素中,技术创新能力的高低对于文化核心产业来说至关重要。根据中国文化创意产业网 2012 年 6 月独家发布的《2010 年全国 31 个省市区文化产业综合竞争力排名》,河南文化产业综合竞争力排名居于第 12 位,位次属于中游靠前。河南在"关联产业及文化资源"和"政府支持和文化供给因子"两个方面得分比较靠前,分别居全国第 5 位和第 7 位;但在文化产业发展中居核心地位的"文化环境及实力"和"市场需求及创新"两个主因子,河南的排名都比较靠后,分别位居第 30 位和第 20 位,显然成为河南文化的"短板"。从河南省文化产业发展实际来看,近两年虽然有不少进步,但这些"短板"仍是制约河南省文化产业发展的关键因素。2015 年,河南的文化及相关产业增加值占全省 GDP 的比重刚刚突破 3%,较全国文化及相关产业增加值占 GDP 的比重 3.97% 还有一些差距,与韩国文化产业占 GDP 的 20%、美国文化产业占 GDP 的 30% 相比,还有相当大的发展空间。究其原因,就在于文化核心产业的创新能力不足,文化产品形式单一、低层次重复开发、艺术抄袭等现象严重,缺乏深度挖掘本土资源优势的意识,缺乏差异化、特色化、高品质的原创优质文化产品,使省内大量优秀的文化资源未能被有效转化为文化资本,故而文化企业的产业化能力、专业化水平和创新意识都亟待增强。

四 构筑全国重要文化高地的对策建议

"加快构筑全国重要的文化高地"是河南今后五年要倾力打造的"三个高地"之一。这对于"十三五"时期河南的文化建设而言,既是方向也是路径,既是鼓舞也是鞭策。从客观形势来看,2017 年河南面临的发展形势依然相当严峻,打造文化高地任重道远。河南要实现"加快构筑全国重要的文化高地"的发展目标,必须在发展理念、发展模式等方面加大创新力度,进一步优化发展环境、完善发展机制,为在新的历史起点上实现新的奋斗目标打下更加坚实的基础。

(一)调整发展理念,坚持以文化引领发展

"加快构筑全国重要的文化高地",是对党中央关于文化自信的新理念、新思想、新战略的及时呼应,是传播中原深厚传统文化、弘扬中原优秀人文精神、构建河南特色文化符号、提升河南对外整体形象的有效举措,更是推动中原文化"走出去"的又一创新举措。

首先,要进一步弘扬中原人文精神。近年来,河南大力推进文明河南建设,持续弘扬焦裕禄精神、红旗渠精神、愚公移山精神等,宣传大别山精神和南水北调精神等,中原人文精神逐渐深入人心。焦裕禄干部学院、红旗渠干部学院、大别山干部学院与愚公移山精神教育基地、新乡先进群体教育基地、南水北调精神教育基地一起,被称为河南的"三学院三基地"。其中,大别山干部学院追求"理想、信念"的办学特色,提倡"坚守信念、胸怀全局、团结一心、勇当前锋"的大别山精神;红旗渠干部学院突出"艰苦奋斗"的办学理念,提倡"自力更生、艰苦创业、团结协作、无私奉献"的红旗渠精神;焦裕禄干部学院则强调"领导干部的公仆意识",提倡"亲民爱民、艰苦奋斗、科学求实、迎难而上、无私奉献"的焦裕禄精神。截至2016年3月,"三学院"已经为全国各地举办培训班2380期,培训学员15.1万多人次。"感动中国人物""全国道德模范"等先进个人和先进群体不断涌现,"河南好人现象"在全社会引起热烈反响,都离不开社会主义核心价值观和中原人文精神的引领作用。

其次,要打造具有河南特色的文化符号。深入发掘具有中原特色、中国风貌的文化资源,加强优势文化资源的现实转化,充分利用艺术手段和现代科技,凝练具有中原特色的文化符号。重视文艺创作生产这个重要环节,从源头上把握好正确导向。相关部门要引导广大文艺工作者贯彻落实习近平总书记在全国宣传思想工作会议和文艺工作座谈会上的重要讲话精神,坚持以

人民为中心的创作导向，加快新技术的运用和高科技文化产品的开发，创作更多为人民群众喜闻乐见的文化产品。加强网上思想文化阵地建设，健全社会舆情引导机制，优化媒体传播能力及结构，创新对外传播、文化交流、文化贸易方式，打造具有中原特色的戏曲、书法、文学、文字、曲艺等文化符号，进一步扩大中原文化影响力。

最后，要持续提升河南对外整体形象。立足中原文化沃土，弘扬中原优秀传统文化，发挥宣传思想文化阵地的重要作用，用好对外文化交流贸易的渠道和载体，讲好中原故事，传播好中原声音，进一步提升河南的文化形象。只有不断培育更多能展示华夏文明和中原文化特色的文化形象，扩大"心灵故乡，老家河南"的传播范围，强化中原文化的认同感和归属感，把党的新理念、新思想、新战略贯彻到具体的工作中去，才能进一步增强中原文化的吸引力和影响力，提升河南的整体形象，进而推动文化高地建设。

（二）创新发展模式，不断完善公共文化服务体系

构建现代公共文化服务体系是文化建设的重要组成部分，也是各级政府的公益性职责在文化领域的集中体现。近年来，河南不断深化文化体制改革，持续实施文化惠民工程，日益完善公共文化网络设施。但与全国先进省市相比，还有很大的提升空间。要创新文化发展模式，充分调社会组织的积极性，形成政府、社会、个人共同构建现代公共文化服务体系的强大合力；公共文化服务体系建设，既要注重基础网络设施等硬件建设，又要加强管理和服务，提高公共文化服务的质量和水平，充分发挥现有公共文化服务网络设施的效益。要加快国家级和省级公共文化服务体系示范区（示范项目）建设，进一步完善公共文化服务体系，注重区域协调和城乡协调，让广大人民群众共享文化建设的成果。加快构建以需定产的公共文化产品服务供给制度，进一步加强政府购买公共文化服务的针对性和有效性，提高公共文化服务的质量和效益。建立公共文化服务绩效评估机制，提高全省基本公共文化服务均等化、标准化、便利化水平，力争到2020年实现"现代公共文化服务体系建立健全"的发展目标。

（三）完善发展机制，推进河南文化产业再上新台阶

要推动文化产业上新台阶，必须进一步创新文化产业发展机制，优化文化产业结构，以重大文化工程促进文化创意产业和新型文化业态的发展完善。首先，要继续深化文化体制改革，创新和完善文化产业发展机制，从政策支撑、投资融资体系构建、文化产品生产、文化市场培育、文化人才培养等方面入手，形成与现代文化产业体系和文化市场体系相适应的发展机制，尽快形成河南文化企业的创新能力、比较优势和营商环境，推动河南文化产业继续向高端迈进；其次，要完善文化产业体系，理顺传统产业、特色产业和新兴产业的内在机制，以新兴文化产业为引领，以传统产业和特色产业为支撑，形成传统产业、特色产业和新兴产业竞相发展良好局面。大力支持文化核心产业中的关键技术、共性技术和核心技术，用新技术新业态不断改造传统文化产业，优化特色产业，提升新兴产业，在产品研发、文化服务及商业模式等方面，进一步提高文化产业发展水平，提升文化产品竞争力，打造具有中原特色的文化产业高地；再次，要强化文化产业与现代科技的融合发展，尤其是要加强与互联网、数字技术、云计算等高新科技的融合发展；加强文化产业与其他产业的融合发展，尤其是与旅游、休闲、设计、体验等行业的融合发展，扩大文化产业的边际效应；持续实施重大文化工程，将重点产业、重大项目、重点园区、知名品牌、骨干企业落到实处、做到细处，推动河南文化产业有更多实质性的突破，在"十三五"时期迈出新步伐，再上新台阶。

（四）优化发展环境，加快华夏历史文明传承创新区建设

发展环境是一个国家或地区思想解放程度、市场发育程度和政府执政水平的具体体现，直接影响着当地的发展前景和增长后劲，是看不见的竞争力和生产力。围绕华夏历史文明传承创新区的战略定位，《华夏历史文明传承创新区建设方案》提出要重点实施全球华人根亲文化圣地建设工程、全国重要的文化产业基地建设工程、现代文化创新发展新高地建设工程、中国文

化遗产保护传承示范基地建设工程和中华文化"走出去"重要基地建设工程，为构筑文化高地提供了切实可行的抓手。"十三五"时期，河南应立足于本土丰厚的文化资源优势，以省十次党代会精神为指导，全力推进华夏历史文明传承创新区五大工程建设。要注重营造良好的文化发展环境，加大政策、资金、法制、人才、环境等方面的支持力度，着力优化支持华夏历史文明传承创新区建设的政策环境和生态环境，着力培育有利于打造文化高地的发展环境，着力营造推动中原文化"走出去"的市场环境和文化环境，提高主流媒体的传播力、引导力、影响力、公信力，进而推动文化高地建设，提升中原文化在全国乃至全世界的影响力。

参考文献

［1］《中华人民共和国国民经济和社会发展第十三个五年规划纲要》，新华社电，2016年3月17日。

［2］国家文物局：《关于印发〈大遗址保护"十三五"专项规划〉的通知》（文物保发〔2016〕22号），2016年10月31日。

［3］国务院关于促进中部地区崛起"十三五"规划的批复（国函〔2016〕204号），2016年12月17日。

［4］五部门关于印发《〈"互联网+中华文明"三年行动计划〉的通知》（文物博函〔2016〕1944号），国家文物局网站。

［5］科技部、文化部、国家文物局：《国家"十三五"文化遗产保护与公共文化服务科技创新规划》，《中国文化报》2016年12月14日。

［6］中共中央办公厅、国务院办公厅：《关于加快构建现代公共文化服务体系的意见》，《新华网》2015年1月15日。

［7］国务院印发《关于进一步加强文物工作的指导意见》，河南文化网，2016年3月9日。

［8］《中共河南省委关于制定〈河南省国民经济和社会发展第十三个五年规划〉的建议》，《河南日报》2016年1月4日。

［9］河南省统计局、国家统计局河南调查总队：《2015年河南省国民经济和社会发展统计公报》，河南省统计网，2016年2月28日。

［10］《〈河南省国民经济和社会发展第十三个五年规划纲要〉发布》，《河南日报》

2016年5月18日。

[11] 河南省人民政府办公厅：《关于印发〈河南省支持文化企业发展和经营性文化事业单位转企改制的若干政策〉的通知》（豫政办〔2016〕98号），河南省人民政府门户网站，2016年6月14日。

[12] 《河南省第十次党代会谢伏瞻工作报告全文公布》，《河南日报》2016年11月7日。

[13] 《中共河南省委关于繁荣发展社会主义文艺的实施意见》，《河南日报》2016年6月14日。

[14] 《河南省人民政府关于进一步加强文物工作的实施意见》（豫政〔2016〕57号），河南文化网，2016年9月18日。

[15] 《河南省委省政府关于印发〈华夏历史文明传承创新区建设方案〉的通知》（豫发〔2016〕32号），河南文物网，2016年10月27日。

[16] 《（河南）省新闻出版广电局关于近期获奖电影作品的表彰通报》，河南省新闻出版广电局文件（豫新广办〔2016〕455号）。

[17] 《"十二五"全省文化工作总结》，河南文化网，2016年1月27日。

[18] 《河南为小微文化企业保驾护航》，《中国文化报》2015年12月30日。

[19] 《中原文化"走出去"更要"留下来"》，《河南日报》2016年10月19日。

[20] 《河南：〈促进中部地区崛起"十三五"规划〉获国务院批复》，《河南日报》2016年12月24日。

[21] 河南统计局、国家统计局河南调查总队：《2016年河南省国民经济和社会发展统计公报》，河南省统计网，2017年3月1日。

[22] 《河南省文化厅2016年工作总结》，河南省文化厅网站，2017年4月20日。

B.2
2015年河南省区域文化竞争力分析评价报告

河南省社会科学院课题组*

摘　要：	2015年，河南省各级政府认真贯彻落实党中央治国理政的新理念新思想新战略，大力推进文化建设，出台了一系列文化改革发展规划及相应的政策措施，基本公共文化服务供给越来越精准化，文化与相关产业融合发展越来越深入，重点文化产业园区集聚发展的效应越来越突出，文化旅游在河南国民经济发展中作用越来越重要，取得的成效令人欣慰。但也存在着文化发展不平衡、文化政策落地难、文化产业发展专项资金扶持不稳定、城乡文化消费动力不足、文化建设高端人才依然匮乏等制约因素。通过对河南省18个省辖市和10个直管县在文化事业、文化产业、人才队伍建设等方面40多项客观指标的相关测度评价，大致勾勒出"十二五"末河南18个省辖市和10个直管县的文化建设总体状况与文化发展水平，对加快河南省区域文化发展提出政策建议，为进一步提升河南区域文化竞争力、构筑全国重要的文化高地提供参考和借鉴。
关键词：	省辖市　直管县　文化竞争力　综合评价

---

* 课题组长：卫绍生；课题组副组长：李立新、杨波；课题组成员：郭艳、郭海荣、陈勤娜、田丹；执笔：杨波。

一 2015年河南省区域文化建设的基本态势

2015年是"十二五"的收官之年，也是河南省各市县总结"十二五"、谋划"十三五"的重要节点。河南省各市县认真贯彻落实党中央治国理政的新理念新思想新战略，紧紧围绕河南省委、省政府关于文化建设的中心工作，结合各自的文化资源优势进行决策部署，积极深化文化体制改革，扎实推进公共文化网络设施建设，进一步提升文化遗产的保护展示水平，加快文化与相关产业的深度融合，在实践中探索，在开拓中前行，在创新中提高，取得了可喜的成效。

（一）各级政府对当地的文化建设越来越重视

密集出台文化政策。各级政府对当地的文化建设越来越重视，密集出台了一批推进基层综合性文化服务中心建设、支持河南传统戏曲传承发展、深化文化市场综合执法改革、加大文化与其他产业深度融合、支持小微文化企业发展、"文化+"系列实施方案、推动文化"走出去"等相关内容的文化政策，为河南省文化改革发展奠定了政策基础，覆盖范围之广、支持力度之大、推进决心之强可谓空前，文化政策的顶层设计日趋完善，直接推动了全省文化建设的快步前行。河南省近年来先后推出了一批支持文化发展的政策措施，如《河南省人民政府关于建设高成长服务业大省的若干意见》《河南省人民政府关于加快旅游产业转型升级的意见》《河南省新型文化业态发展专项资金管理使用办法》《中共河南省委办公厅河南省人民政府办公厅关于加快构建现代公共文化服务体系的实施意见》《河南省"十三五"时期贫困地区公共文化服务体系建设实施方案》《河南省人民政府办公厅关于推进基层综合性文化服务中心建设的实施方案》《河南省人民政府办公厅关于做好政府向社会力量购买公共文化服务工作的实施意见》《河南省人民政府办公厅关于支持戏曲传承发展的实施意见》等，内容涉及税收、金融、土地、财政、工商等方方面面，在统筹利用科技、文化、教育、旅游、金融等部门资源，推进华夏历史文明传承创新区和文化强省建设，重点鼓励文化产品出口实行增值税零税率，支持包括动漫游戏及软件设计、文化创意、数字内容服务、新型文化休闲娱乐以及各级政府确定支持的其他新型文化业态，为河南文化事业和文化产业的发展提供了有力的政策支撑。

文化产业发展专项基金的扶持力度逐年增加。积极争取中央文化产业发展专项资金的支持，是河南省各市县一直在努力的工作。在2015年7月财政部文资办公布的《2015年度文化产业发展专项资金拟支持项目公示》中，河南的12个项目入选重大项目支持名单，其中河南南水北调孤柏嘴穿黄文化旅游项目等6项被列入文化金融扶持计划，奥斯卡高新数字化影城建设入选"推动影视产业发展"计划，河洛文化特色创意产品研发生产项目入选"促进文化创意和设计服务与相关产业融合"项目，朱仙镇国家文化生态旅游示范区入选"加快特色文化产业发展"项目，固始县华源工艺有限责任公司和河南约克信息技术股份有限公司分别获得出口奖励，河南日报报业集团有限公司推出的"全媒体数据中心"入选"推动传统媒体和新兴媒体融合发展"项目；共有12个项目入选一般项目支持名单，其中前10项用于支持文化体制改革，后2项用于支持文化产业园区及基地建设（详见表1）。

表1 2015年度河南入选国家文化产业发展专项资金支持的项目名单

重大项目(12个)			一般项目(12个)		
单位名称	项目名称	所属市县	单位名称	项目名称	所属市县
河南南水北调穿黄旅游公园有限公司	河南南水北调孤柏嘴穿黄文化旅游项目	郑州市	偃师市曲剧团	优秀基层戏曲院团奖励	洛阳市
南阳市拓宝玉器有限公司	玉制民族系列乐器生产及演出建设项目	南阳市	栾川县曲剧团	优秀基层戏曲院团奖励	洛阳市
河南大别山金刚台生态旅游开发有限公司	河南大别山金刚台红色旅游项目建设	信阳市	新安县金秋曲剧团	优秀基层戏曲院团奖励	洛阳市
河南省杂技集团有限公司	中国濮阳国际杂技文化产业园	濮阳市	安阳县豫剧团	优秀基层戏曲院团奖励	安阳市

续表

重大项目(12个)			一般项目(12个)		
单位名称	项目名称	所属市县	单位名称	项目名称	所属市县
河南索易文化发展有限公司	索易欢乐城堡一期	郑州市	获嘉县豫剧团演艺有限责任公司	优秀基层戏曲院团奖励	焦作市
陈家沟太极拳发展有限公司	陈家沟太极拳文化推广中心项目	焦作市	河南小皇后豫剧团	优秀基层戏曲院团奖励	郑州市
河南文化影视集团有限公司	奥斯卡高新数字化影城建设	郑州市	河南省梨园风豫剧团	优秀基层戏曲院团奖励	焦作市
洛阳牡丹瓷股份有限公司	河洛文化特色创意产品研发生产项目	洛阳市	开封市梨园戏剧团	优秀基层戏曲院团奖励	开封市
朱仙镇文化旅游股份有限公司	朱仙镇国家文化生态旅游示范区	开封市	商丘市青年艺术团有限公司	优秀基层戏曲院团奖励	商丘市
固始县华源工艺有限责任公司	出口奖励	固始县	商丘演艺集团有限公司	《商魂·古城遗梦》大型实景演出项目	商丘市
河南约克信息技术股份有限公司	出口奖励	郑州市	平顶山凌云大香山国学文化传播有限公司	平顶山市大香山国学文化园项目	平顶山市
河南日报报业集团有限公司	全媒体数据中心	郑州市	开封中国翰园碑林有限责任公司	中国翰园碑林景区提升工程	开封市

为推动传统媒体和新兴媒体融合发展，河南省自2012年起逐渐加大了对文化产业的扶持力度，呈现出持续上升的良好发展态势：从2012年起，河南省开始设立扶持动漫产业发展专项资金，每年用于支持优秀原创动漫产品创作生产、优秀动漫产品出口、重大动漫项目建设等内容的投资达到1000万元，为河南动漫产业的快速发展营造出良好的氛围。[①] 2014年，河南省设立省新型文化业态发展专项资金，对扶持动漫产业发展专项资金的规模和扶持范围进行了扩展，每年用于新型文化业态的资金投入达到2000万元，大力支持文化创意、动漫游戏、软件设计、数字内容服务、新型演艺、

---

① 参见《河南省人民政府办公厅关于促进动漫产业发展的意见》（豫政办〔2011〕47号）相关内容。

新型文化休闲娱乐等相关产业，极大地促进了新技术模式、商业模式和产业融合模式的发展。2014年下半年，省政府又对服务业领域的各种专项资金进行整合，成立了省级高成长服务业专项引导资金，将之前设立的省新型文化业态发展专项资金作为子项，同时追加2000万元用于扶持新型文化业态发展。2015年，河南省财政厅除下发《关于2015年中央补助地方公共文化服务体系建设专项资金预算的通知》外，还与省文化厅联合印发了《关于申报2015年度省级高成长服务业专项引导资金扶持新型文化业态项目的通知》，明确表示要为动漫游戏、软件设计、数字内容服务等新型文化业态项目提供更多的资金扶持。[①] 首批省文化产业发展基金规模达6亿元，其中省财政出资2亿元，为推动河南省文化产业快速发展再添新助力。

（二）基本公共文化服务供给越来越精准化

为丰富广大人民群众的精神文化生活，河南省、市、县三级先后成立了现代公共文化服务体系建设协调机构，陆续出台了一批由政府购买公共文化服务、支持建设基层综合性文化服务中心的文化政策，设立了1亿元的政府购买公共文化服务专项资金。全省各地多措并举开展丰富多彩的基本公共文化服务，取得了良好的社会效益。一是免费开放文化场馆。省委、省政府连续多年将基层"四馆一站"免费开放，列入省委、省政府"十项民生工程"重点推进，各级财政每年投入1.78亿元，已建成标准化综合性文化服务中心400个、标准化文化活动广场300个、贫困地区百县万村综合文化服务中心示范点299个、零门槛免费开放文化单位3027个等。二是持续组织公益活动。"中原文化大舞台""高雅艺术进校园""舞台艺术送农民"等公益惠民演出活动达1.9万场，举办了"春满中原""百城万场""全民阅读""文化讲堂"等系列群众文化活动4万多场，受到了广大群众的热烈欢迎。三是创新文化服务模式。全省各地市注重服务创新，郑州扎实推进市民公共

[①] 《省文化厅解读2015河南专项资金扶持文化产业项目》，河南省人民政府门户网站，2015年4月3日。

文化服务区"四个中心"建设,焦作积极探索"百姓文化超市"惠民工程,济源国家基层综合性文化中心试点通过验收,永城基层文化建设受到中央充分肯定,这些都是推进公共文化服务改革创新的典范。自2014年被列入省基层综合性文化服务中心建设试点市后,焦作市在深入基层调查研究的基础上,根据中央提出的"开展'菜单式'、'订单式'服务"的新理念,在全市109个村(社区)实施了"百姓文化超市"惠民工程,探索出一些提高基层公共文化服务水平的方法。2015年8月,焦作市正式下发了《关于印发〈焦作市实施"农民文化超市"惠民工程的指导意见〉的通知》,以武陟县为试点进行深入探索。2016年初,焦作市将这一惠民工程更名为"百姓文化超市"惠民工程,并将其列入2016市重点民生工程,投入财政预算资金409万元。通过整合优化城乡公共文化服务资源,构建需求反馈工作模式,畅通群众文化需求反馈渠道,精准实施线下配送,推进管理标准化科学化,切实提高使用效能,培养了一批基层文化人才队伍。通过网站设置"超市的菜单""订单收集""订单反馈"等栏目和"我要看图书""我要看电影""我要请专家"等互动版块,摸索出"超市式"供应、"订单式"配送、"菜单化"服务等创新发展模式,实现了公共文化服务的精准化和接地气,极大地激发了群众参与文化建设、创造文化产品的热情,受到省委和中央领导的充分肯定。[①]

(三)文化与相关产业融合发展越来越深入

经过政府等有关部门连续多年的强力推动,河南文化与相关产业的融合发展越来越深入。文化产业已经成为受社会资本关注的新兴产业领域;国有文化企业的影响力和控制力逐渐增强,涌现出一批大型重点文化企业和骨干文化企业;发展重点已经从"铺摊子"转向"上档次"的"换挡期",创新发展模式、完善文化发展机制成为全省各地文化改革重要内容。如许昌市

---

① 参见《河南省文化体制改革和发展工作领导小组办公室主任会议发言材料》,第18~22页,2017年1月印制。

为适应当前传媒形势的新变化、新需求，尽快承担起融合传统媒体和新兴媒体这一迫切的目标任务，倾力打造传统媒体和新兴媒体互动融合的文化平台，将原许昌日报社改制为许昌报业传媒集团，注资1000万元成立了许昌融智传媒公司；先后投入1250多万元，支持许昌报业传媒集团"全媒体业态创新与建设工程"项目，并成为河南省7个入选国家新闻出版改革发展项目入库项目之一，目前已经形成以"许昌头条"、"今日许昌"、许昌手机台、许昌政府网客户端，微信公众号"掌上许昌""许昌政事""企鹅号""许昌融媒""许昌发布"等融媒体矩阵，在探索传统媒体与新兴媒体融合的路子上越走越顺畅。开封市为顺应经济新常态下文化发展的新需要，在认真总结文商旅发展经验的基础上，在全国率先提出"文化+"理念，制定了"文化+旅游""文化+城建""文化+会展""文化+工艺设计"等10个专项行动，谋划了包括68个"文化+"项目在内的项目库，扎实推进文化与经济社会各领域的深度融合，逐渐形成政府引导、市场主导、社会各界积极参与的协同发展模式，在开封文化产业繁荣发展和相关产业转型升级方面产生了令人瞩目的成绩。2015年，开封市文化产业实现增加值90.3亿元，占GDP的比重为5.63%，在全省处于领先行列，也超过了全国平均水平，呈现出强大的融合力和创造力；洛阳市以丝绸之路经济带建设和中国大运河、丝绸之路"双申遗"成功为契机，以国务院办公厅出台的《关于进一步促进旅游投资和消费的若干意见》为指导，充分发挥"互联网+"的创新驱动作用，积极探索特色民族文化与旅游融合发展新路子，采取了很多切实可行的发展举措，把文化提升融入经济转型升级和文化强省建设的全过程。通过资源整合、不断创新、融合发展等方式，洛阳旅发集团不断加大云计算、大数据等现代科技在文化服务中的应用，继续完善公共文化服务的综合信息化建设，逐步推进数字化城市建设和信息资源相融合、科技创新与文化旅游相融合、休闲度假和文化交流相融合、互联网和文化创意相融合等，着力打造世界知名、国内一流的文化旅游、文化传播和文化交流的重要平台，成为洛阳文化旅游产业由粗放型到集约型转型升级的典型范例。

（四）文化产业园区集聚发展的效应越来越突出

"十二五"期间，河南文化强省建设迈出坚实步伐，文化产业园区建设成绩显著。截至 2015 年底，全省国有文化企业 393 家，资产总额 497 亿元，营业收入达到 187 亿元，比上年同比分别上涨了 16.9% 和 12%；创建国家级文化产业示范园区 1 个、文化产业基地 12 个，省级文化产业示范园区 9 个、文化产业基地 87 个，文化从业人员达到 35 万人，总资产超过 320 亿元，营业收入近 280 亿元，重点文化产业园区集聚发展的效应越来越突出。[①] 如开封市以开封宋都古城文化产业园区项目建设为龙头，坚持每年谋划一批文化产业项目，出台了《开封市深化"文化+"行动 加快构筑文化高地示范区行动方案》，先后推出开封文化客厅、开封市文化交流中心、双龙巷历史文化街区更新改造、60 非遗文化创意园等项目，打造出中国（开封）清明文化节、中国开封菊花文化节、大宋花朝节、大宋上元灯会、东京禹王大庙会等节会品牌，在保护历史文化名城的过程中不断创造新的经济增长点。[②] 洛阳市以国家级文化和科技融合示范基地为依托，着力提升洛阳牡丹文化品牌在文化旅游、工艺美术品生产、影视动漫三大优势产业中的深刻内涵，培育发展文化传媒、演艺娱乐、会展、文化用品设备制造四大重点产业，加快数字出版、移动多媒体、网络电视等新兴文化产业的发展步伐。洛阳牡丹瓷股份有限公司开创的牡丹瓷文化创意产业，在国内文化旅游行业异军突起；洛阳众芳牡丹产业集团研发的洛阳牡丹全花茶，为洛阳牡丹深加工产品再添"新军"，还填补了国际上牡丹全花制茶的空白；洛阳市政府与中国林业经济学会、中国林业产业联合会联合主办的洛阳牡丹加工产品展销会，是我国首次举办的牡丹加工产品专题展销会，在业界引起极大反响；洛阳大头兵文化传播有限公司制作的中国古代廉吏故事《古镜今鉴》

---

① 参见《河南省："十二五"期间建成 12 个国家级文化产业基地》，信息来源于河南省文化厅于 2016 年 3 月发布的《"十二五"全省文化工作总结》，中国经济网北京 3 月 24 日讯。
② 参见《河南省文化体制改革和发展工作领导小组办公室主任会议发言材料》，第 9~12 页，2017 年 1 月印制。

影视动画片及图书等，获得省新型文化业态发展专项资金扶持，无不彰显出洛阳厚重的人文精神，成为洛阳闪亮的城市名片和核心竞争力。在推进文化与经济发展融合、文化与金融科技融合、文化与城市建设融合、文化与社会民生融合的同时，河南重点文化产业园区的集聚效应越来越突出，正成为推动河南文化产业提档升级的有力支撑。

（五）文化旅游在河南国民经济发展中的作用越来越重要

继党的十七届六中全会《决定》之后，《中共中央关于制定国民经济和社会发展第十三个五年规划的建议》再次提出要推动"文化产业成为国民经济支柱性产业"，充分反映了党中央对文化建设的高度重视和对经济社会文化发展规律的深刻把握，反映了当前国家对发展文化产业的迫切需求。河南省十次党代会也明确了"2020年文化产业成为国民经济支柱型产业"这一发展目标。近年来，河南文化产业发展的步伐明显加快，占国民经济的比重也稳步上升，文化旅游在河南国民经济社会发展中的作用也越来越重要。截至2015年底，河南省共有364家A级旅游景区，其中4A级以上旅游景区135处；全年共接待海内外游客5.19亿人次，其中入境游客达268.29万人次，比上年增长18.1%；旅游总收入达到5035.29亿元，同比增长15.3%。[1] 从2015年全省各地旅游收入情况来看，18个省辖市和直管县的旅游总收入整体呈上涨趋势。

表2　2015年18个省辖市和10个直管县旅游接待情况统计

全省及省辖市	接待海内外游客（万人次）	比上年增长(%)	旅游总收入(亿元)	比上年增长(%)
全　省	51889.29	13.1	5035.29	15.3
郑州市	8674.40	11.7	1004.20	12.5
开封市	4492.10	13.2	245.10	27.3

---

[1] 参见河南省统计局、国家统计局河南调查总队《2015年河南省国民经济和社会发展统计公报》，河南省统计局网站，2016年2月28日。

续表

全省及省辖市	接待海内外游客（万人次）	比上年增长(%)	旅游总收入(亿元)	比上年增长(%)
洛阳市	10430.00	10.1	780.00	29.8
平顶山市	3447.80	7.1	169.70	9.2
安阳市	3431.00	15.6	253.40	28.3
鹤壁市	1600.40	15.3	67.03	21.3
新乡市	2987.82	12.4	201.97	14.5
焦作市	3741.19	13.4	301.66	15.4
濮阳市	578.25	12.1	8.79	13.2
许昌市	1214.00	12.0	59.70	12.0
漯河市	476.20	11.3	32.70	13.1
三门峡市	2687.00	无数据	225.60	无数据
南阳市	4117.44	10.0	214.80	10.1
商丘市	1077.09	11.9	22.09	13.0
信阳市	2326.39	13.7	135.03	16.2
周口市	2602.40	无数据	129.00	无数据
驻马店市	2438.90	20.3	134.70	24.7
济源市	851.21	12.0	39.10	14.0
省直管县	接待海内外游客（万人次）	比上年增长(%)	旅游总收入(亿元)	比上年增长(%)
巩义市	703.80	8.3	10.00	17.6
兰考县	203.00	-21.9	0.01	无数据
汝州市	289.59	18.2	21.36	16.8
滑县	无数据	无数据	无数据	无数据
长垣县	无数据	无数据	无数据	无数据
邓州市	无数据	无数据	无数据	无数据
永城市	200.40	10.0	3.20	12.7
固始县	421.30	无数据	12.60	无数据
鹿邑县	652.40	12.8	37.00	9.8
新蔡县	无数据	无数据	无数据	无数据

河南文化旅游的迅猛发展，根本原因在于全省各市县依托自身的文化资源优势，出台了一系列提升文化旅游的政策规定，建设了一批具有行业带动作用的旅游项目，推出一批文化旅游精品线路，打造了一批具有地域特色的文化品牌，并产生了相当可观的经济效益。郑州市结合自己的区位优势和文化优势，将全域旅游做得风生水起。一是深度挖掘黄河文化、黄帝文化、少

林文化、商都文化内涵，持续提升拜祖大典、"天地之中"历史建筑群等历史文化旅游项目；二是积极探索有郑州特色的国家级大遗址保护传承之路，深入实施《郑州大遗址片区保护利用战略规划》，倾力打造人类起源与环境变迁展示区域、中国古代王都展示区域等六大展示园区以重点支持登封等地建设华夏历史文明传承创新示范工程，集中展示中原地区遗存的中华民族早期文明完整链条，凸显郑州在建设华夏历史文明传承创新区过程中的重要地位；三是强化重大项目带动，大力发展以郑州国际文化创意产业园、中牟绿博文化产业园、方特欢乐世界、华谊兄弟电影小镇等为代表的现代文化旅游项目，展示了郑州市在"文化+旅游"方面的新成果；四是依托河南丰富的历史文化资源和创意文化产品，加快建设中原动漫文化创意中心，促进动漫产业和传统工艺美术等产业不断优化升级。洛阳市围绕"世界圣城、丝路起点、千年帝都、牡丹花城"等文化品牌，把提升文化内涵贯穿到旅游业发展全过程，既要静态传承抓好文物保护研究，又要动态谋划抓好项目建设、旅游宣传和"智慧龙门"，科学统筹整合旅游产业和文化资源，推动洛阳传统文化旅游的转型升级，努力实现从门票经济到产业经济的两大转变，打出了一组漂亮的文化"组合拳"。

二 2015年河南省区域文化竞争力分析

2015年河南省区域文化竞争力分析评价指标体系，主要数据来源是2014年以来的《河南统计年鉴》，河南省近三年的省、省辖市、省直管县《政府工作报告》和国民经济和社会发展统计公报，2015年财政预算情况和2016年财政预算（草案）的报告，以及河南省人民政府网站、河南省统计网、河南省文化厅网站、河南省财政厅网站、大河网、大豫网、河南文化产业网等材料，意在全面客观地分析河南最近两年的文化建设情况和区域发展态势，为加快筑全国重要的文化发展高地提供参考和借鉴。

需要说明的有两点。一是关于数据采集情况。《河南文化发展报告（2014）》及《河南文化发展报告（2015）》收入的《河南省区域文化竞争力分析评价报告》，分别采集了 2012 年和 2013 年的文化数据。由于文化建设方面的数据比较滞后，《2014 年河南省区域文化竞争力分析评价报告》未能成稿。2015 年是"十二五"规划的收官之年，单独采用 2015 年的数据，不能全面地反映河南"十二五"时期区域文化建设的发展轨迹，所以文中有些表格采用了 2013~2015 年的数据。二是关于评价指标体系。在《河南省区域文化竞争力分析评价报告》（2012）的基础上，课题组对《2013 年河南省区域文化竞争力分析评价报告》中的指标体系进行了微调，调整后的评价指标体系基本上能够比较科学、客观、全面地反映河南省各市县的整体文化发展态势，所以这里继续沿用这一评价指标体系。河南省区域文化竞争力评价指标体系共设置一级指标 4 个，总分 100 分，指标名称及对应的分值设置分别为"文化事业"（40 分）、"文化产业"（40 分）、"人才队伍建设"（10 分）、"专家综合评判"（10 分）；二级指标 12 个，和一级指标一样，不直接参与计算，只体现指标体系的整体结构和分值比例；三级指标 47 个，全部设置在前三个一级指标下面；专家综合评判是对 18 个省辖市和 10 个直管县文化建设综合实力的判定，虽具有一定的主观性，但判定依据基于日常实地调研和问卷调查等信息来源，可资参照。总之，某一省辖市或直管县区域文化竞争力的综合指数（c_i）由三级指标的实际分值（b_i）和专家综合评分两部分组成，即 $c_i = (b_1 + b_2 + b_3 + \cdots + b_{47})$ + 专家综合评分。下面试分别加以分析。

（一）河南省18个省辖市和10个直管县文化事业竞争力分析

河南省区域文化竞争力评价指标体系（下文简称"指标体系"）一级指标"文化事业"部分设置了 5 个二级指标，分别是"公共文化基础设施""公共文化产品供给""公共文化资金投入""文化遗产保护利用""省级以上（含省级）奖项荣誉"，对应的理论分值分别为 6 分、10 分、10 分、6 分、8 分，二级指标下面再分为 26 项三级指标。

1. 公共文化基础设施指标分析

"公共文化基础设施"一栏下设了 4 个三级指标，每一指标设置的理论分值均为1.5分。因为18个省辖市和10个直管县均已达标或基本实现全覆盖，因此全部给出相同的满分分值。现将全省各省辖市和直管县的公共场馆相关数据列表如下，可资参照。①

表3 2015年河南各省辖市和直管县公共场馆统计

省辖市	公共图书馆(个)	文化馆(个)	博物馆(个)	艺术表演团体(个)
郑州市	15	12	31	16
开封市	5	10	24	7
洛阳市	17	17	60	77
平顶山市	7	10	6	5
安阳市	5	9	14	10
鹤壁市	5	6	2	2
新乡市	11	11	2	19
焦作市	7	11	9	8
濮阳市	6	7	7	126
许昌市	7	8	14	7
漯河市	5	4	0	6
三门峡市	7	7	7	6
南阳市	12	16	19	15
商丘市	8	8	1	12
信阳市	10	16	32	7
周口市	10	12	15	11
驻马店市	9	10	8	10
济源市	1	1	1	1

① 据官方公布的数据显示，2015年河南省共有公共图书馆158个，文化馆206个，博物馆268个，艺术表演团体173个。表3对市（县）统计的公共场馆数据，分类统计的总数与全省总数并不一致，但因为数据来源难以统一，特此说明。另其中开封市和洛阳市博物馆数字采用的是2016年统计数据，安阳市公共场馆数据来自河南省人民政府网站2015年4月公布的《安阳市概况》，鹤壁市和新乡市博物馆数据分别来自河南省人民政府网站2015年4月27日和5月7日公布的《鹤壁市概况》《新乡市概况》，三门峡市所有公共场馆数据采用的是2014年初公布的统计数据，平顶山市博物馆因未见公开数据，故而采用的是个人统计数据。《2015年驻马店市国民经济和社会发展统计公报》中公布的驻马店市文化馆数据是180个，与其他省辖市统计口径不同，故弃而不用，采用的是2014年初公布的统计数据。

续表

省直管县	公共图书馆(个)	文化馆(个)	博物馆(个)	艺术表演团体(个)
巩义市	1	1	1	2
兰考县	1	1	0	6
汝州市	1	1	2	1
滑县	1	1	1	4
长垣县	1	1	1	6
邓州市	1	1	1	2
永城市	6	0	1	1
固始县	1	1	1	1
鹿邑县	1	1	1	26
新蔡县	1	1	0	12

2. 公共文化产品供给指标分析

"公共文化产品与服务"一栏下设了6个三级指标，设置的理论分值分别为2分、2分、1.5分、1.5分、1.5分、1.5分。因为各级公共文化服务示范区和示范项目以创建成功之后的数据为统计依据，国家级类目暂时没有最新的数据，省级类目仍然采用2013年公布的6个示范区和6个示范项目数据，因此18个省辖市的实际分值与2013年河南省区域文化竞争力评价指标体系中的数据相同。而河南各省辖市和直管县前四批省级公共文化服务示范区和示范项目总体来说分布相对均衡，现将其统计数据分别列表如下。

表4 18个省辖市省级公共文化服务体系示范区统计

省辖市	第一批	第二批	第三批	第四批	总计
郑州市	0	1	1	1	3
开封市	1	0	0	1	2
洛阳市	0	0	0	0	0
平顶山	1	0	1	0	2
安阳市	1	0	0	1	2
鹤壁市	1	0	1	1	3
新乡市	1	0	0	1	2
焦作市	0	1	1	0	2

续表

省辖市	第一批	第二批	第三批	第四批	总计
濮阳市	0	0	0	0	0
许昌市	0	0	0	0	0
漯河市	0	1	0	0	1
三门峡	0	1	0	1	2
南阳市	0	0	0	0	0
商丘市	0	0	0	0	0
信阳市	1	0	1	0	2
周口市	0	1	0	0	1
驻马店	0	0	0	0	0
济源市	0	1	0	0	1
总 计	6	6	5	6	23

表5　18个省辖市省级公共文化服务体系示范项目统计

省辖市	第一批	第二批	第三批	第四批	总计
郑 州	0	1	1	1	3
开 封	1	0	0	1	2
洛 阳	0	0	0	0	0
平顶山	1	0	1	0	2
安 阳	1	0	0	1	2
鹤 壁	1	0	1	1	3
新 乡	1	0	0	1	2
焦 作	0	1	1	0	2
濮 阳	0	0	0	0	0
许 昌	0	0	0	0	0
漯 河	0	1	0	0	1
三门峡	0	1	0	1	2
南 阳	0	0	0	0	0
商 丘	0	0	0	0	0
信 阳	1	0	1	0	2
周 口	0	1	0	0	1
驻马店	0	0	0	0	0
济 源	0	1	0	0	1
总 计	6	6	5	6	23

表6　10个直管县省级公共文化服务体系示范区统计

直管县	第一批	第二批	第三批	第四批	总计
巩义	1	0	0	0	1
固始	0	0	0	0	0
兰考	0	1	0	0	1
汝州	0	0	0	0	0
滑县	0	0	0	0	0
长垣	0	0	0	0	0
邓州	0	0	0	0	0
永城	1	0	0	0	1
鹿邑	0	0	0	0	0
新蔡	0	0	0	0	0
总计	2	1	0	0	3

表7　10个直管县省级公共文化服务体系示范项目统计

直管县	第一批	第二批	第三批	第四批	总计
巩义	0	0	0	0	0
固始	0	0	0	0	0
兰考	0	0	0	0	0
汝州	0	0	1	0	1
滑县	0	0	0	0	0
长垣	0	0	0	0	0
邓州	0	0	0	0	0
永城	0	0	0	0	0
鹿邑	0	0	0	0	0
新蔡	0	0	0	0	0
总计	0	0	1	0	1

3.公共文化资金投入指标分析

文化建设涵盖的内容虽然广泛，但无论是公共文化基础设施的建设完善、历史文化资源的开发利用，还是各种文化项目的上马开工，都需要大量持续的资金投入作为有力保障。指标体系中"公共文化资金投入"一栏下设了4个三级指标，即"人均文化事业费（元）"、"文化事业费占本地财政支出的比重（％）"、"人均公共文化资金投入（元）"和"公共文化投入占本地财政支出的比重（%）"，设置的理论分值分别为3分、2分、3分、2分，相对其他三级指标来说分值较重。因为《2013年河南省区域文化竞争力分析评价报告》已列入河南省18个省辖市和10个直管县2013年公共文化资金投入的相关数据，所以下面仅将2014~2015年河南省18个省辖市和10个直管县在文化事业费方面的投入情况进行统计，大致能反映近几年来河南省公共文化资金投入的总体趋势。

表8 2014~2015年河南省18个省辖市公共文化资金投入情况

省辖市	2014年			2015年		
	公共文化资金投入总量（亿元）	人均公共文化资金投入（元）	公共文化资金投入占本地财政支出的比重（%）	公共文化资金投入总量（亿元）	人均公共文化资金投入（元）	公共文化资金投入占本地财政支出的比重（%）
郑州市	14.19	186.71	1.54	17.40	225.97	1.57
开封市	2.46	47.86	1.10	3.82	74.90	1.44
洛阳市	7.70	110.63	1.86	9.34	133.43	1.95
平顶山	3.90	72.08	1.61	3.35	62.04	1.29
安阳市	3.45	59.58	1.47	3.80	65.52	1.39
鹤壁市	1.48	91.35	1.57	1.71	106.88	1.49
新乡市	2.67	44.20	0.95	4.15	69.17	1.33
焦作市	2.62	71.00	1.36	3.44	92.97	1.64
濮阳市	2.74	70.25	1.50	3.24	83.08	1.48
许昌市	2.60	53.38	1.17	2.69	54.89	1.08
漯河市	2.31	83.39	1.69	3.91	139.64	2.38
三门峡	2.31	101.31	1.39	2.46	106.96	1.42
南阳市	5.27	44.77	1.16	5.24	44.29	1.01
商丘市	2.94	32.48	0.83	3.44	37.80	0.90
信阳市	3.54	40.92	1.06	3.84	44.14	1.02
周口市	5.02	44.19	1.31	5.76	50.53	1.33
驻马店	3.13	34.74	0.90	3.14	33.05	0.82
济源市	0.63	91.30	1.07	0.82	117.14	1.38
全　省	91.16	85.19	1.50	105.38	98.28	1.50

2013~2015年，河南省公共文化资金投入总量稳中有升，分别为80.78亿元、91.16亿元、105.38亿元；人均公共文化资金投入呈缓慢上升趋势，

分别为85.81元、85.19元、98.28元;公共文化资金投入占本地财政支出的比重起伏不大,分别是1.45%、1.5%、1.5%。2014~2015年,郑州、开封、洛阳、新乡、焦作、漯河、三门峡、商丘、周口、济源10个省辖市在公共文化资金投入总量、人均投入以及占本地财政支出的比重三项指标上呈逐渐上升的趋势;平顶山和南阳2个省辖市在这三项指标上均有所下降;安阳、鹤壁、濮阳、许昌4个省辖市在公共文化资金投入占本地财政支出的比重方面有所下降;驻马店的公共文化资金投入总量稍有提升,但另外两项指标均有所下降;在全省18个省辖市中,2015年公共文化资金投入占本地财政支出的比重超出2个百分点的只有漯河一个地市,洛阳、焦作和郑州紧随其后,分别占比1.95%、1.64%、1.57%,其他地市所占比例相对偏低,都没有达到全省平均值1.50%。

表9 2014~2015年河南省10个直管县公共文化资金投入情况

直管县	2014年			2015年		
	公共文化资金投入(亿元)	人均公共文化资金投入(元)	公共文化资金投入占本地财政支出的比重(%)	公共文化资金投入(亿元)	人均公共文化资金投入(元)	公共文化资金投入占本地财政支出的比重(%)
巩义市	1.10	132.53	2.39	0.65	77.38	1.29
兰考县	0.46	54.76	1.29	0.77	90.59	1.76
汝州市	0.55	51.40	1.52	0.53	49.07	1.17
滑县	0.43	31.61	1.02	0.68	49.64	1.35
长垣县	0.26	30.23	0.67	0.32	37.21	0.81
邓州市	0.46	26.13	0.89	0.51	28.81	0.82
永城市	0.36	23.37	0.61	0.41	26.45	0.61
固始县	0.45	25.86	0.88	0.39	22.29	0.62
鹿邑县	0.27	22.31	0.64	0.30	24.79	0.70
新蔡县	0.19	16.96	0.43	0.29	25.66	0.61

2014~2015年,巩义、汝州、固始3个直管县在公共文化资金投入总量、人均公共文化资金投入以及公共文化资金投入占本地财政支出的比重三项指标上均有所下降;邓州在公共文化资金投入占本地财政支出的比重方面

有所下降；其他几个直管县公共文化资金投入三项指标均有所增加；2015年公共文化资金投入占本地财政支出居前三名的直管县是兰考、滑县和巩义，分别为1.76%、1.35%、1.29%；其他几个直管县这三项指标所占比例相对偏低，要达到全省平均值1.50%还有一段很长的路要走。

4. 文化遗产保护利用指标分析

河南是文物大省，文化遗产保护利用是河南文化建设的重要内容。指标体系中"文化遗产保护利用"一栏下设了5个三级指标，即"世界文化遗产（处）""全国重点文物保护单位（处）""国家级非物质文化遗产保护项目（项）""国家历史文化名城中国民间文化艺术之乡、中国历史文化名镇（村）（个）""省级重点文物保护单位及省级非物质文化遗产（项）"，设置的理论分值分别为2分、1分、1分、1分、1分。现将相关类目统计数据分别列表如下。

表10 河南省18个省辖市和10个直管县国保和省保文物数量统计

省辖市	国家级（7批）	省级（7批）	共计
郑州市	62	162	224
开封市	16	57	73
洛阳市	42	162	204
平顶山市	18	64	82
安阳市	22	83	105
鹤壁市	9	45	54
新乡市	21	79	100
焦作市	22	130	152
濮阳市	5	35	40
许昌市	22	76	98
漯河市	8	43	51
三门峡市	10	61	71
南阳市	17	126	143
商丘市	9	51	60
信阳市	10	98	108
周口市	12	65	77
驻马店市	16	91	107
济源市	7	28	35

续表

省直管县	国家级(7 批)	省级(7 批)	共计
巩义市	10	35	45
兰考县	0	5	5
汝州市	6	21	27
滑县	1	11	12
长垣县	0	4	4
邓州市	3	9	12
永城市	5	13	18
固始县	2	10	12
鹿邑县	1	7	8
新蔡县	1	7	8
总计	357	1578	1935

河南的历史文化遗存非常丰富厚重，目前除了拥有洛阳龙门石窟、安阳殷墟、登封"天地之中"历史建筑群、"大运河河南段"、"丝绸之路中国河南段"等5项世界文化遗产外，还有国家级重点文物保护单位357个，省级重点文物保护单位1578个，但总体分布并不均衡。如全省有100个以上省级以上重点文物保护单位的省辖市分别是郑州、洛阳、安阳、新乡、焦作、南阳、信阳、驻马店，而文保数量最多的郑州市有224个，是文保数量最少的济源市（35个）的六倍有余；直管县中的巩义有45个，是文保单位最少的长垣县（4个）的十多倍。河南的非物质文化遗产数量也很惊人，因为《2013年河南省区域文化竞争力分析评价报告》中已经列入18个省辖市的两级非遗数量统计结果，这两年变化不大，所以此处仅就10个省直管县所属的物质文化遗产、省级非物质文化遗产数量统计、18个省辖市省级非物质文化遗产代表性传承人或内容等进行数量统计。

表11 18个省辖市省级文物保护单位数量统计

省辖市	第一批	第二批	第三批	第四批	第五批	第六批	第七批	总计
郑州市	28	22	11	28	38	1	34	162
开封市	9	10	9	7	14	0	8	57
洛阳市	33	22	23	19	27	0	38	162

续表

省辖市	第一批	第二批	第三批	第四批	第五批	第六批	第七批	总计
平顶山	8	4	7	10	9	3	23	64
安阳市	17	16	10	11	18	0	11	83
鹤壁市	9	9	5	6	3	0	13	45
新乡市	16	17	14	8	11	0	13	79
焦作市	16	20	14	22	25	0	33	130
濮阳市	2	8	10	5	4	0	6	35
许昌市	10	10	13	13	19	0	11	76
漯河市	5	7	4	8	10	0	9	43
三门峡	15	7	8	6	6	0	19	61
南阳市	25	28	16	16	15	3	23	126
商丘市	5	12	9	5	16	0	4	51
信阳市	11	16	16	19	18	0	18	98
周口市	9	16	8	7	8	0	17	65
驻马店	10	19	9	22	16	2	13	91
济源市	2	9	4	3	6	0	4	28
总　计	230	252	190	215	263	9	297	1456

表12　10个直管县省级文物保护单位数量统计

直管县	第一批	第二批	第三批	第四批	第五批	第六批	第七批	总计
巩义	7	3	5	3	14	0	3	35
固始	0	3	2	0	3	0	2	10
兰考	1	0	1	0	0	0	3	5
汝州	4	6	1	4	0	0	6	21
滑县	1	2	0	3	1	0	4	11
长垣	0	2	0	0	0	0	2	4
邓州	4	0	1	1	0	0	3	9
永城	4	3	1	0	0	0	5	13
鹿邑	1	2	0	2	1	0	1	7
新蔡	1	1	2	0	1	0	2	7
总计	23	22	13	13	20	0	31	122

表13 10个省直管县省级非物质文化遗产数量统计

直管县	第一批	第二批	第三批	第四批	总计
巩义	1	2	1	1	5
兰考	2	3	1	1	7
固始	3	0	0	2	5
汝州	1	0	0	2	3
滑县	6	5	5	1	17
长垣	3	1	0	2	6
邓州	2	0	3	0	5
永城	0	1	2	0	3
鹿邑	1	1	1	2	5
新蔡	3	0	1	0	4
总计	22	13	14	11	60

5. 省级以上奖项荣誉指标分析

指标体系中"省级以上（含省级）奖项荣誉"一栏下设了2个三级指标，即"国家级奖项（项）"和"省部级奖项（项）"，设置的理论分值分别为5分、3分。该项指标的设置，将各级文化艺术类奖项、道德模范先进人物、精神文明建设"五个一"工程奖、文化先进县（市、区）等类目全部涵盖在内，旨在发挥宣传思想文化工作的正面引导和精神引领作用。2015年6月，由中宣部、中央文明办、解放军总政治部、全国总工会、共青团中央和全国妇联6部门联合组织的第五届全国道德模范评选表彰活动中，河南省上蔡县朱里镇拐子杨村党支部书记兼村委会主任张全收、河南省开封敦复书院院长王英杰、华北水利水电大学2012级汉语国际教育专业学生（河南省清丰县韩村乡孟焦夫村人）孟瑞鹏、河南省潢川县谈店乡小吕店村村民胡阳海、河南省潢川县谈店乡吴寨村村民黄春刚、河南新城建设有限公司项目经理李江福（河南省林州市人）、河南省栾川县三川镇三川村党支部书记段新宽、河南省信阳市新县人大常委会退休干部许光（许世友将军长子）、河南省郸城县秋渠乡秋渠一中原校长张伟、河南省驻马店市平舆县万金店镇王寨村村民赵小参、河南省兰考县孟寨乡孙西村村民孙付阁等11人，分别

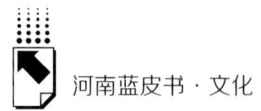

入围"助人为乐模范候选人""见义勇为模范候选人""诚实守信模范候选人""敬业奉献模范候选人""孝老爱亲模范候选人",其中李江福、许光、赵小参3人获得全国道德模范称号。① 2015年5月,在河南省委宣传部、省文明办、省军区政治部、省总工会、团省委、省妇联6部门联合开展的第五届河南省道德模范评选表彰活动中,项城市官会镇昌福学校校长马刚、三门峡市爱心之家志愿者协会会长孙梅丽等22位品德高尚、事迹突出的先进人物被推选为候选人,其中项城市官会镇昌福学校校长马刚、三门峡市爱心之家志愿者协会会长孙梅丽被评为"助人为乐模范",荥阳市王村镇司村村民王西广、福州市华威交通运输有限公司公交车司机田云超被评为"见义勇为模范",浚县小河镇田庄村医生董恩科、民权县北关镇李馆村村民赵松武被评为"诚实守信模范",原长葛市坡胡镇水磨河村党委书记燕振昌、原栾川县潭头镇副镇长马海明被评为"敬业奉献模范",漯河市源汇区老街办事处受降路社区居民王淑珍、襄城县王洛镇房村村民宋梅花被评为"孝老爱亲模范",刘景瑞等12人获河南省道德模范提名奖。② 至此,河南省已评选出51名河南省道德模范,43名河南省道德模范提名奖,他们用不平凡的事迹书写着人生的价值,彰显着道德的光辉和榜样的力量,用实际行动弘扬中原人文精神。2015年,郑州杂技团的《单手顶》获第32届意大利金色马戏节金奖;李佩甫长篇小说《生命册》获第九届茅盾文学奖;由国家新闻出版广电总局公布的2015年第一批优秀国产纪录片,河南推出的大型廉政纪录片《鉴史问廉》、电影纪录片《永远的焦裕禄》和反映淮河船民生活题材的纪录片《淮河船家》3部作品榜上有名;河南省先后举办的首届河南青年戏剧节、第六届黄河戏剧奖大赛、第七届中部六省曲艺大赛、第二届河南省

---

① 参见《第五届全国道德模范候选人推出 河南11人入围》,《河南日报》2015年6月5日,http://dangjian.people.com.cn/n/2015/0605/c396492-27110530.html;《第五届全国道德模范名单》,《中国文明网》2015年10月13日,http://www.wenming.cn/specials/sxdt/fifthmd/yaow/201510/t20151013_2906042.shtml。

② 参见《第五届河南省道德模范候选人事迹公示》,《大河报》2015年11月9日。《德耀中原——第五届河南省道德模范颁奖典礼举行》,《河南文明网综合》2015年12月31日,http://www.wenming.cn/syjj/dfczz/hn/201512/t20151231_3056627.shtml。

民间文艺"金鼎奖"、河南省第六届合唱节等大型赛事,在参赛规模和参赛作品质量上都有较大提升。此外,2016年1月18日,河南省文化厅还公布了《2015~2016年度"河南省特色文化村(社区)"名单》,共计97个,除漯河市、兰考县和新蔡县没有入选名单外,其他各省辖市和直管县的入选名单相对比较均衡,也可作为各地文化建设的一项考量指标。① 列表如下:

表14 2015~2016年度"河南省特色文化村(社区)"名单

所属省辖市	数量(个)	所属直管县	数量(个)
郑州市	7	巩义市	1
开封市	3	兰考县	0
洛阳市	6	汝州市	2
平顶山	5	滑县	2
安阳市	6	长垣县	2
鹤壁市	6	邓州市	1
新乡市	2	永城市	2
焦作市	6	固始县	2
濮阳市	4	鹿邑县	2
许昌市	7	新蔡县	0
漯河市	0	总计	14
三门峡市	6		
南阳市	7		
商丘市	4		
信阳市	4		
周口市	3		
驻马店市	3		
济源市	4		
总计	83		

(二)河南省各市县文化产业竞争力分析

党的十八大以来,各级政府对文化产业的重视程度越来越大,文化产业

---

① 参见《关于公示2015~2016年度"河南省特色文化村(社区)"命名名单的公告》,河南省文化厅公共文化处,2016年1月18日,http://www.hawh.cn/zfxxgk/2016-01/18/content_237513.htm。

的软实力越来越得到凸显。"指标体系"一级指标"文化产业"部分设置了5个二级指标，分别是"资金投入"、"产业规模"、"文化消费"、"品牌培育"和"集聚发展"，对应的理论分值分别为10分、10分、8分、6分、6分，二级指标下面再分为22项三级指标。

1. 文化产业资金投入指标分析

由于有些指标无法采集公开数据，但在指标体系中又占据很重要的位置，所以就采用与之相关的统计数据加以分析，从侧面反映文化建设的大致状况。指标体系中文化产业"资金投入"就属于这种情况。该指标下设了4个三级指标，即"市本级设立的文化产业发展专项资金（万元）""市本级文化产业发展专项资金占本地文化投资总额的比重（%）""争取到位的国家和省级文化产业发展专项资金（万元）""其他投资（如省市文投、银行授信、社会资本、外资等）（万元）"，设置的理论分值分别为3分、3分、2分、2分。其中前两个指标对于各地文化产业的发展有着相当大的影响，但相关数据很难采集完整，因此这里借用文体娱行业固定资产投资的相关数据来加以说明。

受宏观经济形势的影响，2015年河南省文体娱业固定资产投资增速整体放缓，文体娱业占全行业固定资产投资的比重只有1.06%。全省18个省辖市只有开封、洛阳、平顶山、安阳、南阳、商丘6个地市超过全省平均值，10个直管县有汝州市、永城市和鹿邑县超过全省平均值；人均文体娱业固定资产投资比例更小，只有郑州、开封、洛阳、平顶山、安阳5个地市超过全省平均值，10个直管县只有巩义、汝州和永城3个市县超过全省平均值（详见表15）。

表15　2015年河南省各省辖市和直管县文体娱业固定资产投资情况

全省及省辖市	文体娱业固定资产投资(亿元)	全行业固定资产投资(亿元)	人均文体娱业固定资产投资(元)	文体娱业占全行业固定资产投资的比重(%)
全　省	371.02	34951.28	391.37	1.06
郑州市	62.50	6288.00	653.08	0.99
开封市	34.92	1324.52	769.16	2.64
洛阳市	64.55	3536.96	957.72	1.83

续表

全省及省辖市	文体娱业固定资产投资(亿元)	全行业固定资产投资(亿元)	人均文体娱业固定资产投资(元)	文体娱业占全行业固定资产投资的比重(%)
平顶山	43.73	1603.14	881.65	2.73
安阳市	20.65	1830.98	403.32	1.13
鹤壁市	4.98	692.43	309.32	0.72
新乡市	12.74	1927.21	222.73	0.66
焦作市	12.88	1879.95	364.87	0.69
濮阳市	3.62	1305.28	100.28	0.28
许昌市	14.69	1931.08	338.48	0.76
漯河市	4.50	908.53	171.10	0.50
三门峡	6.91	1538.77	307.11	0.45
南阳市	33.98	2911.20	339.12	1.17
商丘市	18.85	1717.25	259.28	1.10
信阳市	11.30	2023.88	176.56	0.56
周口市	8.93	1607.30	101.36	0.56
驻马店	9.39	1449.76	134.91	0.65
济源市	2.35	475.05	321.92	0.49
省直管县	文体娱业固定资产投资(亿元)	全行业固定资产投资(亿元)	人均文体娱业固定资产投资(元)	文体娱业占全行业固定资产投资的比重(%)
巩义市	3.38	475.49	412.20	0.71
兰考县	0.68	147.79	107.94	0.46
汝州市	9.57	282.78	1029.03	3.38
滑　县	1.03	148.56	92.79	0.69
长垣县	无数据	282.96	无数据	无数据
邓州市	0.89	280.74	62.24	0.32
永城市	8.50	307.13	691.06	2.77
固始县	0.84	260.98	77.78	0.32
鹿邑县	2.15	159.84	241.57	1.35
新蔡县	0.25	121.57	29.76	0.21

河南18个省辖市和10个直管县不断加大文化建设的资金投入力度。作为河南的政治、经济和文化中心，郑州市紧紧围绕"文化在国家中心城市建设中引领和支撑作用"，跟踪研究了国内外500强、行业20强文化企业的最新动态，以长远的战略眼光谋划了一批科技含量高、创新能力强、市场潜力大的文化产业项目，目前对全球排名前10位的主题乐园集团已经吸纳了华特迪士尼、深圳华强、大连海昌3个项目落户郑州国际文化创意产业园。

2015年4月,根据《郑州市市级文化产业发展专项资金管理暂行办法》和有关要求,对豫剧电影《三子争父》、郑州地铁频道、《大国廉政》等41项"2014年度市级文化产业专项资金拟支持项目"进行了公示。开封市则在全国率先推出"文化+"十项行动计划,提出以文化引领城市转型的思路,旨在建成"全城一景、宋韵彰显"的文化产业园区。开封市财政还为开封众多文化项目提供大量的资金支持,2011~2015年间累计为全市文化体育与传媒业支出126649万元,如上海国际文化艺术节、中原文化港澳行、中原文化韩国行、中原文化澳洲行等国际文化交流活动上都有开封文化企业的身影。许昌市则出台了《许昌市文化产业发展专项引导资金管理办法》,市财政除出资2000万元设立电子商务发展资金外,还设立了500万元的文化产业发展专项引导资金,用于推进许昌市文化产业的项目建设,在推动文化产业项目建设方面发挥了积极作用。

表16 2014~2015年度河南省各省辖市及直管县获得国家文化产业发展专项资金支持的项目数

省辖市	2014年项目(个)	2015年项目(个)	合计
郑州市	13	21	34
开封市	3	3	6
洛阳市	2	2	4
平顶山	0	2	2
安阳市	0	0	0
鹤壁市	1	0	1
新乡市	0	0	0
焦作市	0	2	2
濮阳市	0	1	1
许昌市	0	2	2
漯河市	1	0	1
三门峡市	2	4	6
南阳市	2	3	5
商丘市	1	0	1
信阳市	0	1	1
周口市	1	1	2
驻马店市	0	0	0
济源市	0	1	1

续表

省直管县	2014年项目(个)	2015年项目(个)	合计
巩义市	0	0	0
兰考县	0	0	0
汝州市	0	0	0
滑　县	0	0	0
长垣县	0	0	0
邓州市	0	0	0
永城市	0	0	0
固始县	0	1	1
鹿邑县	0	0	0
新蔡县	0	0	0
总　计	26	44	70

2. 文化产业规模指标分析

有无稳定的产业规模是一个国家或地区的文化产业能否健康持续发展的重要因素之一。指标体系中"产业规模"一栏下设了5个三级指标，即"文化产业增加值（万元）""文化产业增加值占当地GDP的比重（%）""当地文化产业增加值占全省文化产业增加值的比重（%）""文化制造业增加值与文化服务业增加值的比重（%）""文化产品（服务）出口总额（万元）"，设置的理论分值分别为2分、2分、2分、2分、2分。后两项指标相关数据不齐全，所有市县均取平均值，即1.4分和1.4分。现将2015年河南各省辖市和直管县（市）文化产业增加值的相关情况加以统计。

2015年河南文化产业发展实现了新的突破，主要表现在产业规模不断壮大，文化企业效益增速明显，落地了300多个重大产业项目，融合发展渐成趋势。全省文化产业增加值突破1000亿元大关，同比增长12.9%，占GDP的比重也首次突破3.0%，连续十二年高于GDP增速。其中许昌市、开封市和兰考县的文化产业增加值占GDP比重分别达到5.7%、5.6%、6.6%，占当地国民生产总值的比重均超过5%，成为河南最先实现国民经济支柱性产业这一目标的几个市县；而平顶山、安阳、鹤壁、新乡、三门峡、济源6个地市和直管县巩义的GDP同比增速低于全省平均值。

表17　2015年河南省辖市、直管县（市）文化产业增加值情况统计

单位：亿元，%

全省及省辖市	文化产业增加值	文化产业增加值同比增速	GDP同比增速	占GDP比重
全　省	1111.87	12.9	8.3	3.0
郑州市	283.68	10.2	10.1	3.9
开封市	90.34	7.0	9.4	5.6
洛阳市	90.48	16.8	9.2	2.6
平顶山	21.43	8.7	6.7	1.3
安阳市	25.29	7.3	7.4	1.3
鹤壁市	5.24	8.2	8.0	0.7
新乡市	54.74	7.0	6.0	2.8
焦作市	67.23	17.3	8.8	3.5
濮阳市	53.16	16.4	9.5	4.0
许昌市	123.24	13.4	9.0	5.7
漯河市	31.21	14.4	9.0	3.1
三门峡	9.79	7.1	3.5	0.8
南阳市	92.43	26.2	9.1	3.2
商丘市	46.76	12.0	8.7	2.6
信阳市	40.00	11.9	8.9	2.1
周口市	26.67	15.0	9.0	1.3
驻马店	43.37	14.3	8.9	2.4
济源市	6.79	13.9	6.0	1.4
省直管县	文化产业增加值	文化产业增加值同比增速	GDP同比增速	占GDP比重
巩义市	15.17	16.1	8.0	2.4
兰考县	15.48	15.5	10.1	6.6
汝州市	2.62	59.6	8.9	0.7
滑　县	3.74	15.7	9.1	1.8
长垣县	2.83	14.6	10.1	1.0
邓州市	4.49	10.0	8.7	1.3
永城市	3.69	14.6	9.0	0.8
固始县	8.70	11.8	8.8	3.2
鹿邑县	1.63	28.6	9.0	0.6
新蔡县	2.15	22.6	9.2	1.4

3. 文化消费指标分析

文化消费指数是衡量人民生活水平和国民综合素质的重要指标。指标体系中"文化消费"一栏下设了4个三级指标，即"城镇家庭人均教育文化娱乐服务消费支出（元）""城镇家庭人均教育文化娱乐服务消费支出占城镇居民家庭人均消费性支出的比重（%）""农村家庭人均文体娱用品消费现金支出（元）""农村家庭人均文体娱用品消费支出占农村居民家庭人均生活消费支出的比重（%）"，设置的理论分值分别为2分、2分、2分、2分。现将2014~2015年河南省18个省辖市和10个直管县在文化体育娱乐业消费支出的情况分别列表如下，多侧面反映河南文化消费的基本趋势。

表18 2014年河南18个省辖市文化体育娱乐业消费支出情况

单位：元，%

省辖市	城镇家庭人均消费性支出及排名				农村家庭人均消费性支出及排名			
	消费支出	城镇家庭人均教育文化娱乐服务消费支出(元)	城镇家庭人均教育文化娱乐服务消费支出占城镇居民家庭人均消费性支出的比重(%)	排名	消费支出	农村家庭人均文体娱用品消费现金支出(元)	农村家庭人均文体娱用品消费支出占农村居民家庭人均生活消费支出的比重(%)	排名
郑州	20122	1985	9.86	16	11125	844	7.59	3
开封	17156	2017	11.76	9	6442	461	7.15	8
洛阳	18380	2431	13.23	4	7423	549	7.40	7
平顶山	17736	2043	11.52	12	5335	292	5.48	16
安阳	15204	1631	10.72	14	7253	447	6.16	14
鹤壁	14441	1881	13.03	6	8166	659	8.07	2
新乡	17669	2076	11.75	10	7550	564	7.47	4
焦作	16300	1908	11.70	11	9415	700	7.43	5
濮阳	13545	1812	13.38	3	5745	363	6.32	11
许昌	16178	2137	13.21	5	7348	454	6.18	13
漯河	17254	1972	11.43	13	5933	373	6.28	12
三门峡	19790	2722	13.75	2	7569	560	7.40	6
南阳	18130	2136	11.78	8	6766	309	4.57	17
商丘	13739	1414	10.29	15	5262	344	6.54	10

续表

省辖市	城镇家庭人均消费性支出及排名				农村家庭人均消费性支出及排名			
	消费支出	城镇家庭人均教育文化娱乐服务消费支出(元)	城镇家庭人均教育文化娱乐服务消费支出占城镇居民家庭人均消费性支出的比重(%)	排名	消费支出	农村家庭人均文体娱用品消费现金支出(元)	农村家庭人均文体娱用品消费支出占农村居民家庭人均生活消费支出的比重(%)	排名
信 阳	13391	1162	8.68	17	5745	262	4.56	18
周 口	15357	1299	8.46	18	5304	298	5.62	15
驻马店	15219	1921	12.62	7	6347	416	6.56	9
济 源	18572	2832	15.25	1	8578	902	10.52	1

表19　2015年河南18个省辖市文化体育娱乐业消费支出情况

单位：元，%

省辖市	城镇家庭人均消费性支出及排名				农村家庭人均消费性支出及排名			
	消费支出	城镇家庭人均教育文化娱乐服务消费支出(元)	城镇家庭人均教育文化娱乐服务消费支出占城镇居民家庭人均消费性支出的比重(%)	排名	消费支出	农村家庭人均文体娱用品消费现金支出(元)	农村家庭人均文体娱用品消费支出占农村居民家庭人均生活消费支出的比重(%)	排名
郑 州	21692	2048	9.44	15	12080	977	8.08	12
开 封	18949	1887	9.96	13	7297	888	12.17	2
洛 阳	20328	2718	13.37	2	8385	789	9.41	7
平顶山	16308	1851	11.35	8	5601	451	8.05	13
安 阳	15596	1638	10.50	12	7439	564	7.58	16
鹤 壁	15411	1464	9.50	14	8981	858	9.55	5
新 乡	17443	2063	11.83	5	7490	788	10.52	3
焦 作	17703	1943	10.98	9	10172	860	8.45	11
濮 阳	14802	1844	12.46	4	6949	656	9.44	6
许 昌	17706	2240	12.65	3	8579	748	8.72	9
漯 河	18633	2159	11.59	6	6493	498	7.67	15
三门峡	16942	1935	11.42	7	7946	1106	13.92	1
南 阳	18156	1948	10.73	11	7804	441	5.65	18

续表

省辖市	城镇家庭人均消费性支出及排名				农村家庭人均消费性支出及排名			
	消费支出	城镇家庭人均教育文化娱乐服务消费支出(元)	城镇家庭人均教育文化娱乐服务消费支出占城镇居民家庭人均消费性支出的比重(%)	排名	消费支出	农村家庭人均文体娱用品消费现金支出(元)	农村家庭人均文体娱用品消费支出占农村居民家庭人均生活消费支出的比重(%)	排名
商 丘	14592	1279	8.77	16	6238	543	8.70	10
信 阳	14909	1112	7.46	18	7589	607	7.99	14
周 口	16605	1335	8.04	17	5956	338	5.67	17
驻马店	16664	1792	10.75	10	7198	724	10.06	4
济 源	19853	3072	15.47	1	9435	825	8.74	8

表20 2014年河南10个省直管县文化体育娱乐业消费支出情况

单位：元，%

省辖市	城镇家庭人均消费性支出及排名				农村家庭人均消费性支出及排名			
	消费支出	城镇家庭人均教育文化娱乐服务消费支出(元)	城镇家庭人均教育文化娱乐服务消费支出占城镇居民家庭人均消费性支出的比重(%)	排名	消费支出	农村家庭人均文体娱用品消费现金支出(元)	农村家庭人均文体娱用品消费支出占农村居民家庭人均生活消费支出的比重(%)	排名
巩义市	17334	2144	12.37	2	7986	842	10.54	1
兰考县	11950	1190	9.96	8	6872	467	6.80	5
汝州市	14267	1568	10.99	4	5703	272	4.77	8
滑 县	13052	1544	11.83	3	6067	450	7.42	3
长垣县	13788	1395	10.11	7	7018	502	7.15	4
邓州市	19513	2039	10.45	5	6608	388	5.87	7
永城市	16508	2088	12.65	1	6424	413	6.43	6
固始县	14833	1275	8.60	9	6127	284	4.63	9
鹿邑县	19507	699	3.58	10	4710	91	1.93	10
新蔡县	14015	1422	10.15	6	5882	491	8.35	2

表21 2015年河南10个省直管县文化体育娱乐业消费支出情况

单位：元，%

省辖市	城镇家庭人均消费性支出及排名				农村家庭人均消费性支出及排名			
	消费支出	城镇家庭人均教育文化娱乐服务消费支出（元）	城镇家庭人均教育文化娱乐服务消费支出占城镇居民家庭人均消费性支出的比重（%）	排名	消费支出	农村家庭人均文体娱用品消费现金支出（元）	农村家庭人均文体娱用品消费支出占农村居民家庭人均生活消费支出的比重（%）	排名
巩义市	17687	3023	17.09	1	8574	889	10.37	3
兰考县	12919	1367	10.58	3	8244	857	10.39	2
汝州市	15252	1592	10.44	4	6075	306	5.04	10
滑　县	13362	1572	11.76	2	6775	698	10.30	4
长垣县	14348	1402	9.77	5	7930	697	8.79	7
邓州市	19593	1545	7.88	6	8381	760	9.07	5
永城市	13163	968	7.35	8	9794	755	7.71	8
固始县	16420	1249	7.61	7	7814	691	8.84	6
鹿邑县	12454	795	6.38	10	6470	424	6.56	9
新蔡县	15653	1135	7.25	9	8725	1004	11.50	1

从上面的统计数据可以看出，在省辖市城镇居民家庭人均消费性支出及排名和农村居民家庭人均消费性支出及排名中，2014年济源市在城镇居民家庭和农村居民家庭人均消费性支出及排名中均位居第一，2015年，济源市城镇居民家庭人均消费支出及排名第一，三门峡市农村居民家庭人均消费支出及排名位居第一；在直管县城镇居民家庭人均消费性支出及排名和农村居民家庭人均消费性支出及排名中，2014年永城市城镇居民家庭人均消费支出及排名第一、巩义市农村居民家庭人均消费支出及排名位居第一，2015年巩义市城镇居民家庭人均消费支出及排名第一、新蔡县农村居民家庭人均消费支出及排名则位居第一。

4. 文化品牌培育指标分析

指标体系中"品牌培育"一栏下设了5个三级指标，即"全国文化企业30强（个）""中国印刷、出版、传媒、影视、演艺、网络、动漫百强企业（家）""省级以上知名文化品牌（个）""省级重点文化企业（家）""上市文化企业（家）"，设置的理论分值分别为2分、1分、1分、1分、1分。2015年4月，开封市亲情林文化产业发展有限公司成功在上海股权托管交易中心挂牌上市；7月，开封东京梦华文化产业发展有限公司在上海股权托管交易中心成功挂牌上市，为开封市和河南省文化企业的发展壮大起到示范带动作用。这一年，河南省重要的文化产业集团——中原出版传媒集团实现营业收入126.22亿元，实现利润6.49亿元，资产总额达到136.89亿元，集团连续两年进入全国出版方阵前十名，是河南省唯一入选全国服务业企业500强的文化企业，2016年上半年其再次成功入选"全国文化企业30强"。2015年12月，河南省政府金融办下发了《关于印发2015年省定重点上市后备企业名单的通知》，从政府层面对这些工作加以推动。但不容忽视的是，河南文化产业在快速发展的同时，还存在着领军文化企业、重点文化企业和上市文化企业相对较少，文化品牌的含金量不高，必须高度重视并加强培育，早日孵化出更多能发挥引领效应的文化品牌。

5. 文化产业集聚发展指标分析

指标体系中"集聚发展"一栏下设了4个三级指标，设置的理论分值分别为2分、2分、1分、1分。由于河南省第二届文化产业"双十"工程评选和首届河南省文化科技创新工程认定工作皆在2016年，2015年河南省在文化产业集聚发展方面最新数据不多，所以主要还是采用2015年之前的相关数据进行统计计算。

（三）河南省各市县人才队伍建设情况分析

指标体系中设置了两个二级指标，即"资金投入"和"杰出人才"，下面又分别设置两个三级指标，赋予的理论分值均为2.5分。其中前两个指标"文化系统年人均培训经费（元）"和"文化人才专项奖励资金、引进专项资金（万元）"取全省平均值，后两个指标"国家级宣传文化系统'四个一批'人才、文化名家工程人选、非物质文化遗产传承人（位）""省级宣传文化系统'四个一批'人才、文化名家工程人选、非物质文化遗产传承人

（位）"则根据各市县每年的数据进行统计。全国和全省宣传文化系统"四个一批"人才和文化名家工程入选相对较少，更新也慢，逐年增加即可；国家级和省级非物质文化遗产代表性传承人的数量大、易搜集，现将18个省辖市和10个直管县的统计结果整理如下。

表22　18个省辖市省级非物质文化遗产代表性传承人数量统计

省辖市	第一批	第二批	第三批	总计
郑州市	28	18	26	72
开封市	16	12	14	42
洛阳市	15	15	14	44
平顶山	3	3	13	19
安阳市	4	9	1	14
鹤壁市	4	8	10	22
新乡市	5	11	8	24
焦作市	34	26	8	68
濮阳市	9	27	17	53
许昌市	13	10	15	38
漯河市	4	0	2	6
三门峡	11	11	8	30
南阳市	14	10	8	32
商丘市	9	8	8	25
信阳市	8	7	4	19
周口市	7	15	7	29
驻马店	10	10	3	23
济源市	3	0	3	6
总　计	197	200	169	566

表23　10个直管县省级非物质文化遗产代表性传承人名录统计

直管县	第一批	第二批	第三批	总计
巩　义	1	0	0	1
固　始	5	0	0	5
兰　考	6	0	1	7
汝　州	4	1	2	7
滑　县	6	12	4	22
长　垣	6	0	2	8

续表

直管县	第一批	第二批	第三批	总计
邓 州	1	0	4	5
永 城	0	2	3	5
鹿 邑	0	0	2	2
新 蔡	2	0	1	3
总 计	31	15	19	65

（四）专家综合评判情况分析

指标体系中的"专家综合评判"设置的总分值是10分。所请专家主要是来自河南省文化系统，长期在文化管理部门、高等院校和科研机构工作，经常深入全省各地开展实地调研，既有较高的文化理论素养，又有丰富的文化工作实践，对河南各地市的情况比较熟悉。这一指标根据多位专家的评分先进行综合统计，再根据统计数据加权计算，也是对河南各地市和直管县文化竞争力情况的另一种反映。

三 2015年河南省区域文化竞争力评价

基于对18个省辖市和10个直管县文化事业、文化产业、人才队伍建设等相关数据的系统梳理、精确计算和综合排序，可以比较直观生动地展示河南各市县文化建设取得的成绩，发现各地文化建设过程中存在的问题；而对相关数据进行客观分析，则可以发现各地文化建设的优势和不足，进而提出切实可行的改进措施和政策建议，为建设华夏历史文明传承创新区、加快构筑全国重要的文化高地提供参考和借鉴。

从表24可以看出2015年河南省18个省辖市的分值较2013年有不同程度的增加。其中郑州以37.48分高居榜首，洛阳仍居第2名，焦作、三门峡和信阳分别前进至第3、4、5名，安阳从原来的第3名退至第10名，信阳和驻马店分别从原来的第13和第12名跃居至第5名、第7名，大致反映出当地政府和文化部门在文化建设方面的重视程度、资金投入、获奖荣誉多少等。但因为有不少数据采取的是平均值，所以计算结果与实际情况及人们的观感可能会有一些出入。

表24　2015年河南省18个省辖市文化事业竞争力排名（总分40分）

排名	省辖市	得分	排名	省辖市	得分
1	郑州	37.48	10	安阳	23.41
2	洛阳	31.04	11	南阳	23.40
3	焦作	26.94	12	濮阳	22.63
4	三门峡	26.25	13	鹤壁	22.12
5	信阳	25.27	14	开封	21.81
6	周口	24.81	15	新乡	21.61
7	驻马店	24.25	16	许昌	21.54
8	平顶山	23.70	17	济源	20.43
9	漯河	23.46	18	商丘	20.31

从表25的统计数据和情况来看，除了郑州、开封和洛阳三个地市较为突出外，其他15个省辖市在文化产业竞争力方面相对比较均衡。郑州、开封、洛阳、许昌、焦作和南阳排名前6位，分值分别为28.40分、27.59分、23.55分、22.21分、20.96分和20.49分，开封从2013年的第5名升至第2名，许昌从第10名升至第4名，南阳从第9名升至第6名，洛阳和焦作则分别从第2名、第3名移至第3名和第5名，三门峡则从第4名移至第9名，充分说明投入与产出是成正比的。

表25　2015年18个省辖市文化产业得分综合统计（总分40分）

排名	省辖市	得分	排名	省辖市	得分
1	郑州	28.40	10	信阳	16.83
2	开封	27.59	11	济源	16.75
3	洛阳	23.55	12	安阳	16.58

排名	省辖市	得分	排名	省辖市	得分
4	许昌	22.21	13	濮阳	16.38
5	焦作	20.96	14	商丘	15.93
6	南阳	20.49	15	驻马店	15.93
7	平顶山	19.26	16	鹤壁	15.83
8	新乡	17.02	17	漯河	15.83
9	三门峡	16.92	18	周口	14.18

表26　2015年18个省辖市人才队伍建设综合统计数据（总分10分）

排名	省辖市	得分	排名	省辖市	得分
1	郑州	9.00	10	新乡	5.19
2	焦作	8.48	11	鹤壁	4.94
3	南阳	6.18	12	商丘	4.87
4	开封	6.17	13	信阳	4.84
5	洛阳	6.07	14	驻马店	4.80
6	濮阳	6.02	15	平顶山	4.66
7	许昌	5.68	16	安阳	4.49
8	周口	5.55	17	漯河	4.21
9	三门峡	5.22	18	济源	4.21

2015年，河南各地在人才队伍建设方面的投入都有着不同程度的提高，名次较为靠前的地市基本都是文化建设工作开展得比较突出的地市。郑州以绝对高分9分名列第一，焦作以8.48分排名第二，南阳、开封、洛阳和濮阳分列第3至第6名，表明这些地市在文化建设方面不仅投入大量的财力、物力，而且吸引了一批高层次人才队伍，将文化竞争力中最核心的创新因素得到了较好的发挥。

根据表27对河南18个省辖市和10个直管县四大指标体系的统计与排序，现将各市县文化竞争力的整合排名转换成两个柱状图如下，再进行简要的分析总结。

表27　2015年河南省18个省辖市和10个直管县文化竞争力综合排名（总分100分）

省辖市	客观指标			专家综合评判	总　计	综合排名
	文化事业	文化产业	人才队伍建设			
郑　州	37.48	28.40	9.00	8.5	83.38	1
开　封	21.81	27.59	6.17	8.5	64.07	4
洛　阳	31.04	23.55	6.07	8.5	69.16	2
平顶山	23.70	19.26	4.66	7.0	54.62	8
安　阳	23.41	16.58	4.49	7.5	51.98	11
鹤　壁	22.12	15.83	4.94	7.0	49.89	16
新　乡	21.61	17.02	5.19	7.0	50.82	14
焦　作	26.94	20.96	8.48	8.0	64.38	3
濮　阳	22.63	16.38	6.02	7.0	52.03	10
许　昌	21.54	22.21	5.68	8.0	57.43	6
漯　河	23.46	15.83	4.21	7.0	50.5	15
三门峡	26.25	16.92	5.22	7.0	55.39	7
南　阳	23.40	20.49	6.18	7.5	57.57	5
商　丘	20.31	15.93	4.87	6.0	47.11	18
信　阳	25.27	16.83	4.84	6.5	53.44	9
周　口	24.81	14.18	5.55	6.5	51.04	12
驻马店	24.25	15.93	4.80	6.0	50.98	13
济　源	20.43	16.75	4.21	7.5	48.89	17
直管县	客观指标			专家综合评判	总　计	综合排名
	文化事业	文化产业	人才队伍建设			
巩义市	23.70	19.89	4.11	7.5	55.20	1
兰考县	22.72	18.33	4.80	7.0	52.85	2
汝州市	21.66	18.01	4.80	7.5	51.97	4
滑　县	21.47	15.22	9.00	6.5	52.19	3
长垣县	19.20	16.01	4.91	6.5	46.62	7
邓州市	19.83	14.16	4.57	6.5	45.06	8
永城市	19.64	17.23	4.57	7.0	48.44	5
固始县	18.52	16.88	4.57	7.5	47.47	6
鹿邑县	18.52	13.29	4.23	6.0	42.04	10
新蔡县	18.42	14.32	4.34	6.0	43.08	9

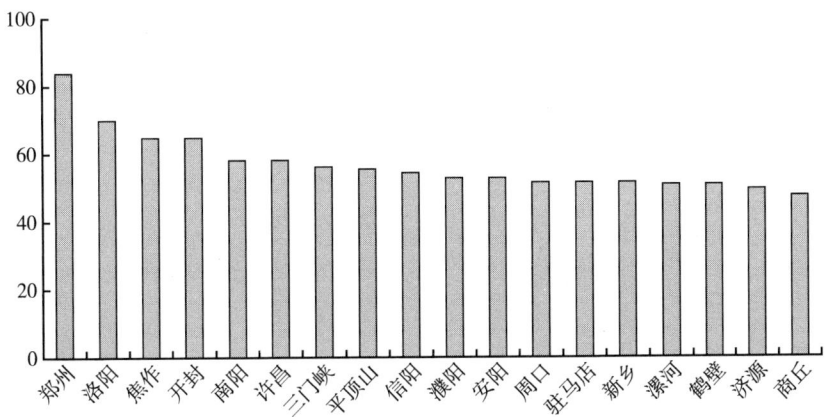

图1　2015年河南省18个省辖市文化竞争力综合排名

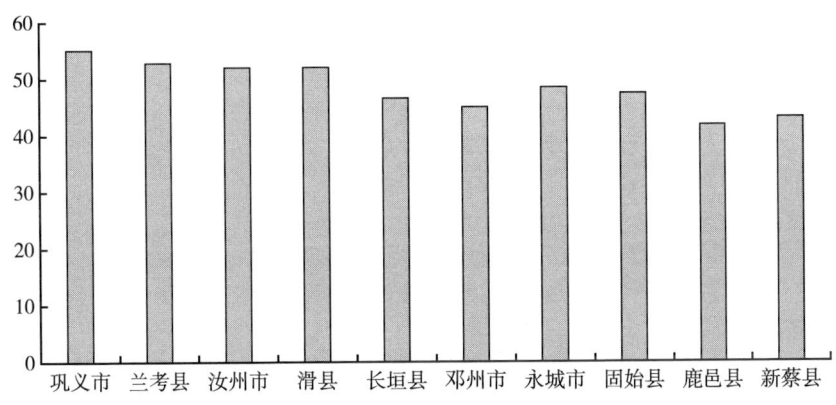

图2　2015年河南省10个省直管县文化竞争力比较

通过表24、表25、表26、表27的相关数据和两份综合排名图，可以清晰地看出2015年河南各省辖市和直管县在文化建设方面的整体进步。18个省辖市中，郑州市的总分值为83.38分，以4个单项第一和综合得分第一的好成绩名列榜首，在河南文化事业、文化产业和人才队伍建设等方面发挥着独特的作用；洛阳、焦作、开封、南阳和许昌依次相随，因逐年加大各项文化投入取得明显的社会效益和经济效益，分别位居第2名至第6名；安阳和三门峡分别由原来综合排名的第4名和第6名分别退至第11名和第7名；

信阳和驻马店分别由原来的第13名和第16名前进至第9名和第13名；除濮阳和周口的位次不变外，其他各地市也都有不同程度的位移。10个直管县中，巩义、兰考、滑县、汝州和永城的综合得分位居前5名，其中巩义的文化事业竞争力得分和文化产业竞争力得分都名列第一，滑县因在文化事业和人才队伍建设方面的突出成绩而居于第3名，其他各县市在文化建设方面也都取得了不同程度的成就。但总体来说，全省文化体制改革的任务仍然艰巨，文化事业和文化产业的发展仍有很大的提升空间，文化建设过程中"重城轻乡""重建轻管""重申报轻落实""重当前轻长远"等现象依然存在，将中原优秀传统文化资源转化为受欢迎、可体验、产业化的道路依然漫长，构筑全国重要的文化高地的任务依然繁重。为保证顺利实现"加快构筑全国重要的文化高地"的战略目标，各地市及相关部门在文化建设方面仍需高度重视、大力推进。

四 提升河南区域文化竞争力的几点建议

河南各地市应紧紧围绕省十次党代会提出的"加快构筑全国重要的文化高地"的战略目标，坚持稳中求进的工作基调，着力推进文化体制改革重点任务、提升公共文化服务水平、做大做优做强文化产业，促进文化资源优势转化为文化发展优势，努力为建设华夏历史文明传承创新区和"决胜全面小康、让中原更加出彩"创造良好的文化氛围，进一步提升文化竞争力和影响力。

一是充分发挥现有国家战略优势。近年来，中央出台了一系列对河南有重大利好的发展战略，中原经济区、郑州航空港经济综合实验区、郑洛新国家自主创新示范区、中国（河南）自贸区、中国（郑州）跨境电子商务综合试验区、国家大数据综合试验区等一批国家战略相继在河南落地实施，为河南的文化建设提供了强有力的政策支持，搭建了广阔的舞台，提供了难得的机遇。河南省政府在推进服务业供给侧结构性改革中，将文化旅游纳入五大主导产业，为河南文化产业发展掀开新的篇章。全省各地市应进一步提高认识，抓住机遇，依托当地的文化资源，创新思路，创新举措，多方联动，共谋发展，在河南加快构筑全国重要的文化高地进程中发挥更大的作用。

二是大力提升公共文化服务效能。要主动探索多元供给的公共文化服务模式，切实提高基层公共文化服务效能。加快公共文化服务体系建设是构筑全国重要的文化高地的硬性指标，也是今后一段时间必须重点关注的文化建设内容。全省各市县必须围绕中央和河南省最新出台的文化政策，积极引导社会力量参与到公共文化建设中来，推动文化政策落地、投入资金落地、签约项目落地，并及时总结、研究和推广像焦作"百姓文化超市"那样的先进典型，早日建成适应群众需求、适合基层特点、有成效可复制的公共文化服务运行机制。

三是大力提升文化产业发展水平。以《中原城市群发展规划》和《华夏历史文明传承创新区建设方案》发布实施为契机，积极谋划重大文化产业项目，完善文化产业链条，健全文化产业体系；以"文化+"和"互联网+"为载体，高起点谋划一批科技含量高、创新能力强、辐射范围广、市场潜力大的大型文化产业项目，明确项目的整体规划、推进措施、完成时限、效果影响等内容，以项目带动提升河南文化产业整体发展水平；加大河南省文化产业"双十"工程和文化科技创新工程的实施力度，依托现有重点文化产业园、重点文化企业和文化科技创新基地，在提质增效上下功夫，进一步提升文化产业发展的速度、质量、规模和效益。

四是进一步加大文化人才队伍建设。人才是事业之本，也是兴业之本。各地市要深入贯彻落实《华夏历史文明传承创新区建设方案》和《中共河南省委关于繁荣发展社会主义文艺的实施意见》，聚精会神抓好文化人才队伍建设，为文化事业繁荣、文化产业发展提供强有力的人才支撑。在发展文化产业方面，要注重培育和引进高层次、复合型文化人才，尤其是要加快培育和引进文化创意人才和文化科技人才，在文化创意和文化科技融合发展中抢占先机，从而推动文化产业转型升级和提质增效。

参考文献

[1] 《中华人民共和国国民经济和社会发展第十三个五年规划纲要》，新华社电2016年3月17日。

[2] 《国务院关于促进中部地区崛起"十三五"规划的批复》（国函〔2016〕204号），2016年12月17日。

[3] 中共中央办公厅、国务院办公厅：《关于加快构建现代公共文化服务体系的意见》，新华网，2015年1月15日。

[4] 《中共河南省委关于制定〈河南省国民经济和社会发展第十三个五年规划〉的建议》，《河南日报》2016年1月4日。

[5] 河南省统计局、国家统计局河南调查总队：《2015年河南省国民经济和社会发展统计公报》，河南省统计网，2016年2月28日。

[6] 《河南省国民经济和社会发展第十三个五年规划纲要》，《河南日报》2016年5月18日。

[7] 《河南省人民政府办公厅：关于印发河南省支持文化企业发展和经营性文化事业单位转企改制的若干政策的通知》（豫政办〔2016〕98号），河南省人民政府门户网站，2016年6月14日。

[8] 《河南省第十次党代会谢伏瞻工作报告全文公布》，《河南日报》2016年11月7日。

[9] 《中共河南省委关于繁荣发展社会主义文艺的实施意见》，《河南日报》2016年6月14日。

[10] 《河南省人民政府关于进一步加强文物工作的实施意见》（豫政〔2016〕57号），《河南文化网》2016年9月18日。

[11] 《河南省委省政府关于印发〈华夏历史文明传承创新区建设方案〉的通知》（豫发〔2016〕32号），河南文物网，2016年10月27日。

[12] 《"十二五"全省文化工作总结》，河南文化网，2016年1月27日。

[13] 河南省社会科学院课题组：《河南省区域文化竞争力分析评价报告》，社会科学文献出版社，2014，第22~42页。

[14] 河南省社会科学院课题组：《2013年河南省区域文化竞争力分析评价报告》，社会科学文献出版社，2015，第30~55页。

[15] 河南省统计局、国家统计局河南调查总队：《河南统计年鉴》，中国统计出版社，2016。

[16] 河南省文化体制改革和发展工作领导小组办公室主任会议发言材料。

文化事业篇

Culture Undertakings

B.3
河南省公共文化服务体系示范区建设研究

卫绍生 田 丹*

摘　要： 河南省自2014年启动公共文化服务体系示范区创建工作以来，至2016年底共有24个市、县、区获得示范区创建资格。目前，前两批的12个示范区已基本完成创建工作，即将通过正式验收。前两批的12个示范区在完善公共文化设施网络、文化产品供给、提高公共文化服务效能、创建文化品牌等方面取得了显著成就，对河南省下一步的公共文化服务体系示范区创建将产生示范和带动作用。同时，在前两批示范区创建中也存在着一些共性问题。对第一、第二批公共文化服务

---

* 卫绍生，河南省社会科学院首席研究员，主要从事中国文学和文化学研究。田丹，河南省社会科学院文学研究所研究实习员，主要从事新媒体研究。

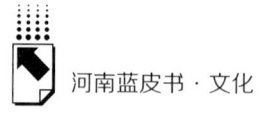

体系示范区创建工作进行深入分析研究,不仅有助于第三、第四批示范区的创建工作,而且有利于进一步加快构建现代公共文化服务体系,提升公共文化服务效能,为河南打造全国重要的文化高地提供支撑。

关键词: 公共文化　服务体系　示范区建设

为深入贯彻落实中央《关于加快构建现代公共文化服务体系的意见》精神,不断满足人民群众多样化、多层次的精神文化需求,河南省在郑州市和洛阳市已经完成国家级公共文化服务体系示范区创建、济源市正在开展国家级公共文化服务体系示范区创建的基础上,在全省范围内开展省级公共文化服务体系示范区的创建工作,于2014年确定淮阳县、永城市、林州市、洛阳市涧西区、巩义市、焦作市解放区为第一批省级公共文化服务体系示范区创建单位,漯河市郾城区、兰考县、淅川县、灵宝市、南乐县、舞钢市为第二批省级公共文化服务体系示范区创建单位。在各市、区、县党委和政府的积极推进下,12个省级示范区已经基本完成创建工作,一批新建公共文化基础设施投入使用,文化产品供给和服务越来越多样化和便利化,丰富的文化活动和各具特色的文化品牌为示范区创建增添了亮色,示范区创建成果逐渐惠及更多的民众。

一　公共文化服务体系示范区建设现状

自示范区创建以来,各市、县、区认真落实中办、国办联合下发的《关于加快构建现代公共文化服务体系的意见》和中共河南省委、河南省人民政府《关于加快构建现代公共文化服务体系的实施意见》,积极完善公共文化服务设施网络,不断丰富文化产品服务供给,着力提升公共文化服务效能,增加公共文化服务发展动力和活力,创建了一批有特色的文化品牌。12

个示范区的88项创建指标已经全部落实，不少市、区、县创建指标优秀率在80%以上，各示范区基本实现特色文化活动的精品化、品牌化，做到"一区一品牌"，很好地发挥了应有的示范作用。

(一) 公共文化服务设施网络日臻完善

各示范区创建单位严格按照公共文化服务体系示范区建设的要求，狠抓公共文化服务设施网络建设。目前，在图书馆、文化馆建设方面，淮阳县、永城市、淅川县、灵宝市的图书馆、文化馆已经达到国家一级馆标准，巩义市、兰考县、南乐县、舞钢市四县市的文化馆为国家一级馆；巩义市、洛阳市涧西区、漯河市郾城区、南乐县、舞钢市等五县、市、区的图书馆为国家二级馆，漯河市郾城区、焦作市解放区、洛阳市涧西区等三个区级文化馆为国家二级馆。

乡镇综合文化站（社区文化服务中心）和村级文化大院是公共文化服务的重要支点，各示范区创建单位高度重视，严格标准，精心选址，注重质量，加快建设。经过两年时间的创建，乡镇综合文化站已全部建成，如淮阳县共建有18个乡镇综合文化站，使用面积均在300平方米以上，具备"四室一厅一广场"的基本功能。建设基层综合性文化服务中心456个，满足"三室一广场"基本功能要求，其中永城市和淅川县的做法最值得称道。永城市连续两年实施"三十百"示范工程，即提档升级3个高标准社区文化服务中心，10个高标准综合性文化站，100个高标准村级文化大院，建成标准乡镇文化站29个，达标村级文化大院700多个。淅川县17个乡镇综合文化站设置率100%，面积达到300平方米，功能完备率80%；全县499个行政村（社区）文化活动室（文化大院）设置率80%，面积达标率60%；全县499个行政村（社区）均建有共享工程基层服务点、图书阅览室，设置率100%，达标率80%。截至目前，12个示范区创建单位乡镇综合文化站建设，已经全部实现了"三室一厅一房"的配备要求，设置率100%。（参见表1）

表1　河南省第一、第二批示范区"两馆一站"情况

示范区＼两馆一站	图书馆	文化馆	乡镇区综合文化站
淮阳县	国家一级馆	国家一级馆	共有18个乡镇综合文化站,使用面积均在300平方米以上,具备"四室一厅一广场"的基本功能
永城市	国家一级馆	国家一级馆	建成标准乡镇文化站29个,达标村级文化大院700多个
林州市	国家一级馆		更新文化站配套设施
洛阳市涧西区	达到部颁国家二级馆标准	国家二级馆	建设12个街道综合文化服务中心,面积均达到300平方米,全部具备"三室一厅一房"
巩义市	国家二级馆	国家一级馆;河南省先进文化单位	建成19个综合文化站,竹林镇、回郭镇、鲁庄镇、夹津口镇文化站为省级示范文化站
焦作市解放区		国家二级馆	推进"百姓文化超市"建设
漯河市郾城区	国家二级馆	国家二级馆	进行标准化改造,实现"三室一厅一场"齐全
兰考县	河南省先进图书馆	国家一级馆	设有兰考县展览馆、刘岘纪念馆、兰考县民族乐器展示馆、非遗和文化旅游产品展示馆
淅川县	国家一级馆	国家一级馆	17个综合文化站设置率100%,面积达到300平方米,功能完备率80%
灵宝市	国家一级馆	国家一级馆	17个乡镇建有综合文化站
南乐县	国家二级馆	国家一级馆	12个乡镇设有建筑面积300平方米以上的综合文化站
舞钢市	国家二级馆	国家一级馆	8个乡镇全部建成单独设置的综合文化站

注重公共文化服务设施网络的内容建设。舞钢市图书馆现有藏书38万册,人均占有藏书1.2册以上,平均每册藏书年流通率0.8次以上,人均年增新书0.03册以上,人均到馆次数0.4次以上;淮阳县图书馆2016年人均藏书0.62册,平均每册藏书每年流通率0.81次,人均年增新书0.045册,人均到馆次数0.41次;淅川县图书馆藏图书及电子出版物共计13.6万册(盘),17个乡镇公共图书馆藏书5.1万册,农家书屋藏书84.83万册,公共图书馆人均占有藏书1.5册以上,平均每册藏书年流通率0.7次以上,人均年增新书在0.03册以上,人均到馆次数0.3次以上。

（二）公共文化产品服务供给多样化

提供丰富多样的公共文化产品服务，是构建现代公共文化服务体系的重要内容。各县、市、区以创建示范区为契机，注重提供丰富多样的公共文化产品服务，公共文化产品服务百花齐放，呈现出多样化趋势。

自2014年示范区创建至今，淮阳县文化馆每年完成自编自演的文艺活动360场（次），每年为群众免费放映公益电影近6000场次，"相约龙湖"的周末文化广场活动已成为淮阳古城的文化名片。

林州市组织开展了各类春节文化活动，除了在新春期间举办春节文艺晚会、民间文化汇演活动、大型灯展活动外，还先后举办了纪念中国人民抗日战争暨世界反法西斯战争胜利70周年合唱比赛、庆祝红旗渠通水五十周年大型文艺晚会等主题性文化活动。在示范区创建的三年内，林州市共举办"林豫杯"青年歌手大奖赛、戏剧大奖赛、民间艺术大赛、太极拳大赛等民间文艺大赛30余场。

巩义市2016年举办了历时35天的"巩义市第四届戏曲文化艺术节"，共有50多个剧团参演。市文化馆与韩国美术协会及韩国美术学院共同承办"首届中韩著名书法艺术作品交流"，展出中韩两国书画作品150余件。此外，还举办"庆元旦·邵怀欣书画展""迎新春巩义市金石拓片展""第四届农民书画展"等大型展览6次。

焦作市解放区将日常活动、节庆活动与社区活动相结合，使群众文化活动全年不间断，打造"快乐365"群众文化品牌。目前，解放区每年举办大小型广场文化活动50余次，在全区23个行政村实施"一村一月一场"的电影放映活动。在主要节庆日期间，组织开展"万人长跑""春满中原""百城万场"优秀节目展演。社区活动方面，坚持每两年举办一届社区文化体育节，至今已成功举办了十届社区文化体育节。

洛阳市涧西区积极实施面向基层的文化活动，以政府购买的形式坚持开展农村公益电影放映活动，放映电影近600场，每年送戏下乡下基层及开展广场文化演出100场以上。兰考县共开展各类戏曲、文艺下乡演出和文体活动等2000余场次；组织举办非物质文化遗产展演、"高雅艺术进校园"、刘岘纪念馆巡展等特色文化活动200余场次；各乡镇（街道）每季度举办1次大型文体赛事，已累计举办48场次；由文化协管员引导群众组建的文艺队伍达600余支，共12000余人参与其中。

永城市、漯河市郾城区、淅川县、灵宝市、南乐县、舞钢市示范区着力推行文化服务均等化，积极开展面向基层的群众文化活动。各示范区将特殊人群纳入公共文化服务体系，各类公共文化设施设置有方便残障人士及老年人、少年儿童活动区域，组织开展针对特殊人群的文体活动，努力做到文化共享。

（三）公共文化活动品牌化

各示范区在创建过程中努力打造各自的文化品牌，呈现出公共文化活动品牌化趋势。淮阳县利用中国淮阳非物质文化遗产展演和淮阳龙湖赏荷旅游月等活动，活跃群众文化生活；永城市充分利用庙会、民间腰鼓艺术等传统文化资源，打造了"永城之春"、太丘老君堂庙会、黄口"三月三"庙会、鄢阳民间腰鼓艺术节等一批传统文化活动品牌；林州市培育出"红旗渠工艺品博览会"、"全国收藏品交流大会"、"水墨双年展"、汽车越野赛、全民运动会等多个具有林州特色的品牌赛事和文化旅游节庆活动。在群众文化品牌方面，林州市打造出临淇镇文化艺术节、东岗镇万宝山登山节、临淇镇万泉湖旅游文化节、东姚镇白云山艺术节、合涧镇洪谷山佛教节等具有当地民俗特色的文化品牌；焦作市解放区在示范区创建过程中，成功打造了"百姓文化超市"群众文化服务品牌，以区文化馆为依托，通过线上与线下公共文化服务和配送服务产品的有机结合，对文化服务资源进行梳理归类，形成解放区"百姓文化超市总菜单"，采用超市化供应，群众点单、订单式配送，以精准服务满足居民个性化需求。

巩义市的"康百万庄园民俗文化节"、洛阳市涧西区的"书香涧西"、南乐县的"仓颉汉字文化节"、灵宝市的"百姓宣讲直通车"、漯河市郾城区的"戏迷乐园"、舞钢市的"水灯艺术节"、兰考县的"文化礼堂·幸福兰考"、淅川县"渠首情"等都已经成为极具辨识度的公共文化活动品牌。

二 示范区创建工作的主要做法

为按时高质量建成河南省公共文化服务体系示范区,各创建单位按照河南省文化厅、河南省财政厅《关于开展河南省公共文化服务体系示范区(项目)创建工作的通知》和《河南省公共文化服务体系示范区创建工作方案》的要求,从组织领导、规划制定、保障体系、制度研究等方面进行了不懈努力。

(一)加强组织领导

各示范区按照省级示范区创建标准,成立了专门的创建领导小组,定期召开创建工作推进会、协调会、问题分析会,负责制定督促创建工作,确保创建工作扎实开展。各示范区制定了严格的创建工作目标管理责任制,将创建任务进一步实化细化,明确责任单位和完成时限,并将示范区创建工作纳入政府年度目标总体考核之中。如永城市制定了《永城市创建省级公共文化示范区考核实施细则》,对考核目标、考核程序、考核结果做出明确规定;南乐县将服务基层情况和群众满意度作为考核指标,开展公共文化服务公众满意度测评;淮阳县规定创建时间节点,并与乡镇及县直相关部门签订目标责任书,明确部门职责;漯河市郾城区建立督导检查制度,创建领导小组落实月汇报、季督导、半年评讲、年终总结的方法,开展实地督导、进行专项评估检查。

(二)加大创建力度

各示范区创建单位建立和完善公共文化服务投入机制,加大创建力度和资金投入,为公共文化服务体系示范区创建提供必要的资金支持。淮阳县投资6000万元新建群众文化艺术中心,内设图书馆、文化馆、豫剧艺术中心;永城市投资3亿元,在城区建成体育馆、博物馆、图书馆、科技馆、群艺馆、档案馆、老年活动中心等十大文化场馆和文化广场;林州市投入文化建设资金1.5亿元，兴建村级文化广场400多个，文化戏楼500多个，主题纪念馆4个（红旗渠精神纪念馆、扁担精神纪念馆、谷文昌精神纪念馆、鲁班文化展览馆）、美术展览馆5个；洛阳市涧西区2015年投入文化建设资金200万元，创建经费、文化管理员补贴257.34万元，共计457.34万元。涧西区吸引社会力量参与公益性文化事业建设，投入金额已达3000万元以上；漯河市郾城区创建资金管理制度，先后投入财政资金2亿多元，对公共文化活动场所进行全面的升级改造；兰考县在获得示范区创建资格后投入3亿元，用于县城公共文化基础设施新建或扩建；淅川县2014年、2015年分别落实了650万元、730万元的财政投入，用于提高全县公共文化设施水平；灵宝市累计投入资金2.6亿元，用于公共文化服务体系软硬件设施的改造升级；南乐县每年设立文化宣传专项资金400万元，主要用于公共文化基础的设施维护、设备购置、图书更新、组织公共文化活动等；舞钢市2014年财政投入资金3814万元、2015年财政投入3900万元用于文化建设。

（三）注重创建宣传

创建省级公共文化服务体系示范区，是一件惠及民生的重大工程，需要广大人民群众的支持和理解，这就需要广泛开展创建宣传工作，让人民群众理解创建，支持创建，动员社会各界力量参与到公益性文化活动中去。淮阳县成立了宣传工作组，制定《淮阳县创建河南省公共文化服务体系示范区宣传工作方案》，印制宣传材料、手册、各类宣传标语累计20多万份，并在淮阳电视台新闻栏目中开设专门板块，对创建工作进行宣传和报道；永城市在日报、网站、电视台等新闻媒体上广泛宣传示范区取得的成效，为取得社会各界的大力支持营造良好氛围；林州市充分运用新闻宣传、社会宣传、网络宣传、流动宣传等多种方式，营造"人人知晓，共同创建"的浓郁氛围，全方位调动全民参与创建工作的积极性和主动性；洛阳市涧西区向国内各大新闻媒体宣传涧西区创建情况，各企事业单位临街LED屏24小时滚动播放创建示范区工作内容；焦作市解放区采取设置专栏、开辟文化墙、印制《解放区文化体育设施分布图》等形式，广泛开展示范区创建宣传活动；漯河市郾城区精心策划实施了一系列项目宣传活动，邀请中央、河南省重点新闻媒体进行实地采访报道；南乐县充分利用报刊、网站、微信、电台、电视台等新闻媒体，广泛开展创建宣传活动，在中央、省、市各级媒体上发稿800余篇，都取得了较好的宣传效果。

三 示范区创建存在的主要问题

经过示范区各创建单位的共同努力，河南省公共文化服务体系示范区创建工作已经取得了明显的成效，示范区创建的各项指标基本完成。但是客观来看，在示范区创建过程中存在着一些带有普遍性的问题，需要引起有关方面的重视。

（一）资金投入力度仍需加大

自省级公共文化服务体系示范区创建以来，各市、区、县虽然都不同程度地加大资金投入，以确保示范区如期建成。但是，由于历史欠账太多，投入资金大多用于公共文化服务网络设施的改造和维护，在提供多样化的公共文化产品服务方面，经费投入仍是主要制约因素。人均公共文化财政支出偏低，仍是一个亟待解决的问题。以永城市为例。永城市2015年GDP达439.67亿元，在河南省10个直管县中排名第2，在全省149个县、市、区中亦居前列。但永城市统计局2015年11月份的统计数据显示，永城市人均公共文化财政支出为29.18元，和全面建成小康社会150元的目标值有较大差距。以全面建成小康社会人均公共文化财政支出的目标值为参照，以永城市人口157万计算，那么相应的要达到全面建成小康社会的要求，永城市每年的公共文化财政支出应为2.3亿元左右。而永城市2014年公共文化财政支出为4090万元，2015年为4460万元，财政投入显然还有相当大的距离。由于资金投入的限制，各示范区公共文化服务的发展水平和服务效能，还不能充分满足人民群众日益增长的文化需求。以兰考县为例，兰考县是国家级贫困县，年财政收入不足10亿元，用于文化建设的资金相对较少，长期以来文化建设经费基数小，近两年来资金投入虽然有所增长，但是总体来说财政投入的增长幅度低于文化发展需求。

（二）发展不平衡问题依然存在

受资金投入不足等因素的制约，各示范区在创建中资金投向偏重于完善市区、城区文化服务设施网络，而乡镇、农村的文化服务设施网络建设仍然存在不少问题，公共文化服务设施网络建设城乡发展不平衡的现象依然存在。如兰考县，2015年下半年以来用于公共文化服务设施建设和开展文化活动的资金约为13亿元，其中2300万元用于把"三馆两场"打造为"文化创意产业园"，2亿元用于兰考县文化交流中心的建设，县城内用于新建或改扩建13处休闲娱乐广场（景观公园）约10亿元；而用于乡镇和行政村综合性文化服务中心建设的资金则为7000万元。目前兰考县共有451个行政村，仍有75个村没有文化广场或文化广场面积低于200平方米，部分村无文化活动室、健身器材等。灵宝市17个乡镇区综合文化站建成率虽然达到100%，但达到省级标准的仅有5个，个别乡镇文化站还不具备"三室一厅一房"的标准要求；行政村文化大院达到省级标准的有80多个，达到三门峡市级标准的有190多个，相当一部分文化大院还存在设施档次低、功能不健全、文化活动匮乏等问题。

（三）人才队伍专业素质有待提升

提升公共文化服务效能，需要一支专业化、高素质的文化人才队伍。然而现实情况是，农村基层文化人才队伍年龄结构老化、专业素质低、人才断层的现象比较严重。由于文化服务工作者缺乏专业知识，从整体上影响公共文化服务活动的质量，创新性不足的问题影响了社会公众参与公共文化活动的热情。为了解决这一问题，一些市、区、县在示范区创建中，不得不采取招聘文化协管员的办法。各示范区在创建中虽然都对文化人才队伍进行了培训，使服务水平和效能有了一定程度的提升，但是，文学艺术创作、大型文化活动策划、编导等专业型人才仍然紧缺。现有文化人才队伍年龄结构偏大、文化程度不高，不仅直接导致文化活动缺乏吸引力，而且对社会公众参与公共文化活动的积极性也产生了不利影响，文化活动难以达到一定程度的规模和影响力，客观上造成了文化服务资源的浪费。

（四）乡镇公共文化设施利用率低

在创建单位高度重视和大力推进下，各示范区的公共文化服务设施网络大为改善，很多都达到了国家和省级标准。但是，在一些地方还存在着"重建设轻管理"的问题，一些乡镇文化站、活动中心管理人员服务不到位、服务质量欠佳、设备管理不规范，部分文化场所选址不合理、布局不科学，再加上群众喜爱的文化活动偏少，群众参与文化活动的积极性没有被充分地调动起来，一定程度上削弱了民众参与文化活动的热情，最终造成设备、器材闲置，其本身的服务作用无法发挥。公共文化设施利用率直接体现了公共文化服务体系建设的效果，利用率高说明民众积极参与到公共文化活动中，利用率低表明公共文化设施没有充分发挥其自身的效用，造成公共文化资源的浪费。如何建好、管好、用好基层公共文化服务设施网络，充分发挥其应有的作用，仍是一个亟待解决的问题。

（五）社会力量全面参与动力不足

一些创建单位在创建资金不足的情况下，鼓励并引导社会力量参与公益性文化事业建设，以弥补公共文化服务设施建设资金不足的问题。如淅川县投入公共文化服务的社会资金累计达到7.724亿元，建成了"南水北调移民生态文化苑""淅川移民民俗馆"等场馆，举办了"山水宜城杯""电力杯""福森杯"等大型文艺演出活动；林州市积极引导社会力量以建设文化基础设施和冠名活动等方式进入公共文化服务领域。社会资金投资金额达1.5亿元，社会力量参与建设了林州市所有村级文化广场和戏楼。洛阳市涧西区吸纳的社会资金达3000万元以上。对于财政收入相对较少的市、县而言，社会资金无疑是一种很好的补充。吸纳社会资金参与公共文化服务体系建设，一方面可以减轻财政压力，另一方面可以丰富公共文化活动内容。对

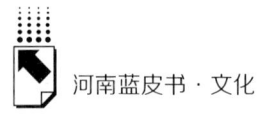

于社会力量而言，不仅可以享受到政策优惠，同时也能在社会上树立良好的企业形象。这是一项互利互惠的举措，若各示范区能更加注重调动社会力量参与公共文化服务体系建设的积极性，示范区建设的效率将大大提升。

四 优化公共文化服务体系示范区创建的建议

为了更好地建设公共文化服务体系示范区，使全省人民共享文化发展成果，第三、第四批示范区应借鉴前两批示范区建设的成功经验，同时要避免第一、第二批示范区创建过程中曾经出现的共性问题，注重创新工作方法，更好地完成公共文化服务体系示范区的创建工作。

（一）提高认识，高度重视示范区创建工作

创建公共文化服务体系示范区，是一项关系人民群众享受基本文化权益、满足精神文化生活的大事情，是重要的文化民生工作。小康社会能否如期建成，文化高地能否打造成功，公共文化服务水平和质量是重要参考指标。因此，各市县一定要高度重视示范区创建工作，把现代公共文化服务体系建设和示范区创建结合起来，与当地经济社会发展一道，统一谋划，统一部署，统一推进，让广大人民群众在享受经济社会发展成果的同时，更加便捷地享受应有的公共文化权益，更多地从示范区创建中享受更为丰富的文化产品和服务。

（二）加大财政投入，充分吸纳社会力量

完善公共文化投入机制，确保公共文化资金投入与地方经济同步增长。对于国家和省要求配套的资金，确保足额落实。加大对文化基础设施的投入力度，继续完善市、县（区）、乡镇三级公共文化服务网络。同时，各示范区应充分重视社会力量和民间资本在创建过程中的作用，通过制定政策引导和激励机制，吸引社会力量和民间资本参与公共文化服务体系建设。建议采取财政补助、购买服务、贷款贴息等形式，提高社会力量和民间资本参与公

共文化服务体系建设的积极性，形成以政府投入为主、社会力量参与、民间资本为辅的公共文化服务体系示范区创建新格局。

（三）统筹城乡，提高公共文化服务水平

创建公共文化服务体系示范区，不仅要按照标准化、便利化的要求加强公共文化服务网络建设，而且要统筹兼顾，让不同区域、不同群体的人们都能够享受到公共文化服务，提高公共文化服务标准化、均等化、便利化水平。要正视城乡差别，加大对乡镇和农村公共文化服务网络设施的投入力度，确保广大农民能够享受日常化、丰富化、精品化的公共文化服务。加大公共文化资源下移力度，为乡镇和农村居民提供更多更好的公共文化服务。进一步提高公共文化服务均等化水平，做到城乡均等、区域均等、群体均等。在文化设施的建设、文化产品和服务的提供等方面，要优先考虑弱势群体和特殊人群的需要，消除他们参与公共文化活动的各种障碍性因素，为他们提供更多的便利。

（四）完善人才培养机制，建立专业人才队伍

无论是公共文化服务设施网络，还是公共文化产品和服务，都需要通过专门的管理人才和服务人才才能发挥效益。而在示范区创建过程中，文化人才不足、服务水平不高则是普遍存在的问题。因此，要进一步完善文化人才培养机制，建设一支专业化、服务水平高、有创造性的人才队伍。要加大基层尤其是农村地区人才队伍的培养，优化人才队伍专业结构和年龄结构，让更多懂专业的年轻人投身公共文化服务体系建设。要注重从基层文化人才队伍中发现那些有一技之长的专门人才，提供必要的生活待遇，激发他们的创造活力，以提供更多更好的公共文化服务，提升基层公共文化活动质量。

（五）强化管理，充分发挥现有文化设施的作用

管理水平是开展公共文化服务活动的有力支撑。加强对文化基础服务设

施的运行管理，将有助于提高基础设施使用率，充分发挥现有基础设施的社会效益。强化管理、建立监督反馈机制，一方面可以保证基础设施真正为民所用，另一方面可以促使文化服务人员更加注重提升自身业务水平和服务能力。因此，建立公共文化服务的管理机制，必须尽快制定出台公共文化基础设施管理办法，加强对已经建成并投入使用的各类公共文化设施的管理，对设施流失、闲置的情况集中进行处理，明确监督主体，切实做好服务群众工作。要有效整合地方公共文化资源，充分发挥公共文化设施与场所的功能及其应有的社会效益。

（六）加强制度设计，建立长效机制

制度设计是示范区创建的重要内容，是发挥示范引领作用的关键。公共文化服务体系示范区创建工作是一项长期任务，示范区在建设中应注意总结经验教训，完善长效机制建设，用制度保证创建成果持续和深化。将示范区建设的实践探索以课题研究的形式发表，可以更好地进行经验交流和推广，同时也为政策制定提供科学依据，为示范区创建提供可行性的建议。完善公共文化服务体系制度设计，形成科学合理的政策体系和促进公共文化健康发展的长效机制，为进一步完善现代公共文化服务体系提供政策和机制保障。

参考文献

[1] 时明德：《河南省公共文化服务体系建设的问题及对策》，《洛阳师范学院学报》2016年第4期，第35~38页。

[2] 郭艳：《河南省公共文化服务体系建设研究报告》，社会科学文献出版社，2015，第70~81页。

[3] 永宣：《全力推动现代公共文化服务体系建设》，《大河报》2016年9月28日。

[4] 窦凤祥、刘矿：《淮阳：积极推进公共文化服务建设》，《中国文化报》2016年11月18日。

［5］徐丽晓：《公共文化服务体系中的公共图书馆服务建设研究》，《河南图书馆学刊》2013年第1期，第102~106页。

［6］运社玲、冯爱华：《仓颉故里：南乐县文化发展纪实》，《中国文化报》2016年11月18日。

［7］林州市政府：《林州市国民经济和社会发展第十三个五年规划纲要》，http：//www. linzhourd. gov. cn/renda/ShowArticle. asp？ArticleID = 503。

B.4 河南省公共文化服务体系示范项目建设研究

席 格[*]

摘 要： 公共文化服务体系示范项目，是加快构建现代公共文化服务体系的重要载体。近年来，河南省在加快公共文化服务体系建构过程中，创建了一批具有影响力的、品牌性的公共文化服务体系示范项目，效果良好，积累了一些经验。但通过示范项目的创建，也凸显了城乡分布失衡、缺乏精品力作、社会力量不足等一系列问题。要加快构建现代公共文化服务体系，在精神文化维度提升人民群众的幸福感，必须采取优化示范项目创建机制、拓宽示范项目资金来源、打造专业性的人才队伍和传承创新发展区域文化等针对性措施。

关键词： 公共文化服务体系 示范项目 创建成效

党的十八大报告明确提出要"加强重大公共文化工程和文化项目建设，完善公共文化服务体系，提高服务效能"，为维护人民群众的基本文化权益、推动文化建设成果的共享指明了路径。文化示范项目的策划、施行与完善，可以直接展现公共文化服务体系的公益性、均等性和便利性等原则与特征，对公共文化服务体系建设具有推动与提升作用。自2013年起，文化部、

---

[*] 席格，河南省社会科学院文学研究所副研究员，美学博士，主要从事美学和文化学研究。

财政部便开展了公共文化服务体系建设示范区和示范项目的申报与评选工作。2015年1月,中共中央办公厅、国务院办公厅出台了《关于加快构建现代公共文化服务体系的意见》及《国家基本公共文化服务指导标准》等。具体到河南,随着河南省公共文化服务体系的基本建成,示范项目建设也相应地取得了显著成就,但若就公共文化服务项目自身建设对预期建设目标的达成、对人民群众文化需求的满足来看,尚存在不少共性问题亟待解决,如此才能达到推进新型城镇化建设、提升人民幸福感的目标。

一 河南公共文化服务体系示范项目建设的现状

公共文化服务体系的完善程度,是衡量文化事业建设水平的重要指标,直接关乎人民群众精神文化需求的满足与否。近年来,河南省积极贯彻党和国家关于加快公共文化服务体系建设的要求,出台了一系列文件,如河南省委、省政府印发了《关于加快构建现代公共文化服务体系的实施意见》和《河南省基本公共文化服务实施标准(2015—2020年)》。正是在省委、省政府的大力推动下,河南省公共文化服务体系建设取得了显著性成就,不仅先后有郑州、洛阳、济源成为国家级公共文化服务体系创建示范区,而且有邓州市的"文化茶馆"、周口市的"一元剧场"、信阳市平桥区的"农村公共图书馆一体化建设"、漯河市的"幸福漯河健康舞"、平顶山的"文化客厅"公益课堂和安阳的政府—高校—社区"321"公共文化共建项目等,先后被评为国家级公共文化服务体系创建示范项目。这些创建项目集中展示了河南在公共文化服务体系建设中所具体取得的成就,同时也为进一步立体式构建与完善公共文化服务体系、提升公共文化服务质量积累了宝贵经验。简而言之,主要体现在以下几个方面。

(一)示范项目建设机制基本形成

公共文化服务体系项目,无论是从项目设计的难度,项目参与者的多元化,还是从项目组织实施的复杂性来看,都必须有完善的领导协调机制作为保障。如由市县主要领导担任组长的领导机制、职责分明的项目运行机制、评优表先的监督激励机制等，这些机制的建立与运行，有力地推动了示范项目的创建。如三门峡市为推进"印象·天鹅城"项目，构建了由三门峡市文广新局局长任组长的领导小组，并形成了定期例会制度和重大事项会商制度，以及联络员制度、经费管理制度、督导检查制度、信息报送和信息宣传工作制度等。开封、信阳、平顶山等市县的示范项目，之所以能够有效推进并产生了良好的社会效应，关键就在于创建公共文化服务体系示范项目的各项机制相对比较完善。正是得益于各种机制的构建与逐步完善，示范项目在制度保障下得到了充分开展。

（二）公共文化服务队伍初具规模

示范项目的具体落实，必须依托健全完善的公共文化服务队伍。河南由于文化事业建设经费长期不足、基层文化艺术人才匮乏、经济利益驱动导致很多文艺人才放弃专业等多种原因，致使公共文化服务人才队伍建设成为示范项目创建的瓶颈所在。所以，要构建现代公共文化服务体系、创建相关示范项目，必须大力扶持、培养公共文化服务队伍。通过近几年的努力，全省各市县的公共文化服务队伍在人数方面得到大幅增加，专业水平得到了提升，涉及艺术类别得到了拓展，可谓初具规模。如开封市通过"教招""送招"等方式开展公共文化服务人才队伍培训，已培训县（区）业余文艺骨干1500余名，共有120多个群众文化组织，基本覆盖所有社区与乡镇；三门峡通过"印象·天鹅城"项目带动培养人才，组建了三门峡民族乐团、交响乐团、戏迷协会、春之韵舞蹈团、合唱团、女子乐坊等16支业余文化团队。各种文化团队的成立、文化人才的培训，为示范项目的开展提供了人才保障。

（三）公共文化服务设施渐趋完善

公共文化服务项目的开展，需要相对完善的基础文化服务设施作为支撑，尤其是大型的演出广场、礼堂、演播厅等。随着公共文化服务示范区与示范项目创建活动的开展，各地市大都增加了财政资金支持，用于相关场馆的建设、改造升级等，从而促使公共文化服务的设施渐趋完善起来。以济源市为例，当地在原有文化大院、文化中心示范村基础上，通过增加财政投资开展"文化礼堂"示范项目，已在全市范围内建成430多个高标准文化礼堂，覆盖全市80%的乡村、社区。如济源玉泉街道北水屯居委会、天坛街道白涧居委会、下冶镇上石板村等分别投入上百万元建设了文化礼堂，坡头镇泰山村投入400多万元新建了文化礼堂及杜八联革命纪念馆等。再如，安阳为落实政府—高校—社区"321"公共文化共建项目，狠抓基层文化阵地建设，自2015年开始，文峰区投入80万元资金，配套建成了1550平方米的文化馆，北关区投入60万元配套建设了区文化馆。基础文化服务设施的完善，为示范项目的落地和扩大影响力奠定了坚实的物质基础。

（四）公共文化服务影响逐步增强

如何最大限度地满足人民群众的精神文化需求，是创建公共文化服务体系示范项目的目的所在。这一目的决定了示范项目必须具有群众性、普及性、文化性和精神性等特征。自2013年河南省开始创建示范项目以来，不少示范项目展现出巨大的影响力，成为公共文化服务品牌。如开封的"欢乐周末"项目，自1993年开始，至今已经连续举办24届，参与演出活动的总人数高达900余万人次，观众更是达到2000余万人次，2015年被文化部评定为"基层文化志愿服务示范项目"。三门峡"印象·天鹅城"演艺基地项目，2014年参与演出人数1645人，观众约60余万人次；2015年参与演出人数则上升为2875人，观众人数则比2014年增加了40余万人次。平顶山的"文化客厅"公益课堂项目，自实施以来在平顶山全市共讲授课时近万节次，成果展演展示活动上百场，培训活动阵地近200个，受益群众近百万人次。显而易见，公共文化示范项目的实施，在形式与内容两个方面丰富了人民群众的业余文化生活，从而极大地满足了人民群众的精神需求。

（五）示范项目内容地域特色初现

河南创建的一些优秀示范项目之所以受到群众欢迎，关键在于注重发掘当地特色文化，开发的很多项目比较接地气。如信阳市"豫南民间舞蹈广场化"项目，以"突出地方文化特色，引领文化繁荣发展"为宗旨，从原汁原味的地域文化中寻找舞蹈元素，保留民间音乐特色和舞蹈风格，不仅便于培训，而且更为群众喜闻乐见。开封"欢乐周末"项目，注重运用盘鼓、豫剧祥符调、河南坠子等民间文艺形式，并依托清明文化节、菊花文化节等举办节庆活动。三门峡"印象·天鹅城"演艺基地的演出项目内容，则是重点开发三门峡的地域文化，综合运用豫剧、曲剧、蒲剧、锣鼓书、秧歌舞等艺术形式，打造富有地域文化特色的《仰韶之光》《禹开三门》《老子注经》和《虢风古韵》等节目。文化示范项目与地域文化的结合，不仅有利于优秀传统文化的传承创新，有利于非物质文化遗产的传承保护，而且能够形成特色鲜明、品牌突出的公共文化服务品牌。

二 示范项目创建中存在的主要问题

现代公共文化服务体系的建构与完善，是一项系统复杂的社会工程。河南省尽管在创建公共文化服务体系示范区、示范项目方面，取得了可喜的成就，但客观而言，公共文化服务体系尚处于初步建构阶段，距离完善还有相当大的差距。这种差距既是相对于北京、上海等现代公共文化服务体系较为完善的区域而言，也是相对于现代公共文化服务体系创建的目的来说的。当前河南公共文化服务体系示范项目创建与提升过程中存在的主要问题大致如下。

（一）建设机制有待创新调整

公共文化服务示范项目能否完成创建目标，能否获得持续性发展与提升，内在决定性因素便是其建设机制。换句话说，示范项目建设机制，决定着示范项目创建的质量与效应。以领导协调机制为例，协调小组主要负责人的协调能力，无疑会直接影响到项目能否顺利实施，影响到项目的实施效果。不少地市虽然也根据示范项目创建文件要求，成立了领导小组，却并没有取得相应的建设效果，原因便是如此。如何形成一种开放高效的协调机制,确保小组成员能够尽职尽责,尚需要对机制进行创新。试以示范项目经费管理制度为例说明之。目前,示范项目建设的主要资金来源为政府财政资金,但由于各地市经济实力的差距,不可能采取相同的投入力度。那么,能否在示范项目创建过程中有效引入社会资本、企业资本等,直接影响着项目资金的投入数量。显然,社会力量、企业力量在河南公共文化示范项目建设中,并没有发挥应有的社会责任。这就需要对资金来源机制、管理机制进行大胆革新,为爱心企业、金融机构、民间社会团体等进入公共文化服务领域搭建平台。

(二)涵盖区域范围城乡失衡

城市与乡村不平衡,是文化建设中长期存在的瓶颈性问题。这在公共文化服务体系示范项目创建中依然存在。尽管现在创建的公共文化服务示范项目在理论层面包括乡村,但事实上或者仅覆盖城乡接合部,或者偶尔到农村开展活动,或者就不涉及农村。换言之,示范项目的主要落实区域为城市的广场、社区等。当然,这并不否认少数示范项目对农村公共文化服务体系建设的兼顾与努力,如济源的"文化礼堂"虽没有具体到每个自然村,但基本覆盖每个乡镇;安阳的政府—高校—社区"321"公共文化共建项目,则是特别关注到了农村留守儿童的精神文化需求,精心打造了文峰区宝莲寺镇中心小学、安阳县后白壁村、内黄县井店镇东江村等留守儿童培训班。从整体上来看,农村由于空巢老人、留守儿童现象严重,加之自然村落分布距离间隔较大、文化人才匮乏等原因,公共文化服务体系示范项目的影响力十分有限。但作为人口分布广泛的广大区域,农村理应成为示范项目所涵盖的重要对象。有关部门在进行示范项目的顶层设计时,如何解决城乡失衡,将是一个不可回避的问题。

(三)文化艺术专业人才不足

公共文化服务示范项目,旨在推动文化事业建设与人民群众日益提升的精神文化需求相匹配。这就内在规定示范项目必须具有相当高的艺术价值、审美价值与文化价值,否则就无法受到人民群众的认可与欢迎。要达成这一目的，需要相当多的文化艺术专业人才，切实投入到公共文化服务之中。事实上，专业人才的不足，已经严重束缚了示范项目内涵的提升，这一点已经为相关部门所深刻认识。如安阳市之所以采取政府、高校与社区合作的方式，就是要充分利用安阳师范学院、安阳工学院、安阳职业技术学院等高校具有专业文艺人才的优势，实现优势互补。这一方式也收到了良好效果，如安阳职业技术学院手风琴教研室主任段君杰，在文峰区文化馆开设的手风琴培训班，其学员在 2015 年韩国亚太国际手风琴艺术节获得中老年开放组金奖。再如信阳对豫南民间舞蹈的发掘，亦是聘请有关专家进行整理、编排、辅导；平顶山的"文化客厅"、鹤壁市"淇水亲子故事乐园"、焦作的"萤火虫阅读计划"项目等也是邀请专业人士参与其中。需要强调的是，间接利用高校的专业文艺人才，可以起到提升示范项目的作用，但并不能从根本上改变示范项目人才不足的瓶颈。

（四）内容形式均待锤炼提升

公共文化服务示范项目创建的质量如何，最终都要体现在示范项目具体内容与形式的认可度和美誉度上。尽管各地市结合自身公共文化服务体系建设情况和地域文化特征，创建了各具特色的示范项目，但客观而言，这些项目的建设质量参差不齐。一些优秀的项目，如三门峡的春之韵舞蹈队，曾在 2014 年、2015 年两次受邀参加中央电视台《舞蹈世界》节目的演出，并多次在省内舞蹈大赛中荣获金奖。相较之下，更多示范项目的具体内容还处在普及推广的水平，如表演手风琴、芭蕾舞、葫芦丝等现代艺术的群众文化社团，表演豫剧、曲剧、高跷、锣鼓书等传统艺术的群众文化社团，等等，都主要限于自娱自乐的层面。并且，这些群众文化社团主要是学习已有的节目内容，距离创新发展还有较大差距。可以这样说，在文艺精品创作方面，无论内容还是形式，对于公共文化服务示范项目而言，都还有相当长的路要走。这就意味着公共文化服务体系的建立在体制层面和物质基础层面可以很快达到一定高度，但在服务质量和精神需求满足方面还必须进一步提升。唯有如此，公共文化服务体系才能真正肩负起提升人民群众幸福感的重任。

三 推动河南公共文化服务体系示范项目创建的对策建议

河南省第十次党代会报告关于今后五年文化的发展目标,明确提出"现代公共文化服务体系基本建成",要"实施重大文化工程,加快建设覆盖城乡、便捷高效的现代公共文化服务体系"。就目前全省公共文化服务体系的建设状况而言,距离这一发展目标还有相当大的差距。要达成该目标,充分发挥公共文化服务示范项目的带动作用是一条重要路径。针对当前创建公共文化服务体系示范项目过程中凸显的问题,发挥公共文化服务示范项目提升人民群众幸福感的作用,应采取以下主要措施。

(一)优化示范项目创建机制

创建公共文化服务体系示范项目的工作,已经开展了三年,领导机制、运营机制、创新机制、督查机制和宣传机制等基本机制架构已经具备。但通过各地市示范项目的具体展开,这些机制都暴露出了一些缺陷与不足。如宣传机制,大多主要依托传统的宣传渠道,如印发宣传册、报纸新闻、电视新闻、广播等,并没有充分发挥微信公众号、手机短信免费推送等更便捷、更广泛的路径。再如农村公共文化运营机制,没有充分考虑农村人口的流动性、自然村落分布的分散性和审美趣味的城乡差异性等,以致所推出的示范项目难以在农村发挥应有的作用,因此示范项目创建机制必须结合项目开展过程中暴露出的实际问题,进行有针对性的调整。这可以分别对各地市的机制构建经验进行总结,同时向公共文化服务体系示范项目创建较好的省市学习,在此基础汇集相关专家和实际工作人员一起进行设计、评估,从而形成畅通、灵活、高效的示范项目创建机制。

(二)拓宽示范项目资金来源

公共文化服务作为一项社会性工程,需要充分发挥政府建设的主导性作用,同时也需要调动各种社会力量参与其中的积极性,以发挥相应的辅助性

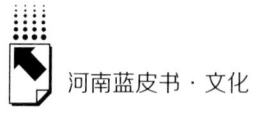

作用。尤其是在资金来源方面,政府财政资金扶持虽理所应当,但不应该是唯一的来源。单一的财政资金往往仅能确保必须开展的公共文化服务基础设施建设、最基本的文化设施采购、达标性的演出场次等,对基础设施和相关设备的更新升级往往是滞后的,更难以支持开展更多的活动。而若引进民间资本,便可以弥补财政资金不足的缺陷,让公共文化服务更为丰富多彩。如"豫南民间舞蹈广场化"项目,因为财政专项资金的支持难以满足现实需要,所以信阳吸纳了金牛山文化产业园、大别山民俗文化产业有限公司等企业进行资金投入,发挥民间企业资本对公共文化服务建设的助推作用,收到了良好效果。这种方式应该得到总结并制度化,然后加以推广。

(三)打造专业化的人才队伍

公共文化服务专业人才匮乏,是整个公共文化服务体系建构的瓶颈所在。通过"借脑""合作"等方式固然可以暂时缓解人才困境,但并不能从根本上解决问题。一方面由于公共文化服务人才管理制度僵化,缺乏系统性的深化改革,优秀的文化艺术人才难以引进;另一方面,则是由于现有的公共文化服务人才专业培训不够、教育经费不足等原因,文化人才队伍在专业能力、业务能力等方面难以适应新的发展要求。所以,"文化专干不专""专业人才缺乏",成为各个示范项目存在的共同问题,必然会影响河南公共文化服务体系示范项目创建的整体水平。因此,必须致力于公共文化服务专业化人才队伍的构建:一要创新专业人才引进制度,开辟"绿色通道"引进急缺人才、特殊人才等;二要设立优秀人才专项补贴,能够留住人才;三要建立继续教育机制,确保文化服务人才能够得到不断提升;四要形成公共文化服务志愿者管理机制,为有志于参加公共文化服务的人士提供平台。只有形成健全、系统、完善的公共文化服务人才队伍,才能为示范项目、为公共文化服务体系提供坚实的人才保障。

(四)传承创新发展区域文化

地域性因素对人们的精神文化需求具有基本的规定性。将公共文化服体系示范项目植根于各地丰厚的历史文化底蕴之中,不仅关乎华夏历史文明的传承创新,关乎示范项目自身的文化内涵,而且关乎人民群众对示范项目的认可度、接受度。示范项目对区域传统文化的发掘,首先应坚持原汁原味的传承,而后才是创新发展,决不能从一开始就直奔经济目的,没有限制地进行转化、开发。就现有示范项目而言,开封、信阳、安阳、三门峡等均呈现出区域传统文化与示范项目内容和形式相融合的趋势。但项目的内容与形式,主要还是对相关内容的表面演绎和形式利用,对中原文化精神把握不到位,在艺术价值、审美价值、文化价值等方面还有很大的提升空间。要实现这一目的,各地市应对所拥有的地域文化进行深入研究、系统梳理,并对各自的文化发展战略进行准确定位,在此基础上通过邀请专家和专业人才进行传承、创新与发展。唯有如此,各地推出的公共文化服务体系示范项目才能发挥出综合性作用,才能最大限度地满足人民群众的精神文化需求,进而成为区域文化建设的品牌。

参考文献

[1] 吴理财等《中国城乡基层公共文化服务调查》,高等教育出版社,2016。

[2] 冯佳:《公共文化服务制度建设研究》,国家图书馆出版社,2015。

[3] 张莹莹:《河南设立专项资金购买公共文化服务》,《中国文化报》2016年9月26日。

[4] 陈关超:《河南扎实推进基层公共文化服务体系建设》,《中国文化报》2016年9月19日。

B.5
传承弘扬中华优秀传统文化的调查与建议

河南省社会科学院课题组[*]

摘　要： 传承和弘扬中华优秀传统文化是建设社会主义文化强国的必然要求。河南作为华夏历史文明的主要发祥地，在传承与弘扬中华优秀传统文化方面，非常注重顶层设计、核心价值观引领、深化研究、宣传推介、保护利用以及突出地域特色等。但当今社会对中华优秀传统文化的传承和弘扬也存在一些问题，如人们的认识与重视程度不尽一致，创新能力严重不足，城镇化进程的加快与留住"乡愁"之间的矛盾越来越明显等。结合河南省文化建设实践，建议提高对传承与弘扬优秀传统文化的认识，增强创新能力，在城镇化进程中延续中华文脉，留住"乡愁"。

关键词： 传承弘扬　中华优秀传统文化　河南

习近平总书记指出："博大精深的中华优秀传统文化是我们在世界文化激荡中站稳脚跟的根基。中华文化源远流长，积淀着中华民族最深层的精神追求，代表着中华民族独特的精神标识，为中华民族生生不息、发展壮大提

---

[*] 课题组长：魏一明；副组长：卫绍生、毛兵；课题组成员：李立新、杨波、陈勤娜、郭艳、郭海荣。执笔人：卫绍生、毛兵、陈勤娜。

供了丰厚的滋养。"① 传承和弘扬中华优秀传统文化，是建设社会主义文化强国的必然要求，是中华文化持续创新发展的必然要求，是中国社会持续发展进步的必然要求，也是实现中华民族伟大复兴的中国梦的必然要求。课题组深入一些地市，就传承与弘扬中华优秀传统文化的课题进行调研，并结合河南实际对传承与弘扬中华优秀传统文化提出政策建议。

一 传承与弘扬中华优秀传统文化的主要做法和成效

（一）以顶层设计推动中华优秀传统文化的传承与弘扬

作为华夏历史文明的主要发祥地，河南历史悠久，文化资源丰富，在传承和弘扬中华优秀传统文化中肩负着特殊的使命。河南历届省委省政府高度重视中华优秀传统文化的传承与弘扬，先后出台了《关于大力发展文化产业的意见》《河南省建设文化强省规划纲要（2005—2020）》《中共河南省委河南省人民政府关于加快文化资源大省向文化强省跨越的若干意见》《中共河南省委河南省人民政府关于设立河南省文化改革发展试验区的通知》等一系列指导性文件，加快文化强省建设步伐。国务院2011年发布《关于支持河南省加快建设中原经济区的指导意见》，明确把华夏历史文明传承创新区作为中原经济区的文化定位，对河南传承与弘扬中华优秀传统文化寄寓厚望。2012年6月中共河南省委出台《关于贯彻落实中共中央关于深化文化体制改革推动社会主义文化大发展大繁荣若干重大问题的决定》的实施意见，明确提出要把河南建设成为全球华人根亲文化圣地、中国文化遗产保护传承示范基地、全国重要的文化产业基地、现代文化创新发展新高地、中华文化"走出去"的重要基地。2014年5月，《河南省人民政府关于支持登封市建设华夏历史文明传承创新示范工程的指导意见》正式发布，支持"登

---

① 2014年2月24日习近平在主持十八届中央政治局第十三次集体学习时的讲话要点《培育和弘扬社会主义核心价值观》，选自《习近平谈治国理政》，外文出版社，2014，第164页。

封市以传播弘扬优秀传统文化、促进华夏文明与世界其他文明交流交融为核心内容,建设示范工程","汇聚文化资源要素和当代先进文化元素,促进中华优秀传统文化创造性转化、创新性发展,为社会主义核心价值体系和核心价值观建设贡献力量"。[①] 2014年6月中共河南省委、河南省人民政府颁布《关于推进文明河南建设的若干指导意见》,强化道德建设、诚信建设、法治建设和服务型机关建设,努力促使公民道德素质显著提升,社会文明风尚进一步形成。2016年9月,中共河南省委、河南省人民政府印发了《华夏历史文明传承创新区建设方案》,华夏历史文明传承创新区建设进入加速发力阶段。这一系列的顶层设计,为传承和弘扬中华优秀传统文化作出了战略设计,推动了中华优秀传统文化的传承与弘扬,对促进中原文化大发展大繁荣,满足人民群众日益增长的精神文化需求发挥了重要作用。

(二)以核心价值观引领中华优秀传统文化的传承与弘扬

河南省把社会主义核心价值观融入传承与弘扬中华优秀传统文化的生动实践中,注重发挥社会主义核心价值观的引领作用,涌现出一大批"感动中国""中国好人"的道德模范。全省各地非常注重传承与弘扬中华优秀传统文化载体平台建设。济源市以寓言故事"愚公移山"为载体,传承弘扬愚公移山精神;上蔡县以重阳文化为平台,传承弘扬敬老、爱老、贤孝、大爱的文化主题;鲁山县以传承弘扬"七夕"文化为平台,倡导文明、节俭、高尚的婚俗新风,打造中国式的情人节和忠贞不渝的爱情文化圣地;商丘市连续多年的"商丘好人"活动,让"好人效应"持续发酵,展示了商丘人的风采,传播了时代正能量;通过系列教育活动传承弘扬中华优秀传统文化。河南省持续开展"书香中原""经典诵读""文化广场""中原大讲堂"等系列教育活动,传播社会主义核心价值观,增强民族自豪感和文化自信心。在全省高校组织开展"礼敬中华优秀传统文化"系列活动,在全省中

---

① 《河南省人民政府关于支持登封市建设华夏历史文明传承创新示范工程的指导意见》,《河南日报》2014年8月4日。

小学校组织开展"少年传承中华传统美德"系列教育活动,在中等职业学校开展建设民族文化传承与创新示范专业点工作等,在传播中原人文精神、营造良好社会环境、提升民众整体文明素质、满足人民精神文化生活需求等方面,发挥着越来越重要的作用。

(三)以深化研究促进中华优秀传统文化的传承与弘扬

要传承与弘扬中华优秀传统文化,必须首先深化对中华传统文化的研究。河南省在中华传统文化的深化研究方面推出了一系列有影响的著作,如中共河南省委原书记徐光春的《中原文化与中原崛起》《一部河南史半部中国史》《文化的力量》等,为河南传承弘扬中原文化奠定了坚实的理论基础。河南省集众多学者之智精心打造的中原文化集大成之作《中原文化大典》,全景式展示了博大精深的中原文化。河南省集专家学者之力,出版了《厚重河南》《中原文化记忆丛书》《中华姓氏河南寻根》《河洛文化研究》《河南文化发展报告》等丛书和书系;河南的文化学研究者出版了《文化河南:中原文化精神》《中原文化解读》《中原民间文化资源与河南文化强省建设》《河南文化发展与繁荣》《中原文化与中华民族》《华夏历史文明传承创新研究》《中原文化干部读本》等系列研究著作,为传承弘扬中原人文精神和中华优秀传统文化作了理论上的准备。挂靠在河南省政协的中国河洛文化研究会,是中国地域文化研究中唯一的全国性学术团体,已连续召开了十四届学术研讨会,就河洛文化的发生、发展、传播和影响,河洛文化与闽台文化、岭南文化、客家文化的源流关系等进行深入研讨,进一步扩大了河洛文化的影响力。

(四)以宣传推介强化中华优秀传统文化的传承与弘扬

河南为传承弘扬中原文化,打造和培育中原文化品牌,增强中原文化影响力,连续组织开展了"中原文化行"系列大型文化宣传活动,积极组织文化企业参加国内外重要文化产品交易活动,鼓励和支持文艺演出、少林功夫、太极拳、杂技演艺等文化产品"走出去"。河南省为融入"一带一路"

战略，于2015年11月颁布了《河南省参与建设丝绸之路经济带和海上丝绸之路的实施方案》，进一步开展与丝绸之路沿线国家之间的文化交流合作，提升中原文化软实力，扩大中原文化影响力。河南省借助各种节会平台，弘扬中原文化，宣传推介河南，成效比较显著。通过举办黄帝故里拜祖大典、嵩山论坛、固始中原根亲文化节、洛阳河洛文化节、开封菊花花会、郑州国际少林武术节等文化节会，传承和弘扬中华优秀传统文化，加强华夏文明与世界文明交流互动，推动海外华人姓氏寻根和文化寻根，打造全球华人根亲文化圣地，构建中华民族共有精神家园。"根在中原、老家河南"已深入人心，"河洛是故乡""寻根到中原"的民族文化认同业已形成，增强了中华民族的凝聚力和向心力。

（五）以保护利用推动中华优秀传统文化的传承和弘扬

河南省现有洛阳龙门石窟、安阳殷墟、登封"天地之中"历史建筑群和大运河、丝绸之路等5项世界文化遗产，全国重点文物保护单位358处、省级文物保护单位1231处，还拥有众多国家级非物质文化遗产和省级非物质文化遗产等。这些文化遗产内涵丰富，知名度高，为打造华夏历史文明传承创新区、建设文化强省提供了有力的文化支撑，提升了河南的文化地位，扩大了河南的文化影响力，对中华优秀传统文化的传承和弘扬发挥了重要作用。河南省科学规划，统筹推进文物保护利用工作，把文物保护与城乡发展、民生改善、旅游开发有机结合起来，培育和打造了一批精品文化景区。扎实做好大遗址保护利用，洛阳、郑州两大片区，长城河南段等3条线性遗产，巩义宋陵等16处大遗址入选国家专项保护规划，偃师商城等8处国家考古遗址公园获准立项，信阳城阳城遗址等5处国家考古遗址公园建设顺利推进，隋唐洛阳城、汉魏洛阳故城、安阳殷墟3处遗址公园建成，彰显了城市特色，改善了群众生活，成为文物保护惠及民生的新亮点。坚定不移地抓好基础建设，在非物质文化遗产分类保护、理论研究和档案建设、展示场馆建设等方面积极进行探索。2014年1月1日《河南省非物质文化遗产保护条例》正式实施，为非遗保护和利用提供了法规保障。

2012~2014年，河南启动实施了"河南省稀有剧种抢救工程"，2015年初又启动了"河南省传统美术抢救保护工程"，积极探索非遗分类保护工作；组织了中国（淮阳）非物质文化遗产展演活动，开展了非遗进校园、进机关、进企业等专题活动，促进了河南省非物质文化遗产保护与传承，取得良好的社会效益。

（六）以特色文化推动中华优秀传统文化的传承与弘扬

河南发挥资源优势，突出地域特色，打造出一批具有河南特色和国际影响的文化品牌。如以新郑黄帝故里拜祖大典、固始中原根亲文化节为代表的根亲文化品牌，以《梨园春》《武林风》等为代表的精品栏目品牌，以《禅宗少林·音乐大典》《大宋·东京梦华》等为代表的演艺品牌，以洛阳平乐牡丹村、朱仙镇版画村等为代表的民间工艺美术品牌，以濮阳杂技、宝丰魔术等为代表的民间演艺品牌，以《大河报》《小小说选刊》等为代表的现代报刊品牌，等等，已成为河南文化的典型代表，产生了良好效益。

特色文化产业是传承与弘扬中华优秀传统文化的重要载体。河南特色文化产业比较发达，特色文化产品丰富，在传承弘扬中华优秀传统文化中发挥着重要作用：由姓氏寻根衍生出来的根亲文化产业，促进了地方的文化建设和经济发展，同时也为传承弘扬中华优秀传统文化发挥了重要作用；禹州钧瓷、南阳玉雕、开封汴绣等为代表的工艺美术产业，成为河南的知名文化品牌；以少林、太极为突出代表的中原武术文化，以濮阳杂技、周口杂技为代表的杂技文化，以豫剧、曲剧、越调为代表的戏剧文化等，凝聚着古老而精美的技艺，承载着厚重的中原文化，传承着向上向善的精神力量，对中华优秀传统文化的传承与弘扬都发挥着重要作用。此外，河南特色村镇依托各自的资源优势，积极探索符合当地实际的发展道路，形成了一村一品、一镇多品的地域特色文化品牌，通过不同形式传承弘扬着中华优秀传统文化。

具有鲜明河南特色的文化旅游成为传承弘扬中华优秀传统文化的重要形式。河南省紧紧围绕"以文化推动旅游发展，以旅游促进文化繁荣"的发展思路，以文化旅游融合发展为主线，主打以龙门石窟、殷墟、嵩山历史建筑群、大运河和丝绸之路为依托的世界文化遗产游，以郑、汴、洛三点一线为核心的黄河文化游，以郑州、开封、洛阳、安阳四大古都为核心的古都游，以太昊陵、黄帝故里、光州固始以及各个单姓起源地为依托的根亲文化游，以少林和太极为核心的功夫文化游，以及红色文化游、宗教文化游、民俗文化游等一系列文化旅游知名品牌，让游客在文化旅游中感受中华优秀传统文化，加深了对中华优秀传统文化的认识和了解，很好地发挥了文化旅游传承弘扬中华优秀传统文化的重要作用。

二 传承与弘扬中华优秀传统文化存在的主要问题

随着经济社会的快速发展和人民生活水平的迅速提高，中华优秀传统文化的传承与弘扬也出现了一些问题。概括起来，当今社会传承和弘扬中华优秀传统文化存在的问题，主要表现在以下三个方面。

（一）人们对传承和弘扬中华优秀传统文化的重视程度不够

受经济全球化和现代化思潮影响，中国传统文化受到外来文化的冲击，很多本土文化和民间文化形式日渐式微，有些传统技艺几乎在现代化过程中消失殆尽。中国传统文化往往是精华和糟粕互体或共体，很难严格区分，这给中华优秀传统文化的传承和弘扬带来了很大困难。一些激进者看不到中华优秀传统文化的价值，对中华优秀传统文化采取武断的排斥态度；有的人放大了传统文化的消极因素，对传承弘扬中华优秀传统文化畏首畏尾，缩手缩脚，担心招来宣扬封建文化的指责。自"五四"以来对传统文化的批判，以及受文化大革命的影响，使得矫枉过正几乎成为一个时代的共同现象。在现实生活中，相当一部分人不辨良莠，把中华传统文化遗产一概看成"历史遗留物"，看不到优秀传统文化在中国现代化进程中的地位、价值与功能，缺乏文化自觉，不愿意致力于中华优秀传统文化的传承与弘扬。

中国文化群体的差异，决定了社会各界对传承和弘扬中华优秀传统文化的认知理念的不一致。在社会的急剧变动中，传统文化面临着非常尴尬的局面：一是严谨专业的学术著作难以出版或出版后遭遇冷落，而那些粗制滥造的快餐式通俗读物却充斥着书店和书摊；二是知识分子对政治文化相对疏离、冷漠，人文精神意识日渐淡薄、消退，功利化和实用化的要求逐渐取代了"形而上"的终极关怀，对现实中存在的重大问题也缺少传统知识分子身上最为可贵的家国情怀；三是曾经根深蒂固地规范和影响着人们思想行为的道德体系在社会转型过程中被连根拔起，无孔不入的腐败现象、谄媚逢迎的庸俗作风、甚嚣尘上的娱乐意识、等而下之的感官刺激，加倍消解着一些人对传统文化价值理念的守望，人们在感慨世风日下的同时却无法重建起更加有效的中国伦理文化体系。一方面，仍有一些传统文化的守望者不断地在传统文化遗产中挖掘出具有地方特色和民族特色的深厚内涵，不断有严肃艺术家在民俗中挖掘民族深层的东西；另一方面，却有一些人用"愚昧""落后""封建""迷信"等极端鄙视的字眼去攻击日渐式微的民间文化，消解着中华优秀传统文化。

对传承弘扬中华优秀传统文化认识的不一致，决定了人们对于传承和弘扬中华优秀传统文化的重视程度也参差不齐。以非物质文化遗产保护为例，财政投入巨资开展的各级非遗传承人和非遗项目虽然数量很多，但相关政策支持和资金支持却远远不够，已有的资金落实起来也比较困难。归根结底，在于人们对非物质文化遗产的价值、功能和意义认识不足，对非物质文化遗产的传承和保护不够重视。甚至还有人认为非物质文化遗产的逐渐消亡是社会发展优胜劣汰的选择，漠视其历史文化价值。在非物质文化遗产开发保护的过程中，普遍存在着"一头热、一头冷"的现象，面对地方政府和有识之士的积极支持和热情呼吁，很多地方民众却表现得较为冷漠，非遗保护和传承面临着巨大的发展危机。

（二）当今社会传承弘扬中华优秀传统文化的创新力不足

为促进中华优秀传统文化与现代文明的有机结合，提高地方区域经济参与全球经济发展的融合程度，亟须探索出一种更有活力、更有效率、更有生命力的文化发展模式。在中原这块神奇的土地上，郑州、安阳、洛阳、开封等千年古都巍然屹立，儒、释、道等多元文化交流碰撞，书画、戏剧、武术流芳千古，洛阳龙门石窟、安阳殷墟、登封"天地之中"历史建筑群等文化古迹不胜枚举，众多文化元素交相辉映，重新焕发出新的生机和活力。但由于创新能力严重不足，河南传承和发展中华优秀传统文化的现状与中央的总体要求还有差距，与文化资源大省的整体地位还不匹配，与人民群众日益增长的精神文化需求还不适应。创新能力不足，导致文化创意水平不高，社会力量难以有效聚合，缺少高层次文化研发人员和高品位文化市场主体，文化产业领域存在着规模小、规格低、科技含量低、竞争力不足等问题，造成了传承弘扬中华优秀传统文化效果不佳、效益不彰。

（三）城镇化进程的加快与留住"乡愁"之间的矛盾愈发明显

民俗文化内容丰富，包罗万象，其生活遗存充斥在百姓生活的角角落落。无论是有形的民居、雕塑、碑刻、器皿、服饰、美术作品等物质文化遗产，还是生产技术、节日庆典、民俗仪式、娱乐游戏、宗教信仰等无形的、口头的非物质文化遗产，都是具有独特载体的大众文化，具有广泛而深刻的历史内涵、地域价值、人文意义。所有这些，都是在某一地区生活过的人们的共同的记忆，也是无法取代和抹去的"乡愁"。然而，随着生产方式的转变、新技术革命的影响和城镇化进程的推进，传承几千年的中华农耕文明架构下的文化形态和文化方式在迅速瓦解，越来越多具有传统文化元素的东西被推倒或拆掉，不少民间绝活儿、民间技艺后继无人，以民间文学、民间美术、民间演艺为代表的一些民间文化遗产面临着摧枯拉朽般的致命冲击，留住"乡愁"遇到很大挑战。村民即文化，村庄即乡愁，可是现实却不容乐观。

传承与弘扬中华优秀传统文化的社会土壤和传播载体亟待培养，尤其是对待青少年儿童，我们要从儿童抓起，从基础教育抓起，尽力发挥第一课堂的主渠道作用，使学生在学校教育中始终受到优秀传统文化的熏陶和感化，在家庭教育和社会教育中能够正确分辨传统文化的精华和糟粕，坚守中华民族的精神命脉和文化基因，传承和弘扬中华优秀传统文化。

三 传承与弘扬中华优秀传统文化的对策建议

经过多年的努力，河南已经成为有影响的文化大省。但河南还不是文化强省，传承与弘扬中华优秀传统文化依然任重道远。河南要打造全国重要的文化高地，就要把传承与弘扬中华优秀传统文化作为打造文化高地的一项重要任务，坚持以人民为主体、以社会主义核心价值观为引领的原则，坚持"二为方向""双百方针""古为今用""推陈出新"的原则，在创新发展中激发文化创新活力，在协调发展中推动文化协调均衡发展，在绿色发展中充分发挥文化的重要作用，在开放发展中提高文化竞争力和影响力，在共享发展中实现文化共享。下面结合河南省文化建设实践，就传承弘扬中华优秀传统文化提出如下建议。

（一）提高对传承与弘扬优秀传统文化的认识

传承与弘扬中华优秀传统文化，首先要积极宣传中华优秀传统文化的内在价值，发掘其与社会主义核心价值观的内在联系，增强人们对优秀传统文化的肯定与认同。对中华传统文化进行更加系统深入的研究，发掘中华优秀传统文化的深刻内涵与当代价值，发掘中华优秀传统文化的独特功能和重要作用。要明确传承与弘扬优秀传统文化的内容与范畴，使中华优秀传统文化的传承与弘扬更具时代性和针对性，让中华优秀传统文化更加深入人心。各级领导干部应带头学好用好中华优秀传统文化，从中汲取立身做人的思想精华，树立正确的世界观、人生观、价值观；从中汲取优秀传统文化中治国理政的思想精华，形成科学的思维方式和正确的工作方法。要加大中华优秀传统文化的宣传力度，做好中华优秀传统文化的普及工作，把传承弘扬中华优秀传统文化落实到各项社会实践活动中，激励人们从我做起，从身边的小事做起，让广大人民群众通过各种社会实践来认知和感受中华优秀传统文化，自觉传承和弘扬中华优秀传统文化。

（二）构建传承弘扬中华优秀传统文化的宣传阵地

充分利用现有文化资源共享工程、公共电子阅览室建设工程、数字图书馆推广计划等数字文化惠民工程的数据资源成果，推动中华优秀传统文化的网络传播。利用广播、电视、报刊等传统媒体，加大其传承弘扬中华传统文化板块的分量。创新优秀传统文化的宣传手段，在手机报、微博和微信上扩大优秀传统文化的板块，同时注重内容的丰富和质量的提高。制作一批适合新媒体传播的传统文化精品，以新颖的形式和有趣的内容提高自媒体对其的关注和传播。打造一批有广泛影响力的中华优秀传统文化特色网站。强化品牌宣传、特色宣传、具象宣传、全媒体宣传，讲好河南故事，传播好中国声音，进一步加强宣传的针对性和时效性，让人们在感受宣传、享受宣传中领略中华优秀传统文化的风采。

（三）构建完善的传承弘扬中华优秀传统文化教育体系

注重培养青少年对中华优秀传统文化的热爱，在中小学教育、大学教育和职业教育中增加中华优秀传统文化内容，着重培养青少年自觉传承与弘扬中华优秀传统文化的意识。广泛开展中华优秀传统文化进校园活动，让中华优秀传统文化对学生产生良好的熏陶和教育作用。组织编写中华优秀传统文化普及读物，也可以结合地方文化编写具有地域特色的优秀传统文化读物。鼓励学校充分挖掘和利用本地优秀传统文化教育资源，开设具有区域特色的专题课程。建立中小学生定期参观博物馆、纪念馆、文化遗址等公共文化机构的长效机制。利用中华传统节日进行民族精神和思想道德教育，让人们在参与中体验节日习俗，感受传统文化魅力，提升对中华优秀传统文化的认识水平。充分利用社区道德讲堂、党员远程教育基地等各类阵地，组织老干部、老党员、模范人物等，开展优秀文化、传统美德宣讲报告活动，进一步提升人们对中华优秀传统文化的认识水平。

(四)增强传承与弘扬中华优秀传统文化的创新力

传承和弘扬中华优秀传统文化,需要不断增强文化创新力。要在继承与发展的基础上,运用新理念、新手段、新方法打造特色文化品牌,提升传承弘扬优秀传统文化的创新力。一是凝练和培育文化品牌。河南可以利用本地厚重的历史文化资源优势,形成以古都文化、姓氏文化、功夫文化、根亲文化等为代表的文化品牌,从而实现中华优秀传统文化的传承和弘扬。二是加强建设文化载体。河南要加强对现存的古城古镇的保护和修缮,对具有历史文化的老城老街进行恢复和重建,对具有地方文化的民俗风情村和专题博物馆进行规划和建设,使之成为传承和弘扬中华优秀传统文化的重要载体。三是创新优秀传统文化的现代表达,通过传统文化内容与形式的创新,创作多层次多类型的演艺产品,展示古城文化、姓氏文化、寻根文化的无穷魅力,通过具有创新性的文化产品来传承和弘扬中华优秀传统文化。四是推进文化与旅游产业、观光休闲产业融合发展。将中华传统医药文化、功夫文化融入休闲旅游中,培育新兴业态,让人们在休闲旅游中感受中华优秀传统文化的博大精深,从而提高传承和弘扬中华优秀传统文化的自觉性。五是开发具有中国元素的工艺美术产品,把传承和弘扬中华优秀传统文化的行动融入人们的日常生活。

(五)在城镇化进程中注重保护文化遗产留住"乡愁"

中华优秀传统文化是中华文脉的历史延续,也是人们的"乡愁"所系。传承和弘扬中华优秀传统文化,就要延续中华文脉,留住"乡愁"。一是摸清家底,保护先行。摸清文化遗产的家底,了解濒危数量及保护力度,严格落实文物、古城名镇、传统村落、非物质文化遗产的保护规定,抢救濒危遗产,加大保护力度。二是多方参与,共同保护,建立政府主导、社会力量广泛参与的多层次保护体系。拓宽社会力量参与文化遗产保护的渠道,建立健全统筹协调、咨询决策和社会监督等机制。三是及时保存,活态展示。对在城镇化进程中即将消失的文化遗产,及时以新技术新设备新形式进行保存,保留文化记忆,如以影像、声音、实物等形式,在学校、博物馆、图书馆等场所进行展示。四是合理开发，有效利用。设立专项资金，加强对优秀传统文化的扶持，对于非物质文化遗产生产性保护项目给予资金、税收等政策优惠。五是完善制度，纳入考核。不断完善政府政绩考核制度，把中华优秀传统文化保护传承纳入城镇化发展的具体部署中，纳入干部政绩考核评价指标体系中，对失职渎职者给予惩戒。

传承与弘扬中华优秀传统文化，要进一步加强顶层设计，强化宏观指导，注重科学规划，明确时间表、路线图和发展路径、推进机制；要认真总结近年来以社会主义核心价值观引领中华优秀传统文化传承与弘扬的成功经验，加强载体和渠道建设。此外，还要注意区域之间的协调发展，制定区域性文化发展规划，整合文化资源，积极顺应文化全球化趋势，勇于面对挑战。利用互联网推介中华优秀传统文化，构建文化交易平台，拓展文化贸易网络，提升文化企业"走出去"能力。河南应以特色文化为载体，彰显河南特色，兼顾产业与事业，统筹平台与渠道，切实把中原文化优势发挥出来，为传承与弘扬中华优秀传统文化，为实现中华民族伟大复兴的中国梦做出应有的贡献。

参考文献

[1] 徐光春：《一部河南史半部中国史》，大象出版社，2009。
[2] 徐光春：《文化的力量》，河南人民出版社，2009。
[3] 李庚香：《文化强省与中原崛起战略》，河南文艺出版社，2010。
[4] 高文麒：《河南：中原文化》，经济科学出版社，2013。
[5] 张新斌：《中原文化解读》，文心出版社，2007。
[6] 河南省民间文化遗产抢救工程系列成果民文强省课题组：《中原民间文化资源与河南文化强省建设》，大象出版社，2009。
[7] 张锐、卫绍生、毛兵：《河南文化发展与繁荣》，河南人民出版社，2009。
[8] 刘成纪、杨云香：《中原文化与中华民族》，河南人民出版社，2012。
[9] 卫绍生：《华夏历史文明传承创新研究》，河南人民出版社，2012。
[10] 卫绍生：《中原文化干部读本》，大象出版社，2014。

B.6 河南省古村落保护开发现状的调查与思考

李立新 郭艳 杨波*

摘　要： 河南省古村落蕴含着丰厚的物质文化和非物质文化遗存，具有极高的美学价值和文化价值，旅游市场前景广阔，但当前的保护开发现状令人担忧，存在着一些亟待解决的问题。河南省历史文化古村与特色景观名村旅游资源的合理开发利用，是一项长期的系统工程，绝非一朝一夕所能完成的短期任务，必须严格遵循科学的开发原则，充分借鉴国内外关于传统村落保护开发的成功经验，采取切合实际的思路方法和工作措施，积极探索各种有效的开发模式，坚持走可持续发展道路，做到旅游开发与文化保护并重，才能逐渐实现环境效益、经济效益和社会效益相统一的长远目标，进而在构筑全国重要的文化高地过程中发挥积极作用。

关键词： 古村落　物质文化　非物质文化　河南

河南省古村落蕴含着丰厚的物质文化和非物质文化遗存，具有极高的美

---

* 李立新，河南省社会科学院文学研究所研究员，史学博士，研究方向为中原文化、甲骨学、殷商史。郭艳，河南省社会科学院文献信息中心副研究员，研究方向为文艺学。杨波，河南省社会科学院文学研究所副研究员，文学博士，研究方向为中国文学和中原文化。

学价值和文化价值，旅游市场前景十分广阔。河南省第十次党代会提出要加快构筑全国重要的文化高地，古村落作为河南宝贵的文化资源，可以在文化高地建设中发挥应有的作用。因此，在大力发展古村落旅游的同时，必须走可持续发展道路，坚持旅游开发与文化保护并重的方针，实现社会效益、经济效益和环境效益相统一。

一 河南省古村落保护开发现状

河南历史文化名镇名村和传统村落的评选工作经历了从无到有、从简单到规范、从宏观到具体的过程，对于历史文化遗产的保护和古村落的可持续发展起到了积极作用。但正如传统村落保护和发展专家委员会主任委员、作家冯骥才所说的那样："我国很多传统村落就像厚厚的古书，只是来不及翻阅，就已经消亡了。"与全国各地的情况比较相似，河南古村落的保护和发展现状也存在一些亟待解决的问题，必须尽快妥善解决。

（一）历史文化古村和特色景观名村遍布省内

河南省共拥有国家级历史文化名镇10个，占全国总数的3.97%。其中南阳和驻马店各有2个，郑州、开封、许昌、平顶山、安阳、信阳各有1个；拥有国家级历史文化名村2个，占全国总数的0.72%，均位于平顶山郏县境内。郏县同时拥有一个国家级名镇、两个国家级名村，是河南境内文化村落保存相对完好的地域之一。在全国范围内，河南的国家级历史文化名镇名村数目在全国处于相对偏后的位置，不仅与浙江（48个）、江苏（37个）、福建（42个）、四川（30个）、广东（37个）等省份相比落后不少，而且在中部六省的排序中也相对落后，较山西（40个）、湖北（19个）、安徽（27个）、湖南（22个）、江西（33个）都有差距。（参见表1）

表1 中国历史文化名镇名村统计一览

归属地	名镇数目(个)	名村数目(个)	两项合计(个)	全国占比(%)
北 京	1	5	6	1.14
天 津	1	1	2	0.38
河 北	8	12	20	3.79
山 西	8	32	40	7.58
黑龙江	2	0	2	0.38
吉 林	2	1	3	0.57
辽 宁	4	0	4	0.76
内蒙古	4	2	6	1.14
上 海	10	2	12	2.27
江 苏	27	10	37	7.01
浙 江	20	28	48	9.09
安 徽	8	19	27	5.11
福 建	13	29	42	7.95
江 西	10	23	33	6.25
山 东	2	5	7	1.33
河 南	10	2	12	2.27
湖 北	12	7	19	3.60
湖 南	7	15	22	4.17
广 东	15	22	37	7.01
广 西	7	9	16	3.03
海 南	4	3	7	1.33
重 庆	18	1	19	3.60
四 川	24	6	30	5.68
贵 州	8	15	23	4.36
云 南	7	9	16	3.03
西 藏	2	3	5	0.95
陕 西	7	3	10	1.89
甘 肃	7	2	9	1.70
宁 夏	0	1	1	0.19
青 海	1	5	6	1.14
新 疆	3	4	7	1.33

2012年12月19日,住房城乡建设部、文化部、财政部三部门联合下发通知公示中国传统村落名录,全国28个省共646个传统村落入选该名单,其中河南有16个;2013年8月26日公布的第二批名录全国有915个,其中河南有46个;2014年11月17日公布的第三批名录全国共994个,其中河

南有37个；2016年11月9日公布的拟列入第四批中国传统村落名录全国共1602个，其中河南有25个。2014年6月30日，继2013年7月河南公布首批320个传统村落名录后，省住房城乡建设厅、省文化厅、省财政厅联合公布河南第二批传统村落名录村落名单，共95个村落上榜；2015年12月1日，省住建厅、省文化厅、省文物局、省财政厅、省国土厅、省农业厅、省旅游局联合公布第三批河南省传统村落名录，96个村落上榜；2016年8月，全省又有80个村落上榜第四批河南省传统村落名录。至此，河南国家级传统村落共有四批，省级传统村落共有四批。下面所列河南18个省辖市拥有省级历史文化名镇名村数量柱状图，正是对当前各地市拥有传统村落资源及相关情况的直观展示。

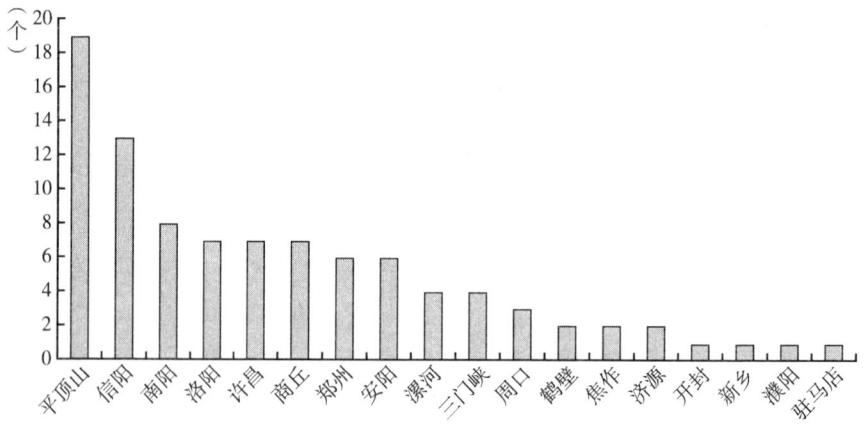

图1　河南18个省辖市省级历史文化名镇名村数量比较

（二）古村落保护开发已经显露峥嵘

近年来，河南传统村落的独特魅力得到社会各界的发现和认同，如平顶山市郏县临沣寨（村）、张店村等相继成为国家历史文化名村，孟津县朝阳镇卫坡村等村落入选国家级传统村落名录，还有太极故里温县陈家沟村、被誉为"中国第一影视村"的"太行明珠"郭亮村、"中国画虎第一村"民权县北关镇王公庄村、"仿古青铜器村"洛阳伊川烟云涧村、中国牡丹画第一村洛阳孟津平乐村、中国杂技故里濮阳东北庄等先后入选，初步奠定了河南传统村落在全国的重要地位。河南传统村落的旅游开发虽刚刚起步，但已经渐露头角。

1. 孟津卫坡村：传统村落的华丽转身

孟津县朝阳镇卫坡村（也称魏家坡村）坐落于洛阳市郊北部邙山，是中国美丽乡村创建试点村、中国传统村落、河南省历史文化名村，据当地人家的家谱记载，这里出过53位秀才、监生，文武官员达28人，4名诰命夫人。这里现存清代古宅16处，沿一条长180米的青石板路南北分布，天井窑院12所，房屋567间，靠山窑28孔，总建筑面积6000多平方米，是目前豫西地区最大、保存最完整的清代建筑群，是河南省重点文物保护单位，具有较高的历史文化和开发利用价值。

孟津县政府引入社会资本，参与古民居的保护开发，整体搬迁、整体安置、整体开发。卫坡村就是政府引导中辉煌集团对"中国传统村落暨美丽乡村"文化旅游项目进行投资，委托洛阳市魏紫旅游开发有限公司进行开发建设的，创新了美丽乡村建设模式。通过保护、利用、开发古村落资源发展文化产业，改善民生。按照"修旧如旧"原则整修之后的古民居，之前的破败和废旧之气一扫而光，保持着古色古香的原貌，保留着年代感和沧桑感，韵味依然。古民居南侧开发书画院、森林氧吧、垂钓园等，往北是一条复古的商业街道，与北魏孝文帝长陵连成一片。

卫坡模式让传统村落和古民居的保护走上了良性循环的道路，不断有一些画家、作家来到这里采风、参观，不少游客也慕名而来。

2. 信阳郝堂村：河南最美乡村的蝶变

信阳郝堂村地处丘陵、山区地带，水源充沛，格局很美，是典型的分散式村落。几年前，这里像大多数的农村一样：劳力外流、儿童留守、田地撂荒、村落脏乱。但郝堂离城不远，古井古树，拥有建设有品位村庄的得天独厚的自然环境，一次尝试和实验，成就了郝堂的今天。

为推进新农村建设，2011年6月，平桥区新一届区委、区政府决定在郝堂村先行先试，探索实验。"三农"专家李昌平和画家孙君对郝堂村的村容村貌总规、房屋修复、村道及景观修复等乡村主体规划进行了设计。在治理环境卫生的基础上，进行农民旧房改造和新居建设，注重农村原有元素的保存与利用，对每家每户房屋分别设计个性鲜明、风格相近的原生态住房。政府出台政策对农户进行支持，旧房改造每平方米补助130元，新建住房可以申请10万元的信用贷款，财政贴息两年。乡村的道路依山沿河，尽量避免占田毁地，沿丘陵地带修建了33.4公里的河南首条乡村自行车道，2013年6月举行了美丽乡村全国单车嘉年华第一站比赛。随后进行的小流域治理、河道疏浚、拦水坝修建、桥梁建设等也将村落布局、文化、风俗、气韵悄然融为一体。千百年形成的村落布局，石砌矮墙，草搭长亭依然保存。更重要的是村民自主创业，可以在家赚钱。郝堂村经营农家乐的，已有十几家，还有豆腐坊、特产小卖部等。郝堂村采取村民自助为主、社会帮扶为辅的方式也基本解决了养老、教育难题。

郝堂是一个新农村建设的试点，政府对先期改造的房屋进行补贴，发挥了前期的示范引领作用。郝堂的蝶变吸引了大量的游客。

3. 辉县郭亮村："世界最危险村庄"的扬名

郭亮村地处新乡辉县市太行深处沙窑乡，得名于东汉末年揭竿而起后被围困于此的农民军首领郭亮，有"世界上最危险山庄"之誉。郭亮村依山势坐落在海拔1700米的千仞壁立的山崖上，属于典型的太行山地质地貌。过去村民只能攀爬在90度的峭壁上凿出来的石坑才能走出深山。1972年，退伍军人申明信和13位村民，卖掉家里的山羊和山药筹措资金购买钢锤、钢钎，耗时5年全凭手力硬是凿出长1300米的郭亮洞，为全村凿出一条发展的出路。从1975年以来，郭亮村的"当代愚公移山精神"和雄壮险奇的自然景观越来越被海内外影视界看好，《清凉寺钟声》《走出地平线》《倒霉大叔的婚事》等40多部影视片在这里取景。著名导演谢晋、于本正、郭凯敏、沈好放、冯小宁等都在郭亮食宿多日，留下墨宝。日本裕田影视公司惊称这条绝壁长廊为"世界第九大奇迹"。"中国第一影视村"是人们送给郭亮的美誉。郭亮的影响也越来越大，吸引了很多高校师生来这里写生采风，吸引着众多慕名而来的旅游者，为当地的经济社会带来实实在在的效益。

二 古村落保护开发存在的一些共性问题

（一）政府部门保护利用文化遗产的资金不足、监管不严、导向不明

近十年来，随着国际文化的交流与传播，中国政府对文化遗产的保护力度日益加大，对历史文化名村的合理保护与有效利用，已经成为培育地方特色产业、展示乡土文化传统特色、增强人民群众对民族文化的认同、满足社会公众精神文化需求的重要途径。自2003年开始进行的中国历史文化名村评选活动，更是成为建设美好家园、成就生活梦想的一项重要举措，在时间和空间的双重维度上表现出深远的影响力。但是，由于各种主客观原因，政府部门在保护利用传统村落这一历史文化遗产的工作层面，仍然存在着保护投入资金严重不足、执行保护措施监管不严、维护传统村落空间格局导向不明等现象。

（二）文化企业合理开发文化遗产的态度不正、速度不稳、力度不适

评选中国历史文化名镇名村和传统村落的最终目的，在于保护濒于消亡的文化遗产。但是，现在很多地方的文化企业，常常只从传统村镇的空间形态、发展模式和土地利用的角度出发，打着用文化旅游发展地方经济的旗号，或遮遮掩掩或明目张胆地搞地产开发，过分追求短期经济效益，置当地整体效益、长期效益、生态效益于不顾，可谓态度不正、速度不稳、力度不适，有些举动对于传统乡村或文化遗产的破坏打击甚至是致命的，无法挽回的。

（三）社会民众参与开发文化遗产的意识不强、力量不够、效果不佳

传统村落大多以其完整鲜明的建筑风貌、独具特色的村落布局、精妙古

朴的民居风格、活态传承的非遗技艺等特点，承载着一个地区或一个民族的发展历程和文化血脉。而在传统村落这一具有特定含义的社会生活环境中，当地居民正是这一时空背景下最不可或缺的重要链条，是能够让静态的村落活跃起来的动态因素。因此，在保护和利用文化遗产的过程中，一定要充分考虑社会民众的自觉参与和保护作用。但是，在目前常见的传统村落保护利用的案例中，无论是政府的决策还是企业的规划，往往忽略了民众的影响因素，没有把传统村落的保护与新型城镇化进程中的民居建设有机地结合起来，导致社会民众参与文化遗产保护的意识不强、力量不够、效果不佳，极大地限制了当地经济文化的发展。

（四）与其他旅游资源融合不够，面对双重竞争

河南省古村落资源未能得到充分的开发和利用，已开发的大多规模小，层次低，活动内容单一，基本上还是处于初级和粗放型的阶段，旅游功能不足，旅游价值链的"食、宿、行、游、购、娱"等环节都较为薄弱，特别是在游、购、娱的开发方面，远不能满足游客的需求。因此，游客在景区停留时间较短，最多两天，相当一部分游客选择"一日游"。而皖南西递、宏村，山西的皇城村等其他省区传统村落旅游则开发较早，比较成熟，与河南传统村落旅游形成同质竞争。此外，省内的少林寺、龙门石窟、云台山等地由于旅游内容丰富，发展成熟，比传统村落更受游客青睐，与传统村落旅游形成替代性竞争，传统村落旅游因未形成自己的竞争优势相对边缘化。

（五）协作机制不完善，开发与保护的进程缓慢

河南传统村落在分布上还有着"小集中"的特点。以河南省前后三批99家国家级"中国传统村落"为例，安阳林州市石板岩乡就集中了5家，平顶山郏县冢头镇、鹤壁淇县黄洞乡、焦作修武县西村乡等乡镇各集中了3家，这本是一种优势，可以形成规模优势，丰富内涵。但受地方和部门利益驱动，在开发的过程中往往各自为政，囿于本地区搞开发，重复建设，有些地方还出现了为争夺资源和客源进行恶性竞争的现象。加之现有的管理体制

条块分割，遇到问题协调困难，费时费力，另外古宅居民多元化的利益需求还没有有效的解决途径，使得商业资本在投资时顾虑较多，极大影响旅游开发项目的进度，制约了河南传统村落的旅游开发。

（六）"新农村建设"和"城镇化"浪潮对传统村落的双重影响

传统村落要实现可持续发展，必须处理好文化保护和经济发展的关系，但在"新农村建设"和"城镇化"浪潮中，一方面是传统村落在被整合、拆建、挪移中消亡的现象日益加剧。据调查，"近年来长江流域、黄河流域等地颇具历史、民族、地域和建筑文化价值的传统村落数量正以'平均约3天1个'的速度在快速消亡"。[1] 另一方面，是古村落被过度利用和商业化的问题。纯朴的乡村文化被商业文化所吞噬，民居被商家占据，街上商铺不断，漫天弥漫的都是商品的气息。可以这样说，过度的商业化使传统村落的历史、风俗、环境正发生着不可逆转的变化，甚至面临着退化和消失的危险。

总之，从目前河南古村落的保护开发模式看，河南历史文化古村和特色景观名村的开发状况还处于起步阶段，开发路径同质化严重，影响着相关问题的研究深度和相关领域的发展广度，需要在人力、物力、财力等方面加大投入，加快速度，弥补缺位，培育载体，真正实现保护利用文化遗产与发展文化旅游的多元共存模式。

三 国内传统村落旅游资源保护开发的经验

本着保护第一、开发第二，以人为本、科学发展，挖掘文化、形成特色的原则，各地在保护开发传统村落方面探索出不同路径，积累了新鲜经验。近年来，随着经济社会的发展和人们收入水平的提高，乡村旅游逐渐升温。"2015年全国休闲农业和乡村旅游接待游客超过22亿人次，营业收入超过

---

[1] 《拿什么拯救消逝的村庄》，《西安日报》2014年10月31日。

4400亿元，从业人员790万人，其中农民从业人员630万人，带动550万户农民受益。'十二五'时期游客接待数和营业收入年均增速均超10%。"①安徽、浙江、云南等省的古村落旅游资源保护开发取得了显著成效，走在了全国的前列，为河南的历史文化古村与特色景观名村旅游开发提供了宝贵经验。

（一）依托优势，科学定位

国内发展较好的古村落旅游离不开依据优势资源的准确定位。"最美乡村"江西婺源依托特色文化资源，实施文化挖掘战略。"成立婺源文化研究会，负责对全县文化进行整理，下设朱子文化、茶文化、民俗文化等九个分会，启动了'婺源传统古村落'的文化调查与素材整理工作。"②成立徽剧传习所，编排一些传统节目，为游客演出徽剧、傩舞、抬阁等。目前，已形成以徽派建筑为代表的古村落文化、朱子文化为代表的名人文化、以山水为代表的自然生态文化、以徽民俗为代表的传统文化、以五显大帝祖庭为代表的宗教文化、以婺源绿茶为代表的茶文化六大品牌。"千年古镇"西塘以古镇保护为先，通过挖掘、整理与展示极具江南水乡特色的明清建筑群和非物质文化遗产，科学开发传统和特色的旅游精品。采用建立博物馆或者由本地居民现场演绎的方式，再现古镇特色的民俗文化和民俗风情，如西塘田歌、荡湖船、跑马戏、摇橹船、七老爷庙会、踏白船、杜鹃花展、剪纸艺术等。"画里乡村"宏村依托独特的水系和众多保存完好的明清古民居，形成"桥多、弄多、廊棚多"的三大景观特色，至今保存着1300多米长临河而建的沿街廊棚。

（二）健全机制，强化管理

国内发展较好的古村落旅游都离不开健全的管理机制。如婺源组建集

---

① 《2015年全国乡村旅游接待游客超22亿人次》，2016年5月9日，http：//www.crttrip.com/showinfo-6-844-0.html。
② 江建国、当地记者张弛：《婺源擦亮乡村文化品牌》，《江西日报》2005年10月17日B1版。

团，规范发展，从2007年开始，按照"一个集团、一张门票、一大品牌"的思路，通过对全县景点景区资源的整合，成立婺源旅游股份有限公司，带动婺源乡村旅游发展。为了解决旅游产业发展中的问题，县委、县政府2011年在全国首先开展旅游资源收储管理工作，制定了《婺源县旅游资源收储管理暂行办法》《婺源县旅游资源收储管理工作细则》等，在全国成立第一家旅游资源收储管理中心，专门负责全县旅游资源收储管理工作。该中心成立后，首先对全县旅游资源进行排查摸清家底，建立旅游资源储备库，为旅游资源的收储开发奠定了基础；同时，积极参与全县关于旅游企业的规范清理工作，有助于实现国有旅游资源的优化配置和增值保值。西塘是较早实行企业化管理的景点，西塘旅游文化发展公司于1996年9月成立，实行董事会领导下的总经理负责制。西塘旅游文化发展公司从游客体验的需要出发，把制度、流程、行为规范三项建设工作内容纳入公司管理的主体架构，实现旅游服务管理的标准化。这种体制为西塘捕捉旅游发展机遇提供了制度保障。宏村旅游走的是一条现代化的企业管理模式。1997年9月6日，中坤集团与黟县合作成立"京黟旅游股份有限公司"，"黟县以古民居旅游资源和古祠堂群建设项目土地使用权参股，中坤集团以现金方式逐步投入黟县，开发经营关麓、南屏、宏村景点和黟县民间古祠堂群，租赁经营并改造碧阳山庄，同时经营黟县旅行社业务，双方形成股份合作经营方式。"[①] 1997年9月27日，黟县政府与中坤科工贸集团签订了《黄山市黟县旅游区古民居、旅游项目合作协议书》，该协议书确定双方合作30年，投资金额达2518万元。中坤科工贸集团坚持先保护后开发的理念，聘请徽派建筑专家拟订宏村保护方案，合理修缮原有古民居资源，进行综合开发。

（三）保持原真，注重和谐

国内成功的古村落旅游采取尽可能地保留原址、原状、原物的方式，原真地再现古代生活过的图景。乌镇通过地方传统文化挖掘、修旧如故、控制

---

① 《中坤集团：从宏村从发》，《企业观察家》2014年9月10日。

过度商业化、管线地埋、管理运作模式的选择等做法，既较好地保护了千年古镇的原貌和韵味，又把它开发成可持续发展的旅游热点，被联合国教科文组织专家誉为"乌镇模式"。乌镇的开发分为二期，一期（东栅）景区是"观光型"景区；二期西栅景区保留了二百多户原住民，人与自然、环境、建筑更为和谐，从而形成了"观光加休闲体验型"古镇景区。西塘旅游采用"原生态开发模式"，实现景区与社区同步建设发展，至今还有8000多名当地居民在景区里过着"日出而作、日落而息"的生活。宏村旅游开发坚持保护第一，增加景点延长旅游线路，对游客量进行预测，从而实现旅游业与遗产保护的"双赢"发展目标。婺源旅游注重对生态资源的保护建设，通过造林绿化、封山育林、"十年禁伐阔叶林"等绿化工程，对全县生态大环境进行优化；把油菜从传统的农作物种植转变为旅游产业来培植，对旅游线路的沿线茶园套种梨树、桃树等带花苗木，营造"花海婺源"的景观。

四 保护开发河南省传统村落旅游资源的建议

传统村落是一个国家、一个民族的文化基因，是"一方水土养一方人"的历史根脉。河南的传统村落大多是杂姓村落，各行各业的人们在一起生活，互相包容，和谐共处，与周围的自然生态浑然天成，在潜移默化中自然流淌出独特文化风景，在市井人情中蕴含着天人合一的意境。没有章法的城镇化往往会造成古村落保护的碎片化，会割裂当地的文化生态系统，会切断流淌千年的文化血脉。因此，必须正确认识建设美丽乡村与保护传统村落的关系，正确处理经济发展和文化传承的关系，保护好原汁原味的传统村落，已刻不容缓。保护开发古村落，必须对其进行"整体性、活态性、原真性、延续性的保护，恢复其固有的生机与活力"①。只有这样，才能留住我们的乡愁，留住中华儿女的根脉。

---

① 参见《活态保护：让古村落充满生机》，光明网，2015年4月17日，http：//cul.qq.com/a/20150417/023195.htm。

1. **盘点资源，建立数据库**

虽然近年来国家和省里已经开始重视传统古村落保护，河南一些村落入选国家级和省级的传统村落名录并且对其拨出专款，但是，河南历史文化深厚的村落存量较多，对于需要保护开发的村落来说，财政拨款的数额远远不够。各地文化、住建、财政部门要抓紧制定本地区传统村落认定标准，对本地传统村落进行评审认定，弄清传统村落底数，建立地方传统村落名录，并向社会公示。同时，还要详细调查每个村落的文化遗产，按照"一村一档"的原则建立河南传统村落档案。

2. **科学规划，统筹发展**

规划对古村的发展有着长远的战略性意义。为避免陷入"建设性破坏"的陷阱，政府必须发挥在古村落保护中的主导作用，聘请专家对古村落旅游把脉，对古村落旅游景点的区域布局进行差异化的规划设计。首先要制定一套长远的规划体系，避免盲目发展和短视行为。通过发展规划来确定村里可以开发的区域和严禁开发的区域，把保护与开发结合起来。从古村落的文化类型和特点出发，整合特定区域和范围的古村落资源，制定河南省历史文化古村与特色景观名村旅游开发长远规划和近期目标，制定保护开发河南传统村落、古建筑的具体标准。鼓励地方因地制宜制定历史文化古村与特色景观名村旅游开发规划，从而避免发展模式同质化等问题。

3. **多方投入，合作共赢**

资金不足是河南历史文化古村与特色景观名村旅游开发面临的一大瓶颈。财政资金有限，只能作为引导，鼓励社会资本投入。今后，河南应当努力建立符合河南实际的政府引导、各方参与的古村落保护开发融资机制，可通过出让转让经营权、股份、特许经营权、合资合作等方式，吸引企业和社会资本参与古村落的保护和开发；可以自有的房屋进行租赁或房屋入股等形式吸引村民参与村落的保护和开发，从而充分调动企业、村民和社会等方方面面的参与积极性。

4. **村民参与，活态利用**

古村落的开发保护应该是活态利用，既要避免使传统村落成为博物馆中的摆设，又要避免过度商业化。加强村落的活态传承，就要尽可能地维持原住民原有的生产生活方式和场所，尽量避免和减少对原住居民日常生活的干扰，不能以保护利用为借口把全体村民都迁出去。在开发过程中，应当尊重村民意愿，在建筑外观不改变的基础上，改善内部生活功能；在坚持不破坏整村布局的前提下，建设供水、污水处理等现代基础设施，修缮村内道路，在保持传统风貌的基础上使原住村民能过上方便、卫生、舒适的现代化生活。

5. 完善制度，加强监管

古村落的保护和开发必须坚持保护第一原则，走法制化道路。要建立健全相关的法律法规，从法律高度对古村旅游开发行为予以严格规范。要合理划分旅游各部门的职能范围，用规范的法令性文件指导、规范各部门有序、协调开展工作，做好统一协调工作，避免条块分割。同时，政府部门要履行好监督的指责，严格监督旅游规划开发，加强文物、环境的保护，监控和指导旅游经营者的开发和经营行为，避免出现旅游资源被过度开发和不当利用的问题。

6. 挖掘内涵，打造精品

深入挖掘河南特色古村落的文化内涵，保留好当地的建筑特色和当地居民的传统习俗，保护古村历史文化的原真性。找准古村落保护开发与城市休闲需求发展的结合点，在生态、休闲、文化方面做文章，打造一批古村落旅游创意品牌，做强做大河南古村落生态休闲旅游产业，打造"河南老家、美丽乡村"的品牌。

7. 产业融合，带动经济

旅游产业是一个带动性强、关联度高的产业。发展历史文化古村与特色景观名村旅游资源的开发，要注意发挥好旅游产业的带动作用，大力促进相关产业的融合发展。可以利用当地的民居、田园、风景等，发展有特色的住宿业，利用当地具有中原文化特色的非物质文化遗产如绘画、麦秸画、剪纸、木雕、泥塑等，发展特色文化产业，丰富古村落旅游产业内涵，增加旅游产业的附加值。

8. 注重环保，永续发展

控制游人密度，保持历史文化古村和特色景观名村的生态平衡。一旦村落发展成为景点，就必须注意合理控制游客数量。村落旅游的魅力之一，就是能于都市喧嚣之外给人们提供安静淳朴的体验。如果村落的大街小巷里挤满了游人，古村落特有的安静就不存在，古村落旅游带给人们的乐趣就会大大降低。同时游人太多对文物的保护也有影响，因此应适当控制游人数量和景点的游人密度。

参考文献

［1］《活态保护：让古村落充满生机》，光明网，2015年4月17日，http：//cul.qq.com/a/20150417/023195.htm。

［2］《拿什么拯救消逝的村庄》，《西安日报》2014年10月31日。

［3］《保护古村落刻不容缓》，《广州日报》2016年6月28日。

［4］河南省民间文化遗产抢救工程系列成果民文强省课题组：《中原民间文化资源与河南文化强省建设》，大象出版社，2009。

［5］卫绍生：《华夏历史文明传承创新研究》，河南人民出版社，2012。

B.7
新世纪河南戏曲发展现状与对策建议

张厚萍*

摘　要： 新世纪以来，在社会各界的共同努力下，河南戏曲在传承发展的过程中呈现出良好的发展态势：戏曲人才梯队呈现，戏曲创作精品不断，成为对外交流名片，戏曲院团特色鲜明，实现了由戏曲大省到戏曲强省的蝶变。同时，经费供给不足、管理机制不完善、人才分布失衡、儿童剧目稀缺、观众老龄化等一系列问题，严重制约着河南戏曲的传承发展。今后，河南相关部门应针对戏曲发展中存在的问题，积极采取相应对策，打造良性发展的生态链条，推动河南早日实现由戏曲高原向戏曲高峰的跨越。

关键词： 河南　戏曲　戏曲人才

河南素有"戏曲之乡"的美誉。据1992年出版的《中国戏曲志·河南卷》记载，河南自明清以来曾有剧种45种之多，到了20世纪90年代，在演剧种仍有26种之多，主要有豫剧、曲剧、越调、怀梆、坠剧、二夹弦等。在河南众多的地方戏中，豫剧当之无愧成为地方戏的"大哥大"。无论从剧种、剧团数量还是戏曲分布的地域范围来看，河南都是当之无愧的戏曲大省。新世纪以来，经过社会各界的共同努力，河南戏曲呈现出良好发展态

---

* 张厚萍，郑州师范学院副教授，研究方向为戏曲传播、中国现当代文学。本文系河南省教育厅2016年度人文社科规划项目阶段性成果（项目编号：2016 - gh - 221）。

势，在诸多国家级比赛中连获殊荣：截至2016年11月11日，在素有"中国戏剧界奥斯卡"之称的中国戏剧梅花奖评选中，自第十九届梅花奖以来连续9届获此殊荣；豫剧《程婴救孤》、越调《老子》等先后六次获得国家舞台艺术精品工程十大剧目奖，实现六连冠；在刚刚结束的第十一届中国艺术节暨第十五届文化部"文华奖"颁奖典礼上，由河南省豫剧三团创排的豫剧现代戏《焦裕禄》荣获第一名，河南原创的剧目实现了中国艺术节大奖"五连冠"和文华大奖"四连冠"，河南获奖数量一直雄踞全国之冠，成功实现了河南由戏曲大省到戏曲强省的蝶变，开创了"全国戏曲看河南"的新局面。[①] 这些成绩的取得，得益于河南不断优化的戏曲生态环境，得益于所有戏曲人的责任和担当。

一 新世纪河南戏曲发展现状分析

（一）戏曲人才梯队呈现

戏曲的发展，人才是关键。河南编剧、导演、作曲、演员、评论家全面开花，出现了一批在全国有重要影响的戏曲人才。老一代老骥伏枥，收徒传承，新一代勇挑重担，传承创新，他们共同开创了河南戏曲的繁荣。依旧活跃的老一代编剧主要有孟华、姚金成、韩枫、贾璐等，导演有路振隆、朱赵伟、罗云、张怀奇等，作曲家有朱超伦、耿玉卿、赵国安、袁世安、吴博弈、王炳灿等，戏曲评论家有刘景亮、谭静波、张大新等；年青一代的编剧有陈涌泉、原长松、杨林等，导演有张平、李利宏、李杰等，作曲有汤其河、梁献军等，戏曲评论家有吴亚明、贺宝林、穆海亮等。一大批影响全国的优秀中青年表演艺术家，如李树建、贾文龙、汪荃珍、王慧、李金枝、王红丽、杨红霞、杨帅学、方素珍、申小梅、刘晓燕、徐俊霞、陈新琴、楚淑珍等，是河南戏曲发展的中坚力量。一批通过省青年戏剧演员大赛新鲜出炉

---

① 参见《赵国安豫剧音乐作品艺术研讨会在郑举行》，《郑州日报》2013年6月4日，第7版。

的青年新秀涌现出来,如晋红娟、景帅媛、吴江南、呆翔、李媛媛、常向克、刘超男、马瑞获、董爱春、王志华、路明芹、苏东伟等,是河南戏曲发展的新势力。通过《梨园春》少儿擂台赛和河南少儿戏曲小梅花大赛,选拔出一大批的少儿戏曲人才,如刘佳钰、孙悦、孙伟轩、牛欣欣、赵妩凡、马梓荟、臧琼杰、蒋文涵、张露戈、李松蔚、田珈萱、郑好儿等,他们则是河南戏曲为持续发展培养的新生力量。①

(二)戏曲创作精品不断

新世纪以来,河南戏曲在各类国家级重大比赛中成绩突出,遥遥领先。一是一批精品剧目连获大奖:先后六次获得国家舞台艺术精品工程十大精品剧目奖,分别是豫剧《程婴救孤》、《铡刀下的红梅》、《清风亭上》、《香魂女》、《常香玉》、越调《老子》,实现六连冠;先后4次荣获文华大奖,分别是豫剧《程婴救孤》、《常香玉》、《焦裕禄》和越调《老子》,实现四连冠;先后5次获得中宣部精神文明建设"五个一工程奖",分别是豫剧《程婴救孤》、《常香玉》、《苏武牧羊》、《焦裕禄》和曲剧《飘扬的红丝带》,实现五连冠。二是一批优秀作品在高端戏剧赛事平台上竞相绽放,不断推动河南由戏曲大省到戏曲强省的跨越。如豫剧《珠帘秀》(2007)、《斗笠县令》(2011)、《清风亭上》(2011)、《山城母亲》(2013)、《风雨故园》(2015)、《陈蕃》(2015)、《都市阳光》(2015)等,先后入选"中国戏剧节"这一国家最高专业戏剧赛事平台。特别是在第十四届中国戏剧节上,还创造了除东道主之外入选剧目最多的省份的记录。《斗笠县令》《清风亭上》《老子》《王屋山的女人》《焦裕禄》等剧目,相继在上海国际艺术节精彩绽放。三是一批"三性"统一的优秀剧作影响全国。《韩非子》(2010)、《朱安女士》(2012)、《大红灯笼》(2012)、《红旗渠》(2012)、《兰考往事——焦裕禄》(2014)等剧目,在曹禺戏剧文学奖中屡获殊荣。2012年第四届曹禺戏剧文学奖颁奖台上,获奖作品共8部,其中河南就占

---

① 河南省文学艺术界联合会主办《河南戏剧》,2015,第2页。

了3部,《朱安女士》还名列榜首,创造了该奖设立以来一个省份同时获奖最多的纪录。①

(三)成为对外交流名片

"中原文化走出去"战略,不仅拓展了河南戏曲传播的空间,而且推动河南戏曲走出国门,在世界艺术舞台上闪亮登场。凭着独特的中国艺术魅力和浓郁的地域色彩,河南戏曲在许多国家交流演出,所到之处随即刮起一道中国风、豫剧风,成为国家和河南省对外文化交流的一张名片。2008年5月,受文化部委托,豫剧《程婴救孤》主创人员参加了"艺术精品海外行",赴意大利参加"走进中国"文化节,并赴法国巡回演出;2015年8月,《程婴救孤》走进泰国,泰国剧场首次加座80张;《程婴救孤》还三次走进美国,分别于2013年2月登上戏剧圣殿纽约百老汇的舞台,2016年10月登上美国主办历届奥斯卡颁奖典礼的殿堂——杜比大剧院,成为中国戏曲首次荣登百老汇和好莱坞的"双料"选手。

2013年,受第14届黑海国际戏剧节的邀请,由中国剧协选派的豫剧《清风亭上》在土耳其特拉布宗哈鲁克·昂甘剧院登台亮相,河南豫剧院二团成为中国首次参加黑海国际戏剧节的戏曲院团。河南省曲剧团创作的曲剧《老鼠嫁女》,先后赴土耳其、美国、日本演出,2014年在美国佛罗里达州的威尼斯参加四年一届的美国国际戏剧节时,受到了来自世界各地的艺术家们和美国观众的好评,一举荣获"最佳集体优秀表演奖"、"最佳化妆造型奖"和"最佳服装设计奖"等三项大奖。② 此外,三门峡豫剧团新编的豫剧《画皮》,曾赴欧洲参加第九届比利时那慕尔国际艺术节;郑州市豫剧团的《大祭桩》,曾赴意大利参加阿维利诺国际戏剧节;信阳市豫剧团的《开漳圣王》,曾赴美国休斯敦、洛杉矶交流演出;商丘豫剧院曾赴非洲三国参加"欢乐春节"活动,这些剧团剧目的海外行,都在当地引起了很大的反响。

---

① 参见河南省文学艺术界联合会主办《河南戏剧》,2015,第2页。
② 参见河南省曲剧艺术保护传承中心2012年和2014年度工作总结。

而河南豫剧名家与台湾豫剧团合作，赴新加坡举办的"亚洲豫剧论坛"，在豫剧发展史上首破纪录，具有里程碑式的意义。

（四）戏曲院团特色鲜明

为了戏曲的发展、院团的生存，河南省各戏曲院团纷纷立足本团基础，发挥本团优势，凝练院团特色，走出了一条各具特色的路子。

豫剧是河南乃至全国第一大地方戏。为了挽救和振兴豫剧，河南豫剧界开始了大胆创新和尝试，将过去单兵作战的豫剧院团合并抱团发展。重组后的河南豫剧院不仅队伍壮大，名气也随着各自院团的明确分工而渐成规模。河南省豫剧一团在发展过程中多以创作优秀传统豫剧为主，并逐渐奠定了其以演出传统剧目为主的风格，河南省豫剧二团以演古装戏和新编历史剧为主，河南省豫剧三团则以演出富有鲜明时代特色的现代戏为主。

曲剧是河南第二大地方剧种，与豫剧相比在人才、剧目等各方面都较薄弱。但河南省曲剧艺术保护传承中心能够兼顾传统戏、新编历史剧和现代戏，并在儿童戏曲上也有所突破。2012年新排演的《老鼠嫁女》，是目前河南唯一真正的儿童戏曲片。

漯河市豫剧团实施军事化的管理、人性化的服务、年轻化的团队、市场化的运营，将一个市级豫剧团打造成连一些省直院团都望尘莫及的院团。近年来，山东、山西、安徽、河南等大部分院团都没有了武生演员，都不再创作文武大戏。而漯河市豫剧团武生演员众多，具有填补文武大戏市场空缺的能力，所以十分注意征战戏、武打戏的剧目生产，文武大戏也成了他们的一个品牌。目前漯河市豫剧团在职员工86人，青年人员55人，平均年龄26岁，其中武行22人，多次被中国豫剧节、河南省文化厅、梨园春栏目以及各大文艺院团邀请帮扶演出。河南豫剧院豫剧三团推出的《焦裕禄》，刚刚获得第十一届中国艺术节文华大奖，剧团里面的武打演员都来自漯河市豫剧团。①

---

① 漯河市豫剧团2015年度工作总结。

二 新世纪河南戏曲持续繁荣的原因分析

(一) 政府支持，政策给力

文化政策是河南戏曲发展的晴雨表。新世纪河南戏曲的持续繁荣，首先得益于政策支持。河南省文化厅2010年针对省文艺院团先后发布了5个文件，分别对戏曲院团差额工资的补发、浮动工资的发放、创新分配制度、社会捐赠的使用、艺术专业人才的引进等都做了明确的规定。特别是创新分配制度即浮动工资和奖励资金分配主要体现工作人员的实绩和贡献，坚持按劳分配和效率优先、兼顾公平的原则，既为职工的基本生活条件提供了保障，又调动了职工的工作积极性。社会捐赠为艺术生产、文化研究、公益性社会文化活动、文化遗产保护和公共文化设施建设提供了资金保障。[1]

河南省文化厅、财政厅联合连续发文，就做好"河南省舞台艺术送农民"活动做出安排，明确政府买单，院团演出，农民免费看戏。2011~2016年，省豫剧院三个团、省曲剧艺术保护传承中心、河南省越调剧团等专业院团，平均每个演出团体每年参演"河南省舞台艺术送农民"120场以上。[2]院团演出场次的补贴，由省、市、县演出院团分别以每场1万元、0.5万元、0.3万元予以补贴，从2013年起这一补贴费分别提高到2万元、1万元、0.6万元，一定程度上改变了演职员的经济状况，解除了他们生存的压力，大大激发了演职人员的热情，调动了他们工作的积极性，促进了河南戏曲的繁荣。一些地方政府也纷纷效仿，促进了当地戏曲的发展。河南省教育厅、文化厅、财政厅2012年联合下发了《关于2012年高雅艺术进校园活动演出安排的通知》，共有43所学校申报了演出活动，戏曲进校园活动随之展开。这项活动持续至今，为戏曲传承培养了更多的年轻观众。

---

[1] 河南省文化厅文件。
[2] 河南省豫剧院、省曲剧艺术保护传承中心、河南省越调剧团2011~2016年度工作总结和大事记。

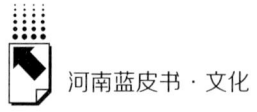

2015年7月11日国务院办公厅印发的《关于支持戏曲传承发展若干政策的通知》，对戏曲发展进行了全方位的具体指导。2016年，河南省人民政府办公厅发布了《关于支持戏曲传承发展的实施意见》。中共河南省委宣传部、省文化厅、省教育厅、省财政厅等部门联合下发了《关于印发河南省"戏曲进校园"活动工作方案的通知》，决定开展"戏曲进校园"活动，将戏曲教育正式纳入正常的教育体系，并且从2016年9月开始在河南10个地市先行试点，三年推广普及到全省各级各类学校。截至目前，河南优先试点的10个地市中，郑州、新乡、南阳、许昌等地已经开始运作。

（二）资金支撑，打造精品

政策只是一个导向，而要真正把政策落到实处，资金才是关键。为促进河南舞台艺术繁荣发展和文化强省战略，扶持引导省直文艺单位艺术创作生产，自2012年起，省财政设立了每年1000万元的省直艺术创作生产扶持资金。为了做好此项工作，省财政厅、省文化厅分别下发了配套性文件，促进该项工作科学化、规范化发展。河南省省直艺术创作生产扶持资金和国家2013年设立的国家艺术基金以及爱心企业，为戏曲艺术精品的打磨提供了资金支持。

豫剧和曲剧是为河南省带来很多荣誉的两大剧种，也是重点扶持对象。河南豫剧院的豫剧二团是省内目前发展最好的戏曲院团。2015年4月初，豫剧二团成功申报豫剧《苏武牧羊》国家艺术基金加工提高资助项目资金180万元。河南豫剧院二团组织权威专家，对该剧目剧本重新论证、修改加工，成就了精品《苏武牧羊》。《苏武牧羊》在省人民会堂亮相时，整场演出精彩纷呈，感人至深，赢得了多次满场喝彩，得到了国家艺术基金专家组和广大戏迷观众的高度评价和充分肯定。《苏武牧羊》还代表国家参加当年9月份在西安举行的第二届"丝绸之路"国际戏剧节，连演两天，备受欢迎。截至2015年10月底，共巡演40余场。2016年，经典豫剧《清风亭上》获得了国家艺术基金推广交流项目资助资金150万元。从今年5月30日至6月27日，正式启动国家艺术基金传播交流推广资助项目豫剧《清风亭上》全国巡演的序幕，先后在全国10个城市巡演20场，满足了人民群众对文化艺术的精神追求，扩大了豫剧在全国的影响力。2015年，由河南省艺术创作生产专项资金资助30万元，河南豫剧院一团、二团时隔11年之后强强联合，倾力打造的纪念抗战胜利70周年主旋律红色豫剧《红菊》复排，经过加工提升，得以重返舞台与观众见面。此外，河南省曲剧艺术保护传承中心创作的《老鼠嫁女》一剧，作为2014年度国家艺术基金小型剧目创作的入选项目，在剧情、音乐、服装造型、道具等方面进行了加工提高，于2014年6月参加美国国际戏剧节，一举荣获三项大奖。豫剧三团推出的《焦裕禄》一剧，是国家艺术基金2016年度加工提高资助项目，于2016年第二季度分赴山东、湖南、上海等7省（市）、14个城市演出22场，所到之处好评如潮，并在第十一届中国艺术节上荣获文华奖"双料"第一名。

文企联姻也是河南戏曲屡有创获的一大助力。2015年，河南豫剧院二团与河南牧羊寨文化传媒公司等两家企业合作廉政大戏《九品巡检》，获得创作资金300万元。河南豫剧院二团主创团队以清光绪年间在苏州西山任九品巡检的河南滑县人暴式昭为原型，在查阅了大量文献资料的基础上，多次深入"暴式昭纪念馆"参观、感受，塑造了一个"只唯下、不唯上""官九品、人一品"的有血有肉的廉吏形象，经过"十余次修改，在历史史实、剧情设计、演员演技上不断追求精益求精，最终剧目历经2年创作打磨而成"①。该剧于2016年1月7日至10日在河南省人民会堂首演亮相，随后到邓州、漯河、洛阳、巩义、郑州港区等地巡演，至2016年7月底共在全省巡演140场，赢得社会各界的一致好评。

（三）赛事平台，演绎精彩

河南省定期举办各种戏曲比赛，为戏曲的绽放搭建了六大发展平台。第一，河南省戏剧大赛是河南省文化厅为促进河南戏曲繁荣、助力戏剧人才成

---

① 《戏剧舞台再出廉政大戏　豫剧〈九品巡检〉即将亮相》，大河网，2016年1月5日，http：//news.163.com/16/0105/12/BCIL6G6800014AEE.html。

长而搭建的一个长效机制平台。自1985年设立以来,至今已举办了13届,参赛对象是省市级的专业院团。新世纪绝大部分优秀剧作家、艺术家和优秀剧目,几乎都是由此脱颖而出。第二,为促进基层剧团的发展,创办河南省县(区)级暨民营文艺团戏剧大赛。从2005年起,至今已举办三届,为广大基层和民营剧团搭建展示的平台,促进了基层和民营剧团的提升。第三,黄河戏剧奖是2002年设立的省级综合性专业戏剧奖,立足河南,辐射周边,不断完善评奖机制,提升奖项的权威性和公信力,从2010年第四届开始升格为黄河戏剧节。到2016年的11月已举办7届,成为在全国比较有影响力的区域性赛事,从中选拔出的演员、剧作、剧目、评论文章参加中国戏剧奖成绩斐然。"黄河戏剧节"不仅推出了大量实至名归的戏剧作品、表演人才和理论评论文章,而且彰显出其广泛性、代表性和权威性。第四,河南省青年戏剧演员大赛是为了助推青年戏剧人才的成长而设立的。从1999年起设立,到2016年已连续举办8届,先后推出了一大批唱念做俱佳的优秀演员,还诞生出十多位梅花奖、文华奖得主,如刘晓燕、金不换、方素珍、申小梅、田敏、徐俊霞、杨红霞、楚淑珍、张兰珍、李斌、张艳萍、肖秀莲等,以及戏剧舞台的中坚力量刘艳丽、史茹、范静、丁建英、刘卉文、海波等人,有效推动了戏剧表演人才队伍建设。第五,河南省戏曲红梅奖大赛是为了弘扬优秀民族文化,推出优秀戏曲人才,促进河南省戏曲艺术整体水平的提高而设立的全省性戏曲专业赛事,到2015年12月已举办了9届。2015年12月"天中杯"第九届河南省戏曲红梅奖大赛共有来自省直、省辖市、省直管县的专业院团、民营院团、艺术院校的102名优秀中青年戏曲演员参加比赛,参赛范围由院团扩大到艺术院校,为河南省的戏曲艺术推出了一批青年新秀。第六,河南省少儿戏曲小梅花大赛是为培养广大少年儿童对祖国传统艺术的兴趣与爱好,为戏曲事业的振兴和发展培养更多更好的接班人而设立的,到2016年已举办了13届。在全省范围内举办"河南省少儿戏曲小梅花大赛",选拔出来的优秀选手参加"中国少儿戏曲小梅花大赛",通过举办此类大赛,培养了少儿对传统戏曲文化的兴趣,为河南省的戏曲发展培养后备力量,真正实现河南戏曲从娃娃抓起。

（四）多措并举，交流助力

近年来，河南采取以评奖促戏曲发展的办赛宗旨，消解了办赛的功利性，真正促进了戏曲剧目的提升、戏曲人才的培养和戏曲的发展，一大批优秀剧目和优秀人才脱颖而出，主要表现在以下几个方面。一是更新办赛理念，创新办赛机制。以赛事为契机，激活戏曲的全部潜力。坚持目的与手段相结合、评奖与促进艺术生产相结合、评戏与评论相一致、评奖与文化惠民政策结合。为参赛剧目举行研讨会，评审组不只评名次，还要评得失。二是以评奖促交流，坚持"三个并重"。黄河戏剧节以开阔的胸怀，扶持本土剧种与其他剧种并重，大、小剧团和大、小剧种并重，专业演员和非专业演员并重，吸引了河南、河北、山东、山西、安徽、江苏、北京、四川、新疆等广大地区的参赛选手，促进了河南戏曲与全国戏曲的交流和繁荣。三是评奖与文化惠民政策结合。为了更好地落实为人民服务的宗旨，每届大赛都赠票给当地的英模、军烈属、农民工、环卫工，其余的均低价出售，让普通百姓低价享受戏曲盛宴。赛事结束后，还组织获奖演员深入全省基层巡演，让老百姓在自家门口享受戏曲大餐，把服务基层百姓落到实处。这就避免了过去为评奖而评奖，评完束之高阁的情况。

三　河南戏曲发展存在的主要问题

新时期河南戏曲得到了长足的发展，但也不同程度地存在一定的问题。只有正视这些问题，并采取针对措施加以解决，才能促进河南戏曲进一步繁荣发展。

（一）经费供给严重不足

河南省先后颁布的若干文件基本出发点是为了扶植省级院团，虽然每年不断加大政府购买的力度，但对院团来说收支几乎相抵。就"舞台艺术送农民"活动来说，省直院团一场2万元，几十人扣除吃住消耗、租车费用，所剩无几。近年来，经济大环境发生了改变，导致商演不断减少。以河南省曲剧艺术保护传承中心为例，每月有三四十个聘用人员需要解决十余万元的工资压力。虽然院团想尽一切办法找台口，但河南的戏曲市场根本没有培育起来，免费看戏已成习惯，所以河南戏曲市场是观众多、市场小。由此可见，在经费供给严重不足的情况下，戏曲院团要完全走市场路线，尚需一个艰难而漫长的过程。目前仍需政府有较大的投资力度，才能让戏曲人有戏可演，群众有戏可看。

（二）人才分布明显失衡

生旦净丑四大角色中，一直是"阴盛阳衰"的状态，各大剧团也是女演员居多。豫剧省直剧团和地市级剧团、豫剧和其他剧种之间差距很大，以河南院团国家级梅花奖的获奖者为例。到目前为止，河南院团梅花奖得主共22人，只有4位男性，颜永江、李树建、贾文龙为生行，金不换为丑行，其他的获奖者均为旦行。其中省直院团占10位，地市院团占11位，民营院团只有王红丽一人，几乎清一色豫剧演员。新世纪以来，河南戏曲在各类国家级重大比赛中先后六次获得国家舞台艺术精品工程十大精品剧目奖，豫剧占五个，越调占1个；4次荣获文华大奖中，豫剧占3个，越调占1个；5次连获中宣部精神文明建设"五个一工程奖"，豫剧占4个，曲剧占1个。由此可见各个行当发展严重不均衡，旦角最强，生角其次，丑角再次，净角最差；河南地方戏中，豫剧占绝对优势；国有剧团的整体发展情况远远超过民营剧团。

（三）儿童剧目极端匮乏

无论是传统剧目、新编历史剧还是现代剧，河南的经典剧目并不算少，但真正为儿童创作的剧目只有曲剧《老鼠嫁女》。虽然有《梨园春》少儿擂台赛、河南省少儿戏曲小梅花大赛，但孩子们演唱的都是成人剧目。儿童剧目的匮乏对戏曲从娃娃抓起、戏曲进校园的推广影响巨大，这种现状显然不利于上述目标的达成。

（四）戏曲观众老龄化现象普遍

"白发飘飘""晃晃摇摇""一望无牙"是对戏曲观众老龄化的形象概括。据笔者多次到剧场现场调研的数据显示，85%的观众都在60岁以上，戏曲观众老龄化现象普遍已是不争的事实，这种现象所折射出的戏曲发展前景着实令人担忧。

（五）戏曲市场缺乏有效的管理机制

目前，河南戏曲界队伍庞大，国有省直院团、地市县专业院团、民营院团、业余院团甚至临时搭起的草台班子活跃在戏曲舞台上，号称"十万大军"，但缺乏有效的管理机制。再加上河南戏曲演出市场主要在农村，而农村演出市场鱼龙混杂，业余的草台班子经常打着专业大剧团的招牌，以低廉的价格、媚俗的内容抢占市场，直接冲击了专业院团的高质量演出。

四 推动河南戏曲繁荣发展的对策建议

（一）政府加大资金投入

目前，国营戏曲院团属于差额拨款事业单位，工资发70%，剩余的由市场收入补给。在目前基本没有建立戏曲市场的前提下，政府应首先全额发放演职员的基本工资，保证他们基本的生活、办公和演出条件，让他们摆脱经济的困扰，全身心地投入戏曲创作和演出，才能创作和演出更多更好的艺术作品。

（二）各类人才和大小剧种均衡发展

戏曲是综合性的艺术，生旦净丑，各具特色，不可替代，只有角色齐全，才能共同演绎戏曲的精彩，避免旦角唱独角戏的单调和尴尬。河南戏曲种类众多，除豫剧、曲剧、越调外，还有许多其他的小剧种，有些甚至濒临灭绝,所以小剧种更需要扶持。各剧种百花齐放,戏曲才能春色满园。

(三)注重扶持儿童戏曲剧目创作

在戏曲剧目创作中,儿童戏曲创作极少,这与大量儿童戏曲的需求产生极大反差,造成少儿唱老腔,没有适合儿童自己的剧目、角色、唱词和唱腔。因此剧作者应专门为儿童创作一批属于儿童自己的戏曲,才能更好地弘扬传统文化。

(四)持续培养年轻观众队伍

戏曲的传承需要更多年轻人的参与。有人曾戏称戏曲观众"一望无牙",若没有大量年轻人的参与,就没有戏曲的未来。现在戏曲式微,其中一个重要的原因就是年轻观众的断层。所以国家推出"戏曲进校园",把戏曲教育纳入教学体系,弥补过去戏曲教育的盲区。文化部门和相关院校应抓住这一契机,把这一政策变为一种长效机制,真正实现戏曲教育从娃娃抓起,让孩子领略传统戏曲艺术的魅力。

(五)关注戏曲市场的培育和规范

戏曲市场的建立和规范尚需一个漫长的过程。在此过程中,首先要规范农村市场,建立各级演出监管和准入制度,避免低俗、庸俗、媚俗的作品流入市场,冲击侵害正规的戏曲演出;其次,设立专门的戏曲院线,常年播放或演出戏曲,开拓城市市场,让更多的市民接触戏曲、感受戏曲、爱好戏曲;再次,建立票务网络,方便大家购票,慢慢形成一种买票看戏的习惯。戏曲真正市场化才是戏曲良性发展的根本出路。

戏曲的传承和发展是一项系统工程,需要良好的政策环境和生态链条,更需要有关部门和戏曲工作者同心协力。在建设这一系统工程的过程中,"政策支持和资金保障是戏曲发展的航向和基础,优秀的剧目和演员是戏曲发展的根本核心,广大的受众尤其是年轻的受众是戏曲发展的动力,而最终戏曲的市场化是戏曲良性发展的根本保证"①。在构筑全国重要的文化发展高地的队伍中，河南戏曲应该有所作为，也可以有所作为。今后一段时间，河南相关部门应针对戏曲发展中存在的问题，积极采取相应对策，打造良性发展的生态链条，推动河南早日实现由戏曲高原向戏曲高峰的跨越。

参考文献

[1] 杨丽萍：《新世纪河南文化（舞台艺术卷）》，河南文艺出版社，2014。
[2] 杨丽萍：《当代豫剧》，河南人民出版社，2011。
[3] 张大新：《关于戏曲文化遗产保护与民族文化传承发展的几点思考》，《中州学刊》2012年第1期。
[4] 张厚萍：《打造生态链，促进豫剧良性传承和发展》，《戏曲研究》2014年第3期。
[5] 河南省文化厅文件（2010~2016）。
[6] 《河南豫剧院（一、二、三团）工作总结（2014—2016）》。
[7] 《河南省曲剧艺术保护传承中心工作总结（2014—2016）》。
[8] 《河南省越调艺术保护传承中心工作总结（2014—2016）》。
[9] 《漯河市豫剧团工作总结（2014—2016）》。
[10] 《郑州市曲剧团工作总结（2014—2016）》。

---

① 张厚萍：《打造生态链，促进豫剧良性传承和发展》，《戏曲研究》2014年第3期。

B.8
河南省公共文化服务体系建设绩效评估研究

河南省社会科学院课题组*

摘　要： 公共文化服务体系建设是文化建设的重要组成部分，是各级政府公益性职责在文化领域的集中体现。公共文化服务体系绩效评估指标体系的构建，既要遵循全面性、实用性、创新性、公平性等原则，又要明确制定评估指标体系的参照标准及理论依据，更要在突出政策导向性、强调数据权威性、体现出河南特色和做好公众满意度调查等方面下功夫。河南省基本公共文化服务体系建设绩效评估指标体系应基于地方政府综合绩效评价理论，将定性评价与定量评价相结合、宏观指标与微观指标相结合、客观指标与主观指标相结合、相对指标与绝对指标相结合、复合指标与单一指标相结合，能够客观地反映出各省辖市和直管县在公共文化服务体系建设方面的综合管理水平和基本发展态势。

关键词： 公共文化服务　绩效评估　指标体系　模型运用

构建现代公共文化服务体系，是当前我国文化建设的重要组成部分，是各级政府的公益性职责在文化领域的集中体现。党的十八大以来，党中央和

---

* 课题组组长：魏一明、张占仓。课题组副组长：袁凯声、张建设、卫绍生。课题组成员：毛兵、梁兆奎、李旭、李立新、杨波、郭艳、郭海荣、陈东辉。执笔：杨波。

国务院站在时代的高度，对现代公共文化服务体系建设做出了一系列重要部署，出台了《关于加快构建现代公共文化服务体系的意见》，为如何构建现代公共文化体系指明了方向。为深入贯彻落实中央精神，河南省文化厅、财政厅于2014年联合出台了《关于开展河南省公共文化服务体系示范区（项目）创建工作的通知》，河南省的公共文化服务体系示范区（项目）创建进入了快车道。截至2016年，河南省已经确定了四批计48个示范区（项目）创建单位，第一批和第二批共24个示范区（项目）即将进入验收。为全面总结示范区（项目）创建工作，更好地推动示范区（项目）创建工作，有必要加强对示范区（项目）创建工作的绩效评估，建立体现河南区域特色的公共文化服务体系建设绩效评估指标体系。

一 构建公共文化服务体系建设绩效评估指标体系的意义

为全面贯彻落实《中共中央关于全面深化改革若干重大问题的决定》精神，推动基本公共文化服务的城乡、区域、群体均等化，从中央到地方先后出台了一系列相关文件。2015年1月，中办、国办印发了《关于加快构建现代公共文化服务体系的意见》，提出了到2020年"基本建成覆盖城乡、便捷高效、保基本、促公平的现代公共文化服务体系"的发展目标；文化部制定了《国家基本公共文化服务指导标准（2015—2020年）》（试行）。同年11月，河南省出台了《关于加快构建现代公共文化服务体系的实施意见》，下发了《河南省基本公共文化服务实施标准》，为公共文化服务体系建设提供了基本遵循。

将文化政策转化为社会实践，转化为人民群众切实的文化权益，关键在于各级政府的决策力和文化及相关部门的执行力。而对公共文化政策制定、财政资金预算投入、优化文化资源配置的成效做出评估，对各级政府的决策力和文化及相关部门的执行力做出评价，则需要开展科学合理的绩效评估。因此，构建公共文化服务绩效评估指标体系，不仅是一项非常急迫的工作，而且是非常必要的。探索形成公共文化服务常态化、规范化、制度化的社会管理模式，构建覆盖面广、特色突出、因地制宜、群众满意的《河南省基本公共文化服务体系建设绩效评价指标体系》，是不断提高地方政府服务能力、持续提升中部地区基本公共文化服务水平、加快构建全国重要的文化高地、大力推动公共文化服务标准化均等化的必然要求和现实需求。

二 构建绩效评估指标体系的基本原则和参照依据

所谓公共文化服务绩效评估体系，是指按照一定的标准和程序搜集与公共文化产品和公共文化服务相关的信息资料，进而根据这些信息资料和特定的指标体系，对各级公共文化服务部门在一定期间的业绩状况进行综合评价。作为公共文化服务绩效管理的重要组成部分，进行公共文化服务体系建设的绩效评估，旨在为制定或完善公共文化政策、指导公共财政资金投入、科学配置文化资源等提供相应的参考依据。但由于文化自身的特殊属性，公共文化服务绩效评估体系既有实际操作性，又不可避免地具有一定的局限性。为了更加科学合理地构建《河南省基本公共文化服务体系建设绩效评估指标体系》（以下简称《绩效评估指标体系》），必须明确制定指标体系的基本原则、参照标准及政策依据。

（一）制定绩效评估指标体系的基本原则

制定绩效评估指标体系，要遵循以下五个原则：一是科学性原则，指标体系的建构既要与公共文化服务体系建设相对接，又要体现内在逻辑联系，尤其是三级指标之间的科学性与合理性；二是全面性原则，确保中办、国办《关于加快构建现代公共文化服务体系的意见》中提出的主要内容不漏项；三是创新性原则，必须针对构建现代公共文化服务体系过程中亟待解决的问题，尽快制定出不同于以往的创新举措，切实增强基本公共文化服务体系建设绩效评估的工作实效；四是实用性原则，充分结合河南实际，对中办、国办《关于加快构建现代公共文化服务体系的意见》进行细化和量化，尽量把各项任务详细分解，方便基层操作；五是公平性原则，有效促进政策优先度、项目聚焦度、网络覆盖度和民众支持度的总体提升，全面推进基本公共文化服务体系建设的可持续发展。

（二）制定绩效评估指标体系的参照标准及政策依据

构建公共文化服务绩效评估体系的关键是评估指标及评估依据的确定，这是公共文化服务绩效评估区别于其他类别公共服务绩效评估的最主要标志。它既要考虑到公共文化服务开展的预期目标，也要顾及广大群众的实际需求，其指标体系制定的科学性和有效性将直接影响绩效评估的成败。《绩效评估指标体系》的编制主要参照国家标准、省内标准、兄弟省区市标准和其他参照标准。

1. 国家标准。主要是中共中央、国务院及文化部、财政部等部委颁布的有关公共文化服务体系建设的相关文件，择其最主要者照录如下。

《中共中央关于全面深化改革若干重大问题的决定》，2013年11月12日党的十八届三中全会通过；

《中共中央关于制定国民经济和社会发展第十三个五年规划的建议》，2015年10月29日党的十八届五中全会通过；

《中华人民共和国国民经济和社会发展第十三个五年规划纲要》，2016年3月17日新华网公布；

《关于加快构建现代公共文化服务体系的意见》，2015年1月14日中共中央办公厅、国务院办公厅印发，后附《国家基本公共文化服务指导标准（2015—2020年）》；

《中华人民共和国公共文化服务保障法》，2016年12月25日第十二届全国人民代表大会常务委员会第二十五次会议通过。

上述国家层面的文件和法律为构建现代公共文化服务体系提供了基本遵循。而中办、国办、文化部、财政部等颁布的分类文件，则是制定《绩效

评估指标体系》的具体参照。其最主要者如下:

《关于印发〈2013年基本公共文化服务体系建设绩效评价研究报告〉的通知》,财政部2015年印发;

《国务院办公厅转发文化部等部门关于做好政府向社会力量购买公共文化服务工作意见的通知》,2015年5月5日国务院办公厅印发;

《关于支持戏曲传承发展若干政策的通知》,2015年7月11日国务院办公厅印发;

《关于推进基层综合性文化服务中心建设的指导意见》,2015年10月2日国务院办公厅印发;

《关于加强基层宣传思想文化工作的意见》,2015年4月14日中宣部等四部委联合印发;

《"十三五"时期贫困地区公共文化服务体系建设规划纲要》,2015年12月9日,文化部、国家发展改革委等七部委联合印发;

《国务院办公厅转发文化部等部门关于推动文化文物单位文化创意产品开发若干意见的通知》,2016年5月11日国务院办公厅印发;

《关于印发〈中西部地区文化市场综合执法能力提升三年(2014—2016)行动计划〉的通知》,2014年3月17日文化部印发;

《关于印发〈中央补助地方公共文化服务体系建设专项资金管理暂行办法〉的通知》,2015年12月24日财政部印发;

《文化部、中国人民银行、财政部关于深入推进文化金融合作的意见》,2014年3月17日文化部文化产业司印发;

《文化部"十二五"时期公共文化服务体系建设实施纲要》,2013年1月14日文化部印发;

《全国文化信息资源共享工程"十二五"规划纲要》,2013年1月30日文化部印发;

《文化部关于印发〈全国公共图书馆事业发展"十二五"规划〉的通知》,2013年1月30日文化部印发;

《关于支持转企改制国有文艺院团改革发展的指导意见》，2013年6月5日文化部等九部门联合印发；

《文化部信息化发展纲要（2013—2020年）》，2013年9月10日文化部印发；

《关于印发"十三五"时期贫困地区公共文化服务体系建设规划纲要的通知》，2015年12月文化部等七部委联合印发。

2. 省内标准。为保障人民群众的基本文化权益，河南省依据国家相关政策和法律法规，出台了相应的文件，为《绩效评估指标体系》的构建提供了基本遵循。其最主要者如下：

《河南省国民经济和社会发展第十三个五年规划纲要》，2016年3月28日河南省第十二届人民代表大会第五次会议审议批准；

《河南省文化体制改革和发展工作领导小组文件》，2016年1月印发；

《河南省全面建成小康社会加快现代化建设战略纲要》，2014年12月25日中国共产党河南省第九届委员会第八次全体会议通过；

《关于加快构建现代公共文化服务体系的实施意见》，中共河南省委、河南省人民政府文件，2015年3月2日经河南省委文化体制改革专项小组第三次会议审议通过；

《河南省基本公共文化服务实施标准（2015—2020年）》，2015年11月河南省委、省政府印发；

《河南省文化厅关于报送〈中共河南省委河南省人民政府关于加快构建现代公共文化服务体系的实施意见〉的报告》，2015年河南省文化厅印发；

《关于印发2015年河南省服务业重点领域发展行动方案的通知》，2015年2月6日河南省人民政府办公厅印发；

《河南省省级高成长服务业专项引导资金管理办法》，河南省财政厅2014年印发；

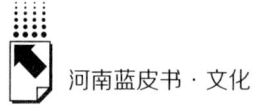

《关于做好政府向社会力量购买公共文化服务工作的实施意见》，2016年5月9日河南省人民政府办公厅转发省文化厅等部门文件；

《河南省文化馆工作规范》《河南省公共图书馆工作规范》《河南省综合文化站工作规范》（2012年修订版），河南省文化厅2012年印发；

《河南省非物质文化遗产保护条例》，河南省十二届人大常委会第四次会议表决通过，自2014年1月1日起施行；

《河南省文化厅关于印发〈2016年全省文化工作要点〉的通知》，2016年2月1日河南省文化厅印发，河南文化网2016年3月6日发布。

3. 兄弟省区市标准。为贯彻落实中央加快构建现代公共文化服务体系、保障人民群众基本文化权益的相关精神，2015年5月至2016年3月，北京、山东、天津、广东、上海、西藏、甘肃、青海、浙江、陕西、宁夏、黑龙江、四川、河北、贵州、湖北等兄弟省（区市）也先后出台了相关的实施意见，如《北京市关于进一步加强基层公共文化建设的意见》《山东省关于加快构建现代公共文化服务体系的实施意见》《天津市关于加快构建现代公共文化服务体系的实施意见》《上海市贯彻〈关于加快构建现代公共文化服务体系的意见〉的实施意见》《西藏自治区贯彻落实〈关于加快构建现代公共文化服务体系的意见〉的实施意见》的通知，等等，为构建《绩效评估指标体系》提供了必要的参考。

4. 其他参照标准。公共文化服务体系建设绩效评估指标体系的构建与研究，是同步进行、相辅相成的，学术界已经取得了一些可资借鉴的成果，其中以研究报告为主。一是社会科学文献出版社出版的系列研究报告，如刘新成、张永新、张旭等人主编的《中国公共文化服务发展报告（2014～2015）》，社会科学文献出版社2015年出版；毛少莹撰写的《公共文化服务绩效评估指标体系的建构》，收入社会科学文献出版社2007年出版的《中国公共文化服务发展报告（2007）》；河南省社会科学院课题组撰写的《2013年河南省区域文化竞争力分析评价报告》，收入社会科学文献出版社2014年出版的《河南文化发展报告（2014）》。二是其他出版社出版的研究报告，如孙逊主编的《中国公共文化服务发展报告》（2012~2014），商务印书馆出版；陈瑶等主编的《公共文化服务：制度与模式》，浙江大学出版社2012年出版。三是各种学术期刊上发表的相关研究报告，如罗云川等人撰写的《"十二五"时期我国公共文化服务体系建设研究》，发表于《图书馆建设》2011年第12期；胡税根、李幼芸撰写的《省级文化行政部门公共文化服务绩效评估研究》，发表于《中共浙江省委党校学报》2015年第1期；唐晓英撰写的《地方政府公共服务绩效评估指标体系构建探析》，发表于《华中师范大学学报》2014年第1期。这些最新的研究成果，对于《绩效评估指标体系》的构建具有一定的参考价值。

三 绩效评估指标体系的权重设置及相关问题

河南省基本公共文化服务体系建设绩效评估指标体系的编制，以《国家基本公共文化服务指导标准（2015—2020年）》和《河南省基本公共文化服务实施标准（2015—2020年）》的相关要求为主要依据，从公共文化网络设施、公共文化服务效能、公共文化制度保障和群众满意度等几个方面入手，制定行之有效的具体指标体系，进而建立起基本公共文化服务的绩效评价模型、指标体系和分值权重，通过第三方对河南省各地市和县（市、区）人民政府以及相关的政府主管部门、乡镇综合文化站、村文化活动中心等公共文化服务机构或部门进行综合评估。在对地方政府公共文化服务进行绩效评估时，必须坚持以下几个原则：效率与公平并重、经济增长与社会发展同步、统一性与差异性兼顾。其内容主要包括职能导向标准、价值标准、效益标准、公平标准和公众满意度标准五个方面。

河南省基本公共文化服务体系建设绩效评估指标体系采用三级指标制，包括5个一级指标、13个二级指标、67个三级指标，总分100分。其中一级指标包括4个客观指标（即公共文化设施网络、公共文化服务供给、公共文化制度保障、文化遗产保护利用）和1个主观指标（公共文化反馈评估）。二级指标涵盖了一级指标的基本构成要素，如公共文化设施网络以基础文化设施的达标率、覆盖率和利用率为评估内容；公共文化服务供给以产品供给、服务供给、服务队伍和项目创建为评估内容；公共文化制度保障以制度建设、财政建设、人才队伍建设为评估内容；文化遗产保护利用以经费投入情况和合理利用情况为评估内容；公共文化反馈评估对应的则是公共文化服务满意度。这67个三级指标不仅涵盖了13个二级指标的内涵和外延，而且符合科学全面、切实可行、便于测度的基本原则（详见表1）。

表1　河南省基本公共文化服务体系建设绩效评估指标及权重分值

一级指标	二级指标	序号	三级指标名称及单位	理论分值	实际分值
公共文化设施网络（30分）	基础文化设施达标率（9分）	1	公共文化设施用地面积占公共设施用地面积比重（%）	1	
		2	人均公共文化设施面积（平方米/人）	1	
		3	公共图书馆、博物馆、文化馆等公共场馆建设达标率（%）	1	
		4	公共图书馆人均拥有藏书量（册）	0.5	
		5	乡镇（街道）综合文化站建设达标率（%）	0.5	
		6	行政村（社区）综合文化服务中心建设达标率（%）	0.5	
		7	文化信息资源共享工程基层服务点配置达标率（%）	1	
		8	县（市、区）配置群众体育活动器材达标率（%）	0.5	
		9	县（市、区）配备流动文化车达标率（%）	0.5	
		10	公共文体场所为残障人士或特殊群体配备安全辅助设施达标率（%）	0.5	
		11	广播电视网络等设施建设达标率（%）	1	
		12	公共文化服务从业人员占文化从业人员比例（%）	1	
	基础文化设施覆盖率（6分）	13	广播节目综合人口覆盖率（%）	1	
		14	电视节目综合人口覆盖率（%）	1	
		15	公共文化数字资源和免费网络覆盖率（%）	1	
		16	文化信息资源共享工程覆盖率（%）	1	
		17	公共文化机构组织文化教育活动覆盖率（%）	1	
		18	社区文化中心、乡镇综合文化站、农家书屋等群众文化机构覆盖率（%）	1	

续表

一级指标	二级指标	序号	三级指标名称及单位	理论分值	实际分值
公共文化设施网络（30分）	基础文化设施利用率（15分）	19	公益性文化设施利用率占比（年度人次/总人数）	2	
		20	公共图书馆年均借阅率占比（年度人次/总人数）	2	
		21	博物馆年度接待人数占比（年度人次/总人数）	2	
		22	文化馆年度接待人数占比（年度人次/总人数）	2	
		23	广播节目年度收听率（%）	2	
		24	电视节目年度收视率（%）	2	
		25	公共文化数字服务年度参与率（年度人次/总人数）	1	
		26	公共文化机构举办讲座、培训、辅导等活动年度参与率（年度人次/总人数）	1	
		27	群众文化机构举办文艺活动年度参与率（年度人次/总人数）	1	
公共文化服务供给（30分）	公共文化产品供给（10分）	28	举办体现当地文化特色的年度重大文化活动（场次）	2	
		29	培育具有地方特色的公共文化服务品牌或群众文体活动（个/次）	2	
		30	年度农村电影放映活动（场次）	2	
		31	年度"送戏下乡"活动（场次）	2	
		32	其他文化下乡活动（场次）	2	
	公共文化服务供给（14分）	33	公共图书馆、文化馆、博物馆、综合文化站等公共场馆是否免费开放	2	
		34	公共文化设施是否免费开放	2	
		35	公共文体场馆是否实现免费 WiFi 全覆盖	2	
		36	基本广播电视服务是否免费提供	2	
		37	特殊群体参观文物建筑及遗址类博物馆是否按规定减免优惠门票	2	
		38	县级以上政府为公共文化机构配备的流动服务车是否到位	2	
		39	市、县、乡三级公共文化服务平台是否实现共建共享	2	

续表

一级指标	二级指标	序号	三级指标名称及单位	理论分值	实际分值
公共文化服务供给（30分）	公共文化服务队伍（3分）	40	乡镇（街道）和行政村有无文艺演出团体	1	
		41	乡镇（街道）和行政村有无电影放映队	1	
		42	乡镇（街道）和行政村有无业余文艺组织	1	
	公共文化服务创建（3分）	43	国家级公共文化服务体系示范区和示范项目创建是否达标	1	
		44	省级公共文化服务体系示范区和示范项目创建是否达标	1	
		45	全国文明城市创建是否通过	1	
公共文化制度保障（20分）	公共文化制度建设（8分）	46	是否制定公共文化服务体系建设规划	2	
		47	是否建立公共文化服务体系建设协调机制	2	
		48	是否建立公共文化事业经费增长机制	2	
		49	是否建立公共文化资金投入增长机制	2	
	公共文化财政建设（6分）	50	人均公共文化事业财政投入占本地财政支出的比重（%）	2	
		51	人均公共文化资金投入占本地财政支出的比重（%）	2	
		52	文化事业基建投资额占本地基建投资额的比重（%）	2	
	文化人才队伍建设（6分）	53	县级以上公共文化机构从业人员编制达标率（%）	1	
		54	基层公共文化机构从业人员参加年度业务培训达标率（%）	1	
		55	乡镇综合文化站人员编制达标率（%）	1	
		56	乡镇综合文化站人员实际在岗率（%）	1	
		57	行政村（社区）设置的公益文化岗位编制达标率（%）	1	
		58	行政村（社区）设置的公益文化岗位实际在岗率（%）	1	
文化遗产保护利用（8分）	经费投入（4分）	59	省级以上重点文物保护单位项目保护配套资金（市、县）占比（%）	2	
		60	省级以上非物质文化遗产项目扶持资金（市、县）占比（%）	2	
	合理利用（4分）	61	文化遗产宣传保护成果推介活动（场次）	1	
		62	文化遗产项目数字化保护开发占比（%）	2	
		63	是否建立文化遗产保护利用教学研究基地	1	

续表

一级指标	二级指标	序号	三级指标名称及单位	理论分值	实际分值
公共文化反馈评估（12分）	公共文化服务满意度（12分）	64	公共文化服务的实用性	3	
		65	公共文化服务的便利性	3	
		66	公共文化服务的公平性	3	
		67	公共文化服务的多样性	3	

河南省公共文化服务体系建设绩效评估指标体系按照这样的权重设置，主要出于以下几个方面的考量。一是突出政策导向性。所有指标的确定必须与《国家基本公共文化服务指导标准（2015—2020年）》《河南省基本公共文化服务实施标准（2015—2020年）》的建设标准相契合。二是强调数据权威性。为保证评估的客观性、科学性和公正性，指标的数据采集主要采用公开的官方统计数据，无官方统计数据的采用部门统计数据，指标的结果运算尽量采用某一类目的均值指标，对于个别不易采集数据的类目，一般选取全省平均值作为参照。三是体现出河南特色。河南是传统的农业大省和文化大省，农业、农民占比较高，文物资源和非物质文化遗产资源相对比较丰富，人均公共文化服务水平相对较低，因此在制定体系指标时必须体现河南独特的历史文化元素。四是做好公众满意度调查。指标设计既要总体考虑基本公共文化服务的基础供给情况，又要充分考虑到基本公共文化基础设施的有效利用率，而且要突出设施利用率比设施供应度更加重要的评价理念。

作为基本公共文化服务评价体系的核心环节，公共文化服务体系建设绩效评估指标体系直接影响着绩效评估的信度和效度，成为当地政府公共文化政策制定与相关理论研究之间不可或缺的重要载体，是将相关的理论研究转化为实践应用的前提条件之一，也是推动地方政府不断提升公共文化服务水平的重中之重。构建绩效评估指标体系，对省内市、县（区）、乡（镇）、村等相关文化服务部门或机构进行指标权重赋值与具体的绩效评估，对全省公共文化服务发展进行横向与纵向的动态监测，在构建以公民基本文化需求为导向的公共文化服务供给制度，大力推动公共文化服务资源共享，建立健全公共文化服务绩效评估机制，全面提高基本公共文化服务水平等方面，具有重要的理论价值和现实意义。

四 绩效评估指标体系的计算原理和模型运用

构建河南省公共文化服务体系建设绩效评估指标体系，旨在反映全省18个省辖市和10个直管县在公共文化服务体系建设上的综合管理水平。这一指标体系将统计学概念应用于地方政府综合绩效评价，以公开发布的数据为主要依据，将客观指标与主观指标、宏观指标与微观指标、复合指标与单一指标、相对指标与绝对指标、定性评价与定量评价结合起来，能够相对客观地反映全省各市县在公共文化服务体系建设方面的总体发展态势，并给出相对公允的评价。

河南省公共文化服务体系建设绩效评估指标体系，按照百分制赋予一至三级指标。公共文化设施网络、公共文化服务供给、公共文化制度保障、文化遗产保护利用和公共文化反馈评估等5个一级指标，设置的理论分值分别为30分、30分、20分、8分、12分。一级指标分数对应赋予二级指标，二级指标分数对应赋予三级指标，参照公共文化服务满意度调查问卷结果，再综合所有专家根据理论分值得出的打分表，对各指标分值求取平均值，得出相应的实际分值。

在本评价指标体系中，一级指标和二级指标不参与中间计算，直接参与中间计算的是三级指标的相应分值。这样设置，既能充分体现指标体系的整体结构和分值比例，又能大大提高运算的简便性和可操作性。下面将本评价指标体系的计算原理简要介绍如下。

关于每一项三级指标实际分值的计算，直接用公式 $b_i = A$（理论分值）× (a_i/a_m) 来计算。其中 b_i 代表某市（县、区）三级指标实际分值，A 代表理论分值，标准值 a_m 代表全省单项指标的平均数据或最高得分。而某一省辖市或直管县公共文化服务水平的综合指数（c_i），可以根据所有三级指标的实际分值（b_i）直接累计相加得出。公式如下：

$$c_i = b_1 + b_2 + b_i + \cdots + b_{67}$$

至于涉及多个不同统计项目的复合指标，则根据统计项目层级是否相同再区别对待：统计项目层级相同者，将不同数量直接相加即可获得a_i数值；统计项目层级不同者，分别赋予国家级和省级的权重分值为1和0.6，并套用公式$u_i = m \times 1 + n \times 0.6$（$m$，$n$为不同项目内容的统计数据）进行计算。对于大多数单一指标，可以直接套用公式和标准值比较计算。[①]

需要特别说明的是，绩效评估指标体系中有几处指标是根据河南文化建设的实际状况而设置，如一级指标"公共文化服务供给"下设置的二级指标"公共文化服务创建"和一级指标"文化遗产保护利用"等条目，目的在于鼓励那些在公共文化服务建设方面做得较好的市、县、区，促进各地相关文化部门逐渐实现由"政府导向"向"民众导向"的价值观念转变。此外，一级指标"公共文化反馈评估"主要是针对"公共文化服务满意度"这一目标，对公共文化服务的实用性、便利性、公平性、多样性进行抽样调查，其中"多样性"指标的设置，旨在强调公共文化服务供给的多方构成，鼓励更多民间机构、民间团体、民间资本进入公共文化服务领域。通过这一柔性指标的设置，可以更加全面直观地对公共文化服务的获得、参与、质量和投资效益等方面进行综合评价。

参考文献

[1]《国家基本公共文化服务指导标准（2015—2020年）》，中央政府门户网站，2015年1月15日。

[2]《河南省基本公共文化服务实施标准（2015—2020年）》，河南省委、省政府印发通知，2015年11月。

[3] 刘新成、张永新、张旭：《中国公共文化服务发展报告（2014~2015）》，社会科学文献出版社，2015。

[4] 孙逊：《2012年中国公共文化服务发展报告》，商务印书馆，2013。

---

① 此评价指标体系的指标设置重点参照了河南省社会科学院课题组《2013年河南省区域文化竞争力分析评价报告》，载《河南文化发展报告（2015）》，社会科学文献出版社，2015，第30~55页。

［5］孙逊：《2013年中国公共文化服务发展报告》，商务印书馆，2014。

［6］陈瑶等：《公共文化服务：制度与模式》，浙江大学出版社，2012。

［7］罗云川、张彦博、阮平南：《"十二五"时期我国公共文化服务体系建设研究》，《图书馆建设》2011年第12期。

［8］毛少莹：《公共文化服务绩效评估指标体系的建构》，社会科学文献出版社，2007。

［9］河南省社会科学院课题组：《2013年河南省区域文化竞争力分析评价报告》，社会科学文献出版社，2014。

［10］胡税根、李幼芸：《省级文化行政部门公共文化服务绩效评估研究》，《中共浙江省委党校学报》2015年第1期。

［11］唐晓英：《地方政府公共服务绩效评估指标体系构建探析》，《华中师范大学学报》2014年第1期。

文化产业篇

Cultural Industries

B.9
2016年中原出版传媒集团产业发展报告

中原出版传媒集团公司

摘　要： 2016年，中原出版传媒集团在"十二五"发展基础上，坚持正确导向，继续坚持"上规模、调结构、促转型、强开放、树品牌"的总体要求，生产经营业务稳中有升，产业转型升级全面推进，取得不少成绩。在国内经济下行压力较大，进入经济新常态的环境下，全面落实"十三五"规划，继续加快改革步伐，进一步推进产业转型升级，是2016年工作的重心所在。

关键词： 出版产业　河南　中原出版传媒集团

2016年，中原出版传媒集团及其控股的上市公司中原大地传媒股份有限公司,坚持正确的出版导向,坚持把社会效益放在首位,实现社会效益和经济效益相统一的原则,优化产业结构,进一步推进产业转型升级。顺利完成了"十二五"既定目标,在"十三五"的开局之年,总体上保持了集团产业稳中有升、重点工作稳步推进、转型升级成效显著的良好发展态势。

一 生产经营业务稳中有升,亮点纷呈

"十二五"时期,中原出版传媒集团持续推进整体上市、结构调整、产业转型、品牌建设,各项工作都取得可喜成绩,提前完成了战略规划确定的目标和任务。2016年上半年,集团系统生产经营克服了各种不利因素影响,总体上保持了稳中有升的基本态势。

(一)经济总量上了新台阶

"十二五"期间,集团资产总额从85.55亿元增加到136.89亿元,增长60%;营业收入从70.23亿元增加到126.22亿元,增长79.72%;利润从2.85亿元增加到6.49亿元,增长133.69%。集团在2013年实现资产总额和营业收入"双百亿",2013年、2014年连续两年进入全国出版方阵前十名,2015年入选中国文化企业30强提名企业。大地传媒公司营业收入、经济效益和股市总市值分别位列全国上市文化企业第10位,美术社经济总量跃居全国美术类出版单位第9位,海燕社上升至全国第7位,古籍社上升至全国第9位,发行集团上升至全国第8位,印刷集团位列全国第8位。

截至2016年上半年,集团公司汇总资产总额142.71亿元,较年初136.89亿元增加5.82亿元,增幅4.25%;上半年共实现利润4.46亿元,同比增加1.2亿元,增幅为36.67%,完成年度计划的56.19%,实现利润做到了时间过半、完成任务过半。在总的营业收入中,新兴业态收入为5287万元,同比增加3854万元,增幅为269.03%。

2016年,在集团系统23家主要二三级子分公司中,营业收入同比上升的单位有13家,利润同比上升的单位有10家。与2015年相比,通过创新

经营和强化管理，多家亏损单位实现了扭亏为盈，呈现出逐步向好的发展态势。

（二）主营业务稳定增长

1. 坚持正确出版导向和两个效益统一，推出了一批双效俱佳的精品图书

在主题出版方面，2016年，河南人民出版社重点策划了《共和国日记》大型套书，并配合国家重大政治活动，策划了《中国工农红军长征记》和《伟人孙中山》等重点图书，双效预期可观。海燕出版社绘本图书《斗年兽》和大象出版社的《名人家风丛书》入选国家新闻出版广电总局2016年向全国青少年推荐百种优秀出版物，大象出版社《河南艺术名家推介工程丛书》获得河南外宣"六个一"工程优秀作品奖。中原农民出版社策划的以当前农村扶贫工作为主题的《第一书记脱贫攻坚指导手册》，得到了河南省委组织部、省委宣传部、省委农办和省扶贫办等单位的大力支持，省委副书记邓凯同志为该书作序，对其价值和意义给予高度评价和充分肯定。持续推进重点项目和"双十计划"，品牌图书出版和产品线建设取得新进展，有19种图书选题入选"十三五"国家重点图书出版规划项目。

2. 实现了一般图书销售同比上升，完成了政治读物和教材发行任务

全省新华书店认真做好《习近平总书记系列重要讲话读本（2016年版）》、"两学一做"学习教育系列图书和《中原大地奋进曲》等政治读物发行工作，实现了社会效益和经济效益双丰收。新华书店一般出版物销售业绩持续提升。

集团教育出版在部分细分市场渐成规模。以中小学教材教辅为主营业务的义务教育保持市场稳定，以健康、科学、社会、语言、艺术五大领域为主体的幼儿教育和学前教育出版，以医护、新型农民培训为主体的职业教育出版品牌特色和产品线初步建立，已经产生较好的经济效益；教育理论与实践研究方面图书有所增加，品牌影响力正在形成；社会教育方面有所起步，呈现良好开端。集团大教育出版观的战略目标得到进一步贯彻落实。

2016年，在教材教辅经营效益同比下降的环境下，教材出版中心、发行集团全力配合集团公司和股份公司完成了新一轮教材"单一来源采购"的艰苦谈判工作,确保集团在2016年秋季至2018年春季继续成为河南省免费教科书唯一供应商。教材出版中心组织开展了专职教研员培训、区域专题教研活动培训等八大培训项目,有针对性地对人教版教材进行了市场推广。各出版社在巩固拓展教材教辅市场方面都做了大量艰苦细致的工作。教材中心和印刷集团全力确保教材印刷进度,全省各级新华书店克服了2016年夏季高温酷暑、暴雨洪水肆虐等不利因素的影响,狠抓教材发行,全力以赴赶进度,抗洪救灾保安全,确保完成"课前到书、人手一册""送书到校、服务到班"的艰巨任务,为集团完成教材出版发行这一"政治任务"和履行向省政府的承诺做出了重要贡献。

大众出版和专业出版陆续推出特色产品。2015年,代表中国最高水平的《中国生物原色图鉴大系》新增107种,在国内具有领先地位的《中国大型真菌图鉴》完成出版,《焦裕禄精神文献典藏》出版完毕。品牌系列化、特色化优势进一步得到加强。

集团图书在国家级和省级评奖中屡获大奖。2015年,在第五届中华优秀出版物奖评选中,集团旗下的《中国汉字文物大系》《停云馆帖汇考》《大面阵数字航空摄影原理与技术》《风雅颂十二音诗》《小梅学戏》以及《出版的革命》分别荣获图书奖、音像电子出版物奖和优秀科研论文奖,共有6部作品获奖,创造了历史之最。2016年,在第25届"金牛杯"优秀美术图书奖评选中,河南美术出版社共获得包括4种奖项在内的8个奖,其中《民国书法》获金奖。中州古籍出版社《中国茶书全集校证》获全国古籍整理图书一等奖。豫版图书品牌形象得到进一步确立。

3. **印刷业务、物贸业务创新经营和管理成效显著。数字印刷效益增长明显**

通过技术升级改造,实现了一本起印的按需印刷,数字印刷市场优势已经显现。2015年,全年实现销售收入550万元,较上年增长168%。物供结构调整持续推进。由教材教辅等文化纸张向生活类、精品类纸张供应转型,积极推进学生作业本、热敏纸等深加工产品的市场开拓,对产业结构调整进行了有益尝试。依托互联网开拓业务渠道。印刷和物供板块均启动以互联网为依托的电商业务，积极利用"云书网"等电商平台，拓展产业营销渠道。2016年，集团下属的印刷集团、物资集团在借助互联网创新经营模式、优化产品结构、强化内部管理、提升经营效益等方面做了大胆探索并取得显著成效，确保了传统业务收入、利润的持续稳定增长。汇林印务、汇林纸业全力加大市场开拓力度，开发新客户资源，拓展经营领域，取得了显著经营效益，收入和利润同比均实现大幅度增长。

2016年，中原出版传媒集团产业发展保持稳定增长，综合实力和社会影响力进一步提升，并荣膺第八届"全国文化企业30强"、第二届"河南省重点文化企业"等重要荣誉称号，树立了集团在全国文化界、出版界的良好形象，彰显了集团在全国同行业和河南省文化产业领域的重要地位与影响力。

二 产业转型升级全面推进，成效显著

（一）数字出版业务扎实推进

2016年，大地传媒"中阅网"数字资源建设稳步推进，已入库电子书7000多种，预计年底可达10000种，手机端APP"16开"已上线运行，"中阅网融媒体出版项目"已入选国家总局项目库，大地传媒教育云平台已经建成；中教网12种产品已进入电教教材采购目录；大象社ADP5数字出版与学习平台1.0版正式上线运行，"大象考试评价系统"投入使用并形成显著效益，复合数字教辅《高中学习与指导》发行达到1.6亿册。河南电子音像出版社的"中国教育出版网"经过多年积累已完成产品培育，全面进入市场推广，可望实现较好的销售预期。外文书店在全省书店系统建立了34家实体体验专柜、上线了中国MPR图书网、建立了云书网MPR专馆，全力拓展MPR市场营销。《销售与市场》杂志社正在进行艰辛的转型升级，以"互联网+"和"媒体+"的"双+模式"打造"锦囊"移动分销云平台项目，拓展社交新媒体社群营销市场，以"新型媒体平台+解决方案"

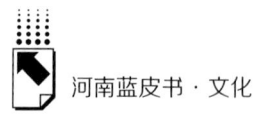

为功能定位,全力打造全媒体平台,加强传播能力建设,同时积极融入企业业务链,加快众包众筹服务模式探索,在艰辛的转型升级路上取得显著成效。发行集团会同出版社、数字出版中心、文化发展公司、外文书店等在全省推广数字教育新产品、新技术,开创了联合营销的新模式。文化发展公司强力推动现代教育装备业务拓展,在多地教育装备项目中陆续中标,推广销售形势喜人。

(二)云书网电商、物流快递业务发展态势良好

"云书网"着力打造以知识服务为特色的综合电商平台,上线产品已达300多万种,2015年实现销售收入8500余万元。发行集团强化发行业务终端建设,激活云书网电商服务站,采取创新模式、升级典型、推广复制的方式,精心打造全省示范模式。除了继续推广"封丘模式"之外,还以平舆县和驻马店全区作为突破口和示范点,创造性地开发了现代农业上行服务站、电信合作模式以及O2O配货模式等三种服务站升级模型。物流快递业务方面,着力推进物流快递市场资源整合,强力打造"新华快递"品牌,积极介入各地电商产业园、物流产业园的建设和运营,通过公开招标,新华书店获得了整合县域电商、物流快递业务的资质、授权和专项资金,为电商、物流快递业务的拓展创造了有利条件。2015年,建立市县电子商务运营中心128个,乡村服务站8000余家,与40多个市县级政府签订电商战略合作协议,服务全省小微企业1万余家。2016年上半年,新华书店系统以电子商务、物流快递和多元经营为主体的创新业务板块经营成效初步显现,非图书商品销售收入较上年同期增长2.14倍。这表明新华书店突破传统业务、实现转型升级的步伐在加快。

(三)数字印刷、会展业务稳步增长

集团旗下的新华印刷集团以推动数字印刷向规模化发展为目标,在数字印刷新业务推介和新客户、新活源开发方面做出积极探索,2016年上半年数字印刷收入实现大幅增长,数字印刷业务有了较快的突破和发展。2016

年，物资集团举办了第49届河南印刷包装机械展览会和河南科技出版社举办的第三届"中国国际手工产业博览会"，其中手工展参观人员突破15万人，会展规模在国内外业界的影响力进一步扩大，并有力推动了有关业务经营，增加了会展创收。

（四）实体教育、文化综合体建设、文创、物业服务业务等奋力拓展

2016年，中学生学习报社附属学校成功获批国家教育部下发的统一学籍号。海燕阿里山幼儿园运作模式更加成熟，正在谋划连锁经营。发行集团打造的"新华书童"全日制幼儿园已经建成并开始招生。文化发展公司文创业务重点打造的"文房欣所"洛阳示范店已成为洛阳市购书中心的文化名片。纳入上市募投项目的5家市县店文化综合体项目已完成主体工程建设，由大象置业公司承建的遂平文化综合体项目已正式开工。后勤服务公司在巩固扩大传统租赁业务的同时，努力向市场化业务转型，并通过招标争取到了体育篮球公园物业服务项目，实现了经济效益显著增长。

三 "十三五"规划开局，风险与机遇并存

党的十八届五中全会对全面谋划"十三五"进行了部署，明确"到2020年文化产业成为国民经济支柱性产业"。河南省"十三五"规划发展目标中明确提出要"大力发展文化产业"。国家和河南省相继出台了一系列加快文化产业发展的支持性政策，如《关于推动国有文化企业把社会效益放在首位、实现社会效益和经济效益相统一的指导意见》《关于推动传统出版和新兴出版融合发展的指导意见》《国有控股上市文化企业股权激励试点办法》等一系列政策文件。"十三五"期间，河南省"华夏历史文明传承创新区"建设、"书香中原"建设、"中原人文精神"系列工程、"中原文化丝路行"等重大举措，为集团产业发展带来新的机遇。尤其是近年来河南省和郑州市发展较快，在国内外地位进一步提高，对文化的渴求也在增加。

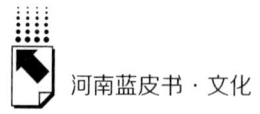

"十二五"期间,中原出版传媒集团资产总额达到136亿元,营业收入达到126亿元。综合实力和发展能力持续提升,形成了以内容为主导的产业基础与产业体系优势,以渠道和终端体系为依托的区域市场优势,以全产业链上市为平台的产业重组与资本运作优势,初步实现了以"三中心五平台"为核心的全产业链数字化布局。但是,到2015年,在我国经济发展进入新常态的大背景下,国内经济下行压力持续加大,受到国际国内经济运行大环境的影响和日趋严峻的竞争,集团产业增长速度明显放缓,发展遇到了突破的瓶颈,迫切需要产业升级发展。2016年,这一趋势仍在继续,且有进一步发展倾向。

比如受入学儿童数量减少和免费教科书循环使用政策的影响,集团教材教辅经营效益同比下降态势明显,"护盘行动"面临严峻挑战。2016年上半年集团财务分析表明,集团营业收入增长速度放缓,增长幅度有限;利润虽然实现了大幅度增长,但主要是大宗营业外收入。其中有9家出版单位因为教材教辅、图书报刊经营萎缩带来利润同比下滑。

在产业转型方面,上半年新业务的收入占比仍较低,产业基础和支撑能力还比较弱。数字出版、数字教育投入大、见效慢,尚未形成成熟营利模式和规模效益,还需加快发展、积蓄力量;电商、物流快递、书店连锁经营、实体教育、教育装备、文化创意等面临激烈竞争,虽发展势头良好,但不进则退,亟待加快发展、巩固地盘、创新拓展。

当然,这些问题也是全国出版系统面临的共性问题。中原出版传媒集团对此早有认识,也在积极采取措施。比如设立专项资金培育优秀项目,对畅销书、精品图书进行奖励,鼓励各社对版权资源多重开发,等等。

四 用改革破解难题,以创新实现升级

创新是一个民族进步的灵魂,是一个国家兴旺发达的不竭动力。中国近三十年来取得巨大成就,靠的就是改革与创新。对于一个文化产业集团来说,创新更加重要。近年来,尤其是"十二五"期间,集团坚定不移推动企业改革,走过了政事分离,事改企,企上市,最后总体上市的完美历程。

在企业内部，进一步深化三项制度改革，用制度提升企业活力，劳动用工、管理人员和薪酬分配取得了明显的进展。产业发展形成了出版、印刷、发行、物贸等完整的产业链，转型升级正在积极地推进中。企业的综合实力进一步增强，目前资产总额、销售收入和企业股票市值三个方面均超100亿元，进入了全国出版集团第一方阵。在基层单位建立子公司而不是分公司，形成了好的、相对独立灵活的体制机制，在上级公司和子公司之间构建了风险防火墙，激活了基层子公司的活力。集团有一个好的领导班子和干部队伍。这些均使集团发展站上了一个更高的历史起点，为实现产业新腾飞、新跨越奠定了更加坚实的基础。

2016年是"十三五"规划的开局之年，集团继续坚持"上规模、调结构、促转型、强开放、树品牌"的总要求，继续坚持集优发展、整合发展、创新发展，以改革和创新全面推动集团产业升级发展。

（一）做好传统业务的深化和提升，实施大传媒格局

目前，集团生产经营主要依靠教材教辅，出版、印刷、物供、发行四个板块，基本上都是围绕教材教辅做浅层次服务，没有形成新的竞争优势。"十三五"期间，要立足于以教材教辅出版、印刷、物供、发行为主体，依托教育内容资源开发、渠道与终端体系优势，努力实现婴幼儿教育、基础教育、职业教育、高等教育、成人教育等教育领域的全覆盖。在一般图书领域，要通过内容延伸、服务延伸、渠道集成，聚焦大文化产业的内容和服务，突出打造内容资源、教育服务、文化创意等核心优势产业链，加快向大文化、大文艺、大文创、大教育、大文旅以及"文化+科技、文化+健康、文化+智慧城市"等大文化消费领域拓展。

"十二五"期间，集团围绕传媒做了大量工作，大象出版社与河南影视集团合拍电影《永远的焦裕禄》等影视片还获得了国家级奖项，影响很大，但距离完成大传媒格局布局的任务还有一定差距。下一步，要立足现有产业布局优势，持续调整产业结构，加快推进内容生产的延伸和扩展，逐步向电影、电视、广播、动漫、游戏、网媒等跨媒体业务拓展。

（二）加强对外合作，创新发展机制

近年来，集团开展了豫浙战略合作、深圳天朗 MPR 加工制作合作等跨区域的实质性合作，版权输出与贸易引进有序进行。中原文化海外发展中心澳大利亚、柏林分中心相继成立，"中原文化精品欧洲巡回展"取得了很好的国际影响，文化外贸业务不断扩大；与法国达高集团、英国博尼尔出版集团、日本宝库社、澳大利亚孤独星球出版公司等建立起长期战略合作关系，绘本、手工、海外汉学等方面版权引进不断扩大；多种出版物版权输出到亚洲、非洲和欧洲地区，"走出去"工作取得明显进步。

2016年，对外合作的力度进一步加大。在版权引进方面，有更多子公司参与了这项工作，并与海外出版机构逐步建立了长期合作关系，豫浙合作力度进一步扩大。

在改革方面，坚定不移推进混合所有制改革，鼓励非国有资本参与省属企业混合所有制改革，鼓励省属国有企业以多种方式入股非国有企业，特别是鼓励实施国有、民营和混合制经济多向进入、多重进入、多路进入。把集团基层下属子公司及其子公司新上项目，作为发展混合制经济重点。其中，可以是国有经济不同产权主体的混改，但更多的应该是不同所有制的混改。可以采取并购重组、债务重组、重整重组、入股新建、员工持股等多种途径和形式，发展混合所有制经济，不断优化股权结构，为构建现代企业制度奠定坚实基础。进一步健全法人治理结构，规范"三会一层"运作，确立董事会、企业法定代表人在公司治理中的核心地位，落实经营层自主经营权，保障监事会对董事会和经营班子的监督权。要精简企业管理层级，健全公司法人制度，科学界定集团公司和出资企业的关系，使子公司成为独立的法人实体。深化企业内部改革的硬骨头。重点解决职工能进不能出、干部能上不能下、薪酬能涨不能降的问题。

（三）强化人才队伍建设

出版传媒行业，本身就是创意产业和知识密集型产业，是高度依赖人才资源的"人才经济",所以,必须从战略高度重视人才资源聚集和人力资源开发,真正实现靠人才激活企业、撬动产业、推动兴业。

开发人力资源、强化人才保障,要抓住以下关键环节。

一是要从支撑集团产业长远发展的战略高度,全面加强人力资源开发和人才队伍建设规划和顶层设计,建立集团专业人才库和专家库。二是要完善人才内生激励机制,加速内部人才成长。三是要充分发挥现有人才作用,用好现有人才,确保人尽其才、才尽其用。四是善于用各种激励手段来吸引和留住人才,要坚持用事业留人、感情留人、适当待遇留人、共同价值观留人、股份激励留人。五是积极引进与产业发展相适应的高端人才、领军人才、复合型人才、创新型人才,特别是引进具有专业素养、专业思维、专业技能、专业方法和专注做事的各类专业人才。尤其是注意引进大师、大家和大国工匠,可以"硬引入",也可以"软性引进",不求所有,但求所用。

(四)提升社会责任,保障安全生产

作为提供精神产品、传播思想信息的内容生产企业,集团始终把内容资源建设放在第一位,本着特色化、专业化、集约化、品牌化的原则,持续推进"双十计划""双百精品"和"一流作者合作计划",鼓励出好书,出精品。

作为全省中小学教材教辅读物出版、印制和发行主体,集团、公司始终把确保质量、课前到书、培训服务作为工作重点,不断提升服务质量。2016年4月24日,中共中央政治局委员、中央书记处书记、中宣部部长刘奇葆在省委书记谢伏瞻等省领导陪同下,莅临河南出版物流配送中心考察时,对中原出版传媒集团和河南省新华书店发行集团弘扬中华优秀传统文化、践行社会主义核心价值观、文化传播服务创新、服务全民阅读"最后一公里"等做法表示充分肯定。当晚,央视新闻联播重点进行了报道,随后央视网、新华网、中国新闻网及《河南日报》《大河报》《东方今报》等主流媒体纷纷跟进报道,在国内同行和社会各界引起了极大的反响和赞誉。这充分体现了国有重点文化企业的社会担当意识。

安全生产无小事,安全意识要树稳筑牢。集团采取有力措施,做到了生产领域全覆盖、风险控制不遗漏,坚持党管出版、党媒姓党,坚持正确的政治方向,控制好经营风险、安全风险、稳定风险与廉政风险,坚持层层问责、强化督导,确保集团平稳、健康发展。

(五)创新驱动,全面推进产业转型升级

全面推进产业转型升级,是2016年中原出版传媒集团的一项重要任务,集团采取了如下措施来推进这一工作。

1. 通过产业再造实现升级发展

通过内容资源开发、内容产品延伸推动产业再造。经过多年积累,集团各出版社、报刊社形成了一定的内容出版资源优势,通过丰富内容产品线、内容资源延伸开发,逐步形成了一书一产业、一刊一产业、一网一产业、一优一产业、一类一产业,然后集聚形成了一社一核心产品或多核心产品、一优势产业或多优势产业的产业集群。如大象出版社的《中国音乐文物大系》,从文物的角度来解读音乐,学术价值很高,被业内十分看好。目前,大象出版社正与有关单位合作,对音乐文物进行复原、对古乐谱进行挖掘整理、用复原的音乐文物演奏古乐谱,运用AR技术将这些演奏集成纸本图书,最终形成"音乐文物出版→乐器→乐谱→演奏"的网状发展产业链。通过丰富服务产品线、优势服务延伸推动产业再造,将目前的浅层次的服务深化、延伸。发挥渠道和终端网络集成服务优势,如利用现有渠道优势介入知识产权交易领域,形成新的传播体系,再造一个新的产业。

2. 通过组织再造实现升级发展

在集团治理一体化基础上,产业运作、产业再造要以板块化为目标,明确产业板块边界,积极推进业务重组,通过专业性强的优质产业板块构建大出版传媒产业链,奠定集团长远发展的基础。集中人力、物力和财力,打造专业团队,加大经营结构调整力度,聚焦各业务经营的专业化发展,提升资源要素使用效率,提高业内声誉和影响力,更好地支撑产业板块运作。鼓励不同业务、不同经营单位之间开展公开、公平、公正的良性竞争,支持处于不同发展阶段的业务基于横向做大规模、纵向整合或打造成产业链的需要。

3. 通过机制再造实现升级发展

建立项目运作机制。对集团系统各经营单位的项目实行入库台账管理和动态管理，由集团统领调度，指定业务单位或产业板块作为承载实施主体，指定分管领导或总部职能部门指挥协调、监督执行。在做好项目规划、资金投入计划的基础上，在业务骨干特别是优秀青年员工中，选聘项目负责人、组建项目团队、实施项目负责制，明确目标责任，制定考核奖惩措施，确保落到实处。建立开放合作机制。扩大"走出去"和"引进来"步伐，进一步提升"走出去"的效益、质量与水平，加强开放性境外版权贸易和跨境电商的业务开发，拓展更广阔的市场机遇和盈利空间。要发挥上市平台的资本放大功能，推动产业资源的整合与产业重组。充分利用金融信息、金融人才、金融工具等，通过资本运作、产融结合，改造传统产业价值链。

4. 通过队伍再造实现升级发展

有系统、有组织地对现有人才进行培养，实现人才资源的可持续性发展；建立集团系统专家人才库，整合盘活人力资源，畅通人才内部流动渠道，充分发挥各类人才的潜能和创造性；通过重塑人才队伍，再造集团系统人力资本优势。

5. 通过组织保障实现升级发展

切实加强党的组织建设、党风建设和各项制度建设，在集团化建设中充分发挥党组织的政治核心作用和战斗堡垒作用，发挥广大党员的先锋模范作用。全面增强各级领导班子和党员干部的凝聚力和战斗力，落实好"三重一大"决策制度，按照"集体领导、民主集中、个别酝酿、会议决定"的原则，进一步完善集团领导班子议事决策规则。努力贯彻中央八项规定精神，推进"两个责任"落实，强化制度建设，提升制度执行力，加大惩治腐败力度，加强纪检监察工作力度，着力营造清正廉洁、风清气正的生产经营环境，为集团产业升级发展营造健康向上的良好氛围。

在国家推进供给侧结构性改革和文化产业大发展大繁荣的有利背景下，文化产业发展有机遇、有潜力。"十三五"时期河南全面融入"一带一路"国家战略，郑州航空港综合经济实验区建设、郑欧班列的全面运营，为中原文化产业走出去提供了新空间,为出版业跨地区融合和走向世界提供了新机遇。如何有效利用优势资源,解决自己的短板与不足,是中原出版传媒集团今后的工作重点。

参考文献

[1]《河南省国民经济和社会发展第十三个五年规划纲要》,《河南日报》2016年5月18日。

[2]《华夏历史文明传承创新区建设方案》,中共河南省委、河南省人民政府2016年9月30日印发。

B.10
2016年河南广播影视产业发展报告

李娟*

摘 要： 中国共产党河南省第十次代表大会在报告中提出，河南要"加快构筑全国重要的文化高地"，这一目标与党中央关于文化自信的新理念、新思想、新战略相契合，是对华夏历史文明传承创新区定位的升华。河南广播影视产业要不断深化体制改革，激活内生动力；加强新媒体建设，推动全媒体融合；实施品牌战略，增加产品附加值；加强项目带动，促进精品生产；加快人才培养，打造创意团队。

关键词： 文化高地 广播影视 精品生产 品牌战略

中国共产党河南省第十次代表大会在报告中提出，河南要"加快构筑全国重要的文化高地"，这是自河南省第八次党代会提出"加快文化资源大省向文化强省跨越"，河南省第九次党代会提出"加快建设文化强省"之后，河南提出的新的文化发展目标。这一目标与党中央关于文化自信的新理念、新思想、新战略相契合，是对华夏历史文明传承创新区定位的升华。相关资料显示，2016年无论是国家层面还是河南省，均在文化产业发展专项资金和项目支持方面有了大幅提升，聚焦媒体融合、文化创意、影视产业、实体书店等方面的重大项目，传统媒体和新兴媒体融合类项目成为重点之

---

* 李娟，河南省社会科学院中原文化研究杂志社副研究员、副社长，主要从事文艺理论与文化批评研究。

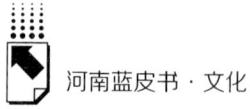

一,而与数字创意有关的动漫、电脑特技、软件设计、网络游戏、影视作品、数字媒体等43个新型文化业态项目等,被纳入新型文化业态扶持资金支持的重点。河南广播影视产业凭借自身优势,抓住文化发展的有利时机,打造优秀特色节目与电影作品,不断展示、传播、弘扬中原文化的魅力,对不断提升河南广播影视在全国范围内的行业竞争力,带动河南文化产业发展,起到了不可替代的重要作用。

一 河南广播影视产业发展现状

文化产业的生长与发展需要经历一个由萌芽阶段到成熟阶段的发展历程,不同的生命周期、不同的发展阶段及其内在需求与外部环境决定了文化产业不同业态的发展走势。随着传统媒体与新媒体的融合发展,以及数字科技的日新月异,广播影视产业的发展日渐呈现多元化格局,该领域的发展面临诸多挑战。由此,不断推动文化体制机制改革,走产业化发展之路,积极开展融合媒体平台的产业布局,不断提升广电传媒的核心竞争力,已经成为河南广播影视产业未来改革发展的战略方向。

(一)以改革创新扩大发展格局

为积极稳妥推动文化体制改革进程,河南专门研究制定了河南文化体制改革总体方案、河南文化影视集团组建方案、经营性文化事业单位改革方案,以及艺术表演团体改革试点方案等多项改革方案。按照方案的总体部署规划,河南文化影视集团、中州影剧院等一批经营性文化事业单位,按照时间表路线图顺利推动转企改制。随着文化体制改革不断步入深水领域,河南广播影视产业积极推进事企分开,实行事业和企业分开运行。河南人民广播电台、河南电视台先后成立了专门的台控、台管、台属的文化企业,并努力使其真正成为市场主体,河南省影视制作集团、河南省有线电视网络集团、河南省文化影视集团逐渐成为全省广播影视骨干企业。同时,河南大力整合省辖市有线广播电视网络资源,积极推进全省有线电视数字化整体转;创新发展思维模式,实现了跨界融合发展,先后打造出都市生活纸媒《东方今报》,推出河南演艺品牌《大河秀典》。如今新浪河南网已然成为了解河南、推介河南的又一重要窗口,河南广播电视发射塔——中原福塔成为河南自然人文景观的展示窗口。2014年,由河南广电整合旗下资源组建成立了河南大象融媒体集团有限公司,跨界整合资源力度进一步增强。同时,河南整合文化、新闻出版与广电资源,成立新闻出版广电局,启动了新一轮广电改革,推动广播影视事业产业大发展、大繁荣,努力成为河南文化产业与信息产业的领头羊。围绕省广电局确定了广播电视新闻、节目和有线网络服务3个整改重点,乡镇老放映员历史遗留难题、农村电影公益放映片源单一、偏远山区听不清广播看不清电视、虚假违规广告屡禁不止4个热点难点问题,重塑再造河南卫视、大片好剧创作、全媒体发展、媒体城建设、企业上市、实施开放带动战略6件大事要事推动河南广电事业发展。其中,河南卫视重塑启动,河南网络电视台即将开播。

(二)以产业运作明确发展路径

新媒体的发展与竞争随着科技的进步开始日趋激烈,广播影视产业势必走产业化发展的轨道,才能求得生存与发展。文化体制改革的顺利推动,为河南广播影视产业发展注入了强心剂,他们积极探索产业发展之路,主动培育文化市场主体,摸索出了一条适合河南本土发展的产业之路。继2015年河南大象融媒体集团《东方今报》和网易强强融合,推出网易新闻客户端郑州频道,成为中原新媒体制高点,为河南互联网发展注入了新的发展活力与动力。2016年,河南广播网络股份有限公司与中国电信河南省分公司签署战略合作协议,开展"智慧乡村""中原政务云"等项目深入合作。此外,河南广电还与河南民航发展投资有限公司完成战略合作签约。2016年9月,河南广电采用众筹合作模式成立了河南广电县域传媒集团,打造互联网时代广电服务"三农"的大平台,将产业发展优势向各地进行延伸与覆盖。河南广电县域传媒集团公司,利用县级平台进行产业运营,积极打造运作"互联网+三农+广电"项目,使其成为服务"新三农"的一个综合、融合的服务平台。

（三）以打造精品奠定发展基础

精品力作是广播影视产业发展的基础，近年来，河南省不断加大对广播影视精品的扶持力度，广播影视生产成绩显著。2014年，河南制作完成的电视剧《大河儿女》受到普遍好评；电影纪录片精品力作《永远的焦裕禄》引起社会的持续关注。同年，河南电视台获得"CCTV9（2013）年度合作奖"，河南电视台拍摄的纪录片《英雄之路》获得"CCTV9（2013）年度优秀纪录片奖"。此后，推出的三部精品影视作品都有着兰考精神的基因，《永远的焦裕禄》《鉴史问廉》《花开的季节》。经典豫剧《朝阳沟》讲述了女主角银环到未婚夫拴保的家乡朝阳沟，由开始的动摇退缩到最后立志扎根农村的故事。河南日报报业集团、大河网络传媒集团、河南省文化产业投资有限公司出品，河南手机报、河南省中视新科文化产业有限公司制作了《大话朝阳沟》。2015年，河南奥斯卡电影院线与上影股份、浙江时代、江苏幸福蓝海院线、四川省电影公司正式联手，发起成立"四海电影发行联盟"，组织成立发行联盟体。2015年，河南省首届科普微电影大奖赛颁奖典礼在郑州成功举办。在第三届亚洲微电影艺术节上，由郑州市拍摄的微电影《回家》《爱·无畏》双双获得"金海棠"优秀作品奖。这是继《回家》首秀第二十四届金鸡百花电影节海峡两岸微电影大赛颁奖晚会之后，"郑州制造"又一次在世界舞台上的精彩亮相。2016年8月，河南电视台、天视传媒、亚协传媒联合拍摄制作的首部青少年励志纪录电影《体验长征路》开机。电影《第一大案》《村魂燕振昌》《幸福人生》《怼号入座》《猴王争霸》《全家福》等，先后开机制作。

（四）以构建多媒融合拓宽发展路径

随着信息科技的飞速发展，广电行业运营支撑领域成为一个需要深耕细作的领域，在"互联网+"的大趋势下，要求广电业加强多媒融合，紧密结合互联网的新技术、新趋势，为适应新的消费群体提供的产品和服务。河南广播影视产业较早地看到了行业的发展趋势，积极加强业态融合，全面激发市场和社会活力。2015年是河南广电全面推动多媒融合发展较为活跃的一年，河南大象融媒体集团与杭州华三通信举办"融媒体实验室"战略合作启动。河南省新闻出版广电局举办了以"我们就是全世界"为主题的河南省跨境电商全球战略合作新闻发布会暨全球供应商签约仪式。河南大象融媒体集团有限公司IPTV业务上线仪式在河南联通信息。同时，河南大象融媒体集团《东方今报》和网易强强融合，推出网易新闻客户端郑州频道。"互联网+"的兴起不仅突破了传统产业自身的提档升级，也彻底改变了河南广播影视产业的传统发展模式。2016年，中原云数据中心在省新闻出版广电局和白沙园区管委会的大力支持下，正式启动。河南省人民政府与中兴通讯股份有限公司签署深化战略合作框架协议。此外，中行河南省分行与河南省新闻出版广电局举行战略合作协议签约仪式，河南广电与中国银行河南省分行长期以来保持着密切友好的合作关系。河南省新闻出版广电系统推出的"中原云""喜买网"等项目初步取得了成绩，更多的机遇还需要进一步开拓。华为企业云与河南省新闻出版广电局、河南中原云大数据集团在北京签署战略合作协议，中原云大数据集团和华为企业云共同推动智慧城市、智能产业聚集区云服务、智能制造、电子商务和中小企业服务平台等领域建设，通过运用云计算技术促进河南省稳增长、调结构、惠民生，建设创新型政府，快速推进河南省大众创业、万众创新落地。同时，河南还是腾讯在全国首批签订此协议的省份。

（五）以对外交流搭建发展平台

广播影视产业需要实施"走出去"工程，使世界各国特别是西方欧美等国家的听众与观众有机会了解真实的中国，通过塑造健康、积极的中国形象，展示与传播在各项重大问题中的中国立场与观点。2015年，第九届中国（河南）国际投资贸易洽谈会、河南省跨境电商全球战略合作新闻发布会暨全球供应商签约仪式在郑州举行。此后，河南省新闻出版广电局所属的河南大象融媒体集团有限公司，积极与香港文汇报中原分社举行了战略合作协议签约仪式，继续加强深度合作。此外，河南充分利用自身广电媒体传播的优势，实施跨境跨界融合项目，成为河南广播影视跨界融合的重大改革成果，积极与跨境零售电商平台展开积极合作，科学引导广播影视企业面向境内（外）资本市场上市融资，从而不断加快河南实现跨界、跨境发展的大格局。河南电台各个频率、电视台各个频道，大象融媒旗下的映象网、猛犸新闻客户端、民生频道、经济广播、《东方今报》等，都在通过各种各样的形式报道河南省第十次党代会。2016年，大象融媒的《豫来豫好》特别策划，获得了网民的高度评价，大象融媒旗下民生频道制作的视频短片《我愿意》《豫见3分钟》，经济广播创作的歌曲《豫来豫好》，猛犸新闻客户端推出的《河南故事》《红色家风》，映象网制作的《最河南》《党员帅吗》视频宣传片，更是被网友广泛转发，并赞扬"内容好，角度好，很接地气"。河南省新闻出版广电局引进的《梦幻舞马》舞台杂技让中原的老百姓在家门口享受世界级文化盛宴，这些都得益于河南省新闻出版广电局在做好媒体传统业务的同时，积极探索经营新模式，多方布局发展，开拓多元文化产业项目。

二　河南广播影视产业发展存在问题

虽然近年来河南的广播影视产业发展取得了不俗的成绩，但由于发展时间不长，长期以来实行以计划经济为主的管理体制，经营性产业和公益性事业区分不清晰，条块分割非常严重，影响与制约了广播影视产业发展。因此，河南的广播影视产业同全国先进省份相比，同现实需求相比，无论在产业规模还是竞争力与利润方面，尚存在一定的差距。

一是河南广播影视产业城乡发展不平衡。河南广播影视产业发展，还不能完全满足城乡群众多方面、多层次、多样化的精神文化需求。由于长期的体制机制问题，阻碍了广播影视产业的发展，导致城乡之间发展不平衡，农村落后于城市。广播影视产业在城市与农村差异很大，城市产业发展比较好，效益也比较明显，而农村则比较差，河南广播影视产业的全面发展依然任务艰巨。

二是河南广播影视产业的资金投入不足。河南广播影视产业在产业化融合发展上还存在着认识不到位，思想解放程度不够等现象。河南的广播影视产业在收入方面，广告性收入比例偏大，产业性营利收入偏少，距离较强的竞争实力还有不小的差距。例如，2016年上半年全国城市影院票房前100排名中，郑州、洛阳、信阳分别位于票房榜的13位、55位、91位。河南广播影视产业发展资金支持还有欠缺，特别是在电视行业方面的投入，资金缺口一定程度上制约了发展。解决资金投入不足的问题势必成为河南广播影视产业发展的关键。

三是河南广播影视产业的媒介融合需加大力度。传统的经营服务方式已成为制约广播影视产业发展的瓶颈，一些传统媒体虽然也将媒介融合作为产业发展的模式，但尚缺乏对广播影视产业的深入研究。要进一步顺应传媒业发展趋势，在融合方面开展切合实际的调研与科学配置。媒体融合作为广播影视产业的运营方式转型，需要在深入调研的基础上，在观念、体制、机制等方面进行系统转型，需要与市场进行无缝对接，最大限度地释放文化市场的活力。河南的广播电视等传统媒体与新媒体，依然还存在很大的发展空间，在某些领域只能说是刚刚进入起步阶段，整体竞争水平还不高，需要谋划进行转型，寻找适合自身发展的可操作性。

四是河南广播影视产业资源整合开发程度不高。河南广播电视产业由于发展时间不长，体制机制改革进行的时间也不长，其整体发展水平不高，市场化程度还比较低，尚未形成有较强影响力的市场主体。广播影视资源整合开发的程度还不完善，经济总量偏小，产业链单一，尚未形成产业优势。例如，2016年上半年郑州市票房收入33662.37万元，票房收入仅占全国票房收入比为1.37%。需要进一步统筹市场各种要素，构建现代广播影视传播体系，以较短时间、较低成本实现河南广播影视产业的资源整合。

五是河南广播影视产业发展复合型人才匮乏。人才问题一直是制约广播影视产业升级转型、又好又快发展的重要因素之一，与其他文化产业一样，广播影视产业的关键在创意，而创意的关键在人。目前，河南广播影视产业正在向纵深领域发展，然而在人才培养、使用、交流的体制机制，以及队伍

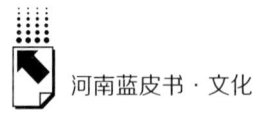

的整体素质等方面与现实发展需求之间存在较大的差距，缺乏高水平的复合型人才及团队，需要引进具备人文背景知识和科学技术、具有创新能力的复合型人才，探索在适应文化产业特点基础上，多元实践、多维创新人才培养发展之路。

三 河南广播影视产业发展的思考与对策

广播影视产业是包括传媒产业在内的文化产业的重要组成内容。目前，我国处于媒体全面迎接数字化转型，新老媒体不断进行交融之际，数字、移动互联网成为中国广播影视产业发展过程中最重要的景观。面对新媒体的强势崛起、多媒体不断融合的传播格局，新媒体与传统广播影视产业的融合，势必会加大持续推进力度，传统广播影视产业将面临巨大挑战。河南广播影视产业经过近几年的发展，不断尝试、推动融合媒体产业发展战略，提升自身竞争力，逐渐走出了一条符合自身区域媒介融合的发展之路。面对国内日趋发展迅猛、竞争激烈的发展格局，河南广播影视产业需要深入了解资源优势，研究跨行业、跨领域产业融合的科学发展规律，以开阔高远的视野，不断探索深入推动河南广播影视产业发展的相关策略。

（一）深化体制改革，激活内生动力

河南广播影视产业的发展，要从自身的优势资源出发，建立健全科学规范的保障机制、激励机制等管理机制，建立完善有利于人才成长、多出精品的体制机制，推进收入分配制度改革，规范职称评定等机制，为广播影视产业发展提供坚实保障。同时，要不断深化广播影视产业改革，促进广播影视事业和产业及其与其他产业事业之间的协调发展，激发广播影视市场主体的积极性与创造活力。要不断健全执行准入退出机制，维护河南新闻出版、广播影视产业发展的良好秩序。要积极稳妥地推进、深化河南报刊出版、广播影视单位转企改制、上市工作；根据市场发展的现实需求，加大对广播影视产业发展的创新程度。河南广播影视产业在新媒体产业化市场运作中，需要

在推动体制机制创新方面积极稳妥进行，分批次、分阶段将经营性资源从传统的事业旧体制中剥离出去，将新的机构与业务进行产业处理，完全遵照市场规律进行企业化模式经营。河南广播影视产业和新兴业态发展，需要有关部门提供强有力的制度保障，科学按照广播影视产业自身的特性，设计、营构新的发展模式，着力协调、统筹传统媒体和新媒体之间的关系，实现协调融合发展。河南广播影视产业需要不断拓展市场发展空间，扩大由此产生的经济效益比例。不断强化广播影视多元化跨界发展，力争在多元化的新媒体发展格局中凸显河南广播影视产业知名度与美誉度，借助河南构筑全国重要的文化高地这一文化发展目标，推动河南形成全国新型的文化传媒高地。

（二）加强新媒体建设，推动全媒体融合

河南广播影视产业的发展，要一手抓建设，一手抓融合，确保融合发展沿着正确方向推进。要切实加强河南的新媒体建设，重点办好手机报、手机电视和网络电视台。与此同时，要实施跨领域整合，成立大型跨媒介传媒集团，提高市场竞争力；要积极推动传统媒体与新媒体的相互融合发展，形成多维度延伸的全媒体发展新格局；要积极打造集综合性的高端运营和服务平台，在打通数字电视网与互联网和移动通信网的基础上，为用户提供一体化的多媒体融合服务，构建广播、电视、网络、手机、报纸和户外媒体融合发展的全媒体传播链，从而形成媒体互动交融的传播布局。河南广播影视产业发展，要将目前分散或主体不清的资源整合起来，形成集聚性与规模化的整合资源，并积极开发那些由于闲置尚未产生经济效益的资源。要逐渐建立起功能强大的信息处理平台，实现跨媒体资源的共享与整合，将传统线性、单向度的业务流程再造为信息源，形成多媒体传播的业务流程，打通与新媒体的资源共享平台，不断提升广播影视产业的传播力与影响力。

（三）实施品牌战略，增加产品附加值

科学而恰当的市场定位是广播影视产业立足和发展的首要任务，河南广播影视产业发展要明确市场定位，赢得受众群体，并加强资源整合，从而集

中精力打造强势文化产业品牌。要在塑造传统广播影视产业整体品牌的基础上，进一步通过新媒体平台业务拓展品牌效益，提升广播影视新媒体业务的品牌知名度，使得广播影视主流媒体在品牌资源上进行互动互渗、相互促进、共同发展。要在巩固传统品牌的基础上，针对移动多媒体、网络电视、游戏等数字内容产品，积极打造适合本土发展需要的内容品牌。广播影视品牌是传媒市场的产物，要积极实施品牌战略，不断深化已有品牌与新型品牌的可持续发展。由此，河南广播影视产业要拓展思维模式，善于利用广播影视产业融合延伸品牌价值链条，针对不同媒介开发系列广播影视衍生产品，从而有效整合本土的广播影视资源，搭载政策优势以实现资产重组和市场规模化运营，可以利用品牌影响力增加无形资产，使产品的附加价值得到不断增加。

（四）加强项目带动，促进精品生产

河南要打造全国性的文化高地，需要加快区域的文化发展；要建设有影响力的文化强省，毫无疑问要大力发展文化产业，包括广播影视产业在内的文化产业，实现跨越发展，就必须有重要项目做其支撑与保障。河南发展广播影视产业项目需要立足当地实际，加大招商引资力度；同时需要制定相关政策，利用民资民力；要积极拓展融资渠道，善于吸纳社会资本，推动投资主体多元化。与此同时，河南广播影视产业需要降低市场准入，允许不同资本、不同业态进入，让多种所有制并存。此外，河南广播影视产业的发展，需要通过实施项目工程带动，打造文化精品，要依靠策划选定、包装推介、落实项目，不断推动广播影视产业实现跨越式发展。要尝试将文化项目与经济项目进行捆绑，突出抓好广播影视产业项目的谋划、引进、开工和运营，并不断以搭建宣传推介平台为抓手，大力实施招商引资。要使丰富的中原文化资源优势转化为产业优势，就要借助飞速发展的高科技技术，实现传统文化的再创造，以加强打造广播影视精品生产为目标，着力增强河南广播影视产品围绕中心、服务大局的能力，并在此基础上不断延伸产业链条，壮大产业规模，优化产业结构，以广播影视项目的发展带动河南文化产业的腾飞。

（五）加快人才培养，打造创意团队

积极推动河南广播影视产业发展，要下大力气引进高端文化创意人才及文化创意团队，通过制定人才引进机制，畅通吸引文化创意人才的通道。要通过设立专业大奖来激励和奖励创意，以举行多种多样的比赛，开设不同奖项，举办各类艺术活动、创意会展等，通过邀请世界顶尖级文化创意大师参与各项活动，以吸引全世界的文化创意人才聚集，并为河南营造良好的文化创意氛围。要积极发挥行业协会或服务性组织，成为人才引进、培养、培训、交流互动的重要组织，促进创意人才或创意团队之间的互相交流与协助，促进人才健康有序的流动。要营造丰富浓厚的创意文化氛围，淡化功能性的商业气息，强化人文气息和多元文化气息，优化创意人才成长的外部环境。要按照相对稳定、合理流动、专兼结合、资源共享等原则，创建合理、有序的高校学科人才流动机制，以契约化管理模式、综合考核等方式，不断吸引与管理好创意人才及队伍，以促进人才的健康有序流动，从而推动河南广播影视产业的全面发展。

参考文献

[1]《财政部下达44.2亿元文化产业发展专项资金》，中国经济网，2016年8月5日。

[2]《发展创意文化河南省2016年下达亿元资金支持文化产业》，河南文明网，2016年4月28日。

[3] 李岚、张苗苗：《我国广播影视强国建设的现实差距和总体思路》（下），《传媒》2011年第10期。

[4] 李岚：《多元传播环境下广电主流媒体的产业发展战略》，《电视研究》2014年第5期。

B.11
近年来河南会展业发展态势分析与展望

徐春燕*

摘　要： 近年来，随着河南经济、交通的进步，以及大型会展场馆的建设与投入使用，会展业步入全面快速发展轨道，特别是"十二五"以来，河南会展业依托自身的区位优势和产业基础迅速成长，不但在经济领域取得了惊人成绩，而且带动了经济和产业结构的调整与升级，取得了前所未有的成绩，河南已经成为全国会展业十大强省之一。以省会郑州为核心，洛阳、开封、信阳、安阳、新乡等地市协同发展的中部会展经济产业带初步形成，河南会展业保持良好发展态势。但是就整体水平而言，河南会展业还存在着大而不强，多而不精的状况，需要我们在今后的工作中继续改进和完善。

关键词： 河南　会展业　发展态势

会展业是现代科学技术与经济发展的晴雨表，相较欧美发达国家，我国的会展业起步较晚，但是发展却较为迅速，目前会展业已经成为国民经济中成长最快、潜力最大的行业之一。近年来，随着河南经济、交通的进步，以及大型会展场馆的建设与投入使用，会展业步入全面快速发展轨道，特别是"十二五"以来，在中原经济区、郑州航空港经济综合实验区、中国（河南）自贸区以及"一带一路"战略推进下，河南会展业依托自身的区位优

---

* 徐春燕，河南省社会科学院历史与考古研究所副研究员，主要从事中国史学、文化学研究。

势和产业基础迅速成长，不但在经济领域取得了惊人成绩，而且带动了经济和产业结构的调整与升级，取得了前所未有的成绩。目前，河南已经成为我国会展业十大强省之一。

一 近年来河南会展业发展态势

近年来，河南推行了一系列政策措施改善会展业发展环境，培植会展业整体实力，展览场馆空前发展，硬件设施不断改善，办展数量和会展规模日益扩大，从事与会展业相关的人员队伍逐年壮大，已经跨入全国办展先进行列。不仅如此，以省会郑州为核心，洛阳、开封、信阳、安阳、新乡等地市协同发展的中部会展经济产业带初步形成，河南会展业保持良好发展态势。

（一）展览场馆空前发展

河南不断增大对会展场馆及其配套设施的投资力度，目前已经具备承担国内外各类大型展会和会议的能力。至2014年底，河南省拥有专业展览馆及多功能文体中心等大中型展馆19个，展馆面积41万平方米，能举办中小型展会的体育馆（体育中心）9个。就整体发展来讲，河南的场馆数量建设在全国排名前十，场馆室内展览面积和总展览面积的排名也比较靠前，在中部六省中仅落后于湖北。2016年底，郑州绿地会展城临建主体已经完工，该项目占地规模近3900亩，总规划面积100万平方米，可供展览面积约40万平方米，将打破河南没有超大规模会展场馆的现状。

（二）会展活动日益活跃

"十二五"以来，河南会展业进入高速增长时期。2013年，会展活动252场/次，展会总面积253万平方米；2014年较之上年度同比增长39.7%，达到353场/次，展会总面积同比增长43.4%，达到362.8万平方米。与此同时，展会规模也越来越大。2013年，大中型会展平均规模为1.004万平方米；2014年，同比上升2.4%，为1.028万平方米；2015年，

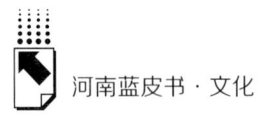

又较上年同比上升75.6%,为1.805万平方米。2016年会展规模依然保持上升趋势,商务厅提供的数据显示,本年度上半年平均会展规模为2.05万平方米。其中,近两年连续举办的第12、13届中国(郑州)汽车用品暨改装博览会展会面积达到了10万平方米,充分展示了河南举办大型展会的实力。

(三)产业效益逐年上升

近年来,河南会展业快速发展,直接带动了其他相关产业的发展,河南已经成为名副其实的会展强省。郑州是河南经济发展的中心,也是会展业发展最好的城市,其产业带动系数为1:9,与深圳不相上下。"特别是在交通运输、餐饮住宿、贸易等方面都有着很大的带动作用,并且在一定程度上也带动了河南土特产的发展"。2013年5月,国家统计局郑州调查队发布数据显示,2010~2012年,郑州会展业主要指标年增长率始终维持在两位数,2010年带动经济效益110亿元左右,2011年带动经济效益130亿元左右,2012年带动经济效益150亿元左右,直接推动了交通、旅游、住宿、餐饮、娱乐等相关产业的发展。① 2013年,郑州举办展览192场,同比增长22%,实现经济效益170亿元左右,会展水平居于全国二线城市前列。② 随着会展业的快速发展,郑州的城市基础设施建设不断加强,与外界的联系日益紧密,城市形象和知名度不断提升。近年来,连续斩获"中国最具潜力的会展新锐城市""中国十佳会展城市""全国优秀会展城市"等殊荣,郑州努力打造"中原会展之都""中国会展名城"的目标已经实现。

(四)会展队伍不断壮大

对于不同年度的会展队伍数据统计,目前还存在很大分歧,但是即便如此,我们仍能看出河南的会展队伍正在不断壮大之中。2014年,全省注册

---

① 徐春燕:《2014年河南省会展业发展态势分析》,《河南文化发展报告(2015)》,社会科学文献出版社,2015。
② 王菁:《河南入列会展业十大强省 拉动经济效益达650亿》,《河南商报》2014年11月4日。

的会展企业已超过180家，作为河南省会展业行业管理部门的河南省会展业商会，现已拥有491家商会会员，其中大型企业（集团）9家。[1] 此外，《河南商务发展报告（2015）》数据显示，截止到2014年底，仅省会郑州就拥有会展公司500余家，其中展会主办公司100多家，相关从业人员在百万左右。[2] 需要指出的是，河南境内的会展企业规模较大的均为国有企业，如郑州国际会展有限责任公司，注册资金为5000万元，中国国际博览中心有限公司注册资金为1000万元，河南托利印刷包装机械公司注册资金500万元，其余大多数为注册资金在百万元以下的中小民营企业。

（五）政策制度日趋完善

河南各级政府和相关部门高度重视会展业发展，先后出台了促进会展业发展的政策，为会展业快速发展提供了保证。河南省人民政府2014年5月发布了《关于建设高成长服务业大省的若干意见》，提出"建立内外贸会展业管理促进体制，推进郑州区域性会展业管理促进体制，推进郑州区域性会展中心建设，吸引国家级、区域性品牌展会落户"。同年10月，河南省商务厅制定的《河南省促进会展业发展暂行办法》正式施行，对河南加快建设高成长服务业大省起到了积极作用。河南省连续多年发布的《河南省服务业重点领域发展行动方案》，都把会展业作为重点发展领域，有效推动了河南省会展业的资源整合与对外合作。各地市也纷纷制定促进会展业发展的规划、意见、办法等。2010年出台的《郑州市会展业发展规划（2010—2020）》，提出未来10年将努力把郑州打造成为中部会展业的龙头城市。洛阳市政府2013年3月讨论通过了《关于促进会展业发展的实施意见》《洛阳市会展行业管理暂行办法》等文件，提出要优先发展一批外向关联度高、招展能力强的优秀展会主体；重点扶持一批规模大、品位高的品牌展会；培

---

[1] 徐春燕：《2014年河南省会展业发展态势分析》，《河南文化发展报告（2015）》，社会科学文献出版社，2015，第168页。

[2] 李玉瑞、柳青：《河南省会馆业发展现状及对策探讨》，《河南商务发展报告（2015）》，社会科学文献出版社，2015，第181页。

育一批潜力大、成长性强的重点展会；申办一批专业化市场化程度高、带动能力强的国际国内优秀品牌展会，借力借势做大做强做优洛阳会展业。① 三门峡市财政厅和市事管局2014年3月联合下发了《三门峡市鼓励会展业发展奖励补助办法》，对在本市举办的具有规模效应、带动效应的展会单位或个人给予适当奖励。

二 河南会展业发展的主要特点

会展业从发轫之始就和城市发展紧密联系在了一起，既是城市文化和魅力的展现，又深刻影响着城市的未来，在我国的北京、上海、广州、深圳等地区，会展经济对GDP的贡献举足轻重，已经是当地经济社会发展的重要推动力量。河南地处中原，地理人文环境优越，为会展业发展提供了极大便利。近年来，积极培植会展经济，会展业实力不断增强，发展方式也由过去只注重规模数量的粗放式向更加注重品质的内涵式转变。

（一）区位优势明显，会展前景广阔

河南地处中原，是我国承东启西、连贯南北的重要交通枢纽，综合交通运输体系发达。省会郑州更是位于以上海为核心的长江三角洲产业带、以北京为核心的环渤海产业带、以成都为核心的西部产业带的中心，与上海、武汉、西安、北京、天津等几个会展活跃区域的直线距离均在700公里以内，区位优势可谓得天独厚。近年来，国家对于河南的发展也高度重视。国务院发布的《中原经济区规划》和批准实施的《郑州航空港经济综合实验区发展规划》，以及2016年国务院批准成立中国（河南）自由贸易试验区，为河南会展业发展提供了千载难逢的机遇。可以自信地说，河南会展业发展前景无限广阔。

---

① 参见孙自豪、何奕儒《奖优扶新 做大做强做优洛阳会展业 市政府常务会议原则通过促进会展业发展相关文件》，《洛阳日报》2013年3月2日。

（二）会展品种多样，项目稳步发展

河南会展产品涵盖三大产业，品种多样，门类齐全，主要涉及食品、农业、服装、家电、文化创意、汽车及零配件等领域，其中郑州全国商品交易会、中国农产品加工业投资贸易洽谈会、中国（漯河）食品博览会、中国（郑州）国际汽车后市场博览会等在国内外已经有了一定影响力。郑州全国商品交易会是由商务部重点引导支持的商贸性展会，已经连续举办22次，近5年来，参与郑交会的企业超过1万家，观众数量超过100万人次，境外商品展区发展迅速，已经从5年前的1000平方米，发展到了现在的16500平方米。[①] 中国农产品加工业投资贸易洽谈会是由国家农业部和河南省人民政府联合主办，"以优势互补、互利共赢作为宗旨，以农产品交易和农产品加工为主要内容的国家级重点展会"，自1998年以来已经连续成功举办19届，是河南省重要的品牌展会。[②] 其他一些培育多年的展会，如郑州国际糖酒食品交易会、郑州国际机床展览会、郑州国际汽车后市场博览会、郑州国际工业装备博览会、河南家禽交易会等，都具有相当的规模，已经成为颇具号召力和影响力的会展品牌。其他一些会展，如长垣国际起重装备展览会、郑州欧洲之窗展销会、河南动漫产业展览会、河南航空展、安阳珠宝展、黄河金三角妇女儿童用品博览会等规模也不小，人气正在不断积累中，相信不久的未来它们也会成为河南会展业的中流砥柱。

（三）集群优势互补，配套设施日臻完善

目前河南的会展业已经形成"一心、多点"的发展格局，集群优势互补，共同推动了河南会展业各项指标的全面增长。"一心"是指以省会郑州为核心，"多点"是指以洛阳为副中心，其他城市诸如开封、三门峡、信阳、漯河、驻马店、新乡、焦作、南阳、新郑等协同发展的会展分布格局。

---

① 参见丁友明《第二十二届郑州全国商品交易会开幕》，新华网，2016年10月14日。
② 参见《一个驻马店，小到一碗面，大到一座城》，驻马店广视网，2015年1月28日。

河南许多市县都有自己的支柱产业，以省会郑州为中心，环绕在其周围共同发展，形成集群互补。2013年的统计数据显示，郑州的会展业发展综合指数居全国第10位，会展业主要指标保持中部地区首位，产业带动系数与深圳不相上下，为郑州经济腾飞做出了巨大贡献。其他许多城市也具备了举办会展的硬件基础，依赖本地区的特色优势，会展业都有不同程度的发展。如漯河以食品工业闻名海内外，漯河食博会截至目前已经举办了14届，这个平台的建立不仅加强了漯河食品工业与全国食品工业的交流与合作，对全省、全行业的经济拉动作用明显。此外，新郑黄帝故里拜祖大典、开封菊花文化节、洛阳牡丹文化节、焦作国际太极拳年会、濮阳中国龙文化节、信阳的茶文化节、三门峡黄河旅游节、鹿邑老子国际文化节等，在全国也都是具有一定影响力的节会，所产生的经济效益和社会效益不容忽视。

三 河南会展业发展存在的主要问题

近些年来，河南会展业大踏步前进，会展综合实力指数已经跻身于全国前十，但是也要看到这里的会展业还存在着许多欠缺和不足，需要在今后的工作中进一步改进。

（一）国际化程度不高，影响力有待提升

目前虽然说河南省举办的各种会展逐渐增多，也培育出一些具有国际影响力的品牌如郑州世界武术传统大会、新郑黄帝故里拜祖大典、开封菊花展、洛阳牡丹会、信阳国际茶博会等，但是从整体上来讲，国际化程度并不高。作为全省会展业核心的省会郑州近年来举办的真正意义上的国际展会也不足2%，展出面积不足5%。截止到2013年底，国际展览业协会（UFI）的中国会员达84个，河南只有两个，同时期的北京有26个，广东有23个，上海有22个。2014年，与河南达成合作，来郑投资的外资展览机构也只有英国励展展览集团1家，不但不能和世界会展发达国家和地区相比，与北京、上海、广州等会展一线城市也差距甚远。目前我国现有通过UFI国际资

格认证的展会有近百个，除了北京、上海、广州三座城市数量较多，大连、长春、宁波、厦门、义乌、南京、唐山、重庆、天津等也有数目不等的展会入围，但是河南在这方面还是空白，可见河南展会还远没有得到世界的认可。

（二）自主品牌与企业融合度不够，展企需要联合

本地品牌展会的数量和质量往往代表着这座城市和地区会展业水平的真正实力。目前，从自有品牌所占比例来讲数量并不算少。以2012年郑州为例，本年度举办会展158个，其中自主品牌会展132个，占总量的84%；展览面积145.51万平方米，占总展览面积的83%，而且一些特色品牌，如中国国际汽车后市场博览会、黄帝故里拜祖大典、中国郑州国际少林武术节、郑州首届黄河湿地文化节、郑州绿博园彩灯艺术节、2012年新春文化庙会、郑州樱桃节、中牟西瓜节暨大蒜贸易洽谈会、郑州国际啤酒节等已经具有了一定的规模和社会号召力。但是从总体上来说，河南自有品牌展会能够称得上全国知名品牌的却寥若晨星，而且河南是全国新兴工业大省，不仅食品加工在全国居于领先地位而且在机械制造、电力设备、纺织技术、建材冶金、天然气、煤炭和石油等方面也有一批在国内叫得响的企业，但是这些优势企业和会展的融合度还不高，各市县集群互补优势也没有真正发挥出来，具有地方特色的专业性会展还有待进一步培育和开发。

（三）行业发展制度欠缺，管理水平需要改进

随着会展数量的不断增多和规模的迅速扩大，会展对经济发展的影响日益受到人们的关注，在此背景下，行业标准的制定和推广就显得越发的重要。国家标准化技术委员会2013年先后颁布了《会展中心（会议中心）服务规范》《商贸类展览会等级分类标准》《会展设计搭建服务规范》等会展业国家标准，制订了《贸易类展览会数据统计》标准。一些会展业较为发达的省份如浙江、山东、广西等也陆续颁布实施了地方性会展行业标准。[①]

---

① 参见阎密《会展业发展新趋势日渐显现》，《国际商报》2014年11月3日。

河南会展业的标准和规定也在不断进步，但是很多具体措施有待进一步完善。如为避免行业内多年存在的展览"撞车"，河南省会展业商会曾倡导所属会员企业签署了《河南省会展行业行规公约》（以下简称《公约》），约定两个类似会展之间的相隔时间不应少于3个月，但是2015年，河南省内两个主题相同展会"中国（信阳）国际茶业博览会"和"郑州春季茶叶博览会"先后举行，一个时间为4月28日至5月3日，一个时间为5月21～24日，相差不足20天，可见《公约》的适用对象应该扩展到全省所有的会展企业和相关部门。2014年出台的《河南省促进会展业发展暂行办法》虽然"鼓励依法成立会展业行业组织，行业组织应当制定行业服务规范、建立会展评估体系、组织会展数据统计、发布会展资讯信息以及引导规范经营"，但执行并不到位，一些地市的会展统计数据不能及时对外发布，以至于新闻媒体和研究机构引用的数据不尽相同，这无疑会对会展业的宣传起到消极作用。郑州国际会展中心是全省会展行业的标杆，2015年开始执行的"会展搭建工人资格"认证、准入制度使其更具"国际范"，但河南引入此认证制度的仅此一家，其他的展馆据说还不具备条件，但是无论如何，展馆的安全隐患不容回避。2004年郑州成立了会展业管理办公室，但是其他市县在这方面至今没有行动，对行业的监督和管理还不到位。河南低水平办展的现象还存在，一些展览公司把工作重点放在了招商、招展上，对于中间的宣传和后期的服务跟不上，因此造成展会人气不足，展览平台设计混乱，参展客商要求反馈不及时等问题，从而导致展会效果大打折扣，影响河南形象，需要引起相关机构和部门重视。

（四）从业人员良莠不齐，高素质人才缺乏

人才是行业发展的基础，对于河南会展业来说，人才不足似乎是老生常谈的问题。由于长期缺乏对于人才的约束和激励机制，虽然从事会展的人数众多，但是大多数是从别的行业和领域转调而来，相当一部分没有经过专门的培训直接上岗，缺乏基本的专业知识和操作技能，职能分配和人才分布也存在不同程度的问题，从而造成从业人员整体素质不高。此外，了解国际会展惯例、办会经验丰富、懂得国际财务或者法律知识的专业人士不多,与国际展会机构和企业沟通不及时,获得的消息不对称,造成本地区承办的国际展会总是在承袭别人的经验,或者说是对别人经验的照抄照搬,很大程度上影响了会展的吸引力和创新能力。与此同时,人才的培养和实际需求还不能很好的对接。虽然国内以及本省开办会展专业的学校在不断增加,招收的人员也在不断扩充,还出现了诸多专门对员工进行培训的机构,但从教学结果来看,并不尽如人意。需要指出的是,从全国范围来看,会展人才培养的总量目前还满足不了行业高速发展的需求,而河南人均 GDP 水平不高,因此最后能够为河南所用的人才就更为有限,人才问题已经成为制约河南会展业的瓶颈。

四 推动河南会展业健康发展的对策建议

会展业是现代服务业的先导性产业,具有强大的带动效应和衍生效应,对于推动城市经济结构升级,拉动城市产业联动发挥着重大作用。近年来,大家对河南会展业的进步有目共睹,但是就整体水平而言还存在着大而不强,多而不精的状况,需要我们在今后的工作中继续改进和完善。

(一)政府要加强宏观调控,优化资源配置

政府是会展业发展的主导力量,许多城市的成功经验证明,要进一步发展城市会展业,政府必须加强宏观调控,优化资源配置,引导会展业走国际化、专业化、大型化的道路。第一,政府要从过去城市会展市场主体的角色中转换过来。会展是一种市场行为,不是政府行为,培育多元化的市场主体是会展业发展的趋势,所谓多元的市场主体,既可以是政府、行业协会,也可以是各类专业会展公司。第二,政府要建立专门的、统一的、权威的会展管理机构,负责制定会展市场的准入标准,开展主办单位的资质认证,对展览公司资质和展会质量进行动态化认证评估,规范会展业发展。第三,政府要制定高层次的会展发展规划,有序的投资和管理与

会展相关的城市基础设施的建设，并制定相关措施扶植、服务、规范、协调、督促规划的落地。第四，政府要利用所掌握的资源，综合分析城市发展数据，及时发布市场及行业信息，客观、公正地评估城市会展业状况，宏观调控行业发展速度，合理进行城市服务业结构调整，以避免展览场馆相对过剩、企业发展无序、市场恶性竞争等问题的发生。第五，政府要积极维护城市的形象，不但要适时组织新闻部门对会展行业宣传报道，还要联合旅游、文化、宣传等部门对河南特色文化资源进行集中或连续地推介，提升城市的知名度和美誉度，拉动社会各界人士前来旅游、参观、洽谈、投资，为服务业发展搭建平台。① 第六，政府还应从政策层面出台一系列优惠政策，一方面吸引各地会展精英来豫发展，另一方面大力提倡职业教育，通过学校培养、机构培训和鼓励从业人员外出学习考察等相结合的办法，为会展业输入紧缺人才。

（二）重视行业协会桥梁作用，打造会展企业集团

会展行业协会是沟通政府与市场之间的纽带，行业协会的发展以及同业联盟的建立不仅有利于增强产业凝聚力，促进企业间的交流与合作，还有利于推动本行业与其他行业之间的联动，团结不同区域间会展业的协同发展，要重视会展业协会的积极作用，引导和鼓励其协助政府整合行业资源，规范市场秩序，促进会展业健康发展。面对日益激烈的国际化市场竞争，会展企业要学习和借鉴西方和发达省市的经营理念和管理方法，打破过去"等、靠、要"的思想，真正的融入市场竞争中去。目前，河南的会展注册企业虽然已近200家，但是绝大多数注册资金较少，很多企业不超过100万元，企业员工数量也多在10人上下，规模普遍较小。面对国外以及其他省市知名企业的竞争，必须要扩大规模，培养实力，走规模经营之路。2014年，在河南省会展商会的运作下，10余家较有实力的展会公司开始谋划组建股

---

① 参见刘宁波《浅谈政府在会展业发展中的职能创新》，《青岛新闻数字报》2012年7月19日；张文怡《论中国城市政府在会展业发展中的作用——基于上海市会展业发展现状的分析》，同济大学硕士学位论文，2006年2月。

份制的专业会展集团,打造河南会展业的龙头,这为会展业发展开了个好头。其实我国的会展企业联合之路早在十多年前就已经开始,2001年成立的上海新国际博览中心就是由德国三大展览公司与上海浦东土地发展局合资组建的,股份制的融资方式不但有利于吸引各方资金,更重要的是能为集团带来许多展会,对会展业迅速发展能够起到一种催化剂的作用。组建会展集团,适应市场化发展需要,代表了会展业发展方向,对河南会展业的快速发展将发挥积极促进作用。

(三)发挥区位优势,积极寻求省际、国际合作

河南地处中原,"东联西进、贯通全球、构建枢纽"的计划贯彻实施后,将成为我国连通境内外、辐射东中西的物流枢纽。河南要利用这个无可替代的区位优势,积极发展与周边省区的合作,打造中部会展带,同时还要积极实现与其他省份和境外的合作,丰富展会的内容,增强企业的活力,培育稳定的客户源,拓展更广阔的市场空间。其实早在2012年1月,豫鄂晋三省会展业商会已基于对国内会展产业竞争形势的充分认知和"抱团发展"对各方资源产生的放大效应达成了根本性共识,认为应以三省乃至中部地区的共同利益最大化为核心价值组建中部会展城市联盟。联盟成立后要定位于"区域性、经济性、联络性",形成中部一家办展,多家招商招展,组团参展的局面,以有利于使一些特色展会品牌实现跨区域运作,提高区域会展经济效益,提升各省展会的档次和水平,将利益矛盾转变为长久共赢。[①] 目前,中部六省已经连续举办了九届中国中部投资贸易博览会,可以说建立中部会展经济产业带的条件基本成熟,能够预见跨区域的省际联合和合作不仅能够提升整个中部会展产业在全国的战略地位,还能够有效推动行业资源的流通和优化整合,加快自主创新和培育发展特色品牌步伐,壮大中部会展业的发展优势。此外,河南还要依托航空港建设,加强与国外和国内其他省市

---

① 参见《业内建议成立中部会展城市联盟 今年郑州全年计划举办展会155个》,河南文化产业网,2012年1月7日;杨霄《"中部会展城市联盟"胎动》,《大河报》2012年1月12日。

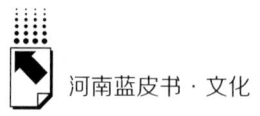

的合作，提升办展层次，将会展业作为经济发展的突破口，让会展经济成长为河南现代服务业乃至整个省区经济的重要增长点，为郑州打造国际商都发挥应有的推动作用。

（四）加快信息交流平台建设，重视"互联网+会展"模式

随着移动通信系统（UMTS）、无线局域网（WLAN）等移动通讯和网络科技的发展以及电子技术在商务活动中的广泛运用等，现代科技不仅丰富了展会内容，也增添了信息交流和展示的平台。对于办展方而言，随着信息化的发展，各种展会信息通过不同渠道拓展开来，谁能在最快的时间掌握更多的渠道发布展会信息，谁就能获得发展先机，获得更大的利益；对于客户而言，各种移动应用终端的应用也方便了他们在最短的时间内了解商品市场以及同类产品的综合数据，通过不同方式的比较，消费更趋理智。在经济全球化、信息飞速传递的今天，会展交流日益趋于大众化、多元化，尤其是随着"互联网+会展"的普及，新媒体大有取代传统展会之势。互联网线上展会，不受场地的限制，也与承办公司背景关系不大，不少规模较小的企业也能够加入进来，这在加剧会展主体之间竞争的同时也为许多起步较晚、整体实力不强的企业带来了发展机遇。面对信息新技术的应用和会展科技资本的融合，河南应该把握大好时机，及时把"互联网+展会"理念引入展览和服务工作中。首先要通过建立展会微信平台、数字展览会等方式，将互联网、移动金融、云计算、大数据融合进去，既要帮助生产商推介产品，也要方便客户网上查询、比较、购买和支付。其次要为展会的承办商、参会企业和个人以及消费客户建立信用评价体制，规范网上会展秩序，形成良性的线上线下互动。此外还要积极鼓励展会和传统媒体与网络媒体的合作。一般来说，线下的展会持续时间不会太长，但是通过网络形式加工后却可以将线下展会的时间延伸，而这一加工的推手就是媒体，媒体对展会的宣传和推介从某种程度上来说是对展会本身的深加工，深加工后的展会在时间上可以无限期地延长，永不落幕的展会在不久的未来将不再是幻想。

参考文献

［1］卫绍生：《河南会展业发展态势与展望》，《河南文化发展报告（2013）》，社会科学文献出版社，2013。
［2］徐春燕：《2013年河南会展业发展态势分析》，《河南文化发展报告（2014）》，社会科学文献出版社，2014。
［3］李玉瑞、柳青：《会展业发展现状及对策探讨》，《河南商务发展报告（2015）》，社会科学文献出版社，2015。
［4］徐春燕：《2014年河南会展业发展态势分析》，《河南文化发展报告（2015）》，社会科学文献出版社，2015。
［5］郭牧：《中国会展业发展年度报告2011》，中国商务出版社，2011。
［6］赵振杰：《〈河南省促进会展业发展暂行办法〉解读》，《河南日报》2014年10月14日。

B.12
2016年河南动漫产业发展报告

李孟舜*

摘　要：　河南动漫业在"十二五"时期，经过调结构，重质量，扶持精品项目，打造"动漫产业高速路网"，拓展产业多元融合发展模式，在中西部省份已经居于领先地位，稳居中国动漫产业第二方阵。但河南动漫业仍存在着产业转型缓慢、集聚方式单一、创新能力不足、品牌打造不力、市场意识不强、人才发展滞后等问题。建议河南动漫业应以产业转型促产业融合，以创意创新促行业协作，以品牌培育促资源挖掘，以市场导向完善政策设计，以教育创新完善人才体系。

关键词：　河南　动漫业　品牌　人才

"十二五"时期是我国动漫产业发展的重要战略时期。虽然近十年的发展使得河南动漫已经在中西部省份中暂居前列，但河南与江苏、浙江、广东、湖南、福建等传统动漫强省相比，动漫产业对整个文化产业的提升，为经济结构优化转型做出的贡献还存在较大差距。进入"十三五"以后，政府补贴的递减效应在产业发展中逐步显现，单纯追求产量的时代已经远去，动漫产业将进入内容覆盖面广、全方位创新以及多元业态融合发展的动漫2.0时代。应该看到这一现状背后河南动漫产业转型升级的努力

---

* 李孟舜，河南省社会科学院中原文化研究杂志社副研究员、文学博士，主要从事台湾文学与文化研究。

与艰难，只有理性回归动漫产业的本质，才能实现河南动漫产业真正的腾飞。

一 河南动漫产业发展现状分析

（一）产业结构深度调整，产品质量稳中有升

根据新闻出版广电总局于2016年5月发布的《关于2015年度全国电视动画片制作发行情况的通告》，2015年全国制作完成的国产电视动画片共275部，总计138273分钟，比2014年度减少了306分钟，下降了0.2%。其中2015年度河南的动画片创作生产数量为4537分钟，虽然比高峰期的2011年下降超过50%，但较之2014年的4818分钟，小幅下降了5.8%。这一数据也从侧面反映了动漫产业在经历了产量"断崖式下降"后，产业转型升级的效果在2015年度逐渐显现，并呈现出较为平稳的发展态势。

与产量下降趋势形成鲜明对比的是，国产电视动画产品的质量近年来稳步提升，无论是版权收入还是品牌价值都有显著的增加。2015年中国全年创作生产的686部故事影片中，动画影片有51部。其中有三部国产动画电影的票房突破亿元大关，分别是《西游记之大圣归来》（9.52亿元）、《熊出没之雪岭熊风》（2.95亿元）和《十万个冷笑话》（1.19亿元）。这一现象释放出一个相当明确的信号：产量、规模已经无法支撑中国动画产业持续健康发展，而行业发展的战略调整正在持续走向深入，未来一段时期以内容、精品和品牌打造为核心的战略要素将引导动画产业的长远发展。

2015年11月，《兔子镇的火狐狸》正式登陆全国院线，这部3D动画电影由郑州约克动漫制作发行。一方面，《兔子镇的火狐狸》是河南省首部全国排片的动画电影，它的上映反映了河南动漫电影试水院线市场的第一步。另一方面，此举也标志着约克动漫从一家以信息技术为主的公司全面转型为以动漫为主的综合性企业。2016年，河南今古融文化传媒有限公司制作推出了30集大型真人动漫剧《智慧小玄奘》，该剧深度挖掘中原文化底蕴，

搜集整合洛阳等地的文史资料和民间传说中关于玄奘法师小时候在出生地的精彩玄妙的智慧故事，充分体现出中华传统文化精粹的内涵。由于该剧高度契合国家"一带一路"发展文化战略，以动画、系列绘本、手游开发、玩偶、文化教育、休闲体验等为产业链条，边际效益明显。

（二）企业从数量规模向质量效益转型

2008年，郑州市的动漫企业数量只有8家。当时河南动漫在国内动漫产业中处于相对滞后的位置。2008~2012年，河南动漫企业数量呈现井喷式增长。2008年底，郑州市出台了扶持动漫发展的意见后，2009年就达到28家，到2013年底达到98家，动漫企业的数量占全省的95%。然而到2015年，不但郑州市动漫企业下降到75家，与此同时，取得发行播出权的动漫作品数量也开始呈现断崖式的下降，2014年仅为5026分钟，比2012年的8995分钟减少了3969分钟，下降幅度达44.12%。

值得注意的是，企业数量与产品数量的下降，并不是产业衰退的表现，恰恰是产业向持续健康的方向深入调整的信号。与企业总体数量下降相比，骨干企业却呈现稳中有升的良好发展态势。动漫龙头企业是改善行业小、散、弱发展局面的有效方式，有助于逐步淘汰随政策风向一拥而上、过度依赖政策扶持的企业，有利于扶持资金真正能够为有发展前景的动漫行业"补血"，而动漫骨干企业的发展壮大也充分说明河南动漫产业向商业化与国际化迈进的步伐更加沉稳坚定。

（三）打造"动漫产业高速路网"，拓展多元发展模式

在打造"动漫高速路网"的号召下，河南动漫产业不断完善产业链，已经取得了一定的成绩。"动漫高速路网"是一个有助于促进动漫产业健康发展的科学框架，它的建立能够促进行业按照产业链的要求逐步细化，不但能够实现产业链各个环节的资源整合与优化配置，而且能够通过资源整合逐渐凸显出不同企业在产业链上所能发挥得比较优势，进而弥补短板和不足。

从产业整体发展阶段来看，河南省动漫授权在国内产业发展中占据相对

优势，如小樱桃、约克动漫、二兔等骨干企业已经在动漫授权市场上拥有了自己的话语权。发展势头良好的河南动漫企业，近年来已经在制作发行环节之外，将越来越多的资源投入到拓展产品的接受度以及衍生品的市场开发上。目前，许多骨干企业不断探索拓展多元的发展模式，逐步提升资源优化和经营能力，致力于向平台型动漫企业发展，为互联网时代的"动漫生态系统"作准备。

（四）政策扶持向重点、精品项目倾斜

政策的支持与引导很大程度上影响着动漫产业的发展方向，河南省财政厅2014年7月出台的《河南省新型文化业态发展专项资金管理使用办法》，明确指出：在原扶持动漫产业发展专项资金的基础上，省财政扩大专项资金规模和支持范围，2014~2018年设立新型文化业态发展专项资金，其中"动漫游戏及软件设计"是重点扶持的四种新型文化业态之一。2016年10月26日，由河南省文化厅主办，郑州市文广新局、深圳证券信息有限公司、郑州文化产业投资基金管理公司承办的2016年河南中小文化企业投融资路演暨项目推介活动在郑州成功举行。活动为中小文化企业与投资机构对接、交流、合作搭建了桥梁，降低了投融资双方项目搜寻和对接的成本，推动优秀企业和项目成功融资。这是河南省首次举办专门针对中小文化企业的投融资路演活动，对于推动文化与资本对接，具有重要示范意义。

（五）产业融合特征凸显，技术发展助力升级

移动通信技术的快速发展，使得动漫产业的发展能够突破传统的产业边界，与信息技术高度融合发展，形成日趋多元的新兴业态。动漫已经成为国内各大视频网站继电视剧、电影和综艺节目之后的第四大内容板块，目前已经诞生了A站、B站、酷米网、淘米视频、百田卡通等一批垂直动画视频网站，采购大量国内外正版动漫内容向广大网民进行分发传播。[1] 视频网站借

---

[1] 参见卢斌、郑玉明、牛兴侦《跨界融合：中国动漫产业提升之路》，《中国文化报》2014年7月30日。

助数字产品极低的复制成本和互联网络极低的传播成本,正在取代传统电视频道成为动画内容产品集成分发的首要媒体,新一代动画传播媒体的数字化、网络化、移动化、社交化和融合化特征日趋凸显。①

2015年以后,AR(增强现实技术)和VR(虚拟现实技术)的飞速发展将对动漫业带来根本性的变化。第一,变革了动漫作品的体验方式,动漫创作者可以利用VR技术还原一个更加"真实"的全方位动漫世界,让观众多角度、多层次进行欣赏。第二,创作方式将发生革新,VR技术会改变传统动漫作品的视听观念,而观众的关注内容也会因为技术的革新而促使动漫创作者更快速地更新创作观念。第三,VR技术将改变动漫产品与观众之间的信息传递方式,目前动漫与游戏之间存在的一些界限有可能通过互动形成的观众身份逐渐消解,最终娱乐体验内容将是介于虚拟与真实世界之间的不断变化的形态。

产业发展离不开人才的支撑。2016年4月8日,河南省首个虚拟现实人才培养基地在郑州科技学院落成。郑州科技学院与云和数据信息技术有限公司,将在技术推广、人才培养、产品研发、后续认证等领域开展合作,发挥各自的技术优势和人才优势,搭建全真的企业环境实践教学、实习平台;同时承担高素质虚拟现实技术人才的培养和虚拟现实技术研发等任务,培养一批了解并掌握虚拟现实技术的应用型人才和师资。2016年9月,河南眼见科技公司和北京乐客灵境科技有限公司联合打造的"河南省首家综合性VR虚拟现实主题乐园"落户郑州二七万达。

二 河南动漫产业发展过程中存在的问题

毋庸置疑,河南动漫产业近年来取得的发展成绩是巨大的,但不可否认产业飞速发展的过程中不可避免地会出现一些有待解决的问题。动漫行

---

① 宋忠春:《新媒体时代下商业动画广告的艺术价值研究》,《现代装饰》(理论)2015年11月15日。

业的发展速度有目共睹，但是如何能够成为新的经济增长点依然任重道远。

(一)发展路径较为单一，产业转型步伐缓慢

河南动漫产业具备了一定的产业格局，但包括动漫在内的文化产业增加值占全省GDP的比重，2011年仅有2.26%，2012年仅占2.46%，文化产业增加值规模较小。漫画刊物和电视动画是河南动漫的两个传统优势项目，在整个动漫产业中占比较大，而在动画长片的制作生产以及新媒体动漫产品等方面存在较为明显的滞后现象。"两头小中间大"的产业发展格局一直困扰着河南动漫产业的转型步伐，制作环节往往投入了过高的人力物力，但对于创意生产、品牌打造、衍生品环节则重视度不够。深究这些现象背后的原因，则是不少动漫企业采取的是粗放型经营方式，向融高科技、高附加值、高效益于一体的动漫产业转型缓慢。

随着中国电影市场日趋成熟，越来越多的国产动画电影走上系列化和品牌化发展的道路。2015年暑期档上映的《大圣归来》已经成为年度"现象级"动画电影，该片努力探求国产动画电影中不同于欧美和日本动画的情感表达方式和美学风格，对中国传统文化经典充满敬意，对于国产动画电影发展具有不可忽视的里程碑意义。《中国动画电影发展报告（2015）》中显示，2015年进入中国城市主流院线和影院上映的动画电影有57部，共产出票房超44.08亿元，票房较上年增长了45%，其中国产动画电影有43部，总票房超过20.54亿元。据统计，2014年河南在全国各省中排名第10位，年度票房约9亿元。郑州以26个影院共178块银幕数收获约4.6亿元票房，在2014年一、二线城市排名中位列第13位，已超越大连、长沙、长春、济南等传统票仓城市。

(二)集聚方式单一，发展模式粗放

动漫产业基地是目前河南动漫产业采用的主要集聚方式，也是国内大部分省份发展动漫产业的主要形式。动漫基地这一方式虽然能够在短时间内以

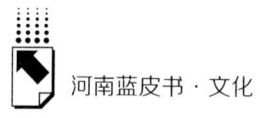

政策扶持为引导快速集聚产业链上的各个生产要素,但集聚方式颇为单一。而河南的动漫企业,大多集中在国家动漫发展基地(河南基地)和郑州市动漫发展基地,其他一些地方零零星星不成规模。企业虽然形式上集中在一起了,但在如何利用动漫基地构建和完善专业化分工,如何有效地利用政府政策扶持与企业区位选择进行良好互动,以及在更深入的层面上将主流价值观、地域特色文化嵌入社会经济发展等方面都欠缺科学和综合的考量。

动漫基地的集聚方式也存在一些不得不重视的隐患。以河南动漫产业为例,目前在国内有知名度和市场竞争力的动漫企业只有少部分是本土企业,而绝大多数只不过是其他省份大型动漫企业的"河南分号"。在市场规律的引导下,这些动漫企业会适时而动,根据不同地区文化产业政策的优惠程度而选择驻地,当政策扶持的吸引力下降或者当地市场环境不利于企业发展,这些企业也会因势利导,携带其技术主力另寻出路。粗放型的发展模式也导致了许多地方政府热衷于只看产量不问产值,并不关心当地社会经济环境是否真正适合发展动漫产业。前些年,全省的动漫产业园遍地开花,其中有些动漫基地如信阳志高动漫产业园、洛阳伊川"动漫之都"产业园的"烂尾"现象不能不引起我们的警醒和反思。

(三)创新能力不足,资源发掘不深

创新意识不足表现在动漫产业的诸多方面,但归根结底仍是"内容"与"技术"创新不够。动漫产业在向集约化和规模化迈进的同时,不能丢掉"讲好一个故事"的初心。然而,纵观近年来河南动漫产业发展的实际情况,上述文化资源并没有得到充分发掘,尤其是那些具有世界性影响的文化资源,如老子、庄子、诗圣杜甫、韩愈以及起源于中原的三皇五帝传说、功夫文化、汉字沿革,等等,不知是出于敬畏还是其他原因,很少有动漫产业主动涉足。

创意对于动漫产业发展至关重要,但是河南动漫产业不论是在内容创新、形式创新还是技术创新等方面,都表现出能力不足的问题。在内容创新

方面，对创作题材的理解不深、提炼不够、挖掘不足的现象比较普遍，这必然导致内容创新难以实现。一些动漫作品虽然吸纳了历史文化元素，但仅仅局限于历史典故、传说故事的动画表现，在形式创新方面因循守旧，很难给人新鲜感。在技术创新方面，现代科技与网络传媒的发展使动漫产业与高科技的融合成为可能，但是，河南的许多动漫企业仅仅满足于传统的动画制作，而对3D动画、手机动画、网络动画很少涉足，技术创新能力明显不足。

（四）品牌发掘不深，营销策略盲目

提及河南动漫具有代表性的品牌，除"小樱桃"之外具有河南本土特征的动漫品牌屈指可数。小樱桃的品牌价值不可否认，但是如果一个文化大省的动漫产业仅仅依靠一两个动漫品牌，而无法形成一个品牌矩阵，那么在以动漫品牌作为行业重要支撑的动漫产业发展道路上将会埋下诸多隐患。原创动漫品牌是动漫产业的核心竞争力，动漫产业以知识产权重复开发和授权获得增加利益的发展规律决定了品牌授权是动漫产业重要的营利模式之一。河南之所以是一个动漫大省，而不是动漫强省，就是缺少国内外认可的代表作品或者是经典之作。品牌培育征途漫漫。

尽管早在2011年河南动漫产业就取得了动画片制作数量超过1万分钟的成绩，但不可否认的是，八成以上的原创动漫企业不但不能从中盈利，反而只能在亏损的泥潭中越陷越深，一些动漫企业仅靠政府的政策性补贴或资助来生存。造成这种现象的原因之一，是不少动漫企业有产品而无品牌，生产出来的产品无市场，不仅无法通过动漫品牌进行衍生品开发，甚至连播出都是问题。

缺少知名动漫品牌，就难以形成市场竞争力，难以在业界取得话语权。这一现状与河南文化大省的地位并不相称。因此，维护原有品牌的品牌价值，根据品牌特点量身定做营销推广策略，同时致力于拓展动漫形象，形成新的动漫品牌，由点及面打造中原动漫品牌矩阵，乃是河南动漫界的当务之急。

（五）市场意识不强，政策依赖过多

河南动漫作品多，产量高，以生产总量而论，多年来一直居于全国第一方阵之中。但动漫产业创造的经济价值却不能与产量成正比。究其原因是动漫产业链条上的各环节协作不强，缺乏资源整合能力，无法有效地对接文化创意、市场发行、产品营销和衍生品开发。河南动漫产业市场意识不强主要表现在创作观念落后，市场化机制不完善以及版权保护不够。

2015年第一季度中国动漫指数显示，在2015年第一季度观看TOP50作品的用户年龄层分布中，25～30岁区间的观众占比最多，他们同时也是新媒体平台观看国产动画的主要人群。但是与这一数据形成鲜明对比的是，河南动漫产品的定位大多是以少年儿童为主，动漫题材偏重于少儿教育，表现的思想观念却比较传统，甚至较为陈旧，与现代观众对动漫内容的需求有很大差距，与市场需求脱节。

"筑巢引凤"式的政策扶持和吸引动画项目投资及各种形式的对动画项目的直接补贴，虽然在短时间内激发动漫产业的产量迅速增加，但同时产生的一个不良结果就是动漫产业的产值与产量不能形成正比。政府的政策扶持本意是支持动漫企业的发展，但一些动漫企业离开了政府的资助、补贴和奖励，几乎无法正常运转。这些企业并没有真正经过市场的考验，因此它们投入制作的一些动漫产品，受众范围非常有限，只能利用地方政府在宣传等方面的需要，生产"定制"产品。因为无法适应市场竞争，这些动漫产品甚至无法算作严格意义上的动漫产品。

（六）人才培养模式滞后

人才是动漫产业发展的核心竞争力。中国动漫产业的飞速发展离不开无数动漫从业者的辛勤与汗水。全国各地高等院校和职业培训机构也针对产业的快速发展设置了相关的院系和专业。但是，任何专业的发展并不是一蹴而就的，不仅需要时间的积累，也需要不断根据市场的发展变化进行相应的调整。在动漫产业快速发展的同时，我们注意到一个严峻的数据是，教育部公布的2013~2014年就业率较低的15个本科专业中就包括了动画专业。这一现象说明人才培养与人才需求之间的错位仍然相当严重。

互联网、大数据、微信等共同塑造着这个时代的全新表情，因此我们已经不能仅仅从产业链等某一个单一环节来考虑人才培育问题，更不能将人才用"应用型""技术型"等分类进行生硬的划分，而应该考虑到人才的培育与流动会随着经济发展方式的转型呈现出更加多元的特征。

三 河南动漫产业健康发展的对策建议

（一）以产业融合加速推进产业转型

众所周知，文化产业由于其巨大的发展潜力，能够有效地转变经济增长方式，使产业结构日趋优化。只有从规划的整体性、布局的合理性以及要素调配的协同性等方面入手，才能使产业链真正成熟，进而实现产品运作的成功。只有打造一条包括图书出版发行，动画片制作生产，电视台、电影院和网络平台在内的播出放映，以及动漫版权授权、衍生品开发等环节在内的成熟的产业链，才能实现人才、技术、资金等生产要素的高效运作，从而在根本上提升产业竞争力。

完善动漫产业链，需要强化产业链各个环节的耦合度。在注重市场调研，准确定位产品开发的同时，要充分利用新的传播渠道与宣传平台，增强品牌影响力。在全媒介渗透生活方方面面的微时代，动漫产业也呈现出前所未有的发展变化。首先是受益于跨媒介的发展，产业空间得到极大延伸。日趋多元的传播方式，使得中国动漫的后发性优势成为可能。视觉文化的全面崛起、全球化市场带来的机遇，以及新的动画技术的迅速普及让我们有可能实现对动漫发达国家长期积累的品牌与技术壁垒的"弯道超车"。大数据时代的来临使得动漫产品的精准营销成为可能，爱奇艺每年数次发布的《中国动漫指数报告》，就是利用了网络平台的用户行为所产生的大数据，不但正在引导未来动漫作品的创作观念，也为动漫产品的精准推送、精细运营提供了有力支撑。

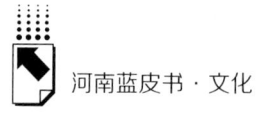

（二）加大创新力度，加强行业协作

河南动漫产业首先要善于从中原文化中汲取丰富营养，注重内容创新，通过文化创意形成当代观众喜闻乐见的各类故事。其次，要在艺术形式上大胆创新，尤其是要借助现代科技，在表达方式和表现手法上进行创新，让动漫产品真正给人眼前一亮、不落俗套之感。此外，在产品营销和市场传播上，应善于利用新媒体和市场中介组织，创新传播手段，争取获得更大的社会效益和经济效益。

"大动漫产业观"要求动漫产业应该从整体规划、产业布局、协调配合等方面，充分实现资源共享、信息共享、市场共享，最大限度地开源节流，提高动漫产业的整体效益，构建成完整的循环体系，逐渐形成有机互动的"动漫生态系统"。

2015年第一季度《中国动漫指数报告》显示，在2015年第一季度中国动漫指数榜中，新媒体动漫共有11部①。2015年第一季度动漫百度检索量TOP4分别为《我叫白小飞》《中国惊奇先生》《秦时明月之君临天下》《熊出没》，其中前三部均为新媒体动漫，这一数据说明新媒体动漫已开始全面发力，在动漫产业中占据了越来越重要的位置。新媒体动漫的迅速发展不仅关乎动漫市场格局的变化，也将成为中国动漫走向世界的突破口。传统动漫产业在新媒体蓬勃发展之下将经历一场新的"产业革命"。

（三）强化品牌培育，发掘资源内涵

要把动漫品牌培育作为一项系统工程来抓，从产品创意构思的环节开始，就要充分重视市场调研，要依据市场需求制定相应的策划方案；从产品

---

① "中国动漫综合指数"是在中华人民共和国文化部产业司的指导下，由中国传媒大学动画与数字艺术学院和爱奇艺动漫频道联合建立的"中国动漫行业综合评价体系"中，专门针对中国动漫行业的综合评价体系。"中国动漫综合指数"针对我国动漫作品进行分类抽样，通过市场数据分析与作品质量的评价，客观地反映当前中国动漫的社会价值及艺术价值，即作品的综合实力。

的市场营销环节入手，围绕品牌的核心理念和价值中枢，依据不同媒介的宣传特点，进行精准的宣传推介和市场营销；强化衍生品开发在品牌培育中的重要作用，不断提升动漫品牌的延伸能力，开拓创新传播渠道，通过衍生品开发销售使动漫品牌持续增值。

讲好中原故事，提升文化自信。2015年第一季度《中国动漫指数报告》显示，国产动漫检索量占比68%，远超欧美和日本动漫，这充分说明国产动漫的质量和水平正在稳步提升，越来越受到不同年龄层人群的关注。在国产动漫飞速发展的今天，河南动漫产业应该看到困境背后的生机。2017年1月，中共中央办公厅、国务院办公厅印发了《关于实施中华优秀传统文化传承发展工程的意见》（以下简称《意见》），该《意见》中强调："实施中国经典民间故事动漫创作工程、中华文化电视传播工程，组织创作生产一批传承中华文化基因、具有大众亲和力的动画片、纪录片和节目栏目。"在这一重大历史机遇面前，河南动漫要充分发挥文化传承创新中的重要作用，探索中华优秀传统文化的现代表达，力求将求同存异、和而不同的处世方法，文以载道、以文化人的教化思想，形神兼备、情景交融的美学追求，俭约自守、中和泰和的生活理念等通过综合性的艺术形式加以表现，创作出更多更好的有利于促进社会和谐、鼓励人们向上向善的动漫产品。

（四）直面市场挑战，完善政策体系

动漫企业应重点突出，从产业链各个环节制定相应计划，发挥市场配置资源的决定性作用。政府扶持动漫产业应着眼于营造良好的市场环境，逐步引导企业与市场有效接轨。只有建立良好的市场运作机制，深入了解产品受众的需求，才能避免"闭门造车"，让真正符合市场需求的优秀产品脱颖而出。

在动漫产业的政策指导方面，政府应着力引导企业优化产业结构，健全动漫产业的市场机制；发挥龙头企业的引领作用，鼓励支持骨干企业投资、参股或重组动漫企业；优化服务模式，建立科学合理的产权融资制度，为有潜力的动漫企业提供资金支持；创新人才培养模式，完善人才激励机制，强化动漫人才支撑，为动漫企业引进人才提供社会保障；建立和完善激励机制，对为动漫产业发展做出突出贡献的企业或个人予以重奖。

（五）完善人才培养模式，创新人才发展体系

动漫产业作为新兴产业，其结构方式和发展趋势变化迅速，因此动漫人才培养也应该及时把握市场导向，有针对性地进行人才结构的合理布局，不应仅仅依靠院校培养，而应采取高等教育、职业教育和社会教育等多元结合的方式，进行分阶段、多层次地灵活培养。除此之外，应该充分重视动漫产业的跨产业特征，在人才培养与引进上开拓思维。一部优秀的动漫作品，不仅需要动漫行业内部人员的积极努力，也需要来自文化艺术，甚至科学研究等各行各业人才的通力合作。一个优秀的动漫创作团队如同一个完备的产业链，其丰富的知识背景有助于动漫从业者从各界人才的交流沟通中激发无限的创意思维。

参考文献

［1］卢斌、郑玉明、牛兴侦：《动漫蓝皮书：中国动漫产业发展报告（2015）》，社会科学文献出版社，2015。
［2］牛兴侦：《转型升级加速行业分化　版权经营成重点》，《中国文化报》2015年6月15日。
［3］邹昱琴：《2014年文化产业趋势预测》，《中国出版传媒商报》2013年1月3日。
［4］邓林：《世界动漫产业发展概论》，上海交通大学出版社，2008。
［5］刘轶、张琰：《中国新时期动漫产业与动漫营销》，中国戏剧出版社，2005。
［6］约翰·霍金斯：《创意经济：如何点石成金》，上海三联书店，2006。

B.13
2016年河南网络文化产业发展态势分析

郭海荣*

摘　要： 2016年，河南网络设施建设稳步推进，跨境电子商务快速发展，网络文化产品日趋丰富，文化科技融合日益紧密，国家大数据综合试验区获批，互联网在经济社会各个领域的渗透越来越深。但对互联网文化产业认识不足、网络文化生产相对落后、缺乏龙头型文化商务网站、电子商务平台建设滞后、网络人才供应严重不足等问题仍严重制约着河南网络文化产业的发展。河南应加强培养互联网思维、制定网络优惠政策、提高网络文化产品供给能力、扶持相关产业发展、制定人才振兴计划、强化品牌培育，以实现中共河南省委十次党代会提出的建设网络经济强省的目标。

关键词： 河南　网络文化　网络经济强省

2016年，河南继续加快网络基础设施建设，加快推进光纤入户、4G网络普及，着力构建新一代信息通信基础设施，提升郑州信息集散中心和通信网络的交换枢纽地位。在此基础上，河南网络社会迅速壮大，网络建设、管理及服务能力得到有效提高，电子商务尤其是跨境电商发展迅猛，互联网和经济社会各领域融合明显加深，网络文化及文化产业也随之迅速发展，这都为河南打造网络经济强省、加快构筑全国重要的文化高地提供了有效的网络支撑。

---

* 郭海荣，河南省社会科学院文学所助理研究员，主要研究方向为中国现当代文学。

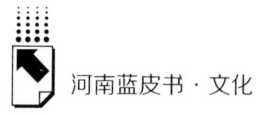

一 河南网络文化产业发展现状分析

近年来河南互联网文化产业获得飞速发展，这固然离不开国际国内互联网产业快速发展的宏观背景，而国家政策的大力扶持、中原经济区的区位优势、文化大省的资源优势、人口大省的人力资源优势和市场优势等更为河南互联网文化产业的快速发展奠定了坚实的基础，提供了发展的先决条件。

（一）网络基础设施建设稳步推进

近年来，河南互联网基础设施建设始终在稳步推进，尤其是近年来围绕中原经济区建设的战略部署，致力于宽带中原、智慧中原、中部信息基地等网络基础设施建设，加快产业结构战略性调整，大力推进云计算、大数据、物联网、移动互联网等战略性新兴产业发展，着力提升信息通信能力，打造郑州信息集散中心和通信网络交换枢纽地位，网络设施得到有效改善，网络技术水平得到有效提升，网络建设、管理及服务能力大大改善。基础设施建设的升级和改进极大地吸引了人们的消费意愿，网络用户数增幅明显，各领域信息化应用逐步深化，促进文化信息消费明显增加，互联网文化产业发展空间明显提高。

2016年河南省通信业经济运行依旧比较平稳，网络基础设施建设稳步推进，20M以上光纤宽带用户发展迅速，以4G为代表的移动互联网成为主流，电信用户规模实现稳步增长，为"宽带中原"建设提供了有力的保障。全省通信业完成固定资产投资增速放缓，截至2016年9月，共投资111.2亿元，居全国第6位，全省通信业完成固定资产投资111.2亿元，同比增长26.2%，增速排名全国第3位。光缆线路长度达到148.8万公里，同比增长26.2%，全国排名第6位。移动电话基站新增4万个，达到28.9万个，同比增长28.8%，其中，3G基站总数为6.2万个，4G基站达到2.9万个。互联网宽带接入端口新增216万个，总数达到1962.1万个，同比增长17.4%，居全国第7位。其中20M以上光纤宽带新接入用户占比为88.8%，居全国第2位，高出全国平均水平20.4个百分点。全省互联网用户新增1019.5万户，总数达到7906.9万户，排名全国第5位。其中，固定互联网用户总数达到1723.9万户，排名全国第6位。全省电话用户总数达到8865万户，排名全国第5位，移动电话用户总数达到7999.2万户，居全国第4位。移动互联网用户总数达到6183.1万户，其中4G移动电话用户新增1565.6万户，总数达到3979.4万户，分别位于全国第4位，但渗透率低于全国平均水平1.2个百分点，仅为66.1%。物联网终端用户新增272.6万户，总数达到551.2万户，同比增长111.2%，居全国第6位。IPTV用户新增191.6万户，总数236.7万户，位列全国第10。固定互联网宽带接入时长为2.4万亿分钟，较上一年增长1.6%；移动互联网接入流量为28000万G，较上一年增长110.8%，排名分别为全国第6位、第5位。

表1 2016年互联网宽带接入用户情况

分类方式	类别	用户数（万户）	占比（%）
按区域分	城市宽带接入用户	1248.1	72.4
	农村宽带接入用户	475.7	27.6
按用户性质分	家庭宽带接入用户	1448.1	84.0
	单位宽带接入用户	275.7	16.0
按接入方式分	xDSL用户	86.5	5.2
	LAN用户	82.0	4.9
	FTTH/O用户	1505.8	89.9
按接入速率分	512K–2M宽带用户	0.7	0.04
	2M~4M宽带用户	16.7	1.0
	4M~8M宽带用户	83.6	4.8
	8M~20M宽带用户	91.8	5.3
	20M以上宽带用户	1531.1	88.8

网络基础设施建设是网络文化产业发展的基石，而它的各项数据也能部分的反映一个区域网络文化产业的发展水平。从以上数据可以看出，河南网络能力持续提升，网络设施建设在全国基本处于中上等，宽带提速成效显著，网民发展速度较快。但从人均来看，河南网络还有很大发展空间。2016

年1~9月河南网民手机上网流量27538万G,居全国第4位,而手机上网用户月户均流量仅为667.1M,居全国第23位,比全国平均水平低133.4M;固定互联网宽带接入时长2.4万亿分钟,位居全国第6,但人均时长比全国平均水平低13.8个百分点。

(二)跨境电子商务成为热点

2016年,在供给侧改革、推进经济转型升级的大背景下,河南省电子商务发展环境和基础设施建设不断得到改善,企业应用快速发展,物流服务水平不断提升,网络交易额大幅攀升,已连续3年交易额增长幅度超过25%,电商产业发展呈现良好势头。2015年河南电子商务年交易额3860亿元,网络零售交易额660亿元,分别增长36.4%和52.6%。2016年仅前三季度全省电子商务交易就高达7429亿元,全国排名进入前十。与交易额相匹配的是电商企业的快速增长,河南省商务厅2016年新增认定备案电商企业2100多家,备案电商累计共有4207家,年增幅接近50%。除专业电商外,企业对电子商务的接受与应用也明显提高。2016年,全省电子商务应用企业有21.6万家,其中超过半数为中小企业,外贸企业应用电子商务的比例更高,超过70%。为推进电子商务与传统经济的深入融合,河南省还大力加强农村电子商务创新推进,目前共有21个国家级电子商务进农村综合示范县(市)和2个省级电子商务进农村综合示范县(市),已建成县级电商运营服务中心16个、镇级服务站233个、村级服务点3700多个,培训人员近18万人,开设网店1.8万多个,农村电商从业人员6万多人。[①]

郑州航空港经济综合试验区的建设及中欧专列的正式运行,有力地推动了河南对外经济贸易。2013年郑州市获批成为全国首批跨境贸易电子商务服务试点城市之一,河南跨境电子商务开始迅速发展,运营不到一年,就已经直通世界3个城市,年贸易量达到130多亿元,在全国六个试点城市中名列前茅。2016年国务院批复建设中国(郑州)跨境电子商务综合试验区,

---

① http://www.henan.gov.cn/jrhn/system/2016/11/07/010680602.shtml.

河南跨境电商发展更为迅猛，前三季度跨境电商进出口额接近百亿美元，比2015年全年进出口额20亿美元增长近500%。2016年7月底前，跨境电子商务企业备案200家、商品备案47364种，出区包裹2491.49万个，直邮进境商品15.62万件，出区包裹数居全国十三个综合试验区首位[1]。为有效推进跨境电子商务发展，河南省人民政府和郑州市人民政府先后印发了《河南省人民政府关于印发中国（郑州）跨境电子商务综合试验区建设实施方案的通知》（豫政〔2016〕28号）和《郑州市人民政府关于加快推进跨境贸易电子商务发展的意见》（郑政〔2015〕9号），力争把郑州打造成为"总量规模全国前列、服务政策全国最优、产业链支撑全国最强"的跨境贸易电子商务发展高地[2]。这些规划必将对河南电子商务的未来发展产生十分积极的影响。

（三）网络文化产品渐趋丰富

随着网络技术的完善和网络服务水平的提高，网络文化产品的提供渐趋丰富多元。在文化产业方面，网络游戏、网络文学、网络动漫、网络影视、网络音乐、网络广告、网络营销等产业迅速崛起，网络文化产品的供给量明显增多。以网络游戏为例，2009年中国网络游戏市场规模为258亿元，2015年升至1361.8亿元，其中移动游戏收入约416亿元。而在网络文学方面，2014年网络文学收入规模突破50亿元，2015年收入突破70亿元，2016年收入预计突破90亿元。此外，在网络新型技术的影响下，"内容+终端"模式逐步形成，并形成从阅读、音乐、影视、游戏等相对传统网络文化产业发展到教育、养生、交通、生活百科等无所不包的全方位、立体式的文化产品形态。这些应用方便了人们日常生活中与文化有关的方方面面，给百姓生活带来极大便利。在全国网络文化大发展的背景下，河南网络文化产业也出现大的提升，产品数量的增多和种类的增加使相关产业收入实现跨

---

[1] http://www.henan.gov.cn/jrhn/system/2016/08/24/010666566.shtml.
[2] 《郑州市人民政府关于加快推进跨境贸易电子商务发展的意见》（郑政〔2015〕9号）。

越式发展,产业化进程的加速又同样促进了文化产品数量和质量的提升。2016年随着4G移动网络的进一步普及,移动媒体得到迅速发展,手机网络已经成为年轻网民的第一选择,并在短短几年内迅速成长为中国增长最快和使用人数最多的网络终端。移动互联网的普及加速了传统内容产业的转型和产业间的跨界融合,河南广播电视等主流媒体积极向互联网、移动终端等新兴传播领域延伸。河南广播电台全力触网,打造河南省重点新闻网站映象网,推出新闻、财经、娱乐、汽车、女性、社区、教育、读书、旅游等十多个资讯频道,建成以新闻资讯为主,以电子商务平台、SNS社区为辅,同时兼顾其他的音视频网站,日均点击率突破70万、日产IP地址访问超过30万。① 2013年底河南手机台也开发完成,得到社会各界的高度评价。移动多媒体广播电视和流媒体手机广播电视事业发展进一步深化,2014年底累计订购用户157.4万,在网用户42.5万,全国排名第二。② 2016年1月正式改版上线,使受众可以随时通过电脑、手机等各类网络终端收听在线直播节目、浏览图文和视频。近年来,中原出版传媒集团加速向数字化出版迈进,大力实施内容资源数字化,自2013年开始数字加工中心年加工文字20亿字、图片100余万张;积极推进内容资源数字出版,集团版MPR出版物陆续出版发行,不断丰富产品内容及其延伸,形成多媒体宣传互动、产品多角度立体开发的出版格局;努力实现印刷产业数字化转型,引进数字印刷系统,进行全方位、全天候、个性化按需印刷;强力推进发行平台网络化,加速云书网电子商务平台的建设,推进发行工作的立体化、交互式营销。河南目前正在着力打造网络文化产业的规模化、集约化、专业化水平,不断推出具有中原气派、中原风格的网络文化品牌和产品,网络文化产品的社会影响力和市场占有率不断提高,极大地丰富了人们的文化消费范围,提升了人们的消费品质。

---

① http://baike.baidu.com/link?url=tBrY7M2CNtxMueMlkLF12PX_7ZuOPNwIw VfTuq5Cl_S4j3Zbl3X4CTpjbCKMc3Ax56BcGRvZ98xye9zhWp6VHa.

② http://henan.sina.com.cn/news/fdbb/2013-10-21/1113-101221.html.

（四）文化科技融合逐步提升

随着技术的不断提升和网络的日益普及，文化与科技的融合愈来愈成为文化产业发展新的增长点。河南不断积极推动互联网建设，采用数字、网络等高新媒体大力发展现代传播体系，推动移动多媒体广播电视、网络广播电视、现代广告传输等新兴文化业态发展，开发多终端平台的数字文化产品和服务，提升传统文化产业的优化升级，加强资源整合，实现资源的互联互通共享，推进互联网与电信、广电之间的相互融合，充分发挥各类信息网络作用，不断增强河南文化产业核心竞争力，大力优化文化新业态发展环境，以文化与科技相融合来抢占未来文化产业发展的制高点。

一是加速了传统文化产业的转型升级。以文学艺术、广播影视和新闻出版为代表的传统文化产业在以往的发展中受多重因素影响制约，在内容生产、产品形式和传播途径方面分别形成相对封闭和独立的经营模式，随着社会经济文化发展以及科技水平的不断提高，传统文化产业各自为政的单一发展模式、低水平文化产品、单线文化传播途径已经远不能适应文化市场的发展需求。为适应时代需求，河南广电集团整合旗下4家传统媒体单位和8家媒体公司，组建河南大象融媒体集团公司，这家新型集团公司于2014年10月正式成立，拥有新闻门户网站、音视频网站、手机广播、手机电视、移动多媒体广播电视、IPTV网络电视、手机报、官方微博微信、客户端等新媒体业务，目前拥有14类主流媒体业态和38个媒体传播平台，已基本形成形态丰富、品种齐全的全媒体布局。

二是催生并促进新兴文化产业升级完善。河南大力推进文化与科技融合发展，并出台相应的政策法规进行规范，大力推动传统文化产业与各新兴科技，如互联网、电子信息、数字技术等现代科技的深度融合，初步形成涵盖数字内容、文创设计、网络、新兴媒体、大数据库建设等主体领域在内的新业态文化产业体系。目前已成立云平台建设组、商务组、港区建设组，初步形成云计算和大数据技术和运营队伍。近年来河南省网络化、数字化、信息化水平迅速提高，社会信息传递、使用和消费方式明显改变。河南有线电视网络摆脱传统观念束缚，努力跳出广电本位，加快服务和商业模式创新，深入推进"三网融合"，努力实现平台与终端、技术与服务间的融合，充分利用先进科技和设备进行双向网络改造，并利用大数据进行用户行为分析，支持个性化互动业务的全面展开。数字院线发展也十分迅速，奥斯卡电影院线在全省中小城市县线影院拓展基础上，在全省91个县（市）中建有数字影院，市场覆盖率为84.2%。

手机移动网络通信的出现极大地改变了互联网产业的发展重心和发展方向，尤其是4G网络的出现，以消费者为核心的互联网产业经济地位明显确立，移动广告增长迅速，移动互联网不断向企业渗透，并开始重新定义几乎所有行业，互联网对产业的全方位提升正式开始。

二 河南省网络文化产业发展存在的主要问题

近些年，电子商务在河南省发展迅速，对文化产业有明显的促进和提升作用，对地方经济贡献日益突出。但是，这些成绩与河南超多的网民人数、庞大的网络文化市场、强大的网购实力相比，仍有很大发展空间。对互联网文化产业认识不足、网络文化生产明显落后、缺乏龙头型文化商务网站、电子商务平台建设明显滞后、文化与网络科技融合有待提高、网络人才尤其是高端人才和复合型人才的供应严重不足等问题，严重制约着河南网络文化产业的发展。

（一）互联网文化思维尚未普及

"互联网思维"是指在信息网络时代，在互联网技术背景下形成的与传统企业价值链不同的新型商业思维模式。简而言之，互联网思维就是对传统文化产业价值链的重新审视，是一种新的思维模式。各级政府部门和各文化企业如能顺势而为，适应互联网思维、利用这一新的思维模式发展提升文化产业，激活传统产业，将能极大激发河南文化产业活力。但是，目前河南还普遍存在对网络认识不清，对电子商务了解不足，对互联网文化产业运行把握不准等情况。

首先是政府相关部门对互联网文化产业的基本知识普及不均衡。河南省及各地市政府虽然都提出要大力发展电子商务和互联网文化产业，一些主管领导对电子商务比较了解，有些甚至堪称电子商务领域的专家，但同时也有很多相关工作人员对电子商务的了解比较肤浅，只知概念而不知内容，不能准确说出什么是电子商务，更不知道如何发展电子商务，甚至个别具体负责网络电子商务的部门，也不清楚如何助力电商发展。

其次是某些领导和实体企业对电商发展规律缺乏必要的了解。2010年以后，电子商务开始进入寻常百姓视野，2013年更是被称为河南的"电商元年"，全社会都在谈论电商，大多数领导和实体企业家也都通过媒体感知电商，但媒体叙述的电商故事与实际操作从事电商之间存在差距。电商是一种商业模式，有其自身的发展规律，虽然与传统行业相比它的发展速度确实要快很多，但是也要有必要的投入和较为艰难的起步阶段，需要相当的资金成本和时间成本。虽然社会开始认知并接受电子商务，但是普遍存有"揠苗助长"的想法，不能给予电商团队和部门正常的发展时间，太急于求成。另外，还有很多河南传统企业仍然对电子商务持观望态度。河南省电子商务协会通过对河南18个省辖市1957家各类企业抽样调查，结果表明只有556家开展有效电子商务应用，占比仅28.41%，远低于沿海发达省份。

最后是部分电商企业对自身发展方向较为迷茫。虽然现在电子商务这一概念在河南企业间已相当普及，但具体操作时很多企业仍不知应从何下手以及怎么下手。由于电子商务在服务理念、具体操作、投入产出等方面与传统线下业务差别明显，人员构成也明显不同。因而对传统企业而言，电子商务能不能在提高企业经营管理水平、提升业务能力、增加企业利润等方面产生显著效果是目前存在的困扰，这使河南企业大多不敢放手一搏。此外，互联网技术、平台、理念的快速变化也使很多企业止步不前。

（二）电子商务平台建设明显滞后

近年来，河南电子商务发展效果显著，但由于起步较晚，因而与国内电子商务发展先进地区相比还有不小的差距。河南电子商务目前还没有准确的官方数据，但根据阿里巴巴发布的《中国电子商务发展指数报告（2014～2015）》，河南省以规模指数16，成长指数25.72，渗透指数9.82，支撑指数8.28，电商发展指数13.37，居全国第17位。由于规模指数整体处于中等偏下水平，因而与四川、辽宁、江西、贵州一样位于第五梯队。由于阿里巴巴统计的数据主要来源于自身平台内部，并没有包括河南地方电商平台和利用其他电商平台产生的交易数据，因而这一统计结果难免有一定偏差，但也能基本反映出目前河南电子商务发展水平在我国所处的大概层级和位次。这与《河南省关于加快电子商务发展的若干意见》中所定的"到2020年，河南省电子商务战略性新兴产业地位基本确立，电子商务成为河南省社会商品和服务的主要流通方式，建成中西部区域性电子商务中心"[1] 这一目标间仍然存在较大距离，要想按时完成目标任务还有很多现实问题。

目前河南企业的电子商务之路大多仍处于起步发展阶段。传统企业的规模较小、核心产品竞争力不足，缺少有针对性和有强大推广能力的地方电子商务平台，尤其是具有全国影响力的电商平台。虽然目前河南已经有"云书网"这一大型专业互联网文化交易平台，但仅仅一个平台显然并不足以支撑巨大的市场需求和进一步发展需要。而且由于云书网建设时间较短，网站本身在内容提供、平台建设、便捷支付、物流体系中还有一些不足之处，对本地企业电子商务应用的推进与服务能力不强，仍存在较大发展空间。虽然云书网的出现可以为河南互联网企业提供一些便利，但是就整体而言，河南目前仍然缺乏大型综合性电子商务平台，外省知名网商平台仍然是河南诸多从事互联网文化产业相关企业的首选。

（三）网络人才供应严重不足

网络文化发展繁荣的核心力量在于人才。河南是人口大省，有丰富的潜在人力资源，但针对网络文化发展而言，不仅网络人才和文化人才储备不

---

[1] http://www.henan.gov.cn/zwgk/system/2014/02/10/010450182.shtml.

足,而且现有人才数量不足、结构不合理,队伍不健全,已经成为制约河南网络文化产业发展的最主要原因。

一是网络人才队伍总量少。充足的人才队伍是网络文化发展的人口基础,合理的人才结构则是网络文化繁荣的保障,尤其是网络文化产业的发展,没有充足的文化人才,网络文化企业主体不仅难以壮大,网络文化产品生产及提升更是无从谈起。从近年来河南网络文化产业机构与人员情况可以清晰地看出,河南网络文化产业核心层竞争力难以根本性提升,与从事网络文化产业人员偏少密切相关。

二是高端网络文化人才匮乏。高端网络文化人才在网络文化发展中起着核心带动作用。受体制、机构、待遇、环境等因素的制约,高端文化人才尤其是文化科技创新人才及创意人才严重不足。目前世界网络发展正处于关键节点,以IPv6为基础的新一代互联网正在快速推进,在这样能够完成技术追赶、实现弯道超车的历史机遇面前,河南相关产业明显准备不足,网络科技创新人才极度匮乏的问题显得尤其明显,只能通过技术人才引进等方式进行技术更新,这严重影响了河南网络文化产业发展的主动性。与技术人才缺乏对应的是文化创意人才同样不足,在网络文化IP热的当下,河南优质IP并不常见,在全省乃至全国有广泛影响力的文化内容创意人才更为罕见,这已经成为制约河南网络文化发展的关键性因素。

三是人才结构不够合理。合理的人才队伍结构是促进各类产业快速合理有序发展的保障。目前河南省网络人才结构依然不太合理,呈现总体数量多,高端人才少;技术人才多,文化人才少;单一型人才多,复合型人才少;一般型人才多,技术型人才少的状况。河南网络公司及部门的人员构成、学历构成、年龄构成等都很难支撑起优质文化平台和文化公司的快速发展。

四是人才培养模式滞后。随着网络文化产业的快速发展,全国各地多数高等院校、职业教育机构都开办了相关专业。目前郑州大学、河南大学、河南工业大学、河南科技大学等省内知名院校也开设了电商专业,河南几乎所有的高职高专都开设了电商专业,但是由于学习内容严重滞后、理论与实践

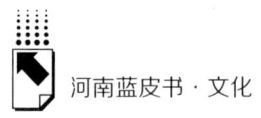

明显脱节、老师知识储备及更新不足,使得学校教育与企业真正需求无法有效对接,毕业学生动手操作能力不足,跟不上时代进步和产业发展。

三 推动河南网络文化产业快速发展的建议

"十二五"期间,伴随着中原经济区建设、郑州航空港经济综合实验区建设的快速发展,河南"国家大数据综合试验区"于2016年10月8日获批,河南网络文化产业发展迎来历史性发展机遇。《国务院关于支持河南省加快建设中原经济区的指导意见》明确提出要"加快信息网络设施建设",中共河南省第十次党代会提出要加快构筑全国重要的文化高地,建设网络经济强省,对网络经济发展提出了新的要求。河南网络文化产业优势与劣势同在,机遇与挑战并存。加快推进网络文化产业发展,既是大势所趋,也是构筑全国重要的文化高地的需要。因此,应从培养互联网思维、提高网络文化产品供给能力、加强互联网人才培育等方面入手,进一步发挥网络文化产业在中原经济区建设中的支撑作用。

(一)培养互联网思维,提供精准定位服务

在互联网时代,必须建立与之相匹配的互联网思维方式才能真正找准行业定位,推进产业发展。互联网思维,简言之是一种建立在用户至上理念基础上的商业民主化思维,其内在潜藏了用户思维、极致思维、流量思维、大数据思维、平台思维、跨界思维、媒体思维①等诸多内容。在中国整体产业提升的大背景下,培养地方政府和各类文化企业的互联网思维,使之在科技和文化的交汇点上找准定位,并凭借大数据获得精准用户和数据资源,提供能够符合市场需求的精准服务和产品,是河南网络文化企业迅速成长,快速提升产业竞争力的精神动力和智力支持。要在这种观念指引下加强网络文化服务能力,加大文化内容建设,提高技术服务水平,生产优质网络文化产

---

① http://mt.sohu.com/20151005/n422601993.shtml.

品，提高河南网络文化产业的供给能力和水平；要以丰富的中原文化资源为基础，通过网络技术和数字技术进行科学转化，生产出符合人民需求的网络文化产品。此外要以大数据为基础，加强对网民的心理需求研究，同时对客户进行精准定位，设计出符合他们审美和习惯的网络页面，并提供有明显针对性的文化内容、操作方式及广告类型，创建与品牌定位相吻合的用户体验。同时加强对已进驻知名电商企业的学习借鉴，提升本土文化企业的网络运营水平。

（二）制定人才振兴计划，加强人才队伍建设

在知识经济条件下，最终决定互联网文化产业发展的关键是人才。要真正贯彻实施《河南省高层次科技人才引进工程实施方案》及相关配套，对高层次创新人才、创业人才、服务人才、产业技术创新研发，以及成果产业化团队及创业服务团队进行重点引进，通过整体机构引进、研发平台引进、孵化创业引进、成果转化引进、研发合作引进、产业转移引进、企业并购引进、营造环境引进等多方位、立体化方式招揽人才，加强河南网络人才队伍建设。要充分借助国家和地方人才引进平台，吸引海内外高层次人才；对网络发展高端人才和急需紧缺人才要重点引进、灵活引进，在安家落户、医疗保障、子女就学、出入境等方面提供优质服务。坚持选人与用人相结合、引进与培养相结合，研究制定相关政策，探索切实可行的配套机制，吸引优秀人才和专业技术人才加盟；加强电子商务人才培养和使用，坚持以使用为导向，努力创造条件，拓展创新型科技人才事业发展空间，使其不断创造新知识、发明新技术、开拓新领域，营造优良的创新环境，充分调动人才的创新积极性。

（三）加强文化技术创新，提高网络文化产品供给能力

要加强文化技术创新，提高网络文化供给能力，首先要充分利用和积极整合现有文化资源，对图书馆、博物馆、文化馆等公共文化服务机构资源进行网络化、数字化、信息化处理，推进文化信息共享工程，提高数字图书

馆、数字博物馆的利用和影响,不断丰富文化内容、提升技术含量、提高社会影响,加强中原优秀文化的数字化、信息化传播,提高中原文化的世界影响力和产业竞争力。要通过内容创新、方法创新、形式创新等手段,提高文化产品的科技含量,提升产品附加值,在包括数字出版、网络游戏、新媒体设计等新兴文化业态领域形成新的竞争优势。要充分发挥科技引领和网络支撑优势,加强对传统产业的网络化改造提升,赋予他们新的文化品格和文化内涵,探索"互联网+"与文化的合作新模式。此外还要充分利用河南当代文化资源,引导河南文艺工作者积极参与网络文化产品的生产创作,生产出更多富于时代气息、表现时代风貌,同时为广大人民群众喜闻乐见的网络文化作品,真正提高网络文化产品的竞争力和社会影响力。

(四)强化品牌培育计划,大力发展互联网龙头企业

经过多年发展,河南网络建设水平获得明显提升,网站数量不断提高,网站规模不断扩大,网站点击率和社会影响力不断提升。但目前河南大多数网站影响力仍然局限于本地区、本行业、本部门,尚未出现有全国影响力的门户网站,网站建设及网络服务能力远远不能满足建设经济强省和文化强省的需要。因此,应从网站建设、网站品牌培育、发展壮大网络文化产业等方面,加强对互联网的支持力度,努力建设一批定位准确、特色鲜明、在全省乃至世界上有广泛影响的网站;应注重网站建设的差异化,努力形成重点新闻网站、知名商业网站、文化娱乐网站、专业门户网站全面开花的网络结构;应大力加强网站自身建设,进一步提升网站服务能力;大力实施品牌培育计划,积极培育互联网文化品牌,提高河南网络文化认知度;要充分利用现有文化品牌,增加其品牌及产品服务的网络属性,提升文化产品的市场竞争力,提高河南网络文化的社会影响力及市场竞争力;要增加现有网络文化品牌的品牌价值,通过品牌合作、品牌整合等方式提升现有网络文化品牌优势,加强品牌运作和经营,建立完善的品牌体系。继续开展"网上看河南"采风活动,在互联网上全面展示包括河南网络发展在内的新水平、新成就、新风貌;进一步提高"嵩山论剑——中国网络媒体高峰论坛""龙亭会"

"龙门会""中原网络文化高峰论坛"等网络论坛的整体质量与水平,加强与国内知名网站论坛的合作,促进网络互动环节健康发展。

参考文献

［1］《河南省人民政府关于加快电子商务发展的若干意见》(豫政〔2014〕11号)。

［2］曾静平、项仲平、詹成大、方明东:《网络文化概论》,陕西师范大学出版社,2013。

［3］《郑州市人民政府关于加快推进跨境贸易电子商务发展的意见》(郑政〔2015〕9号)。

B.14
河南文化产业园区发展研究

宋艳琴*

摘 要： 文化产业园区是河南推动文化产业集聚发展的重要抓手。河南省以国家级和省级文化产业园区为依托，采取重大项目带动的方式，推动了文化产业快速发展；但河南文化产业园区大多数还处于发展的初级阶段，成熟型、科技型和创意型园区较少，园区发展还存在不少困难和问题。应围绕构筑全国重要的文化高地发展目标，从宏观规划、项目带动、平台建设、人才和政策支撑等方面，加快推进河南文化产业园区发展。

关键词： 文化产业园 发展现状 河南

作为历史文化大省和"天地之中"，河南在文化资源和区位等方面具有得天独厚的优势，为文化产业园区发展奠定了坚实基础。近年来，一批国家级和省级文化产业示范园区（示范基地）相继建成，成为河南文化产业集聚发展、创新发展的重要载体，大大提升了河南文化产业发展的质量和效益。

一 河南文化产业园区发展的基本状况

为推动文化产业集聚发展，河南各地市都加大了对当地历史文化资源的开发力度，通过推进文化产业园区建设，引导文化产业转型发展、创新发展。

---

* 宋艳琴，河南省社会科学院哲学与宗教研究所副研究员，研究方向为文化产业。

从基本数据来看，2015年河南文化产业法人单位实现增加值1111.87亿元，占全省GDP的比重达到3%；全省规模以上文化及相关产业企业个数达2718家，数量居全国第7位，中部六省第1位；吸纳就业人员45.86万人，居全国第7位，中部六省第2位。文化产业正在成为河南国民经济新的增长点。

河南目前已建和在建的文化产业园区或示范基地数量可观，其中省市两级重点建设的文化产业园区约60个左右（见表1）。

表1 河南省文化产业园区发展情况统计（60家）*

所属地市	园区名称
郑州	郑州华强文化科技产业基地、河南石佛艺术公社、国家动漫产业发展（河南）基地、嵩山文化产业园区、新郑黄帝故里文化产业园区、郑州动漫产业基地、金水文化创意园、"快乐星球"产业园区、河南巩义嵩顶文化旅游基地、郑州国际文化创意产业园
开封	开封宋都古城文化产业园区、朱仙镇国家生态旅游文化示范区
洛阳	龙门石窟世界文化遗产园区、平乐农民牡丹画文化创意产业园区
安阳	殷墟国家考古遗址公园、汤阴县文化产业园
焦作	焦作云台山旅游发展有限公司、温县陈家沟太极拳文化产业园区
濮阳	中国濮阳国际杂技文化产业园、濮阳市东北庄杂技文化园区
许昌	三国文化产业园、神垕镇钧瓷文化创意产业园、中原花木生态旅游博览园
漯河	源汇区开源文化产业园区、郾城区阳光文化产业园、召陵区许慎文化产业园、舞阳县文化产业园
三门峡	灵宝函谷关老子文化产业园、渑池仰韶文化产业园、三门峡湖滨区虢国文化产业园、三门峡湖滨区南山文化产业园
南阳	镇平县玉文化产业园区、社旗县赊店商埠文化产业示范园区、卧龙岗文化旅游产业集聚区
商丘	民权王公庄画虎文化产业园区、商丘古城文化产业园区、商丘黄河故道生态文化旅游产业园区、永城市芒砀山汉文化旅游产业园
信阳	红色文化产业园、豫南生态休闲区、大别山民俗风情区、鸡公山动漫文化科技产业园
周口	周口市文化（创意）产业园、周口关帝庙文化产业园、陈楚文化创意园、淮阳县伏羲文化产业集聚区、项城汝阳刘笔业文化产业园、周口市民俗文化大观园、鹿邑县文化产业园区
驻马店	文化产品一条街、泌阳县盘古山文化产业园、汝南县天中文化生态园
平顶山	宝丰文化创意产业园、中原墨子文化产业园区、叶县燕山湖文化旅游休闲园区、叶县盐湖度假村园区
济源	愚公文化产业园、济水文化产业园
新乡	长垣食博园
省直管县	固始县三河尖柳编工业园

*说明：本表是不完全统计，由于各地数据库和平台建设的不完备，无法获得完整的统计数据。

从表1可以看出,河南文化产业园区基本上是依据各地文化资源的特点来进行规划建设的,具有明显的地方特色,如开封宋都古城文化产业园区、许昌三国文化产业园、济源愚公文化产业园、卧龙岗文化旅游产业集聚区、洛阳龙门石窟世界文化遗产园区、三门峡湖滨区虢国文化产业园等。有些文化产业园区发展相对成熟,如开封宋都古城文化产业园区于2011年被文化部命名为"国家级文化产业示范园区"。此外,多个文化产业园区被河南省文化厅认定为"河南省文化产业示范园区",如郑州嵩山文化产业园区、孟津牡丹文化产业园区、镇平县石佛寺镇玉文化产业园区、洛阳市龙门石窟世界文化遗产园区、灵宝函谷关老子文化产业园区、社旗县赊店商埠文化产业示范园区、禹州市神垕镇钧瓷文化创意产业园区等。

为进一步增强文化产业竞争力,打造知名文化品牌,河南省政府提出将重点培育和扶持一批基础好、竞争力强、具有发展前景和影响力的文化产业园区和文化企业,即从全省选出10个重点文化产业园区和10个重点文化企业进行培育和扶持,到2020年,形成一批在全国有影响的重点文化企业和文化产业园区,有2~3个文化企业入选全国文化企业30强,力争使河南文化产业法人单位增加值占全省生产总值的比重达到5%左右。①

目前,河南省文化产业"双十"工程已经评选实施了两届,评出的这些文化产业园区和重点企业在省内外有广泛影响力,知名度较高,见表2和表3。

表2 河南省第一届重点文化产业园区和重点文化企业名单(2014~2015年)

河南省重点文化产业园区(3家)	①开封宋都古城文化产业园②许昌钧瓷文化创意产业园③镇平县玉文化产业园
河南省重点文化企业(10家)	①河南日报报业集团有限公司②中原出版传媒投资控股集团有限公司③河南有线电视网络集团有限公司④河南文化影视集团有限公司⑤郑州华强文化科技有限公司⑥开封清明上河园股份有限公司⑦洛阳日报报业集团⑧河南省森润工艺品有限公司⑨焦作云台山旅游发展有限公司⑩河南大宋官窑瓷业有限公司

① 《河南省人民政府关于批转河南省文化产业"双十"工程实施方案的通知》(豫政〔2013〕43号)。

表3　河南省第二届重点文化产业园区和重点文化企业名单（2016～2017年）

河南省重点文化产业园区(6家)	①郑州国际文化创意产业园②开封宋都古城文化产业园③许昌钧瓷文化创意产业园④漯河市源汇区开源文化产业园⑤镇平县(石佛寺镇)玉文化产业园⑥汝州市汝瓷电子商务产业园
河南省重点文化企业（10家）	①郑州华强文化科技有限公司②开封清明上河园股份有限公司③洛阳日报业集团④河南省杂技集团有限公司⑤项城市汝阳刘笔业有限公司⑥西平县棠溪剑业有限公司⑦河南日报报业集团有限公司⑧中原出版传媒投资控股集团有限公司⑨河南有线电视网络集团有限公司⑩河南文化影视集团有限公司

从表1、2、3可以看出，河南文化产业园区大体可分为特色工艺品生产型园区、创意企业集聚型园区和政府主导型园区三种模式。

一是特色工艺品生产型园区。这类产业园区比较有代表性的是禹州市神垕镇钧瓷文化创意产业园、民权王公庄画虎村、固始县三河尖柳编工业园、项城汝阳刘笔业文化产业园和镇平石佛寺玉文化产业园等。民权王公庄画虎村和平乐村牡丹画产业园区都是通过村民画虎、画牡丹，最终形成了相关产业链，这种模式对省内其他地区发展"一村一品"具有启发意义。镇平石佛寺玉文化产业园区建立于当地的传统玉雕工艺之上，神垕镇钧瓷文化创意产业园建立于当地传统的钧瓷制作工艺之上，二者均是河南传统工艺品制作的代表。这些传统文化产业经过多年的发展，形成了相对完整的产业链，培养了一批相关领域的人才，产业集聚效应显著。如神垕镇约有生产厂家70余家，有一批国家级和省级工艺美术大师，吸纳就业人数近万人，拥有孔家钧窑、荣昌钧窑等规模较大的钧瓷企业；项城市汝阳刘笔业有限公司作为河南省十大重点文化企业之一，年产毛笔近千万支，带动当地家庭加工户100多家，从业人员超过400人。

二是创意企业集聚型园区。这类产业园区比较有代表性的是国家动漫产业发展基地（河南基地）、郑州金水文化创意园（又名107创意工厂）、郑州信息创意园（郑州动漫产业基地）等，这类产业园区主要是由某个企业主导而形成的，由政府划拨专门的土地建设而成，有明确的边界范围，一般有完整的规划和明确的治理主体；如国家动漫产业发展基地（河南基地）由郑州小樱桃卡通有限公司承建等。值得一提的是河南石佛艺术公社目前也属于这一类，石佛艺术公社本来是河南具有一定代表性的艺术家自发集聚的一个艺术区，是河南第一个也是唯一一个原创艺术基地，类似于深圳的大芬村油画基地和北京的大山子（798）艺术区等，汇集了一批以文化创意工作室为代表的中小型文化创意企业和大量的文化创意人才，创意氛围浓郁。但是由于该艺术区位于石佛村，在都市村庄拆迁中不得不迁址，郑州市政府在高新区科学大道专门划拨了一定的土地进行重建，艺术家和房地产合作开发建设，过程可谓一波三折。这种园区式发展模式由于圈占了大量的土地且与地产商合作而受到普遍质疑，需要克服的最大困难就是园区"空壳化"问题。

三是政府主导形成的文化产业园区。政府主导的园区多是综合型文化旅游和休闲型园区，是对当地特色文化资源的再开发，主要由政府规划和通过招商引资推动发展；如郑州市的黄帝文化功能区、商都文化功能区、沿黄河文化旅游产业带、登封文化产业示范区等，许昌的三国文化产业园，三门峡的灵宝函谷关老子文化产业园等。2016年最值得一提的是郑州市规划通过的郑州国际文化创意产业园，该园区规划范围北至连霍高速公路、西至万三公路（新G107）、南至贾鲁河、东至官渡组团西边界，总面积约132平方公里。将建设成东方"奥兰多"——国际化时尚创意旅游文化新城，即"时尚创意之都，文化旅游新城"。园区未来重点打造时尚体验旅游、创意设计产业、文化艺术产业、文化科技产业、文教博览业、休闲娱乐业、生态旅游业七大主导产业以及旅游服务业、文化金融业、电子商展业三大特色产业。①

总的来看，河南目前形成的多数文化产业园区都体现了浓郁的中原地域特色，如嵩山文化产业园、济源市愚公文化产业园、淮阳县伏羲文化产业集聚区、永城市芒砀山汉文化旅游产业园，等等，而钧瓷、玉器、毛笔制作等

---

① 参见《郑州国际文化创意产业园总规出炉，被称为东方奥兰多》，http://house.dahe.cn/2016/10-10/107584144.html。

工艺品生产，不仅突出了地方文化资源优势，更体现了地域文化特色，成为传承和弘扬华夏历史文明的物质载体。有些传统工艺生产通过与科技融合，产业数字化水平不断提升，如入选第二批国家级文化和科技融合示范基地的洛阳文化科技园区，突出"数字龙门""青铜文化""三彩文化""牡丹文化"等项目建设，用现代手段表达和演绎传统文化，成为河南省第一家国家级文化和科技融合示范基地。

二 河南文化产业园区发展的问题与不足

经过多年的建设，河南文化产业园区在推动文化产业发展方面取得了较为显著的成效，但与一些省市相比，不论是贡献度还是影响力，还都有很大差距。究其原因，则是文化产业园区在发展中存在诸多问题和不足。

（一）文化产业园区同质化现象比较严重

受文化产业集聚发展思想的影响，近年来河南文化产业园区数量激增，几乎每个县甚至乡镇都规划建设了文化园区。但总体看，还没有摆脱工业园区的建设思路，一些文化产业园区以"圈地"为主，园区面积很大，入驻企业很少，产业内容比较单一。不少企业为享受政策优惠而投资文化产业，造成园区与园区之间产业发展的同质化，如动漫园区、古玩城、书画一条街等四处开花，像复制的一样，给人似曾相识之感。这不仅加剧了招商、人才、资金等方面的恶性竞争，而且由于同质化发展而造成资源浪费、产品滞销，发展前景令人担忧。如位于郑州市的大河文化博览园，曾经是金水区的重点建设项目，项目规划占地面积1200亩，预计投资50亿元，但是，园区尚未建成，规划的主导产业已经一变再变，从最早的大河宠物园，到花卉物流基地，再到中部茶城，园区定位反复多变，导致园区建设难以按照统一的规划进行，造成了历时五年而偌大的园区依然十分冷清，无法产出应有的效益。同时，各种"欢乐园"和"水上乐园"的重复建设也值得思考。用园区的形式推动文化产业发展，可以规模化、集约化，可以用较少的资源办更多的事情。但是，一些严重同质化的文化产业园区，与创办园区的初衷相违背，应该引起有关方面的高度关注。

（二）创意科技型文化产业园区较少

从表1可以看出，河南的文化产业园区目前主要是以文化休闲旅游、传统工艺美术生产、民俗文化展演等为主导产业，文化创意和文化科技融合的产业园区还不多。除几个动漫园区外，许多园区的主导产业与文化创意、高新科技、信息技术等文化产业的核心要素，还没有实现有机融合，缺乏科技支撑，产品附加值较低，没有形成品牌效应。工业设计、广告策划等方面的创意产业还处于起步阶段。文化产业，创意为王。缺少具有一定知名度和影响力的创意大师和创意人才，缺少文化与科技的融合发展，就很难形成名副其实的文化创意产业园区。实践表明，文化创意产业是文化产业园区最具潜力和活力的产业，创意产业比较发达的城市，如米兰、巴黎、北京、上海和深圳等，都有比较发达的文化创意产业园区。但从河南目前的情况来看，不少文化产业园区都分布在县、市、区，如平顶山的四个园区均分布在县区，信阳市的四个园区有三个位于新县，而且都是旅游和民俗区。洛阳、驻马店、周口等市的情况于此大体相似。这种地域分布本身就限制了文化创意型和科技型产业的发展，使得引进和留住人才变得更加困难，也难以吸引到项目和资金支持。

（三）缺乏完备的合作交流和公共服务平台

互联网时代最重要的就是信息公开，需要完备的公共平台供企业和消费者进行交流和了解。但是，目前我们对河南各地市的文化创意产业的了解还只能是从网上零星的报道中获得，一些大的文化产业园区的具体地理位置、产业规模、建设情况等都无法获得确切的数据，如开封宋都古城文化园区作为国家级文化产业园拥有自己的网站，但是从这个网站根本查不到其年度产业数据，很多数据还是三年前的，没有任何更新。同样，河南文化产业网也是如此，除了一些零散的报道，数据方面的东西很难看到。文化企业发展需要共享共用基础设施和信息资源，但全省真正能提供技术支撑、信息咨询、人才培训、推广展示等公共服务平台的文化产业园区，目前几乎没有。这对文化产业园区的发展形成了很大的制约。另外，一些文化园区和基地没有形成主导产业，也没有形成完整的产业链，使已有的公共服务平台难以发挥应有的作用。更有一些文化产业园区，连提供基本公共服务的平台都尚未建立。这很大程度上降低了文化产业园区对外来企业的吸引力。

（四）国际交流和合作水平较低

文化产业作为新的"朝阳产业"，已经成为英、美、日等发达国家的支柱产业，这些国家文化产业的发展经验值得我国学习和借鉴。河南的文化产业如何"请进来"和"走出去"，还需要进一步加强国际交流和合作。依据发达国家文化产业园区的发展经验，在文化产业园区发展中，跨国公司的作用不可替代。跨国公司的入驻不仅可以降低文化产业进入国际市场的壁垒，而且由跨国公司带来的技术、经验、资金和交易平台，将大大提升文化企业的发展质量和发展水平，促进文化企业发展壮大。目前河南的一些高新区和开发区主要吸引的是跨国的工业企业，还没有引进跨国文化企业。因此，如何充分发挥文化产业园区的作用，在招商引资中推介有吸引力的文化项目，吸引跨国公司投资河南的文化产业，是当前值得思考的一个问题。

三 加快河南文化产业园区发展的对策建议

河南文化产业园区发展存在一定的问题和困难，同时也面临着难得的发展机遇。2016年，河南推出了一系列利好文化产业发展的政策。河南省委、省政府还通过了《华夏历史文明传承创新区建设方案》，明确了"十三五"时期河南文化发展目标，为文化产业园区快速发展提供了重大机遇。省政府办公厅公布了《河南省支持文化企业发展和经营性文化事业单位转企改制的若干政策》，从工商管理、土地利用、税收、金融等多个方面提出优惠政策支持文化企业和文化园区的发展，提出对于入选国家级文化类园区（基地)、省级重点文化产业园区的项目或列入省重点文化产业项目库的项目,在用地指标上予以优先安排。为切实推动河南省文化资源优势向文化发展优势转变,省财政厅分别下达2016年度文化产业项目补助资金5000万元和新型文化业态扶持资金5000万元。在这些有利的政策和背景之下,河南文化产业园区的发展也必将迎来一个更好的发展时期。各地应紧紧抓住这一难得的发展机遇,大力推进文化产业园区发展。为此,提出如下建议。

(一)强化顶层设计,做好规划引领

河南优秀的文化产业园区多是脱胎于当初的文化改革发展试验区,如开封宋都古城文化园区、神垕镇钧瓷文化园区和镇平玉文化产业园区等,都得益于2008年河南省为应对国际金融危机推出的文化改革发展试验区,得益于它们高起点的科学规划。其他文化产业园区应借鉴文化改革发展试验区的规划经验和思路,强化顶层设计,结合各地市经济社会发展总体规划,立足区域文化资源优势,编制具有区域特色、符合本地实际的文化产业规划,不断提高文化产业规模化、集约化、专业化水平。如根亲文化是河南目前重点打造的文化品牌,但是根亲资源分布在多个地区,如黄帝文化分布在新郑和新密,伏羲文化分布在淮阳等,如何通过规划和设计,加强联合开发,避免同一文化资源的区域竞争是当前需要重点解决的问题。我们可以学习西安的经验,如西安市将一些重大文化产业发展项目交由曲江文化发展集团统一规划发展,打造出一批知名的文化品牌,文化产业的效益大大提升。河南也应借鉴其经验,打破文化产业资源的地域,制定统一发展规划或交由同一部门跨界主导发展,如郑州黄帝文化资源分属新郑和新密,两地应联合开发,扩大影响,打造品牌。规划一旦实施,文化产业园区就要严格按照规划的要求进行建设,不能随意更改,以切实维护规划的权威性。

(二)明确产业发展重点,培育龙头企业

明确文化产业园区的总体定位,确定产业发展重点,培育一批龙头企业和骨干企业。河南文化企业"小、散、弱"的问题比较明显,2016年全省规模以上文化及相关产业企业个数达2718家，数量居全国第7位，中部六省第1位，但是重点文化企业仅有10余家。因此，各地要重点培育符合本地发展要求、能够起到龙头带动作用的文化企业和主导产业，对文化产业园区进行合理的功能分区，使集聚区内各企业既分工又合作，避免无谓内耗和无序竞争，避免盲目跟风、追赶时髦，努力形成较为完善的文化产业链。文化产业园区要以重点企业为核心，形成集团化发展模式，进而带动整个地区文化产业的发展。推广文化产业"双十"工程，评选出各地的优秀文化产业园区和文化企业进行精心培育和扶持，切实解决企业发展中遇到的融资、人才、用地等问题，培育立足于本地的文化骨干企业。

（三）搭建平台，推动文化与科技融合发展

《禅宗少林·音乐大典》和《大宋东京梦华》可以说是河南文化产业和技术结合的典范，也充分说明了打造知名的、成功的文化产品需要文化与科技融合发展。目前河南文化产业在文化与科技融合发展方面，还有很大的发展空间，需要进一步加大文化与科技的融合力度，亟须搭建文化与科技融合发展的平台。一是搭建公共文化技术服务平台，使一些中小文化企业通过这一平台能够显著降低运营成本，提升产品质量；二是在各地高新区打造科技与文化融合示范基地，鼓励文化科技融合的前期探索与试验；三是建设"河南省文化产业数据库"，充分利用互联网和大数据，在政府、企业、市场和专家之间搭建信息交流与版权交易平台；四是推进科研资源整合，设立河南省的文化科技创新项目，整合各类科技力量，进行文化科技研发和重大文化科技项目联合攻关，加速文化与科技融合发展。

（四）建立营销网络，拓宽文化市场

高效的文化产品流通体系，是打造文化品牌，促成文化产品实现自身文化价值和商业价值的重要载体和主要渠道。文化产业园区要做好宣传营销、推介和品牌打造工作。一是设立营销中心，建立营销网络，同时，充分发挥网络优势，组建网上营销网站，用足用活网络营销这张牌；二是利用节会的

轰动效应，加强营销宣传，如深圳"文博会"已经成为国内文化产业展示与交易的重要平台，"中原（鹤壁）文博会"已举办过三届，2016年10月12日第三届中原（鹤壁）文博会盛大开幕，约有88个市县1200余商家参展。实践证明，"文博会"已经成为文化产业发展的助推器。郑州作为河南省会城市和国家级中心城市，八方辐辏，交通便捷，应精心策划和举办高规格和高水平的"文博会"，充分展示河南文化建设的最新成果，推荐河南文化产业项目，加强与全国乃至世界文化产业发展的交流，推动国内外重大文化产业项目落户河南。

（五）优化发展环境，加强文化人才队伍建设

河南与发达地区文化产业的差距，说到底还是人才方面的差距，必须高度重视人才队伍的构建。一要充分利用好现有人才。要克服"外来和尚会念经"的思想，充分发挥好省内各行业现有人才的作用；对有突出贡献的人才给予重点表彰和奖励；对省内已有的创意人才、文化名家要加强宣传，推出一批文化名人。二要结合文化产业发展的整体战略布局，加大人才引进力度。在经费、待遇、级别、住房、家属随迁等方面制定和实施优惠政策，切实加大高端人才和紧缺人才的引进力度。三要加强与文化创意相关的各类人才培养。引导文化产业园区和高等院校建立人才培养合作机制，加强校企合作，通过定向培养、委托培训、双向交流等途径，为文化产业园区培养各类发展急需的人才。

参考文献

[1] 李艳燕：《河南省文化产业集聚现状的统计分析》，《江苏商论》2011年第11期。
[2] 武鹏等：《居民文化消费与文化产业的"效率驱动式"成长——基于省级面板数据的空间计量分析》，《北大文化产业评论》2010年上卷。
[3] 宋艳琴：《河南文化产业集聚发展研究》，《河南文化发展报告（2014）》，社会科学文献出版社，2014。

B.15
河南文化产业的转型升级与前景展望

席 格*

摘 要： 河南文化产业，就纵向维度而言，目前已取得了显著性成就，并保持了良好发展态势；就横向维度而言，在全国仍处于中等水平，与文化产业发达省市相比仍有较大的提升空间。通过对河南文化产业发展水平的准确定位，可以发现，虽然其文化理念得到革新、积累了一定的经验、文化产业总值逐年提升和文化消费日趋成熟，但在龙头企业跨越发展、新兴文化业态培育、文化科技融合发展等方面存在诸多困境。基于此，河南文化产业要实现内涵式发展，必须强化顶层设计以调整战略布局，并采取积极措施优化人才队伍、投资结构和提升技术贡献率，从而最终达到转型升级，推动支柱性文化产业的形成。

关键词： 河南 文化产业 转型升级

自"十二五"以来，河南文化产业保持了良好的发展态势，取得了显著性成就。但就文化产业在河南国民经济中的比重、河南文化产品在全国文化消费市场的占有率、河南文化品牌在全国的影响力与知名度、河南龙头文化企业在全国乃至世界上的竞争力等而言，河南文化产业依然具有巨大的提升空间。这就要求我们必须从历时与共时、纵向与横向的双重维度来系统考

---

* 席格，河南省社会科学院文学研究所副研究员，美学博士，研究方向为审美文化。

察河南文化产业现状，准确定位，以从中寻找实现文化产业转型升级的路径。这不仅直接关涉河南文化产业的繁荣发展，而且关乎华夏历史文明传承创新区的建设、河南经济发展的增长模式转变与整体水平提升，更关乎国家文化发展战略目标的实现和人民群众精神文化需求的满足，可谓意义重大而深远。基于河南文化产业目前所取得的发展成就、当前国家对文化产业发展所提供的政策保障、文化经济一体化发展所取得的宝贵经验等，加上河南整体所面临的航空港经济区建设、"一带一路"战略、河南自由贸易试验区等所提供的战略机遇，以及《华夏历史文明传承创新区建设方案》的公布、建设全国重要文化高地目标的确立，河南文化产业定会在积极的调整中实现内涵式、跨越性的繁荣发展，成为全国文化产业的重要基地。

一 河南文化产业在全国维度的定位

若仅就河南文化产业自身的历时性发展来看，无论是外在的数量方面还是内在的质量方面，都取得了飞跃性发展。但若以同期全国文化产业发展水平、其他省市文化产业发展的速度与质量作为参照，便可清晰见出河南文化产业之内部发展失衡、产业理念滞后、政策"棚架"现象严重和高端人才匮乏等瓶颈所在。整体来看，河南文化产业在全国还处于中游的地位。

（一）文化产业发展水平有待提速

文化产业发展水平的衡量数据指标主要是文化产业增加值及其与GDP的比值、文化产业的增长速度等。通过文化产业发展相关统计数据的比较，可以看出河南在全国文化产业发展中的水平与地位。以2015年全国及部分省市文化及相关产业增加值数据为例："经国家统计局核算，2015年全国文化及相关产业增加值27235亿元，比上年增长11%（未扣除价格因素），比同期GDP名义增速高4.6个百分点；占GDP的比重为3.97%，比上年提高0.16个百分点"；[①]

---

① http://www.gov.cn/shuju/2016-08/30/content_5103617.htm.

"2015年上海市文化及相关产业增加值为1632.68亿元，同比增长8.1%，占全市GDP的比例为6.5%"；① 湖南省"文化和创意产业增加值达1714亿元，增速达13.2%，占GDP比重约5.9%"；② 山东省"文化产业实现增加值2481亿元，比上年增长13.6%（未扣除价格因素影响，下同），比河南省GDP增速（扣除价格因素）高5.6个百分点，比全国文化产业增加值增速高2.6个百分点。山东省文化产业增加值占GDP的比重为3.94%，比上年提高0.26个百分点"；③安徽省"文化产业增加值833.71亿元，同比增长15%，占GDP比重3.79%，比上年增加0.31个百分点"；④ 而河南省在2015年，"文化及相关产业实现增加值1111.87亿元，其中法人单位实现增加值1005.51亿元，首次突破千亿大关，分别比2014年增长12.9%和12.8%（未扣除价格因素），增速明显高于GDP增速和二、三产业增加值增速，占GDP比重首次突破3.0%，比2014年提高0.18个百分点"。⑤

表1 全国与部分省市2015年文化产业增加值一览

	全国	上海	湖南	山东	安徽	河南
增加值(亿元)	27235	1632.68	1714	2481	833.71	1111.87
占GDP比重(%)	3.97	6.5	约5.9	3.94	3.79	3.0

显然，从横向比较来看，河南文化产业增加值所占GDP的比重，相较于全国水平而言是偏低的，且增长幅度不大；相较于上海、湖南而言，距离成为国民经济支柱性产业还有相当的距离；相较于山东、安徽而言，虽然增加值低于山东、高于安徽，但占GDP比重却要低于这两个省份。尤其是湖南、安徽两省文化产业发展基础、区域位置优势、文化消费潜力、文化资源

---

① http://ah.wenming.cn/nkjb/jianbao/201608/t20160825_3636513.shtml.
② http://www.ce.cn/culture/gd/201603/28/t20160328_9861847.shtml.
③ http://news.163.com/16/0905/11/C06RBAT200014SEH.html.
④ http://ah.wenming.cn/nkjb/jianbao/201608/t20160825_3636513.shtml.
⑤ http://news.hexun.com/2016-08-29/185761273.html.

拥有量等并不比河南占优,而河南文化产业发展却不如湖南、安徽。但同时,我们也不能忽视河南文化产业增长速度较快、文化产业结构正在优化、发展态势良好等积极因素。如据河南省统计局统计数据显示,河南省2013年文化产业增加值仅为815.69亿元,占GDP的比重为2.54%,增长16.2%。整体上来看,河南文化产业发展水平无论是和全国平均水平相比,还是对中部地区而言,都具有极大地提升空间。如果河南要将文化产业发展成为国民经济的支柱性产业,仅仅循规蹈矩地发展显然是不行的,必须采取有效措施实现文化产业的转型升级、跨越式发展。

(二)文化产业发展质量有待提升

河南文化产业之所以在拥有文化资源丰富、文化消费潜力巨大、经济整体实力较强等优势的条件下,文化产业增加值相对偏低、占GDP比重不高等,究其根本原因在于文化产业发展的质量不高。当文化产业以粗放型的方式发展达到一定规模之后,必须依据产业经济的发展规律,向集约化、专业化、特色化转型升级。但河南文化产业在龙头文化企业数量、知名文化品牌数量、文化科技含量、文化创意创新率等方面,都和北京、上海、广东、江苏、浙江等文化产业较为发达的省市存在较大差距。

表2 中国省市文化产业发展指数(2015)得分及排名情况*

排名	综合指数		生产力指数		影响力指数		驱动力指数	
1	上海	81.44	山东	82.14	北京	88.23	北京	82.47
2	北京	81.41	江苏	81.29	上海	87.67	上海	82.30
3	江苏	79.76	广东	80.37	浙江	83.56	福建	80.85
4	浙江	79.54	浙江	77.82	广东	82.03	辽宁	80.70
5	广东	79.49	四川	76.45	江苏	81.72	青海	80.20
6	山东	78.12	河北	75.04	山东	80.27	贵州	78.48
7	福建	76.24	江西	74.99	福建	75.97	海南	78.11
8	四川	75.86	河南	74.82	四川	74.81	浙江	77.25
9	湖南	75.18	上海	74.34	湖南	74.44	吉林	77.11
10	河北	74.69	湖南	74.10	河北	74.20	湖南	76.99

* http://mt.sohu.com/20151101/n424874240.shtml.

据文化部文化产业司和中国人民大学共同进行的中国文化产业指数研究显示，2015年"综合指数"、"生产力指数"、"影响力指数"和"驱动力指数"四项指标，河南除在"生产力指数"中排在第8位外，其他三项中均未进入前十。如果说北京、江苏、浙江、广东、上海等因为文化产业发展起步较早、文化产业人才集中等，具有河南无法比拟的优势，那么河北、江西等并不比河南具有更多的优势，而文化产业发展却优于河南，这尤为值得反思。

另外，还必须要强调的是，文化产业的发展有赖于文化消费的拉动。但是，文化消费除了受思想观念、文化消费能力等的制约外，更重要的还受文化产品质量的影响。河南文化产业发展水平不够高，就区域文化消费而言，河南经济实力连续多年位居全国前五位，人均消费支出水平大幅度上升，人均GDP早就超过了文化产业发展所要求的1000美元，可以说文化消费能力已经不再是限制河南文化产业发展的重要因素。那么，要充分发掘河南本省的文化消费潜力，便必须致力于河南传统文化消费观念的革新和河南文化产品的质量的提升。据《中国文化消费指数（2014）得分及排名情况》显示，河南在"综合指数"、"文化消费环境"、"文化消费意愿"、"文化消费能力"和"文化消费满意度"五项指标中，都没有进入前十位，仅仅在"文化消费水平"一项中排在了"第十位"。

表3 中国文化消费指数（2014）得分及排名情况*

排名	综合指数		文化消费环境		文化消费意愿		文化消费能力		文化消费水平		文化消费满意度	
1	北京	85.6	宁夏	83.5	北京	91.9	北京	94.8	天津	93.5	宁夏	84.5
2	天津	85.1	海南	83.2	天津	89.5	浙江	92.7	北京	92.1	海南	83.6
3	上海	84.7	甘肃	82.0	江苏	87.9	上海	92.7	江苏	90.5	吉林	83.4
4	福建	82.9	吉林	81.8	陕西	87.1	广东	89.0	广东	89.3	上海	83.1
5	广东	82.5	贵州	81.5	山东	86.0	福建	87.3	福建	86.5	甘肃	82.4
6	江苏	82.4	黑龙江	81.1	安徽	85.9	江苏	86.5	安徽	85.9	贵州	81.7
7	浙江	81.6	内蒙古	81.1	广东	85.7	天津	86.0	陕西	85.7	浙江	81.3
8	山东	79.8	青海	80.5	辽宁	84.6	山东	85.5	山西	85.4	黑龙江	81.0
9	安徽	79.6	上海	78.6	福建	84.4	江西	78.9	山东	85.2	内蒙古	80.5
10	江西	79.5	云南	77.2	河北	83.5	重庆	78.5	河南	84.9	青海	79.7

* http：//www.cssn.cn/xspj/201502/t20150216_1518754.shtml.

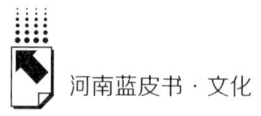

二 河南文化产业与其他省市比较中的定位

如果说在国家文化政策、文化体制等层面,各个区域所面对的境遇大体是相当的,但是在如何发挥各自的区域优势推动文化产业的发展繁荣方面,却显示出各省市在文化发展观念、发展战略、发展措施等方面存在较大差异。基于此,通过与发展较好的上海、浙江、安徽和湖南等优于河南地方的比较,可以直观、直接地见出河南文化产业自身发展需要调整与优化之处。

(一)龙头文化企业有待进一步壮大

文化企业是文化市场的主体,龙头文化企业更是在文化产业发展过程发挥着带动、引领的关键作用。同时,龙头文化企业的培育还是文化体制改革推进程度的衡量标尺和文化产业发展水平的标志,是文化生产力解放和发展水平判断的重要指标。就全国范围内而言,由光明日报社和经济日报社联合评选的全国"文化企业30强",无疑是对各省市文化龙头企业培育和发展状况的一个直接考量,同时,由此也可见各省市文化产业的发展水平。

"文化企业30强"自2008年至2016年共评选了八届,其中既有多次入围的"常青树",也有偶尔崭露头角的"新兵"。就"十二五"以来的入选情况来看,上海、浙江作为文化产业较为发达的区域,龙头文化企业既有传统文化企业,又有新兴文化业态,入选企业有所变化;安徽、湖南两省的入选企业则是相对稳定,但湖南拓维信息系统股份有限公司、安徽科大讯飞股份有限公司的入选,则说明两省在新兴文化业态发展培育方面亦有较强的实力。而河南在2016年第八届评选时仅有中原出版传媒投资控股集团有限公司一家入选,这是该集团第二次入选"文化企业30强"名单。

整体而言,河南在传统文化产业业态方面,文化龙头企业的培育和发展速度显然还赶不上安徽、湖南,而这两省的经济总量、人口数量等并不比河南优越;在新兴文化产业业态方面,河南近年来虽有所发展,但显然还不足以形成领航带头的作用,缺乏竞争力。这就意味着河南在文化体制改革、文化产业政策落实、文化科技融合发展等方面还存在着诸多问题。要实现河南文化产业的跨越式发展，在如何发展壮大传统文化龙头企业、培育新兴文化业态企业方面，河南还有很长的路要走。只有把河南省现有的文化龙头企业进一步做大做强，才能充分发挥龙头企业引领创新、带动发展的作用，同时形成倒逼机制推动河南文化体制的深化改革，进一步解放河南的文化生产力。

（二）文化产业集聚有待进一步强化

文化产业是一种特殊的经济形态。它的发展必须遵循经济主体发展规模化、集约化和专业化发展的模式，并实现规模式增长向内涵式提升的转变，整合文化资源、融合相关产业形式，发挥示范和引领作用。更为重要的是，文化产业的集聚发展，可以孵化、催生出实力强、竞争力大、影响力广并富于创新力的文化企业集团乃至龙头文化企业。正是基于文化产业集聚发展的重要作用，为了推动文化产业的集聚发展，文化部评选和命名了"国家级文化产业示范基地""国家级文化产业示范（试验）园区"。从表4中可以直接见出，虽然都是示范基地，各具特色，就发展潜力与前景而言，河南与上海、浙江以及湖南相比都存在差距，具体表现在河南的示范基地集中在旅游企业、手工艺品制造业，而缺少文化科技融合的新兴产业企业，这与安徽的示范基地具有相似之处。就"国家级文化产业示范（试验）园区"的评选而言，开封宋都古城文化产业园区在2011年入选为第三批示范园区。这也是河南进行文化产业园区、文化产业试验区建设取得成效的标志。

如果从示范基地、示范（试验）园区入选数量的层面来看，河南文化产业集聚发展确实取得了一定的成就，形成了一定的规模，集聚了一批紧密关联的企业。但是，就文化产业示范基地、示范（试验）园区进一步集聚发展成为龙头文化企业而言，河南文化产业集聚发展与北京、上海、广东、浙江、江苏等文化产业较为发达的地区相比，在行业类别分布、文化科技含量、集聚规模等方面还存在着较大的提升空间。

表4 "'十二五'以来"五省市"国家级文化产业示范基地"入选情况一览

	第五批（2012年）	第六批（2014年）
上海	上海世博演艺中心有限公司、上海宝山科技控股有限公司、上海淘米网络科技有限公司	中广国际广告创意产业基地发展有限公司、上海南翔智地企业投资管理有限公司、上海河马动画设计股份有限公司
浙江	龙泉市金宏瓷厂、浙江乐富创意产业投资有限公司、台州市绣都服饰有限公司、浙江大丰实业有限公司	美盛文化创意股份有限公司、华鸿控股集团有限公司、浙江台绣服饰有限公司
安徽	安庆帝雅艺术品有限公司、安徽演艺集团有限责任公司	安徽省绩溪胡开文墨业有限公司、合肥安达电子有限责任公司
湖南	湖南明和光电设备有限责任公司、湖南金霞湘绣有限公司	张家界天门狐仙文化旅游产业有限公司、湖南华凯文化创意股份有限公司
河南	禹州市神垕镇孔家钧窑有限公司、安绣文化产业有限公司	河南省荣昌钧瓷坊有限责任公司、洛阳牡丹瓷股份有限公司、郑州枫华实业有限公司

表5 "十二五"以来国家级文化产业示范（试验）园区入选情况一览

批次	名 单
第三批（2011年）	示范园区：河南省开封宋都古城文化产业园区、上海市张江文化产业园区
第四批（2012年）	示范园区：湖南省长沙天心文化产业园区、四川省成都青羊绿舟文化产业园区 试验园区：福建省闽台文化产业园区、山东省台儿庄古城文化产业园区、吉林省东北亚文化创意科技园、宁夏回族自治区石嘴山市星海湖文化产业园区
第五批（2014年）	示范园区：安徽省蚌埠大禹文化产业示范园区、甘肃省敦煌文化产业园 试验园区：江苏省南京秦淮特色文化产业园、浙江省衢州儒学文化产业园、湖北省武昌长江文化创意设计产业园、西藏自治区西藏文化旅游创意园

（三）文化科技融合有待进一步提升

文化与高新科学技术的融合式发展，是今后文化产业发展的必然趋势。在文化产业发展过程中，将高新科学技术有效融入文化产品的创意、生产与传播等整个过程中，也即有效提升科技在文化产品中的含量、对文化产业发展的贡献率，将极大提高文化产品的综合效益、文化产业的创新率。相应地，文化与科学技术融合的程度、相关企业的数量、规模与效益，便成为考量文化科技融合服务体系建构、公共技术平台搭建、文化科技联姻的政策支持等的重要指标。因此，大力推动文化科技的融合式发展成为国家推动文化产业转型升级的重要措施。2012年5月，科技部、中宣部、文化部、广电总局和新闻出版总署联合评选推出了首批16家"国家级文化和科技融合示范基地"；2013年12月，科技部、中宣部、文化部和新闻出版广电总局又联合认定了第二批18家"国家级文化和科技融合示范基地"。而洛阳虽然进入了第二批示范基地，但事实上洛阳的文化和科技融合程度及水平，与北京中关村、上海张江等文化产业较为发达地区的示范基地相比存在着较大差距。换言之，科技对河南文化产业发展的贡献率依然相对较低。

三 河南文化产业整体发展中存在的问题

在文化产品市场竞争日趋激烈的当下，河南文化产业要脱颖而出，实现转型升级发展，首先要清醒地认识到河南文化产业整体发展水平在全国仍处于中下游的定位；其次要充分借鉴北京、上海、湖南等文化产业已经成为国民经济支柱产业之省市的先进经验，以及山东、安徽等发展基础相近省份的成功经验；再次要针对定位找差距，从整体上总结出文化产业发展过程中的不足与问题。只有找到问题症结所在，才可能打破制约瓶颈获得新的发展、新的提升。

（一）文化产业重视程度不够

河南关于文化产业发展的理念与意识相较于北京、上海、江苏、广东等省市而言，是十分滞后的，可谓文化自觉意识不强。在这些省市文化产业已经初具规模之时，河南才提出建设一个文化产业大省的发展目标，并逐步出台了一系列支持文化产业发展的政策。如最新由河南省委、省政府出台的《华夏历史文明传承创新区建设方案》（2016年10月）中，便明确提出实施"全国重要的文化产业基地建设工程"。但是，由于河南当代文化建设长期滞后的缘故，在河南省委、省政府所制定的系列政策和措施落实过程中，各地市和相关部门并不能够完全统一到同一高度。以文化产业发展专项基金的设立为例，虽然在相关文件中要求各地市要大力扶持文化产业，力所能及地设立专项发展基金，但除郑州、鹤壁、焦作、濮阳等设立专项基金外，不少地市并未按照政策执行。文化产业政策棚架现象，可以说严重阻碍了河南文化产业的发展。

（二）产业投资结构缺乏优化

资本是影响文化产业能否健康快速高效发展的四大要素之一。河南由于文化建设基础差、财政经费文化投入基数偏低，虽然近年来在河南经济整体水平提升、财政收入大幅增加的情况下，文化建设投资大幅度提高，但文化产业财政投入的增长速度和实际投入资金数量，与文化产业发展资金实际需求量之间的差距却是越拉越大。这在客观上便直接造成了两大负面影响：文化产业发展资金匮乏，直接影响到文化科技投入不足、新兴业态扶持不够和传统业态升级困难等；文化产业结构调整困难，依据传统的文化产业分类便是核心层发展不足，依据新的文化产业划分标准则集中在新兴业态发展缓慢。究其根本原因，则在于产业投资结构的僵化，融资渠道不畅。因为，单纯依靠财政投资作为文化产业发展资金的来源，必然会造成资金的短缺。并且，财政投入资金主要流向为国有文化企业、文化事业转企改制的文化企业等，而新兴文化产业、小型文化服务企业等则很难得到应有的资金支持。

（三）龙头企业发展步伐缓慢

河南文化产业虽然起步较晚，但经过十年的发展还是培育和壮大发展了一批优秀的文化企业，如中原出版传媒投资控股集团有限公司、河南日报报业集团、河南影视制作集团、河南文化影视集团、河南歌舞演艺集团、河南有线电视网络集团等。这些文化企业在全国范围内都具有一定的竞争力和影响力，并推出了一批优秀的文化产品，带动了河南文化产业的链条式发展。但若将河南这些龙头企业放在全国范围内来看，实力则有待进一步增强。河南龙头企业因缺乏内在的有机整合，在品牌塑造、打造精品、提高产品科技含量等方面存在严重不足,以至于发展速度不快、竞争力不强,难以发挥龙头企业应有的"龙头"作用。

(四)知名品牌打造缺少突破

文化品牌,尤其是知名文化品牌,是文化软实力的一种外在表现形式,具有较强的感召力、辐射力和提升力。河南文化产业发展过程中,通过创意开发和精心培育已逐步形成了一些具有较强影响力的文化品牌,如大型实景演出项目《禅宗少林·音乐大典》,电视节目品牌《武林风》《梨园春》,书刊杂志《销售与市场》,等等。同时,具有中原文化特色的文化品牌:世界文化遗产品牌——安阳殷墟、洛阳龙门石窟、登封"天地之中",功夫文化品牌——少林功夫、太极拳,文化旅游品牌——洛阳牡丹花会,以及根亲文化品牌、红色文化品牌、工艺美术品牌等,也都对文化产业的发展起到了较大的拉动作用。但是,必须看到这些文化品牌距离成为市场前景广阔、影响区域广泛的知名文化品牌,或者缺乏创意转换,或者缺乏内涵提升,或者缺乏创新开发等。并且所形成文化品牌大都集中在传统文化领域,而新兴业态的文化品牌则乏善可陈。

(五)新兴业态扶持力度较小

依托高新技术发展而来的动漫游戏、艺术创意与设计、3D打印与高仿,以及"互联网+"所推动的电视与网络的融合、艺术传播销售形态的革新、文化产业形式壁垒的打破,等等,都已经成为文化产业发展提升的新增长点。依托这些技术手段不仅能够实现产品升级、提高科技手段对文化产品的贡献率,而且可以直接发展出新的文化业态。河南目前在培育新兴文化产业形态方面,取得了十分显著的成就,如国家动漫产业发展基地(河南基地)、华强文化科技产业基地、洛阳文化和科技融合示范基地等项目的建设。但整体而言,河南文化科技融合的程度并不高,不仅在"文化企业30强"评选中没有一家新兴业态企业入选,也没有培育出在全国具有较强影响力的文化品牌。

（六）人才队伍建设质量偏低

文化人才，是影响制约文化产业发展的首要因素。要推动文化产业的壮大发展和转型升级，构建健全完善的文化人才队伍乃是根本性保障。河南由于文化人才管理体制的僵化、文化人才培养储备不够等，以致整体上高端创意人才匮乏、领军人物缺失、创意人才和科技人才不足，最终必然是无法满足文化产业发展的现实需要。但在文化人才队伍建设不尽人意的同时，我们看到的却是河南作为人口大省的现实。这更加充分说明了河南长期以来在文化人才培养方面存在着严重问题，文化人才培养机制、培养政策都有待调整。

四 河南文化产业发展提升的基础与可能

河南文化产业的发展，在准确定位、抓住问题的同时，还必须认清自己的家底，"知根知底"的基础上才能量力而行，更为高效、快速、健康地发展。依据文化产业发展所必需的人才、资金、技术和资源四大要素，来审视当前河南文化产业发展所具备的基础，应当对河南文化产业的提升具有信心。

（一）文化产业发展理念获得革新

先进的文化理念，是推动文化产业发展的先导。僵化、滞后的文化理念，必然严重制约文化产业的发展壮大。近年来，随着河南文化产业的快速发展，对外文化交流的频繁，自上至下已经对文化产业产生了高度重视。在政策层面，体现在对文化产业发展的顶层设计和具体规划的制定；在现实层面则是文化产业财政投资的加大、优惠政策的兑现、高端人才的引用和先进技术的引入等。

（二）文化产业发展经验日趋丰富

随着河南文化建设理念的转变，文化产业的起步、发展和壮大，积累了一定的文化产业管理、扶持与发展的宝贵经验。在文化资源的产业化利用方面,从文化资源可利用性评估、对接当代文化观念到产业利用前景等都逐步形成了一定模式;在文化人才队伍方面,从"引人引智""借脑借智",到内部挖潜、针对培养,再到待遇提升、环境重塑等,渐渐摸索出了一条人才梯队建设的路子;在资金投入方面,从单一的财政投资,走向了主动出击招商引资、构建金融平台促进融资和举办大型节会吸引投资等多元筹融资的模式;在文化技术层面,从依托招商引进技术,到项目规划引进技术,再到加大文化科技投资发展技术,大幅度提升了技术水平。这些发展经验有不足之处,但更重要的是已经打开文化产业蓬勃发展的局面,如果积极总结成功经验和汲取失败教训,必然会为河南文化产业的转型升级注入更多的正能量。

(三)文化产业总量规模持续扩大

在横向比较的定位中,由于主要选择的是部分文化产业相对发达的省市,重点在于找准与它们的差距和造成差距的原因所在,因此,我们看到的是河南文化产业诸多不足之处。但依据2012年之后新颁布的《文化及相关产业分类》的划分标准与口径统计,从表6可以直接见出,河南文化产业增加值的提升和GDP比重的加大。可以说,河南文化产业在总量与规模上已经达到了新的高度,为今后的内部优化、质量提升和跨越式发展奠定了坚实基础。

表6 河南自2012年至2015年文化产业增加值一览

	2012年	2013年	2014年	2015年
增加值(亿元)	670	815.69	985.29	1111.87
占GDP比重(%)	2.26	2.54	2.82	3.0

(四)文化产品消费市场日趋成熟

推动文化产业提升发展规模与质量的动因,归根结底在于文化消费需求的拉动,这是由文化产业作为产业经济的属性所决定的。事实上,居民实际文化消费能力,在文化消费中却发挥着关键性的作用,而文化消费能力则受制于居民可支配收入的多少。根据河南省统计局发布的《2015年河南省国民经济和社会发展统计公报》,"全年全省居民人均可支配收入17125元,比上年增长9.1%,扣除价格因素,实际增长7.7%;居民人均消费支出11835元,增长7.6%,实际增长6.2%。按常住地分,农村居民人均可支配收入10853元,增长8.9%,实际增长7.6%;农村居民人均消费支出7887元,增长8.4%,实际增长7.1%。城镇居民人均可支配收入25576元,增长8.0%,实际增长6.7%;城镇居民人均消费支出17154元,增长6.0%,实际增长4.6%。"① 可见,河南居民消费支出的水平是不断增长的,而其中用于文化消费的支出亦随之不断增长。但也要清醒地看到,当前文化消费在城镇居民教育文化娱乐服务中仍有很大的提升空间,并且,文化产品的消费结构也有待调整。

五 繁荣河南文化产业的路径

河南文化产业要发挥在文化强省建设、中原经济区建设中的应有作用,推动华夏历史文明的传承创新,发挥中原文化在"一带一路"建设中的文化源头作用,并转变提升为河南国民经济发展的支柱性产业,势必要打破原有的发展模式,进行转型和升级。鉴于篇幅并避免重复论述,这里仅论及文化产业内部发展要素调整的路径。

(一)宏观调整文化产业的战略布局

要实现文化产业的转型升级,首先便要制定出相应的战略规划,对原有文化产业的战略布局进行针对性的调整。换言之,即要通过顶层设计,在继续壮大发展在文化市场竞争中具有较强竞争优势的行业同时,要着力发展市场前景好、科技含量高、附加值大、产业链条长的新兴业态。简单言之,文化产业战略布局的调整应做到以下三点。

---

① http://newpaper.dahe.cn/hnrb/html/2016-02/28/content_1367306.htm?div=-1.

第一，优势产业要更上台阶。龙头文化企业，必须与文化产业发展新趋势相对接，提高产品的科技含量和竞争力。以中原出版集团为例，在稳固河南市场的同时，要注重全国份额乃至进军国际出版市场；在做好传统出版物的同时，要大力发展电子出版物，并强化版权意识。

第二，新兴产业要异军突起。新兴文化产业形态，是文化产业转型升级的切入点和生长点。如果能够培育出新兴业态的龙头企业，那么将直接改变河南现有的产业布局。如安徽省的"科大讯飞股份有限公司"入选第七届"文化企业30强"，便直接宣告了安徽新兴文化产业形态的崛起。当然，选择培育的新兴业态企业，必须对企业现有技术能力、人才储备、产品市场前景等进行深度论证，不可盲目投资发展。并且，应当避免各地市在选择新兴业态时的重复建设，盲目竞争，必须进行统筹规划，统一布局。

第三，特色产业要持续壮大。河南发展文化产业，具有丰富的传统文化资源作为支撑，从而可以由此壮大特色文化产业。钧瓷、汝瓷、汴绣、安绣、唐三彩、宝丰魔术、濮阳杂技等相关文化企业，充分发掘传统资源，积极与当代文化消费需求相对接，形成了河南文化产业中一道特色风景。但这些企业要保有在市场中的竞争力和占有率，必须要形成品牌、培养领军人物、创作当代精品，避免同行恶性竞争、低水平重复发展和固守传统吃老本。

（二）根本改善文化产业的人才结构

当前无论在中国还是其他国家和地区，文化创意产业发展的最关键的制约瓶颈便是缺乏优秀的创意。河南文化产业要调整产业结构，要实现转型升级，首要任务便是从根本上打破高端文化人才不足的瓶颈。而要根本改善人才结构，需要兼顾好三个层面。

首先，行业人才结构。河南文化产业行业结构调整之所以步履维艰，关键在于人才行业分布的严重失衡。新闻出版、广播电视、传统工艺美术等行业人才占据比重较大，而动漫游戏软件开发与设计、数字内容服务、会展策划与设计等行业的人才则十分不足。

其次，人才层次结构。从现有文化队伍的学历、职称、从事职业工种等来看，整体学历层次偏低，中初级职称占据绝大多数，产业链条末端从业者居多。而文化产业的带动力却主要集中在高端创意人才之中，集中在产业链条的初始端。所以，高端文化人才成为各地竞相争夺引进的对象。

最后，人才类型结构。若根据文化人才在文化产业相关活动中所从事的具体活动类别来看，高端创意人才、先进技术人才、高级营销人才、复合型管理人才等属于紧缺人才，而基层操作人才、基础服务人才则较为充裕。人才队伍结构的调整只有兼顾到类型结构，才能够完善文化产业链条，并有能力优化产业链条，形成良性循环。

（三）内在优化文化产业的投资结构

如何在有限的资金投入下实现文化产业的最大发展，已成为河南发展文化产业所亟待解决的问题。而首要的是，在资金增加幅度不大的情况下，就必须优化文化产业投资结构：一方面，要优化资金来源结构。政府可以通过设立扶持基金、奖励基金、税收优惠、土地划拨等来支持文化企业的发展。除了财政资金之外，更要追求资金投资渠道的多样化，鼓励银行、信托公司、风险基金公司等金融实体，加大对文化企业或文化项目的投资力度；优化产业项目，通过股份制、合资制等方式由项目带动招商引资。投资主体、投资渠道的多元化，才能增加投资额度，尽可能充分满足文化产业发展的资金需求。另一方面，则要优化资金去向结构。资金要满足龙头企业跨越升级的需要，要满足培育壮大新兴业态的需要，要满足特色产业提升的需要。而要达成此目标，对于财政资金，可以根据政府的战略规划统筹安排；对于社会资金、民间资本等，则可以通过优惠政策、项目设置等措施引导。

（四）全面升级文化产业的技术水平

河南文化产业在实际发展过程中，长期受制于技术瓶颈的束缚，传统产业形态技术含量不高，新兴产业形态则主要处于跟随状态，且竞争力弱。要提高技术对河南文化产业发展的贡献率，应采取以下措施：第一，要根据战略调整需要和产品提升需要，有针对性地引进先进技术手段；第二，可以直接引进一流的技术设施，建立文化产业技术基地，培育新的产业形态，但要确保在一定时期内的技术领先地位；第三，加大文化科技研发资金的投入，建立文化技术实验室，招揽一流的技术创新人才，集中寻求个别文化产业技术创新与突破，占得技术先机；第四，强化现有文化技术人才的培训与进修等，促进技术设备的更新换代。

整体而言，河南文化产业的发展已经超越了初级阶段，粗放型的发展模式已经不能有效推动产业发展、提升产业水平，必须向集约型的内涵式发展迈进。所谓内涵式发展，便是依据产业经济发展的相关规律，对文化产业内部生产要素进行优化组合升级，对产业结构进行调整与整合，以提高文化产品的竞争力为核心，谋求文化产业实现实质性跨越式发展。河南文化产业通过内涵式发展道路，可以尽快达成向支柱性产业转换的目标，并依托文化产业自身的发展来谋求优秀传统文化的传承和当代文化的建设，推动中原文化的大繁荣和大发展。

参考文献

[1] 梁君：《区域文化产业升级机制与路径》，广西师范大学出版社，2016。
[2] 方彦富等：《当代文化产业转型与创新》，江苏大学出版社，2016。
[3] 王志标：《文化产业投入占用产出研究：以河南省为例》，社会科学文献出版社，2016。
[4] 胡惠林、单世联编《新型城镇化与文化产业转型发展》，上海人民出版社，2014。

专题研究篇

Special Researches

B.16 建设全球华人根亲文化圣地是构筑全国重要文化高地的着力点

李立新[*]

摘 要: 河南省第十次党代会提出了近年河南文化建设的新目标,即"加快构筑全国重要的文化高地",在文化方面河南可以在全国领先的当属丰厚的历史文化资源,尤其是根亲文化资源,最可能成为全国文化高地的当属"全球华人根亲文化圣地",所以建设全球华人根亲文化圣地是构筑全国重要文化高地的着力点。在当下建设全球华人根亲文化圣地具有重大意义,河南在这方面拥有雄厚的资源优势和现实基础。应从中原文化标志符号的确立、民间姓氏宗亲活动的规范、对外传播与招商、促进根亲文化游和根亲文化

---

[*] 李立新,河南省社会科学院文学研究所副所长、研究员,主要研究方向为文字学和文化学。

建设全球华人根亲文化圣地是构筑全国重要文化高地的着力点

文创产品研发等方面着力,把河南打造成为全球华人根亲文化圣地。

关键词: 全国重要文化高地 全球华人根亲文化 抓手

中国共产党河南省第十次党代会提出"加快构筑全国重要的文化高地"的宏伟目标,并提出要加快建成全球华人根亲文化圣地。而在此前的2016年9月30日,河南省委省政府颁发了《华夏历史文明传承创新区建设方案》,提出了五个战略定位,第一个便是全球华人根亲文化圣地。河南这些文化目标定位的确立,和习近平总书记近来强调的文化自信相一致。全国重要的文化高地,中心词是高地,高地只有在对比的语境下才有意义,这就需要首先确定河南的优势文化资源,并加以大力开发,发挥其最大潜能,从而促成全国重要文化高地的构筑。要实现构筑全国重要的文化高地的目标,加快推进实施《华夏历史文明传承创新区建设方案》不仅是必由之路,也是一个重要的抓手,而建设全球华人根亲文化圣地则是重中之重。

一 河南建设全球华人根亲文化圣地的重要意义

河南历史悠久、文化灿烂,是中华民族和华夏文明的发源地,孕育了博大精深的中原文化,厚重的历史文化资源是河南最大的文化优势,不仅是河南构筑全国重要的文化高地的自信和底气所在,也是河南构筑全国重要的文化高地的突破口和着力点。而在河南丰厚的历史文化资源中,根亲文化资源最具特色,也是尤其重要的一部分,实施全球华人根亲文化圣地建设工程,时不我待,迫在眉睫。根亲文化是河南独有的优势资源,对于海内外华人具有强烈的吸引力和凝聚力,蕴含着巨大的社会效益和经济效益,省委省政府正式提出实施全球华人根亲文化圣地建设工程,必将对构筑全国重要的文化高地,在实现中华民族伟大复兴中国梦让中原更出彩中发挥积极作用。

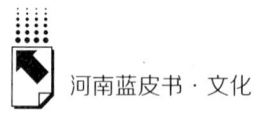

（一）建设全球华人根亲文化圣地是增强中华民族文化凝聚力的重要载体

自改革开放国门打开以来，海外华人到河南寻根谒祖活动掀起了一个又一个高潮，成为河南对外开放的一个窗口，多年来，海内外华人逐步形成了"寻根到中原""河洛是故乡""根在中原""老家河南"的文化认同。中华民族是一个特别注重血脉传承，拥有强烈尊祖敬宗、报本反始传统的民族，根亲文化在全球华人之中拥有极高的认同度，具有强大的感召力。充分挖掘根亲文化内涵，可以提振中华民族文化自信，增强凝聚力和向心力，为构建全球华人共有精神家园和心灵故乡搭建一个富有亲和力、包容性的柔性平台。

（二）建设全球华人根亲文化圣地是扩大中原文化美誉度和影响力的重要渠道

近年来，海内外华人寻根热持续升温，2012年，在首届全球根亲（客家）文化盛事颁奖大典上，评出了"全球华人最向往的十大根亲文化圣地"和"全球最具影响力的十大根亲文化盛事"。河南省淮阳县、新郑市、洛阳市、开封市、固始县被评为"全球华人最向往的十大根亲文化圣地"，郑州市承办的新郑黄帝故里拜祖大典、商丘市承办的商丘国际华商节荣获"全球最具影响力的十大根亲文化盛事"的称号。充分利用河南丰厚的根亲文化资源，通过其特有的文化亲和力和感召力，进一步增强海内外华人对中原文化的认同感、归属感，进一步扩大中原文化在海内外的美誉度、影响力，积极宣传推介河南，为河南全面建成小康社会、在实现中华民族伟大复兴的中国梦进程中更加出彩，提供良好的文化环境和有力的文化支撑。

（三）建设全球华人根亲文化圣地是实施开放带动主战略的助推器

中共河南省第十次党代会报告提出"实施开放带动，推动中原腹地成为开放前沿"。建设全球华人根亲文化圣地，可以说是河南实施开放带动战略最切实有用的抓手。比如号称中国吉普赛人的客家人,古代就是从中原迁出的,自称"河洛郎",认定"根在河洛",河南是他们心中永远的故国家园,他们人口有数千万之众,遍布世界各个角落,掌握着巨大的财富,是河南海外招商引资的潜在客户群体。依托河南的根亲文化优势,开展以文促商的大公关战略,吸引更多的海内外企业家到河南投资兴业、捐助公益,促进河南对外经贸交流合作;吸引更多的海内外华人到中原寻根谒祖、观光旅游,推动河南文化旅游产业的发展;以寻根为抓手,挖掘更多的人脉资源,实现优势文化资源的创造性转化和创新性发展,将文化软实力转化为经济硬实力,推进开放带动主战略的实施,加快河南经济社会文化全面发展。

(四)建设全球华人根亲文化圣地是统战工作的重要抓手

实现中华民族伟大复兴的中国梦,需要汇聚全球华人的力量。华人华侨漂流在外,故国的一切或已渐行渐远,但是血缘姓氏却把他们与祖地联系在一起,根亲文化是他们和祖地人民拥有的共同文化基因。根亲文化属于民间文化的一种,它的非意识形态属性使其更具亲和力和感召力,凭借根亲文化所产生的强大的向心力和凝聚力,吸引港澳台同胞、海外侨胞来河南寻根谒祖,通过寻根、育根、培根,加强海内外华人华侨和祖国的联系,建立更为广泛和稳定的爱国统一战线,促进祖国和平统一大业,共筑中华民族伟大复兴的"中国梦"。

(五)建设全球华人根亲文化圣地是传播社会主义核心价值观的良好渠道

当今社会,全民精神道德塑造、理想信念的确立变得越来越急迫,而通过根亲文化中对家风家训家规的挖掘、传承与弘扬,可以说是社会主义核心价值观入脑入心的捷径。因为传统文化根植于国人的血脉之中,最容易被唤醒被激发。根亲文化中的家风家训家规,剔除其封建性的糟粕,在很多方面和社会主义核心价值观是相契合的,传承弘扬诸如礼义廉耻、忠孝节义等根亲文化中的核心理念，有利于社会主义核心价值观内化于心、外化于行，可以达到春风化雨、润物无声的良好效果。

二 河南建设全球华人根亲文化圣地的现实基础

河南作为根亲文化资源大省，无论是资源禀赋，还是文化开发方面在全国都处于绝对领先地位。

（一）根亲文化是河南特有的文化资源

河南是中华文化发祥地。一是中华农耕文化发轫于河南。无论是文献记载的伏羲氏作网罟、神农氏制耒耜、嫘祖始蚕丝，还是裴李岗文化、仰韶文化、龙山文化等新石器时代遗址考古发现的大量石质农具、农作物标本，以及殷墟甲骨文中大量农业技术和农业历法的记载，都证明了这一点。二是中国城市文化滥觞于河南。郑州西山发现的五千多年前的仰韶文化城址，是中国城市的先声；龙山文化时期，城邦林立，协和万国，已发现有登封王城岗、淮阳平粮台、新密古城寨等十余处古城址；夏商时期的偃师的二里头文化、郑州商城、偃师商城，安阳殷墟，书写了中国青铜时代城市文化的华章；汉魏隋唐洛阳城、北宋东京城展现出中国封建社会城市文化的繁荣。三是汉字起源并发展于河南。文字与城市、青铜器、礼仪建筑被称为文明四要素，汉字是中华文化的重要载体，中华文明的显著标志。从河南舞阳裴李岗文化贾湖遗址发现中国最早的契刻符号，到安阳殷墟出土中国最早的汉字体系甲骨文；从黄帝史官仓颉造字，到李斯规范书写"小篆""书同文"，到许慎编写出世界第一部字典《说文解字》，再到活字印刷术和宋体字的发明和使用。这些中国文字学史上的重大事件都发生在河南。四是中国思想文化的源头和核心在河南。从"河出图"，"洛出书"，伏羲画八卦，到"文王拘而演周易"；从周公制礼作乐，到儒家、道家这两个对中国影响最大的思想体系的创立，到法、墨、纵横、杂家等诸子文化，均孕育盛行于中原，构成了中华传统文化的元典内蕴和重要精神内核。五是中国商业文化发源于河南。"商"字来源于历史上的商族,商族的先公王亥开创了"商业"的先河,是中华民族的商业鼻祖。"子产盟誓""弦高犒师""郑人买履""人弃我取、人取我与""待价而沽""陶朱公"等商业典故均出自先秦时期的河南,涌现了商圣范蠡、儒商子贡、白圭、吕不韦等著名商人和商业理论家。六是中国道教、外来的佛教等宗教文化发端于河南。中国文化的根底在道教,老子被尊为道教鼻祖。登封中岳庙、济源的王屋山等是中国道教的圣地。河南洛阳白马寺是中国佛教的发源地,龙门石窟是佛教三大艺术宝库之一,嵩山少林寺是禅宗祖庭,开封相国寺是净土宗祖庭。玄奘法师是河南偃师人,也是唯识宗创始人。七是中国古代科技文化的重要源头在河南。发现于仰韶文化时期濮阳西水坡遗址出土的蚌塑龙虎图案,是中国最早的天象图;《夏小正》是见于记载的中国最早的历法;东汉张衡发明地动仪、浑天仪;唐代河南人僧一行进行了世界上首次子午线实测活动;元代郭守敬设计的登封观星台,是我国最早的天文台。河南历史上还在青铜铸造、冶铁、陶瓷、中医等方面长期居于中国领先地位,尤其是代表中国古代杰出科学成就的"四大发明",均发轫于中原。

河南是中华民族发祥地。一是中国古史传说的著名人物如伏羲、女娲、燧人、炎帝、黄帝、祝融、共工、颛顼、帝喾、尧、舜等,这些中华民族的人文始祖大都出自中原或建功立业于中原。二是在依人口多寡排序的前300个中华大姓中,就有171个起源于河南,河南是中华姓氏最重要的起源地。三是河南历史上长期居于中国政治经济文化中心,名人辈出,群星灿烂,河南的历史名人资源极其丰厚。可以说,中华民族的血脉之根在中原。

(二)河南根亲文化的开发利用成绩斐然

20世纪80年代,寻根热在中国兴起,河南作为众多姓氏的起源地,成为海内外华人寻根谒祖的主要目的地,河南根亲文化的研究、开发、利用因此取得了很大的成绩。

一是姓氏文史研究机构纷纷成立,确立了组织保障。成立于1995年的河南省姓氏文化研究会,负责全省姓氏研究的组织和指导工作,下设60多个单姓分支研究机构。河南省姓氏文化研究会成立20余年来，开展了卓有成效的工作，促进了河南姓氏根亲文化健康有序的发展。河南省炎黄文化研究会和河南省客家联谊会，也均有20余年的历史，在各自的领域做了大量的工作。此外，各地市县还纷纷成立了具有地方特色的姓氏、名人、文史研究机构，"荥阳市人民政府世界郑氏联谊中心""濮阳县张挥公园管理处"等姓氏文化研究机构还成为政府单列机构，为河南姓氏根亲文化的研究开发提供了相当完备的组织保障。

二是根亲文化研究硕果累累，奠定了理论基础。河南姓氏文化研究成绩斐然，成为全国姓氏文化研究的主要基地。国内姓氏文化的专家主要集中在河南，出版了一大批研究成果，比如由谢钧祥主编的《中原寻根：源于河南千家姓》，对起源河南的姓氏进行了全面的梳理。而由河南省社会科学院主持编纂的《中华姓氏河南寻根》一书，共涉及起源于河南的80个大姓，全书280多万字，图文并茂、雅俗共赏，是河南姓氏文化研究的集大成之作，为河南根亲文化的开发利用奠定了坚实的理论基础。

三是研究联谊活动风生水起，扩大了河南影响。在对张、刘、宋、鲁、詹、郭、杨、许、谢、叶等单姓姓源分别进行研讨的基础上，1996年，由河南省姓氏文化研究会的前身河南省中原姓氏历史文化研究会主办，在郑州召开了"首届豫闽台姓氏源流国际研讨会"。2003年，"世界客属第十八届恳亲大会"在郑州召开，来自20多个国家和地区的155个客属团体的2600余名客家人与会，盛况空前，成为海外华人中原寻根活动的一个高潮。2014年，"世界客属第二十七届恳亲大会"在开封成功举办。张姓、刘姓、谢姓、杨姓、范姓、钟姓、温姓等单姓的世界性恳亲大会在河南各地频频召开。新郑黄帝故里拜祖大典，周口中华姓氏文化节，中原（固始）根亲文化节，桐柏、泌阳祭祀盘古的盘古会，淮阳太昊陵庙会、鹿邑老子庙会，无不风生水起，有声有色。这些活动吸引了大批海外华人踊跃参加，增强了中原文化的吸引力和影响力。

四是根亲文化景观建设如火如荼，促进了河南文化旅游事业。为适应海内外华人到河南寻根谒祖的需要，各姓祖地也纷纷建设或修葺根亲文化建筑景观，为海内外华人提供寻根拜祖的场所。如荥阳市的郑氏名人苑、濮阳县的挥公园、卫辉市的比干庙、鹿邑县的世界李氏大宗祠、潢川县黄国故城古黄国历史文化陈列馆、上蔡县蔡叔度陵园和蔡仲陵园、鲁山县刘累陵园、邓州市邓国春秋园，等等。在《华夏历史文明传承创新区建设方案》中还列有"中华姓氏文化园"项目，建成后将成为河南根亲文化的地标性建筑。

五是海内外投资纷至沓来，促进了经济发展。随着海内外华人对根在中原、老家河南的文化认同，来祖地河南的华人企业家、实业家越来越多，他们或捐助做公益，修建医院、道路、桥梁、学校，如印度尼西亚爱国华侨、慈善家、纺织大王宋良浩先生，自2000年到宋姓祖地商丘市寻根谒祖之后，不仅斥资修建了宋氏始祖微子祠，还陆续向商丘市无偿捐资2亿多元，极大地推动了商丘市教育事业和其他公益事业。再如著名台商王任生先生，他是河南新安县人，在河南投资创立了丹尼斯百货，取得了巨大的成功，不仅为河南创造了大量就业机会，甚至改变了河南人的生活方式。著名豫籍台湾教育家王广亚博士在河南创办了郑州升达经贸管理学院和郑州成功财经学院，引进先机教育理念和管理模式，极大促进了河南的教育事业。

三 河南实施全球华人根亲文化圣地建设工程的建议

虽然河南的根亲文化研究与开发工作取得了很大成绩，但还存在着民间热、政府冷、吆喝多、回报少、个案火爆、整体杂乱等问题。实施全球华人根亲文化圣地工程，应从以下六个方面着力。

（一）加快确立一批中原文化标志符号

根亲文化是中华优秀传统文化的重要内容，是中华民族瓜瓞绵绵、薪火相传的标志和保障。根亲文化的核心在于"根"，既包括中华民族的血脉之根，也包括其文化之根。中华儿女正是对于共同祖先的宗教般崇敬，产生了"根"的文化认同，进而产生了"亲"的情感共鸣，并由此形成了中华民族强大的向心力、凝聚力。河南作为中华民族的文化之源和血脉之根，在历史上是中华民族元典文化、精神文化和许许多多物质文明的原创地，形成了数不胜数的标志性文化符号，比如始祖文化、姓氏文化、古都文化、农耕文化、礼制文明、商业文化、科技文化、河图洛书、周易八卦、甲骨文，以及盘古开天辟地、女娲抟土造人、夸父追日、大禹治水、愚公移山、红旗渠精神，等等，均承载着中华民族的精神基因，传递着中华民族的智慧密码，是引发全球华人共鸣的文化因子，是连接海内外华人对老家河南魂牵梦绕的血缘脐带，是值得我们继承和弘扬的精神财富。这些文化符号需要用具体物化的项目去承载去呈现，为此，河南要筹建和进一步打造中华姓氏文化园、中华人文始祖纪念堂、河洛文化园、各个单姓的世界大宗祠、中原民俗博物馆、中原古民居博览园、各古都遗址公园、中国文字博物馆等中原文化展示基地，此类文化项目还没实施的要加紧推进建设，已经建成的要进一步打磨提升，尽快形成一批中原文化的标志性符号、核心吸引物、知名品牌和亮丽名片。

（二）激发社会力量兴办姓氏根亲文化

古语说"衣食足而知礼仪"，盛世立碑、盛世修庙、盛世编谱，随着我国经济高速发展，国人在基本解决温饱问题之后，文化上的追求愈来愈彰显，民间姓氏宗亲文化活动日益繁盛，宗亲联谊、编家谱、修祠堂在民间大行其道。河南省目前有五支力量在从事姓氏根亲文化的研究与联谊工作，主要是民间或者半民间性质的。一是河南省姓氏文化研究会，是河南省的一级法人社会团体，业务主管部门是河南省社会科学院，该学会已成立20余年，是河南姓氏文化研究与联谊工作的主要组织者和主导者。二是中国河洛文化研究会。秘书处设在河南省政协。在省内外主办了14届河洛文化学术研讨会，出版了一大批河洛文化研究著作。三是河南省炎黄文化研究会。主要筹建了郑州黄河游览区炎黄二帝巨塑，成为河南根亲文化的重要文化符号，并召开了一系列研讨会，出版了一批高质量研究成果。四是河南省炎黄姓氏基金会。主要着力于《中华姓氏文化大典》的编纂工作。五是河南省华夏姓氏博物馆，是河南省一级法人民办非企业单位，主要从事华夏姓氏博物馆的规划和筹建工作。另外一些单姓姓氏组织依靠宗亲力量，在各地开展了一些大型活动，修建了体量宏大的祠堂，编修了规模庞大的联谱，比如荥阳郑姓、鹿邑李姓、鲁山刘姓、濮阳张姓、卫辉林姓、潢川黄姓、上蔡蔡姓、邓州邓姓、偃师丘姓、登封许昌许姓等。应该说河南省姓氏根亲文化研究开发取得的成就是非常可观的，发展的基础是非常雄厚的，但是大多是以民间为主导在开展各项工作，难免出现这样那样的问题，需要政府出面予以统筹协调，引导规范，促进激发。

（三）进一步提高中原文化的知名度、美誉度和亲和力

河南省多年来形成了一批以根亲文化为主题的节会活动，成为"请进来"的良好平台，比如新郑黄帝故里拜祖大典、中原（固始）根亲文化节、商丘国际华商文化节、洛阳牡丹花会、开封菊花花会、淮阳太昊陵庙会、浚县正月庙会，以及不定期举办的中国姓氏文化节、世界客属恳亲大会、各个单姓的世界宗亲恳亲大会，等等，吸引了大量海内外华人到河南来寻根谒祖、观光旅游，促进了河南的对外开放和经济文化发展。相对于"请进来"，"走出去"比较薄弱，数年前开展的"中原文化走出去"系列活动轰轰烈烈，取得了明显成效，但是近几年，此类专题对外文化传播活动有些沉寂。河南省姓氏文化研究会连续两年组团到泰国、新加坡、印度尼西亚、马来西亚和当地的华人侨领及宗亲社团进行了交流和联谊，受到了他们热烈欢迎和热情接待，感受到他们对中原文化、姓氏文化相当熟悉，对祖籍国和中华传统文化高度认同，和祖根地沟通、合作的意愿相当强烈。河南省姓氏文化研究会还和马来西亚华人姓氏总会联合会签订了合作谅解备忘录。对于河南省"走出去""请进来"的平台建设，一是对已有的平台要进一步挖掘提升，如黄帝故里拜祖大典2016年第一次筹办了黄帝故里中秋拜祖音乐大典，由中央电视台承包操办，高起点高规格，美轮美奂，是每年三月三拜祖大典的拓展和创新，相信以后如果坚持下去，会成为另外一个良好平台。二是荒废的平台要恢复，比如"中原文化走出去"系列活动。三是对于新形势下需要搭建的新平台，要加快推进。比如正在筹建的国家级大数据综合试验区，应有中原文化的一席之地。建议在黄帝故里拜祖大典活动中筹办"黄

帝与根亲文化高层论坛",参照福建省主办的作为"海峡论坛"一部分的"海峡百姓论坛",一年一度办下去,形成新的根亲文化研究平台。

(四)打造平台吸引海内外华人到中原祖地捐助公益、投资兴业

中国人以其特有的聪明才智、吃苦耐劳和勤俭节约的品性,走出国门之后,在世界各地取得了辉煌的成功,掌握了巨大的财富。而尊祖敬宗、报本反始的祖先崇拜正是中国人的传统。在经济活动中,人是最主要的因素。通过根亲文化活动,河南近年来吸引了不少海内外华人到祖地来捐助公益、投资兴业。除了前文提到的印度尼西亚华侨宋良浩,还有旅菲华侨、著名慈善家黄如论先生,也在河南有大手笔的无偿捐助,他捐资3亿元在郑州市建成了中原文化艺术学院,在黄姓祖地潢川捐建了古黄国历史文化陈列馆、在固始捐建了黄氏大宗祠和根亲博物馆等。河南此类事例还有很多,说明老家河南作为大多姓氏的起源地,对海内外华人有强烈的吸引力、感召力和亲和力,要组织专家精心论证,认真规划,建立相关的项目库,并展开广泛的宣传推介活动,使祖根在河南的海内外各姓氏宗亲,到河南来投资兴业,助推河南小康社会建设。

(五)打造海内外华人寻根谒祖的承载地和观光旅游的目的地

应着力打造桐柏和泌阳的"中国盘古之乡"和"中国盘古圣地",淮阳太昊陵,新郑黄帝故里故都、新密黄帝宫、灵宝黄帝铸鼎原、沁阳神农祭天坛、柘城朱襄陵、淮阳五谷台、内黄颛顼、帝喾二帝陵等人文始祖遗迹,形成华人人文始祖祭拜游;着力打造荥阳郑氏、淮阳陈氏、濮阳张姓、鲁山刘姓、叶县叶姓等单姓起源地,以及颍川陈氏、陈郡谢氏、弘农杨氏、汝南许氏等姓氏郡望地,形成各姓氏宗亲寻根谒祖游;着力打造偃师客家先民首次南迁出发地和丝绸之路东方起点、开封珠玑巷、光州固始等这些历史上的移民集散地,形成海内外华人的寻根圣地游;着力打造老子、庄子、墨子、范蠡、商鞅、李斯、贾谊、杜甫、白居易、李商隐、岳飞、吉鸿昌、杨靖宇、张衡、一行、玄奘、李诫等历史文化名人的名胜古迹,形成历史文化名人故

里游；着力打造登封少林寺、温县陈家沟等武术圣地，形成功夫文化游，使河南成为海内外华人寻根谒祖的承载地和观光旅游的目的地。

（六）加强姓氏根亲文化产品的研发和推广

河南是文物资源大省，尤以地下文物为胜，居全国第一位。但是根据我国文物工作的十六字方针，即"保护为主、抢救第一、合理利用、加强管理"，文物保护是第一位的，从而限制了文物资源的开发利用。习近平总书记一向重视文物工作，既强调文物的保护："保护文物功在当代、利在千秋""像爱惜自己的生命一样保护好城市历史文化遗产"，又强调文物的开发利用："让文物活起来""在保护中发展、在发展中保护"。要让死的文物活起来，就要牢固树立创意无限、内容为王的理念，巧妙利用历史文化资源的内容，创意生产出大众喜闻乐见的文化产品。与河南资源禀赋接近的陕西在这方面做出了很多成绩，如根据财神赵公明是周至县人这一文化元素，创建了赵公明财神文化景区；西安大雁塔景区、宝鸡法门寺景区等都是利用历史文化资源的经典之作。早在2010年，中国创意产业之父厉无畏给河南文化创意产业开出的三个药方：一是要再现场景，加入时尚元素；二是编好故事，活化历史；三是提炼符号，打造品牌。直到今天，他的建议仍旧是最对症、最切中肯綮的。

参考文献

[1]《河南省委省政府关于印发〈华夏历史文明传承创新区建设方案〉的通知》，2016年9月30日。

[2] 谢伏瞻：《深入贯彻党中央治国理政新理念新思想新战略 为决胜全面小康让中原更加出彩而努力奋斗——在中国共产党河南省第十次代表大会上的报告》，《河南日报》2016年11月7日。

[3] 李立新：《发挥中原根亲文化优势研究》，《河南文化发展报告》，社会科学文献出版社，2013。

B.17
"一带一路"背景下中原文化"走出去"研究

卫绍生[*]

> **摘　要：** 河南省加快构筑全国重要的文化高地，不仅需要持续不断地推进社会主义核心价值体系建设、现代公共文化服务体系建设、现代文化产业体系建设和现代文化市场体系建设，而且需要积极融入国家"一带一路"战略，发挥郑州航空港经济综合实验区和中欧班列等连通中西、辐射八方的作用，强化文化产品内容生产，加强文化交流和贸易的渠道载体建设，在推动中原文化"走出去"方面迈出更大的步伐。
>
> **关键词：** 中原文化　文化交流　文化贸易　文化高地

　　自河南省第八次党代会提出建设文化强省的发展战略以来，河南省始终把文化建设作为全面建成小康社会的重要内容，持续不断地推进社会主义核心价值体系建设、现代公共文化服务体系建设和现代文化市场体系建设，使河南完成了从文化资源大省向有影响的文化大省的转变。河南省第十次党代会对河南的文化建设提出了新要求，明确了"加快构筑全国重要的文化高地"的战略目标。要实现这一战略目标，不仅要强力推进"三个体系"建设，而且要积极融入国家"一带一路"战略，加大中原文化"走出去"步

---

[*] 卫绍生，河南省社会科学院文学研究所所长、研究员，主要从事中国文学和文化学研究。

伐，以中原文化"走出去"助力"加快构筑全国重要的文化高地"战略目标的实现。

一　中原文化"走出去"的当代实践

为深入贯彻落实党中央推动文化大发展大繁荣、建设社会主义文化强国的战略部署，河南省大力加强文化建设，积极实施中原文化"走出去"战略，中原文化的知名度明显提升，中原文化在海外的影响力显著增强。

改革开放以来，随着电影《少林寺》在海外的上映，许多海外人士通过《少林寺》了解到中国腹地有一个古老的省份河南。但当时人们对河南的认知仅仅停留在以少林武术为代表的中国功夫上。新世纪以来，尤其是河南省第八次党代会以来，为实现建设文化强省的战略目标，河南省大力推动中原文化"走出去"，在功夫文化、表演艺术、版权贸易和工艺美术品出口等方面取得了显著成就。

以少林武术和太极拳为代表的中原功夫文化走向世界。少林武术和太极拳是中原文化"走出去"的典型代表。早在20世纪80年代，因《少林寺》的热映，少林武术受到了世界的关注，并从此开始了与世界文化的交流互鉴之旅。经过近30年的发展，少林寺如今已经在世界各地建立起了少林寺文化中心、少林寺分院或少林功夫研修中心等30多个，世界各地自发成立的少林文化机构近10万个，少林功夫学员和少林文化爱好者多达6000万人，包括俄罗斯总统普京在内的世界政要也已经成为少林文化的爱好者，少林文化的影响力达到了前所未有的高度。发源于河南温县陈家沟的太极拳，与少林功夫并称中国功夫的"双璧"，也是在20世纪80年代，开启了与世界文化的交流互鉴之旅。1982年，陈氏太极拳大师陈正雷和王西安开始到日本传授拳艺；1987年，陈氏太极拳大师陈小旺、王西安分别到东南亚和欧洲传授拳艺。陈氏太极拳以其圆融和谐、动静合一、刚柔并济的内涵和简便易学、老少咸宜的特色，深受世人的喜爱，很快在世界各地传播开来。尤其是在2006年太极拳入选首批国家级非物质文化遗产名录之后，河南省加大了对太极拳的宣传推介，太极拳遂与少林武术一道，成为中原文化走向世界的两大名片。目前，已经有70多个国家和地区建立了太极拳团体组织，太极拳爱好者近3亿人。以少林功夫和太极拳为代表的功夫文化，让世人见识了中原文化的博大精深，促进了世界人民对中原文化的认识和了解，提升了中原文化的世界影响力。

以杂技和戏曲为代表的演艺文化传递着中原精神和中原技艺。以濮阳杂技和周口杂技为代表的河南杂技艺术，借助商业演出和对外文化交流等渠道，走出国门，走向世界。成立于2005年的濮阳豪艺杂技（集团）有限公司曾先后出访美国、加拿大、新加坡等国家，并拥有美国迪士尼、海洋公园，日本大阪环球影城，德国国家马戏团等固定演出场所；2005年11月成立的濮阳华晨杂技集团有限公司，曾先后出访美国、俄罗斯、日本、韩国、法国、德国、意大利等40多个国家和地区。这两家公司都被评为"国家重点出口文化企业"。周口杂技近年来亦频频在世界舞台上露面，项城市越野杂技团有限公司从俄罗斯、乌克兰等国家引入专业表演团队和国内业界顶尖人才，融新型杂技与马戏表演于一体，让新型杂技登上了世界杂技舞台。河南是戏曲大省，豫剧、曲剧、越剧等传统剧种至今在省内国内仍有广阔市场。豫剧是河南戏曲走向世界的开路先锋，借助"中国戏剧节"、"中国文化节"和"中原文化海外行"等渠道，把中原文化传播到世界各地，许多剧目如《清风亭上》《程婴救孤》《朝阳沟》等，受到国外观众的热烈欢迎，让世人通过豫剧对中原文化有了进一步的认识和了解。正如有文章指出的那样，"近几年，豫剧跟随河南卫视、河南豫剧院、台湾豫剧团等演出团体走过了世界诸多国家，如到澳大利亚、意大利、法国、加拿大、委内瑞拉、新西兰、德国、英国、美国、泰国、巴基斯坦等国家演出，被西方人称赞是'东方咏叹调'，'中国歌剧'等"。①

具有浓郁中原文化元素的工艺美术产品行销海外。河南是工艺美术产品

---

① 《豫剧走出国门，被西方人称赞"东方咏叹调"》，http://www.cnr.cn/zgzb/183dwt/zbzy/20160424/t20160424_521967897.shtml。

大省，以钧瓷、汝瓷、唐三彩、北宋官窑为代表的陶瓷产业，以汴绣、安绣为代表的刺绣产业，以平乐牡丹画、天中麦草画、南乐麦秸画为代表的美术产业，以固始柳编为代表的柳编产业，通过各自富有艺术性的产品制作，把中原文化元素传播到世界各地，加深了世人对中原文化的认识和了解。国家级非物质文化遗产固始柳编，是享誉国内外的工艺美术产品，如今已远销美国、德国、意大利、荷兰等国家，全县柳编企业上百家，其产品年出口创汇3亿元，带动10余万人创业就业；洛阳木质工艺品如相框、画框、屏风等，由于设计新颖、工艺精美而受到海外消费者的喜爱，出口到美国、欧盟、澳大利亚等国家，2014年，仅对美国出口额就达514.9万美元，较2013年大幅增长42.3%；2015年，属于国家文化产品重点出口企业的恒达工艺品公司有700多个产品出口到美国、德国、澳大利亚等56个国家和地区。[①] 作为钧瓷重要生产地的禹州神垕镇，有钧瓷生产企业80多家，生产的钧瓷精品远销40多个国家和地区；此外，汝瓷、唐三彩、北宋官窑及其他具有中原特色的工艺美术产品也行销国际，享有较高声誉。

　　传承弘扬中原优秀文化的豫版图书通过版权贸易走向世界。豫版图书在中国出版界一直保持较高的声誉和很好的发展势头，在推动中原文化"走出去"进程中扮演了重要角色。在2009年的法兰克福书展上，中原出版传媒集团参展的中原文化、中华武术、中医养生等参展图书样书，在图书展结束时被抢购一空。在这次法兰克福书展会期间，中原出版传媒集团共达成版权贸易合同139项，其中输出合同32项，仅河南人民出版社的《陈式太极拳》一书，就分别与法国、德国等5国签订了版权输出协议，创造了超乎以往的最好成绩。[②] 中原出版传媒集团于2012年和2013年分别建立了中原文化海外发展澳大利亚中心和柏林中心，2016年又筹建了中亚分中心，通过"中原文化精品海外巡回展"等形式，传播中原文化，推介中原文化，展示新时期的河南形象，努力把中原文化海外发展中心打造成为传播中原文

---

① 参见温小娟《固始柳编走出国门闯市场》，《河南日报》2016年6月22日。
② 参见张体义《法兰克福书展中原武术受欢迎》，《大河报》2009年10月29日。

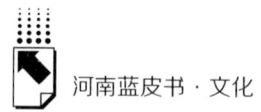

化的中心，对外文化交流和文化贸易的中心，推动中华文化"走出去"的重要阵地。中原出版传媒集团如今已经与法国达高集团、英国博尼尔出版集团、日本宝库社、澳大利亚孤独星球出版公司等建立起长期战略合作关系。中原出版传媒集团的一些图书通过版权贸易输出到亚洲、欧洲和非洲地区，在推动中原文化"走出去"方面取得了积极成效。

据联合国教科文组织统计研究所发布的《文化贸易全球化：文化消费的转变——2004~2013年文化产品与服务的国际流动》，中国早在2010年就已经是文化产品出口第一大国。2013年中国继续位居文化产品出口榜首。其中，超过六成的文化产品出口到亚洲地区，占出口总量的63%。[①] 而河南也为中国成为文化产品出口第一大国做出了应有的贡献。

二 中原文化"走出去"面临的制约因素

河南在中原文化"走出去"方面做出的成绩有目共睹。但是，不论是与博大精深的中原文化相比，还是与河南在华夏历史文明发展史上曾经发挥的重要作用相比，抑或是与河南有影响的文化大省地位相比，中原文化"走出去"的力度、效果和影响还很不够，中原文化的辐射力、影响力还没有充分显现，中原文化的软实力还没有充分发挥出来。究其原因，则是存在着一些制约中原文化"走出去"的现实因素，要而言之，有以下几个方面。

一是渠道不够畅通。目前，中原文化"走出去"的渠道主要有向港澳台推介中原文化的"中原文化港澳行""中原文化宝岛行"，向世界各国推介中原文化的"中原文化海外行"，以及参加国家有关部委在其他国家举办的"中国文化周"等活动。其中由河南主导的中原文化"走出去"活动，只有"中原文化海外行"系列活动，中原文化"走出去"的渠道显得比较单一。

---

① 《我们的文化产品，比想象中走得远》，《人民日报》2016年5月11日。

二是载体不够多样。在海外,中原文化"走出去"的载体,目前主要有中原出版传媒集团筹建的中原文化海外发展中心(包括澳大利亚、柏林和筹建中的中亚三个分中心),少林寺主办的少林文化中心或少林分院,陈氏太极拳传人设立的太极拳馆等,传播的内容主要是豫版图书和中原功夫文化。相对于悠久丰富、博大精深的中原文化来说,中原文化"走出去"的载体平台显然不够丰富。

三是内容不够丰富。从中原文化"走出去"的内容方面来看,目前主要是以少林武术和太极拳为代表的功夫文化,以杂技演艺为代表的杂技和戏曲文化,以钧瓷、汝瓷、柳编为代表的工艺美术产品,部分版权贸易产品,以及中原文物的海外巡回展为主。和丰富多样的中原文化相比较,这仅仅是很小的一部分,不足以展示中原文化的丰富多彩和博大精深。

四是形式有待创新。从中原文化"走出去"采用的形式来看,主要有三种形式。一是政府或官方主导的文化交流,如戏曲演出的港澳行、宝岛行和海外行,中原出版传媒集团的中原文化海外发展中心等;二是获得政府支持的团体或企业以半官方性质对外进行文化交流或文化贸易,如少林寺海外中心、濮阳杂技和周口杂技等;三是一些民营企业以国家重点文化产品出口企业的身份与国外相关企业进行文化产品贸易,如一些钧瓷、汝瓷和柳编企业等。这些传统的文化交流和文化贸易形式,已经远远不能适应互联网时代的变化,亟待加以创新。

五是力度有待加强。近年来,河南省积极推动中原文化"走出去",取得了显著成效。但是,不可否认,与建设文化强省、打造全国重要的文化发展高地战略目标的要求相比,中原文化"走出去"的力度、密度和强度,都与河南有影响的文化大省地位不相称,与文化强省和文化发展高地应该达到的高度还有较大距离,中原文化的海外影响力、辐射力和知名度,还有待进一步提升。

六是创意有待提升。创意是文化之母。中原文化"走出去"需要政策支持,需要好的产品,需要畅通的渠道和丰富的平台,但更需要好的创意。审视中原文化"走出去"的创意活动,总是感觉在创新、创意和创造方面

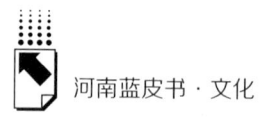

还欠一些火候。即使是在"走出去"方面已经取得明显成就的中原功夫文化和杂技演艺，同样因面临类似的问题而难以实现真正的突破。

三 推动中原文化"走出去"的对策建议

推动中原文化"走出去"，是实现中共河南省委、河南省人民政府印发的《华夏历史文明传承创新区建设方案》确立"打造中华文化'走出去'基地"战略任务的必然要求，也是完成河南省第十次党代会报告提出的"加快构建全国重要的文化高地"战略目标的必然要求，因此，必须高度重视，统筹谋划，积极实施，强力推进。

一是加强中原文化"走出去"的渠道建设和平台建设。渠道建设和平台建设是推动中原文化"走出去"的基础性工作，也是中原文化"走出去"的主要依托。没有畅通的渠道，没有高效的平台，中原文化"走出去"就缺乏桥梁，缺少通道，中原文化"走出去"就难以实现。因此，必须加强渠道和平台建设。首先是积极参与国家重大对外文化交流活动，利用国家在海外举行的"中国文化艺术节""中国文化年"等活动，广泛开展对外文化交流和文化贸易；其次是加强中原文化海外发展中心建设，把中原文化海外发展中心打造成为中原文化"走出去"的重要平台；再次是发挥文化企业和社会团体的作用，积极拓宽对外合作渠道，搭建合作平台，推动民间对外文化贸易和文化中介服务健康发展；最后是加强对已有平台的建设，发挥好海外少林中心（少林分院）和太极拳馆等的作用，把海外少林中心和太极拳馆建成中原文化"走出去"的重要平台。

二是发挥郑州航空港经济综合实验区独特优势。经过三年多的建设，郑州航空港经济综合实验区如今已成腾飞之势。据有关报道，截至2016年3月7日郑州航空港综合经济实验区设立3周年之际，郑州机场客运吞吐量突破1700万人次，货邮吞吐量突破40万吨，跃居全国第八位。郑州航空港经济综合实验区的五大定位即国际航空物流中心、以航空经济为引领的现代产业基地、内陆地区对外开放重要门户、现代航空都市、中原经济区核心增长极,已经初见成效。① 郑州航空港经济综合实验区的快速发展,为中原文化"走出去"提供了难得的机遇。建议充分发挥郑州航空港经济综合实验区的独特优势,设立文化产品跨境贸易中心,连通海内外文化企业,增强对外文化交流,扩大对外文化贸易;依托郑州航空港保税区,设立文化产品与服务出口基地,推动文化交流贸易和文化中介服务。

三是发挥郑洛新国家自主创新示范区的创新优势。中原文化"走出去",需要用新颖独特的表现形式展现中原文化元素,传递中原人文精神,让"走出去"的文化产品和文化服务给国外观众耳目一新之感,从而通过文化交流和文化贸易来扩大中原文化的影响力。这就需要在文化产品的思想内涵和表现形式等方面突出创新意识,丰富文化内涵,创新表现形式,以文化创新推动中原文化"走出去"。2016年3月,郑洛新国家自主创新示范区正式设立。这既是河南自主创新方面的重大机遇,也为中原文化"走出去"提供了强大动力。创新是文化发展的强大动力,也是中原文化"走出去"的强大动力。应充分发挥郑洛新国家自主创新示范区的创新优势,以科技创新为支撑,以文化创新为引领,创新文化产品和服务的内容与形式,创造出更多内容新颖、形式活泼、易于国外观众接受的文化产品,助力中原文化"走出去"。

四是积极融入"一带一路"战略,加强与丝绸之路经济带沿线国家的文化交流和文化贸易。河南是"丝绸之路"的重要发源地,至今还保留有古代"丝绸之路"的诸多相关文化遗迹。郑州、洛阳、开封等是"一带一路"重要的节点城市,在国家"一带一路"战略中具有重要地位。河南应主动融入"一带一路"战略,利用郑州航空港经济综合实验区和中欧班列连通"一带一路"沿线国家的优势,发挥郑州全国性中心城市、洛阳区域性中心城市的经济、文化、交通优势,积极开展与"一带一路"沿线国家的文化交流与文化贸易,把"一带一路"变成中原文化"走出去"的重要通道。

---

① 参见《郑州航空港经济综合试验区建设大事要闻录》,华夏经纬网,http://www.huaxia.com/ytsc/hnyw/2016/03/4753928.html? S = 8g7o5。

五是大力培育外向型骨干文化企业。中原文化"走出去"是政府的事情，也是社会团体和文化企业的事情。自2007年起，国家商务部、财政部、文化部等部门每两年评选一次国家文化出口重点企业和重点项目。截至2016年，河南省已经有包括中原出版传媒投资控股集团、河南省电影电视制作集团、濮阳市华晨杂技集团有限公司等28家文化企业和7个项目入选。这些文化企业，有的是大型国有文化企业，有的是国有控股文化企业，有的是具有一定规模和影响的民营文化企业。应从中选择一些基础好、影响大、产品适宜出口外销的文化企业加以重点扶持，在资金、项目、税收、渠道建设、平台建设等方面给予重点扶持，支持它们做大做强，努力把这些文化企业培育成为推动中原文化"走出去"的领头雁。

参考文献

[1] 张锐、谷建全主编《走向世界的中原功夫文化》，河南人民出版社，2013。
[2] 卫绍生主编《河南文化发展报告（2016）》，社会科学文献出版社，2016。
[3] 张占仓、高友才主编《郑州航空港经济综合实验区年度发展报告（2016）》，社会科学文献出版社，2016。
[4] 吴云：《我们的文化产品，比想象中走得远》，《人民日报》2016年5月11日。

B.18
中原文博会：以自身发展助推河南文化高地建设

靳瑞霞*

摘　要： 中原（鹤壁）文化产业博览交易会自2014年以来已经连续举办三届，参展省市及参展项目数量都呈现出递增势头；参展文化产品类别丰富，艺术水准较高；交易渠道与交易时间也有所创新。三年来，中原文博会有效展示了河南各地市的文化形象，促进了河南各地市的文化交流与学习，开拓了区域文化市场。但与此同时，中原文博会也存在知名度偏弱、文化市场偏小、办会模式较为保守等问题。结合河南省第十次党代会精神，中原文博会应该抓住河南省经济文化大发展的良好机遇，以改革促发展，以自身发展助推河南文化高地建设。

关键词： 中原文博会　展会成效　文化高地

2016年10月12日至16日，第三届中原（鹤壁）文化产业博览交易会（下称中原文博会）在鹤壁市朝歌文化园鹿台阁成功举行。自2014年以来，中原文博会于每年10月举行一次，至今是第三届。三年来，中原文博会已经发展成为中原地区文化交流与文化产品交易的重要平台。2016年10月31

---

* 靳瑞霞，河南省社会科学院文学研究所助理研究员，主要研究方向为文艺学。

日上午,河南省第十次党代会召开,省委书记谢伏瞻在大会上所做的工作报告中提出"三个高地"的建设目标,其中之一是"加快构筑全国重要的文化高地"。文化形象建设、文化精品建设、文化交流与文化产品交易都将是支撑"文化高地"建设的重要内容。那么,以文化形象展示、文化产品推介和文化交易交流为根本内容的中原文博会将是河南省推进"文化高地"建设的重要一环。

一 中原文博会发展势头强劲

(一)参展省份及参展商数量呈递增趋势

中原文博会是中原地区乃至中部地区首个文化产业博览会。在国内,较早较为知名的文化产业博览会主要集中在一北一南,北指北京,南指深圳。北京文博会始于2006年的中国北京国际文化创意产业博览会,每年10月底在北京举行,迄今已连续举办十一届。深圳国际文博会则始于2004年,作为文化部主办的国内首个国际性、综合性的文化产业博览盛会,更是《广东建设文化大省规划纲要》的重要组成部分。区域性文化产业博览会较早的则有中国西部文化产业博览会(即西部文博会),始于2005年,2016年举行的是第八届。以上几个文博会均为国家级规格,均有较为雄厚的经济发展背景,文化市场发展较为充分。中原乃至中部地区历史文化悠久,资源丰厚,文化产业整体发展较为落后。随着近年来的中部崛起,文化建设也不断推进。中原文博会的举行无疑满足了中原地区文化展示、交流、交易的需求。自2014年以来,三届中原文博会都有中原地区多省份市县参加,如山西的长治、晋城,河北的邢台、邯郸,山东的聊城、菏泽等是与中原接壤的临近城市,都有地方特色文化产品过来参展。至2016年第三届时,已经共有5个国家和地区的17个省或直辖市的1200余家参展商和采购商前来参展。逐年递增的参与度一定程度反映了中原文博会的举办不仅合乎地区文化发展需求,而且产生了较大影响。

（二）展品门类丰富艺术水准较高

首届中原（鹤壁）文化产业博览交易会共设 A、B、C、D 四个展馆。包括文化企业展区、工艺美术品及收藏品展区、非遗文化交易展区和创意设计等文化产品综合交易区四个大的场馆展区。来自晋冀鲁豫等的 24 个市，以及河南省 10 个直管县（市），另外还包括河南省省直文化企业的特色文化产品在此进行展览和交易。第二届和第三届都改为 A、B、C 三个场馆。A 馆为城市馆展区，主要展示中原经济协作区文化产业优秀成果，及具有地方特色的各地文化精品，并有技艺高超的传统文化产品及创意文化作品展出，基本代表了参展各地市的城市文化形象。第二届新增了台湾文创主题馆。台湾有 54 家文化企业参展，具体布展为体验台湾、印象台湾、品味台湾、创意台湾、鹤台文创中心 5 个区域。其中的体验区有台湾原住民现场歌舞表演以及现场手工皂制作等文化项目，让观众了解和体验台湾文化。第三届中原文博会则将 B 馆设置为专门的非遗作品展示区，囊括了 16 个省区市的上百种国家级和省级优秀非遗产品。其中河南省参展作品有安阳的安绣作品、焦作的太极文化、濮阳的杂技作品、禹州的晋家钧窑钧瓷作品等独具地方文化艺术特色和民俗风情的精美艺术品，吸引了大量游客参观、询问和购买。郑州主展馆则以"文旅融合、创新发展"为主题，突出展示了历史文化旅游项目和现代文化旅游项目，在文化产品方面，以小樱桃杂志社为代表的 24 家郑州文化企业展出了包括创意设计、多媒体展示、3D 动画电影、郑商瓷、剪纸、手工银制品、密玉手工艺品等 20 余种文化产品。总体来说，文博会展示内容丰富性逐年提升，涵盖非物质文化遗产、工艺美术、影视动漫、书法绘画、体育户外等 20 多个文化产业门类。

（三）"互联网＋"提供线上线下互补的交易渠道

三年来，中原文博会在文化产品展示与交易方式方面积极创新，打破传统文博会会期短对参展商及观众的制约。传统的文博会一般四五天左右的会期，而主办方工作人员及相关部门的联络及筹备时间要远远超过会期，甚至达数月，要调动多个部门来协调运作及准备。四五天后，文博会结束，各方力量瞬间解散。从某种程度来讲，此前投入的人力物力财力尚有未完全释放的潜力。怎样打破传统文博会时效短的限制？第二届中原文博会进行了互联网时代的创新，首次建立了中原文博会官方网站和文化产品电商平台——中原文博商城，并发布手机APP，可以实现线上线下交易互为补充。商城现有文化产品包括书画作品、陶瓷、木雕、玉器、钱币、泥塑、茶具和工艺品等10个大类、75个小类。

中原文博商城依托于文博会建立，但又并不仅仅是服务文博会。文博会结束后，文化艺术品爱好者、普通民众则可以通过中原文博商城来浏览、挑选和购买自己心仪的文化产品。商城提供并及时更新文化艺术品知识、最新文化资讯，并提供文化艺术品展示、拍卖及交易等服务内容。很明显，借用"互联网+"的模式，中原文博会顺利突破传统时效限制，已打造成为永不落幕的文博会。与此相比，第三届文博会则创新了现场展会模式，延长了场馆的展览时间（部分展区的展览时间延长至2017年8月），并在"互联网+展会"的基础上再加"文化旅游"，线上线下互为补充，为中原地区文化企业搭建了更好的合作交流平台。

二　中原文博会成效日益凸显

（一）中原文博会有效展示了河南各地市的特色文化形象

中原文博会从2014年第一届开始，每一届文博会都会搭建各地市形象展馆，既用于交易地方特色文化产品，也在很大程度上用于展示当地文化产业发展成果和文化旅游资源。第一届中原文博会中，各县市就搭建形象展馆41个，充分展示了中原各地市的特色文化资源及文化产品。如三门峡市在首届中原文博会上共有参展企业13家，参展产品包括仰韶彩陶、黄河澄泥砚、银杏毛笔、虢州石砚、陕州剪纸、陕州糟蛋、三门峡书画作品等。该市主形象展馆则以"黄河三门峡，美丽天鹅城"为主题，通过灯箱文化图片展示了三门峡国际文博城、陕州地坑院、灵宝函谷关、虢国博物馆等特色文化资源，另外还陈列展示有老子骑青牛像、黄河澄泥砚等文化产品，向广大观展者展示了该市独特的文化魅力。其他地市也都精心设计了本市的形象展馆，如濮阳市市展馆以龙文化、杂技文化为主线，集中展示了濮阳杂技、通草浮雕、绢绣、刀书画等一批当地特色文化成果，同时还专门组织濮阳杂技现场表演，成为本届文博会的一大亮点。周口市委宣传部则以"三皇故都·文化之乡"为主题对周口的文化形象进行准确定位，并设计搭建了特装展位，共有14家企事业单位、18个参展项目参加展会，囊括了广播影视、文化创意、工艺美术、文化旅游、文化艺术、文化用品等多个文化行业类别，通过视频、图片、文字、实物和实地演艺等多种展示手段，有效宣传了周口丰富的历史文化资源、优势文化产业、优秀文化企业和优质文化项目，生动地展示了该市文化产业的最新成果。第三届中原文博会搭建形象展馆32个，安阳展厅以殷商文化为主题、信阳展厅以红色革命文化为主题、许昌展厅的三国文化主题、濮阳展厅突出杂技文化品牌，等等。逐一逛逛这些独具中原城市特色的展馆，如同欣赏到一幅浓缩的中原文化立体画卷，中原各地市特色文化尽收眼底。

（二）促进了中原地区各地市的文化交流与学习

中原文博会的举办，为中原地区的文化交流打开了一扇门。晋冀鲁豫各地市的共同参与，极大地促进了地区间的文化交流与学习。在首届中原文博会上，山东菏泽电视台受三门峡市文化展品的吸引，专门为三门峡市的文化产品做了一期节目，为三门峡的相关文化产业产品在山东区域的推介起到了良好作用。鹤壁广播电视台则特邀义马银杏笔业有限公司总经理刘春雷现场接受专访，该公司在展会上即成功签订了菏泽、晋城、鹤壁、安阳4个市的销售代理协议。濮阳市在首届中原文博会上的参展项目也荣获了多项荣誉。其中，精品杂技节目《女子造型》、通草浮雕《锦绣前程》以及绢艺作品《蝈蝈白菜》被评为金奖，文化产品刀书画《善》和麦秆画《国色春晖》则被评为精品奖，憨婆婆粗布产品"田园风韵系列"被评为创新奖，通过参展极大地扩大了该市的文化知名度。

第三届中原文博会上,鹿邑县展区设计别致,精心展示了该县民俗文化产品、非物质文化遗产产品以及文化创意产品等10多类自主知识产权和具有地方文化特色的文化精品。包括天地人笔业有限公司的《道德经》套笔、观堂的剪纸和黑陶、虎头鞋虎头帽、顶尚艺术草帽、明新化妆刷、宋河粮液、老子养生酒、观堂麻片等近200件展品。作为老子故里,《鹿邑县旅游指南》及太清宫、明道宫等老子相关景区的简介彩页也供不应求,被争抢一空。老子故里还引起了台湾省云林县唯森纸艺传承人蔡尔荣、卜雅菡等人的关注。蔡尔荣等人表示今后要加强与鹿邑的联系,争取早日来老子故里、道教祖庭参访朝拜,学习道家文化,以丰富唯森纸艺产品类型。中原文博会不仅促进了中原地区间的文化交流,也扩大了中原与外部地区的文化交流与学习。

(三)文化产品的区域文化市场得到开拓

三届中原文博会举办以来,文化产品交易额逐年递增。第二届中原文博会现场交易额已达2.4亿元,至第三届中原文博会,现场交易额增至2.6亿元。参展商和展位均呈递增趋势。首届中原文博会参展项目675个,展位1200个。第二届及第三届中原文博会参展项目增至860多家。第三届中原文博会会期由4天延长至5天,以满足参与者的观展和交易需求。经由第二届的中原文博会确立,于2015年底正式上线的中原文博商城,则为中原地区文化产品的交易量提供了一个便捷的电商平台,也消除了中原文博会的空间壁垒,更好地开拓了中原文化资源及产品的国内文化市场。

具体而言,精心布展的各地市不仅拿到了各项奖项,获得了更广泛的知名度,也拿到了满意的文化产品交易额。以参展首届中原文博会的三门峡市为例,据不完全统计,三门峡文化产品在首届中原文博会展会上的现场交易额突破100万元,签订采购订单80余份,金额1000余万元,达成合作意向12个,参展成效显著。三门峡义马银杏笔业有限公司总经理刘春雷不仅现场接受鹤壁广播电视台专访,对公司产品进行了宣传介绍,并当场成功签订了鹤壁、安阳、菏泽、晋城等市的销售代理商协议。同样，晋冀鲁等地区地市的文化产品也得到了很好的宣传与推介。

三 中原文博会的主要制约因素

（一）知名度还不够高

中国传媒大学文化发展研究院院长范周在接受《中国产经新闻》记者采访时说过："文博会这类展会活动是了解中国文化产业发展现状和文化产品市场情况、进行文化产业技术和信息交流的理想渠道，为中国文化产品的国际采购提供集中的'卖家资源'，实现更快捷、更便利、更低成本采购，是中外文化产业界实现交流与合作的绝佳平台。"[1] 这句话放在中原文博会的举办上同样适用。但是，能实现以上"理想渠道"和"绝佳平台"目标的文博会，必须是获得广泛认可的知名度较大的文博会。2012年，由深圳市贸促委发起、中国商业活动网执行调查并撰写的《2012海外文化企业合作需求与调查报告》曾对深圳文博会在海外的影响力进行了描述，报告称，"文博会在海外已经有一定的知名度，有超过50%的调查对象表示听说过文博会，并认为文博会是海外文化企业与中国文化企业开展合作的重要平台"。[2]

中原文博会至今已连续举办了三届，在办会经验上仍有很多不足，在国内没有打出知名度，没有形成展会品牌。作为一个新生的区域性的文博会，从主办及承办单位来讲，由中国文化产业促进会、河南日报报业集团和河南省文学艺术界联合会主办，鹤壁市文化产业协会、鹤壁豫旅文化旅游开发有限公司承办。主办承办单位级别都不算高，与北京文博会、深圳文博会及西

---

[1] 《文化产业现状分析与思考》，凤凰网，http://finance.ifeng.com/a/20131121/11128194_0.shtml。
[2] 《文博会提升海外知名度》，南方网，http://news.southcn.com/sz/2012-05/21/content_45896647.htm。

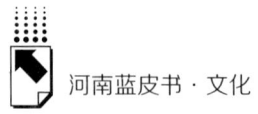

部文博会等国家级别的文博会不能相提并论。自设的区域性限制使参展商及展品来源受限。如果不考虑展会参与客户群,仅满足于形象展示式自说自唱,那么,中原文博会的知名度将难获提升。而没有知名度,文博会的平台和渠道作用将难以达到预期目标。

(二)文化市场还比较小

一个区域的文化市场规模是由多种因素综合作用而形成的,包括文化内容的多寡及丰富与否,目标人群的文化消费需求及消费能力是否达到一定级别,文化消费观念是否与文化产品的内容提供相匹配,文化市场是否规范有序,等等。就三届中原文博会的举办来看,首先,从文化内容来讲,展会上参展的文化产品数量不少,精品也不少,但从类别上看,存在类别相同甚至雷同现象。其次,存在传统项目及民俗文化产品较为丰富,而现代化乃至数字化或新媒体化的文化产品较为匮乏,反映出中原地区文化产业领域与高科技结合方面创新不够。再次,从观展人群层次及购买产品类别来看,中原地区人民群众文化消费需求有待升级,消费观念较为落后,文化消费参与度不够,从而造成文化交易不够兴盛。从中原文博商城上线以来的交易类别和交易量来看,也可以得出文化市场规模偏小的结论。囿于文化产品类别过于传统,不是特别适合非现场交易和邮寄运输,线上商城并没有发挥出区别于线下的明显特征,与线下的互为补充作用大打折扣。文化市场小既是多种因素作用下的一种结果呈现,同时也成为文博会发展壮大的一种制约因素,需要进行多种层面的努力,加以改善。

(三)办会模式偏于保守

中原文博会已经举办了三届,但对比一下三届展会,从参展商到场馆功能设计、展品内容等,都大同小异。靠相同的场馆相同的文化产品如何增加观众参展量和交易量呢?因此,从办会模式来讲,必须进行创新。首先,每一届的文博会主题都不够鲜明。文博会的举办应该结合时代发展,既可以抓取时代进展中的文化亮点,如2016年的深圳文博会就将"一带一路"作为分会场活动的一大主题，毫无疑问成为文博会亮点；也可以从当地文化产业发展中发现新趋势新动向，及时在展会上加以凸显。主题选取适当必然为文博会增色不少。其次，中原文博会与新的文化理念接轨不够。文化发展最新理念没有得到突出展示。同样以深圳文博会为例，2015年第十一届深圳文博会首设"创客展区"，这一展区的适时出现恰恰是对国家"万众创新"理念的一种回应。2016年深圳文博会更进一步贯彻落实国家创新驱动发展战略，围绕拓展创客空间、搭建创客资源平台、打造创客活动品牌等内容，以"大众创业，万众创新"为主题，将5号馆设立为文化创客馆。在参展内容和场馆设计特色上均实现新的突破。深圳文博会发展十余年来，办会模式的持续创新是其长盛不衰的关键所在。中原文博会也一定要及时吸收文化发展新理念，并融入办会模式中，才能逐年发展进步。最后，引入参展主体上过于保守。仍以深圳文博会为例。2016年，深圳文博会大胆引入多家艺术产业园区与艺术品聚集区参展。当下在河南乃至周边各省，文化产业园区也存在不少优质园区，是不是也可以借鉴这种引入模式呢？深圳文博会引入了江西上犹油画创意产业园、鄂尔多斯当代艺术中心、观澜版画基地等多个知名艺术产业园区，进一步提升了艺术品馆的产业化程度，也是非常贴合文化产业博览会的主题的。在引入参展主体甚至展品内容上，文博会都要有所遴选，大胆结合时代主题，进行创新。

四 提升中原文博会发展水平的建议

（一）将中原文博会打造成为助推文化高地建设的重要平台

当今时代，人们越来越重视文化建设和文化产业发展。在河南省第十次党代会上，省委书记谢伏瞻提出了打造"三个高地"的建设目标，其中之一即是"文化高地"，明确表达出对文化建设的新要求和高期待。河南在短短四五年间，已经成为五大国家战略的试验地，2011年的中原经济区，2013年的郑州航空港经济综合实验区，2016年1月9日获批的中国（郑州）

跨境电子商务综合试验区，2016年4月5日获批的郑洛新国家自主创新示范区，以及2016年8月最新获批的中国（河南）自由贸易试验区。这些国家级创新区及试验区的获批一方面表明河南的经济发展已经达到了一个量变到质变的关键节点，另一方面也表明，国家对河南省经济社会文化发展的关注度在持续递增，对中原地区的重视度在逐步增加。与经济建设紧密相关的文化建设，也必然要加速匹配式发展起来，为人民群众持续增长的文化需求提供精神食粮。中原文博会应该抓住国内及省内大力助推文化发展的好机遇，积极关注国内和省内的"互联网+文化""高新科技+文化"等跨领域交流发展的新趋势，创新发展理念，更新自身建设，努力把中原文博会打造成为助推文化高地建设的重要展示和交易平台。

（二）在内容提供和办会模式上要更加注重创新

首先，在内容提供上，文博会要做好精挑细选的项目遴选工作，确保参展产品的文化性和艺术品质，并在一定程度上对其市场潜力进行预测，看其是否符合甚至能否引领主流社会的文化审美需求。精品项目对会展本身会有一个提升作用，挖掘出这样具有独特性且市场潜力巨大的参展项目入驻，将会大大提升文博会本身的知名度。其次，需要进一步厘清会展主办方中的政府与市场、企业、社会组织及个人的关系，主办方要把该管的事管好，把不该管的事交给社会或企业。要充分调动社会力量参与中原文博会建设，有意识地积极培育公益性文化类社会组织，并将个人力量吸收进来，发挥公民个人参与文博会建设的积极性和创造性。在三届中原文博会的举办上，主办方设置了志愿者活动、嘉宾主持开幕式以及吸引民众观看的戏剧表演等环节，对文博会的会展氛围有较好的暖场或辅助作用，但这方面做得还不够，仍需要进一步向外省市较为成功的展会借鉴经验。再次，可以考虑更为灵活的轮流办会模式。选择同一个城市举办文化产业博览会，目标城市必须有良好的办会条件，如便利的地理交通位置，以方便参展商和外地客流参展参会；要有较为超前的文化理念和眼光，可以对参展项目进行评判和遴选；要有较为雄厚的经济实力和文明有序的文化市场，来确保会展的软硬件设施和人民群众的支持度。目前三届中原文博会都是在河南省鹤壁市举行，从总体效果来看，虽然从交易额到人流量也有提升，但提升幅度不高，效果不够令人满意。也许可以借鉴最初的西博会轮流办会模式，对理想城市进行筛选，几次以后经过对比再确定在何处落户。这样也会对举办城市有一个良性的竞争刺激作用。

（三）加大中原文博会推介力度以增加民众的参与度

首先，中原文博会需要扩大宣传，让文博会的名声走出中原，吸引省外乃至国外客流过来参展甚至购买，才能将民族的地方的做成国际的世界的，使中原文化真正"走出去"，达成"文化高地"的建设目标。在宣传途径上，要官方与民间齐头并进，分场合分对象予以实施，达到文化市场的高中低端无缝对接，全面开拓；要积极利用网络新媒体甚至新新媒体，既能降低宣传成本，又可以达到宣传效果最大化最优化，并吸收年轻一代的文化消费观念；还要大力吸引优秀的文化项目及精品文化产品入驻展会，以优质项目或优质文化产品带动文博会自身的宣传，互为表里。其次，将省外的好的文化项目文化产品"引进来"，从而引进新颖的文化理念、文化科技等，开拓并提升中原地区民众的文化审美需求，引导文化消费观念，盘活地区内"小"文化市场。再次，在将省外乃至域外客流"引进来"的基础上，将好的具有中原特色的文化产品推介出去，将其中蕴含的中原文化观念或思想智慧展示出来，打开地域性较强的中原文化项目或产品的省外市场甚至国外市场，开拓省外乃至域外的"大"文化市场。文化市场有效扩大，必然意味着民众参与度的有效提升，也意味着参展项目与参购客流之间的销售与购买意愿的达成。那么，交易额的攀升与文化市场的繁荣发展必然水到渠成。

总而言之，在河南省第十次党代会提出的"文化高地"建设中，中原文博会既是要着力打造的文化平台，同时也承担着对文化产品、文化项目的推广，文化市场的开拓，以及文化消费观念文化审美需求的引导作用。如若能够把中原文博会打造成为中部乃至全国有影响的文博会，那么，其对河南省的"文化高地"建设的助推作用将不可小觑。

参考文献

[1]《第二届中原(鹤壁)文博会隆重开幕》,《河南日报》2015年10月17日。
[2]《第三届中原(鹤壁)文博会盛大开幕 1200余商家参展》,http://china.huanqiu.com/hot/2016-10/9545308.html。
[3]《文化产业现状分析与思考》,《中国产经新闻报》2013年11月21日。

B.19 郑州国际文化创意产业园的调查与建议

郭树伟*

摘　要： 郑州国际文化创意产业园区具有独特的文化资源优势、政策优势和区位优势。园区强化文化与科技结合，讲好中国故事，加强产业招商，拉长产业链条，产业集聚效应逐渐显现，发展初见成效。同时，园区发展中也存在着诸如资金、品牌、人才等问题。建议以"文化+"为核心，拓展投入渠道，强化文化创意，培养创意人才，加强技术创新平台建设，发挥园区"文化航母"辐射效应，打造民族文化产业品牌，进一步加快园区建设。

关键词： 郑州　文化创意产业园区　文化产业品牌

郑州国际文化创意产业园区（以下简称"文创园"）成立于2013年，规划面积132平方公里。自成立以来，按照郑州市委提出的发展目标——"建设国际化、现代化时尚创意旅游文化新城，打造东方奥兰多"，着力于"文化创意、时尚旅游、高端商务"三大主导产业，发挥华夏文明"文化+"的引领作用，通过夯实"基础设施、拆迁安置、规划编制"三个基础，大举招商引资，强力推进项目建设，园区呈现出持续快速发展的良好势头。

＊ 郭树伟，河南省社会科学院文学研究所副研究员，主要研究方向为唐宋文学。

截至目前，园区各类规划设计趋于完善，基础设施建设初具规模，一批重大产业项目落地建设，园区集聚效应和带动效应不断显现，现已经成为郑州市最大的文化创意产业聚集区。

一 郑州国际文化创意产业园的独特优势

郑州国际文化创意产业园不仅具有得天独厚的历史文化资源优势、区位优势和政策优势，而且，郑州航空港经济综合实验区和中国（河南）自由贸易试验区的建设，也为郑州国际文化创意产业园的发展提供难得的发展机遇。

（一）郑州国际文化创意产业园区的文化资源优势

中原地区在古代中国历史上长期处于政治经济文化中心，古代中国前半期历史主要在这个区域展开，中原先民创造了高度发达的精神文明和丰富多彩的物质文化，形成了灿烂辉煌的中原文化。郑州国际文化创意产业园位于郑州和开封两大古都之间，不仅可以借郑汴历史文化资源优势，而且其所在地中牟也有较为丰富的历史文化资源，如文创园的裴李岗文化、官渡三国文化，圃田道家列子文化、潘安文化、韩寺箜篌音乐文化等。同时，园区内的绿博园、华强科技文化园等互为羽翼，为文创园增添了新的资源优势。

（二）郑州国际文化创意产业园区的文化政策优势

2011年9月国务院出台《关于支持河南省加快建设中原经济区的指导意见》，明确华夏历史文明传承创新区为中原经济区的文化定位。该指导意见中提到的根亲文化、武术文化、名人文化等，都与文创园有密切联系；2016年10月河南省委省政府印发了《华夏历史文明传承创新区建设方案》，明确规划建设郑州现代文化产业创新示范区，把文创园作为重点打造的园区之一，为文创园的建设提供了有力的政策支撑。

（三）郑州国际文化创意产业园区的独特区位优势

郑州国际文化创意产业园区区位优势明显。第一，文创园位于省会郑州，是中原经济区和河南省首位城市，具有优越的区位条件。第二，交通条件优越。文创园园区周边拥有全方位、现代化的立体交通体系：郑开大道、郑汴物流大道、郑开城铁、连霍高速公路、陇海铁路等横贯东西；京港澳高速、郑州四港联动大道、前程大道、万三公路纵穿南北；南距郑州国际机场28公里，与省政府、郑州客运东站、高铁站均在15分钟交通圈内，具备了国际上最具魅力的"1小时城市圈"的交通条件。第三，核心区位优势明显。文创园地处郑汴新区核心位置。园区西侧毗邻郑州中心城区，依托南北两条经济带保持贯通。北侧经济带依次分布郑东新区、白沙组团。南侧经济带依次为经济开发区、国际物流园区。东侧为开封中心城区，中间依次分布开封汴西新区、运粮河组团，中牟现代农业示范区、官渡工业园。园区北依黄河湿地，生态环境良好，东靠龙亭湖、东湖，西临龙湖、龙子湖，南部贾鲁河穿境而过。良好的区位优势有利于打造最美丽的生态新城和智慧新城。

（四）郑州国际文化创意产业园区的战略定位

郑州国际文化创意产业园区在郑州国际商都建设中把文化产业作为发展战略定位，其总体定位是：华夏文明、中原文化拥抱世界的窗口。而其战略性功能定位则集中在以下四个方面。

——国际文化交流先导区。中原需要走入开放的世界，文化是中原开放的先行，郑州国际文化创意产业园要成为中原文化开放的尖兵。在园区集中打造一批顶级演绎场所、主题公园、创意中心、商务酒店，积极承办国际主题展会，力争把产业园区建设成为中部开展国际文化交流的首选目的地。

——国家级文化示范园区。郑州国际文化创意产业园将瞄准国家重大文化项目带动战略，以中原文化为品牌，以工程建设为手段，坚持运营模式创新，完善基础设施和服务功能，实现文化产业发展和城市新区建设的协调统一，尽快跨入国家级文化示范园区行列。

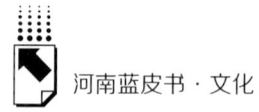

——中原文化改革试验基地。注重体制机制创新，大胆开展先行先试，着力实施"引进来"和"走出去"战略，强化与中原内部及国家东部城市群合作，汇集一批龙头企业，充分挖掘中原文化丰厚内涵，不断延展文化产业链条，切实把园区建设成为带动河南文化产业发展方式转变的示范区。

——郑州现代服务业发展示范中心。在园区大力发展时尚文化旅游、演艺娱乐、传统服务业、文化会展、创意设计、数字内容及影视制作等产业为主的高端现代服务业，积极推动现代服务业实现特色化、集聚化、高端化发展，为郑州其他地区树立样本，最终建成郑州现代服务业发展示范中心。

二 郑州国际文化创意产业园初见成效

（一）文化产业园区集聚效应逐渐显现

"十三五"期间，郑州国际文化创意产业园立足发展实际，以业已形成的产业基础为依托，着力构建"四大产业集群"，文化产业园区集聚效应逐渐显现。第一，强力推进以华特迪士尼郑州项目为龙头的高端商务产业群。高标准建设"华特迪士尼郑州项目"，围绕消费品许可、电子商务、影视动漫等核心业态，全力建设"迪士尼亲子乐园及梦幻小镇、迪士尼品牌授权及电子商务中心、迪士尼行政运营中心、动漫创意及影视后期制作中心"四大板块，着力打造高水平、高起点、创新型示范性产业项目，提升项目的集聚辐射功能，发挥项目在推动河南文化产业发展，带动郑州文化产业升级、拉伸产业链条中的重要作用，强力推进园区高端商务产业群建设。第二，着力打造以华强文化科技产业基地为核心的时尚旅游产业群。在确保华强公司"方特欢乐世界、方特水上乐园、方特梦幻王国"前三期项目良好运营的基础上，加快建设华强公司"美丽中国三部曲"项目建设步伐，带动郑州及周边地区的旅游及相关产业发展。同时，以华强文化科技产业基地项目为导向，重点发展一批体量大、投资多，科技含量高、带动作用强的国内外一流时尚旅游产业项目。第三，以打造的中原地区规模最大的电影创意实景娱乐项目——建业·华谊兄弟电影小镇为契机，布局凤凰国际文化产业园、韩国 IHQ 产业园、中书控股书院中国、同方信息港、深圳怡亚通、长城书画城等文化创意类项目，全力推进园区文化创意产业群建设。第四，大力发展以规划设计专业园为代表的总部经济产业群。全面探索以"规划设计专业园"为代表的"园中园"项目建设，通过集中布局占地小、收益高的总部经济产业群，实现优势资源集中集群布局，产业链条发展完善，资源优势互补的目的，同时搭建园区孵化器等高效公共服务平台，实现产业特色发展、错位发展、集聚发展和融合发展，用小企业撬动园区大发展。

（二）以现代科技为支撑讲好中国故事

郑州国际文化创意产业园的重大项目寓优秀传统文化于科技之中 讲好中国故事，用好中国表达，走以内涵发展求生存的道路。其中方特欢乐世界、方特水上乐园、方特梦幻王国是一个以高科技为主要表现形式的文化科技主题公园群落。其内容涵盖神话传说、历史文化、科学幻想、主题表演、现代科技等多个方面，内容丰富、形式新颖，适合不同年龄阶段游客的游览需要。公园项目刺激惊险、富有文化内涵，体验性、参与性强，使得游客有身临其境的穿越之感。这里有国际一流的高空飞翔体验项目"飞越极限"，有中国独创的大型雪山探险项目"唐古拉雪山"，让人琢磨不透的中国传统神话神奇演绎项目"聊斋"，神奇的互动脱口秀"十二生肖快乐街"等，各种项目充满了中国元素。方特三期"方特梦幻世界"是以中国神话为背景的文化科技主题乐园，将中国神话中许多脍炙人口的故事以主题项目的形式展现在游客面前。如水漫金山、梁祝化蝶、大闹天宫、秦陵探险、哪吒闹海等项目，使得游客有穿越时空的感觉，也是讲好中国故事，用好中国表达的精品力作。该乐园借鉴当今国际一流主题乐园的设计建设理念和表现形式取得了良好的效果，园区另外一个重大项目——"美丽中国三部曲"（中华复兴之路、华夏历史文明传承、明日中国主题园），是由华强集团投资 90 亿元，以中国文化为核心，运用高科技的表现手段以及参与、体验、互动的展示方式，集中展现博大精深、源远流长的中国传统文化，它是体现中国人民追求民族富强、国家独立、共圆民族伟大复兴之梦的美丽画卷。

（三）以文化旅游为主线着力打造现代文化产业体系

郑州国际文化创意产业园将以文化产业与旅游一体化发展为主线，着力打造时尚文化旅游、演艺娱乐、商务休闲、总部经济、艺术展会、创意设计、数字内容、影视制作等八大业态为一体的现代文化产业体系。

时尚文化旅游：立足生态性、注重示范性、拓展休闲性、彰显科技性，用创意的思维方式和创新模式整合文化旅游资源及产品、完善旅游产业链条，提升园区文化旅游服务等级。坚持以打造主题游乐群为重中之重，依托华强方特欢乐世界，积极推进华强二期项目建设，力争再引进1~2个主题休憩项目，引导其他先进品牌游乐产业进驻。不断丰富游乐项目，重点引导开发以4D技术为核心的科技游和以中原传统文化为核心的人文游。加强与中原城市群各城市主打旅游景区的合作，鼓励开展文化交流与活动，吸引周边文化旅游资源到园区进行集中营销。

演艺娱乐：充分发挥文创园建设后发优势，集中布局建设一批高级演艺娱乐场馆，重点发展民俗演艺、歌舞演艺、演出经纪和演艺培训等产业。整合河南各种演艺资源，围绕豫剧、少林功夫、河南曲艺、马戏杂技等，培育一批演艺市场主体，力争推出一批常驻式经典剧目，展示中原深厚的文化积淀。

商务休闲：充分发挥郑州国际文化创意产业园比较优势，采取"聚焦"战略，立足打造"中原商务休闲中心"、"抢位"和"错位"发展，突出发展各类商务商业设施集群并使之相得益彰的高水平休闲产业，把产业园区建设成为大机构、大企业和成功人士高品质健康生活的首选之地和创富金区。

总部经济：以集聚传统优势民营本土总部、开放型经济跨境经营总部、战略性新兴产业区域总部、现代服务业高端总部为重点，大力发展楼宇总部经济，重点围绕现代物流、信息服务、金融保险、服务外包、商务会展、文化创意等生产性服务业，努力把郑州国际文化创意产业园打造成为郑东板块的创意总部中心、金融区域中心和信息服务中心。引导综合实力强的郑州文化类总部进驻园区，进一步延伸产业链和价值链，拓展资源空间和市场空间，提高企业的综合竞争力。

艺术展会：充分利用政府资源，全力策划和积极创办一批地区性、全国性和国际性艺术展会，广泛吸纳国内外艺术精品到郑州进行展示、交易。注重科技在艺术展会中的运用，按照"时尚、梦幻"的理念，高标准建设郑州国际文化创意产业园艺术展会中心。发挥中原古玩资源丰厚的特点，围绕古玉、陶瓷、青铜器、金银器、名人字画、杂项等不同类型，重点开展系列电视鉴宝、展示拍卖等活动，持续扩大郑州国际文化创意产业园为中原第一文化艺术品交易品牌。组织中原地区一批民族传承工艺制作到郑州国际文化创意产业园开展非物质文化遗产认证。围绕收藏热点、礼仪用品鼓励重点企业开展技术研发，创作一批适宜流通的中原标志性工艺品。

创意设计：重点支持规划设计、建筑设计、环境设计、平面设计、工业设计等领域企业到文创园兴业发展。加快北部设计研修中心建设，鼓励中原设计企业到文创园设立创意产业基地，强化与外省市工业设计机构展开多方位合作，集聚国内外设计技术方面的高端设备、专业人才和综合服务商，全力打造中原设计交易市场，依托龙头企业，建设郑州国际文化创意产业园创意设计博物馆、设计研究创意技术支撑平台、设计要素电子商务交易平台。

数字内容：重点发展以动漫制作、电子竞技、音乐制作为主体的娱乐性数字内容产业。继续以华强"熊出没"为基础，加快引进游戏动漫企业，依托郑州国际文化创意产业园丰富的创作灵感，着力推进动漫作品创作与中原重大历史事件题材相结合，推出一批具有民族特色、文化内涵深厚、内容健康积极的数字影视动漫原创作品，不断完善动漫创作推广与衍生品市场发展，打造集策划、制作、交易与营销于一体的影视动漫游戏产业链。在园区建设以中原音乐原创、数字化制作、网络推广交流、衍生增值服务的综合性数字音乐基地，弘扬中原音乐艺术形象，树立园区中原音乐领导区地位。

影视制作：加强与省文广电、文投等部门合作，积极引进中原影视创作企业到郑州国际文化创意产业园进行整合重组，组建中原影视传媒集团有限公司，推进中原影视业向专业化制作、集约化经营、企业化管理方向迈进；充分把握微电影流行的发展趋势，鼓励全省电影爱好者围绕郑州国际文化创意产业园的建筑、产业、人文、环境等优势资源，创作一批符合青年人欣赏标准的微电影作品，带动提升郑州国际文化创意产业园新影视制作基地形象，为把园区打造成郑州乃至中部地区影视产业基地打下基础。

三 建设郑州国际文化创意产业园的问题与挑战

（一）文化产业链条尚待进一步完善

目前园区产业集聚尚处于启动阶段，有点无面，辐射带动力不够。虽然有绿博园、方特、雁鸣湖等亮点旅游项目，每逢节假日重点景区游人如织，如2016年上半年，绿博园、方特两个景区接待游客154万人。但对农业旅游、工业旅游、古迹旅游等带动不够，出现冷热不均的局面。其次，园区产业链条不完善，产业结构不甚合理。旅游缺乏完善的产业规划，实景演出、星级酒店、购物综合体等配套项目匮乏，"吃、住、行、游、购、娱"等元素尚不完善，产业亟待整合，缺乏与周边其他文化产业园区的协同，文化产业链条尚待进一步发展完善。

（二）园区投资渠道需要进一步拓宽

在园区发展中，从上级部门到园区的具体落实机关，都是政策支持远远大于资金投入，园区建设的资金缺口还比较大。究其原因，一是宏观金融对文化产业发展的支持力度不够理想，影响民营资本大量向文化产业投入的信心。二是周边地区文化产业的攀比竞争，特别是产业模仿影响郑州国际文化创意产业园区位优势发挥，当前缺乏多种类型龙头企业进驻郑州国际文化创意产业园。三是文创园自身还没有真正形成完整的、科学的、市场化的文化产业经营理念。四是主导产业发展思路还不够清晰，虽然拥有华强为首的主题公园类产品，但是尚未形成完善的产业链条，仍然缺乏配套产业的集聚支持。概言之,郑州国际文化创意产业园区建设尚需进一步加大资金投入,拓宽投融资渠道。

(三)园区主打品牌需要进一步培育

郑州国际文化创意产业园区对本土文化资源的开发利用有待进一步深入,文化资源与旅游产业的结合略显生硬,缺少文化品牌支撑。其深层原因在于,文化资源挖掘不够深入,缺乏凝练,官渡文化、潘安文化、宋代寿圣寺双塔等历史文化资源挖掘、开发程度不够,丰富的历史文化资源和生态田园优势没有得到很好的利用,已经开发的有待提档升级,尚未形成知名文化旅游品牌。此外,园区缺乏文化创意人才和高层次复合型文化人才,也一定程度制约了园区文化品牌的培育,迟滞了园区的发展步伐。

四 建设郑州国际文化创意产业园的对策与建议

(一)以"文化+"为核心,发挥园区"文化航母"辐射效应

加快郑州国际文化创意产业园区发展,要以"文化+"为核心,发挥"文化航母"辐射效应,拉长产业链条,打造民族文化产业品牌。支持龙头企业做大做强,支持文化产品创作走精品化路线,支持中小文化创作单位入园注册。确立"文化+科技、文化+旅游、文化+创意、文化+金融"的模式,努力建设集主题乐园、博物博览、会议会展、休闲度假、旅游购物为一体的新型文化创意产业园区。

科技是文化发展的重要支撑,要努力实现文化与科技的深度融合,"从文化中生出创意,用科技实现创意"。一是引进一批文化领域科技项目,例如目前引进的深圳清华同方、深圳怡亚通等,发挥高科技文化企业引领作用;二是建设企业孵化器,培育和壮大一批文化科技企业,孵育一批龙头企业和自主品牌;三是推动建设一批文化科技产业专业园区,例如"园中园"——规划设计专业园区项目等,促进"占地少、回报高"的高科技企

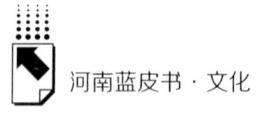

业聚集。

文化与旅游的深度融合是发展文化产业、实现经济增长的重要途径。华强与绿博园项目的成功就是文化与旅游融合的范例。要将现有文化旅游项目做大做强,将华强打造成一个具有辐射效应的文化产业基地;引进一批优质文化旅游项目,像香港比高集团、迪拜海洋公园、广州长隆马戏团等,实现东方"奥兰多"的构想;开发完整旅游产业链,引进恒大"6+1"酒店等星级酒店、特色主题酒店、美食文化体验项目,用文化旅游撬动经济杠杆。

创意是文化的灵魂。文化创意产业不仅能大大增加附加值,更能带动旅游观光、餐饮娱乐等产业的飞跃。在园区布局的深圳华强集团就是凭借自主研发、设计、制造的中国特色主题公园,迅速布局全国十多个城市,成为旅游行业一匹黑马。在文化与创意融合方面,一是要鼓励企业自主创新,将文化产品价值最大化,例如郑州国际文化创意产业园引进的清华同方、规划设计园区等项目都是用创意创造价值的优秀典范;二是加强对文化创意企业的政策扶持;三是创造适合文化创意企业发展的良好环境。

在文化产业领域流传着一句话,形容文化产业"投资无底洞,回报马拉松",形象说明文化产业以智力投资为主、无形资产比重高、见效慢的特点。因此要加强文化与金融的对接,助力小型文化企业创业、中型文化企业突围、大型文化企业转型。拓宽文化企业发展的多元化融资渠道,为文化类企业融资"添柴";搭建文化贸易公共服务平台,为文化产权交易"助力";放宽文化类企业税收政策及专项扶持政策,促进金融机构主动对接等,为文化类企业发展"护航"。

(二)加大资金投入渠道,鼓励金融机构支持园区发展

园区建设离不开资金支持。要广开渠道,在利用好政府资金的同时,拓展民间和社会资金渠道。一是争取省市文化产业资金扶持,通过项目补贴、贷款贴息、补充资本金等方式,进一步加大对园区文化产业项目的支持,加大财税和金融扶持力度,实施激励性财政政策。二是加大重大项目帮扶力

度。支持符合条件的重点文化企业和文化投融资公司通过上市、发行债券等方式扩大融资体量。鼓励金融企业和机构进一步加大对园区重大基础设施建设和重点产业项目的支持，扩大对文化投融资公司的授信额度，对符合园区发展规划的中小企业贷款要予以重点支持，提高授信额度，在合法合规的条件下简化审批程序。三是拓展文化产业项目投资路径，激活社会资本，鼓励社会团体、企业、个人等社会资本兴办文化企业，灵活掌握文化企业注册资本限额，对地方和国家税收贡献率高、投资创办影响力大的文化企业、单位或个人，执行最低限额注册资本。

（三）培养文化创意人才，加快园区技术创新平台建设

加大园区对文化创意人才的培养和引进。在引进高层次文化创意人才、吸引留学人员来郑州创业等方面，向文创园予以政策和资金方面的倾斜。充分认识文化创意人才是不竭的智慧支撑，全面建设园区文化产业人才智库。制定园区引进高层次、综合型紧缺人才的优惠政策，在级别待遇、岗位津贴、科研启动经费以及住房补贴、家属随迁等方面对引进人才实行优惠措施。鼓励文化科技人才以知识产权等技术成果的无形资产入股的方式，参与到园区内中小科技型文化企业建设。加快园区技能人才培养，对园区内文化企业通过订单培训、校企联合等形式开展的员工的职业技能培训，按照有关政策和法规享受培训补贴政策。实施知识产权战略，促进专利技术的实施，培育一批拥有自主知识产权和较强核心竞争力的企业，逐步打造一批具有较强市场竞争力的民族品牌。

加快园区技术创新平台建设。支持在文化产业园区设立文化产品研发机构，对新设立的国家级、省级研发中心，在科技经费资助、科技项目立项等方面给予优先支持。以园区的设计城、园中园为基础，鼓励建立各种形式的科技创业中心和产业孵化基地，完善功能，促进科技成果转化，提高服务能力。支持并鼓励科研机构和高校在文创园组建产业技术创新联盟，建立面向社会和企业的开放性的公共创新平台。

参考文献

[1] 李立新：《关于华夏历史文明传承创新区的几点思考》，《黄河科技大学学报》2015年第3期。

[2] 卢文军：《中牟三大主导产业风生水起》，《郑州日报》2015年12月28日第3版。

[3] 《郑州国际文化创意产业园总规出炉　被称为东方奥兰多》，http：//news.dahe.cn/2016/10-11/107585350.html。

B.20
宝丰县赵庄魔术文化产业发展状况、环境分析与经验启示[*]

王志标 张俊菲[**]

摘 要: 宝丰县魔术文化产业在改革开放以来发展良好,形成了"宝丰现象"。以赵庄魔术作为切入点进行调查研究,将赵庄魔术文化产业划分为复兴时期、沉寂阶段、新生阶段和繁荣阶段四个阶段,总结赵庄魔术文化产业在地方经济发展和产业链拓展中的重要作用,结合政策、产业、市场、人才、收入等分析赵庄魔术文化产业发展的宏微观环境,从市场开拓、优势转变和政府作为视角讨论了赵庄魔术文化产业带给人们的经验启示。

关键词: 魔术 文化产业 地方经济 文化产业链

赵庄乡位于平顶山市宝丰县北部,2005年11月被中国乡土艺术协会评为"中国十大特色文化乡镇",2006年被中国杂技家协会命名为"中国魔术之乡"。"赵庄魔术"文化产业的发展是宝丰县人民群众把民间艺术与市场经济有机结合、走出的一条"农民创造文化,文化造福农民"的致富道路,也是非物质文化遗产保护和发展方式的一个创新案例,为全省文化产业和文

---

[*] 本文受河南省科技计划项目"支持河南文化创意产业发展的战略研究"(152400410438)的支持。
[**] 王志标,河南大学副教授,博士,硕士生导师,河南省文化产业发展研究基地—中原文化产业创新与发展研究中心副主任。张俊菲,河南大学经济学硕士研究生。

化体制改革探索出了一条新路径。如今，赵庄魔术演艺逐步形成了一条完整的魔术文化产业链，使千余户农民弃农从商、脱贫致富。这一现象引起了海内外友人、国家领导人、专家、学者、新闻媒体的极大关注，国家文化部将这一现象称为"宝丰现象"。20世纪80年代至今，到赵庄调研采风的达11000多人次，其中国际友人10多人，省、市、县各级领导4000多人，专家学者4000余人，新闻媒体采风者3000余人。赵庄魔术文化的发展壮大过程就是"宝丰现象"的形成过程。赵庄魔术文化产业所创造的经济价值已占全乡经济收益总额的70%，魔术文化在丰富人民群众精神文化生活的同时，也促进了其经济发展方式的转变。

一 宝丰赵庄魔术文化产业发展历程

宝丰县赵庄乡魔术文化有着悠久的历史渊源，早在春秋时期，就有"老幼竞技"的说法，如今这一古老的文化优势，经过数代民间艺人的文化传承，已转化为经济优势，促进了赵庄乡乃至宝丰县文化产业的发展。新中国成立后，赵庄魔术产业经历了复兴、沉寂、新生、繁荣四个阶段。2000年以后，宝丰县赵庄乡先后共举办了六届"魔术文化节"，着力打造魔术品牌，提升赵庄魔术品位，使赵庄乡成为蜚声海内外的"魔术之乡"。

第一，复兴时期（1949~1965）。赵庄乡地势低洼，农作物收入低，加上新中国成立初期天灾不断，当地居民生活困窘，因此在农闲时期，少数农民会通过外出表演小魔术、木偶、杂耍等节目来养家糊口。随着艺人生活状况逐步得到改善，村人开始效仿，从此外出表演魔术便成为当时赵庄乡农民在农闲时期的一种谋生手段。但这一时期的魔术表演规模小、道具简陋、形式单一，表演以露天"扎圈子"为主，无固定场所。1957年，以毛玉山为代表的赵庄乡农民成立了第一个魔术团体，表演形式简单的中小型魔术。至1965年，赵庄魔术节目已达100多个，乡镇内从事魔术演出的团体增至20余个，演出场所以乡镇和中小城市为主。赵庄魔术显露出复兴的势头。

第二，沉寂阶段（1966~1976）。"文革"期间，赵庄魔术被当作"四旧",魔术艺人被称为"牛鬼蛇神",遭到批斗。1966年秋冬之际,以周营村为主的魔术、木偶道具被集中焚毁。魔术表演被迫中断,赵庄魔术进入沉寂期。

第三,新生阶段(改革开放后至20世纪末)。改革开放后,赵庄魔术获得新生。1978年冬,赵庄公社文化站站长李革命组织周营村老艺人挖掘传统艺术,抢救文化遗产,重新组建木偶魔术团。1979年,周营村刘文、徐海水、徐召遂以及岔河寺村毛玉山等人,先后组建了7个魔术团,到全国各地演出,均收到了较好的社会反响和经济效益,赵庄魔术迎来了一个良好的发展机遇。至20世纪80年代末,赵庄魔术团基本形成"以魔术表演为主,歌舞为翼,多元化演出"的演出格局,演出足迹遍及全国28个省、市、自治区,使赵庄乡的农民收入水平得到较大的提升。但该时期魔术表演团体鱼龙混杂、人员素质参差不齐,甚至出现了跳艳舞、卖假药和假化妆品的现象,一度给赵庄魔术造成十分恶劣的影响。此后,当地政府适时采取措施,对赵庄乡魔术团体实施统一登记制度,及时整顿,对从业人员进行教育和培训,赵庄魔术文化产业的发展开始走向正轨。

第四,繁荣阶段(21世纪以来)。进入21世纪后,赵庄乡政府在加强对魔术团体规范化管理的同时,积极创造条件,为赵庄魔术的发展提供平台,赵庄乡魔术文化产业逐渐走向了健康、高速发展的道路。同时,民间团体的设备更加精良,逐渐实现了专业化、高档化和现代化。此外,赵庄魔术走出国门,参与国际间魔术交流,极大地提高了赵庄魔术的品位和社会影响力。目前已统计的赵庄乡魔术团体有631个,从业人员12000人,魔术演出创造的年收入达3亿元,占全乡经济收入的70%以上,乡域魔术文化逐步转变为富民强乡拉动经济增长的支柱产业,实现了赵庄魔术文化由文化优势向经济优势的全面转化。赵庄魔术文化由此步入了繁荣阶段。

二 宝丰赵庄魔术文化产业经济贡献

据不完全统计,宝丰县赵庄乡的魔术文化产业相关从业人员已达上万人,有2000多个文化专业户,15个魔术专业村,平均每个魔术专业村的年收入达2000万元。拥有魔术、杂技、歌舞、气功等艺术表演团体631个。在当地政府的大力支持和正确引导下,赵庄魔术已经成为赵庄乡增加农民收益、提升生活水平、转变经济发展方式、提振经济发展水平的特色支柱性产业。

(一)赵庄魔术文化产业对地方经济的影响

一方面,魔术文化产业的发展改变了赵庄乡的农业生产方式。以周营村为例。周营村是全国有名的魔术专业村,全村430户,1619人,其中从事魔术演出的团体有112个,演艺农民880人,每年演出收入2000万元。但土地历来是农民的"立命之本",虽然演出收入十分可观,但农民演员却不愿丢弃土地。农忙时节,魔术团体返乡务农,农忙过后继续外出演出。然外出演出者以青壮年为主,导致农作物日常缺乏管理,农作物经济效益低。如果农民艺人返乡打理庄稼,还需要支付路费等,会增加演出成本。2005年国家颁布了《农村土地承包经营权流转管理办法》,宝丰县赵庄乡积极响应国家政策,实施了相应的管理办法。在周营村村委会的引导下,外出从事魔术演出的农民自愿将土地流转给种粮大户,从而既不利于农业的良好发展,又使外出演出不受影响,实现了双赢局面。

大黄村是赵庄乡另外一个有名的魔术专业村,同样采取了土地流转的方式解放了农业劳动生产力。宝丰荣欣农业科技发展有限公司流转了大黄村2065亩土地,种植各种绿化苗木千余亩、中草药800亩。土地流转后表演者不再担心农事,同时获得了1000元/亩的流转费。由于农业属于劳动密集型产业,土地流转为赵庄乡村民提供了大量的就业岗位,留守村民在村上的承包田劳作,赚取工资,增加了家庭收入。

赵庄乡在发展魔术文化产业的同时,认真筹建生态观光农业园区,该农业园区涉及大黄、周营、吴庄、刘庄、岔河寺五个村,规划占地面积近万亩。目前该园区建设已初具规模,将以发展绿化苗木、花卉、中草药、生态养殖为主,集商贸服务、休闲娱乐、旅游观光、采摘及农事体验于一体。由此可见,魔术文化产业促使赵庄乡的农业走向了现代发展之路。

另一方面，魔术文化产业促进了当地其他第三产业的发展。常年外出进行魔术表演使得赵庄乡许多从业者取得了不菲收益，农民手中逐渐积累了相当多的闲散资金。为了使闲散资金转变为资本，继续在市场上获取经济收益，赵庄乡党委、政府加大招商引资力度，制定了一系列优惠政策，调动起魔术专业户利用闲散资金兴办企业的积极性。2000年，大黄村魔术专业户任建明、马豹子各投资100余万元分别兴建了建材厂，壮大了乡域经济；周营村魔术团团长朱献投资150余万元建起面粉厂、挂面厂；小黄村魔术团团长黄公良投资50余万元建设了面粉厂；周营村魔术专业户靳国让投资240余万元，在宝赵公路东侧建起占地30余亩、存栏1500头的大型现代化养猪场。2005年，袁庄村村民袁军国投资1200余万元建成千头牛场。2001年，周营村魔术专业户刘顺，投资150万兴建宝丰县刘顺魔术有限公司，该公司主营演出服装、魔术、道具制作销售、魔术培训等，并在全国建立起16个连锁店。

（二）赵庄魔术文化产业链

目前，宝赵公路两侧有数十家为魔术表演服务的包括生产演出专业车在内的商业实体，成为全国唯一的民间魔术服务市场，赵庄乡千余户农民弃农经商。此外，赵庄乡投资上千万元兴建了魔术大观园，该园集魔术表演、餐饮住宿为一体，拉长了赵庄乡魔术文化的链条。赵庄魔术文化产业链逐渐完善，已延伸至艺术表演、魔术道具制造销售、艺术教育培训、文化旅游等关联性较强的产业。

第一，艺术表演行业。由于魔术表演的市场多集中于经济较为发达的大中型城市以及东部沿海地区，而在宝丰县本地的市场相对较小，加之魔术表演节目单一，创新能力不足，因此一些不愿在外四处奔波的魔术表演团体开始将魔术、戏曲、歌舞、杂技等多种艺术形式融为一体，增加艺术团体的节目形式，大力开发本土市场。艺术表演逐渐涉及周边地区的公司庆典、婚礼庆典、广告宣传等多个市场领域，在丰富当地人民艺术文化生活的同时，还提供了许多就业岗位，也创造了相当可观的经济收入。

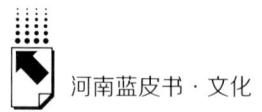

第二,魔术道具行业。宝丰魔术文化产业的快速发展带来了对魔术道具不断增加的需求量,赵庄乡的魔术道具行业由此经历了从无到有、从小到大的成长过程。魔术团体以及从业人员的不断增多使得赵庄乡的少数道具生产工匠加工制造出的道具远远无法满足市场需求,因此集魔术道具制作加工、销售、维修服务于一体的道具市场便应运而生。目前,赵庄乡已有60多家企业、300余人从事各种道具的制作加工、销售服务。魔术产业的发展也推动了艺术表演服装行业的成长,少数民族服装、礼仪服装、舞台歌舞演出服装、魔术师特制道具服装等远销安徽、陕西、湖北等10多个城市,年收入超200万元;随着科技的发展以及演出水平的提高,扩音设备、专业音响等表演设备广泛应用于魔术表演之中。为了满足市场需求,赵庄乡形成了集音响设备加工制作、销售、租赁、维修于一体的灯光音响行业。赵庄乡设有注册资金上百万元的表演车加工企业,该企业可以进行汽车的加工改装,使之满足魔术以及歌舞表演的需要。因此,赵庄乡拥有中国魔术表演所需的最完善的道具市场和最完整的一条龙服务,可以在赵庄乡买到与魔术表演有关的几乎所有设备和道具。这种表演促进道具生产、道具生产促进表演进步的服务模式使宝丰魔术文化产业的发展处于良性循环之中。

第三,教育培训行业。在通过外出表演完成资本原始积累之后,农民魔术师开始将目光转向教育培训领域。赵庄乡农民韩艳伟在赵庄乡魔术商贸街兴办星光艺术学校,开设魔术演员培训班、歌舞表演班、器乐表演班等艺术专业班。周营村魔术师刘顺创办的魔幻培训基地,年培训学员500余人。魔术培训机构在保证宝丰魔术文化产业后继有人的同时提高了从业人员的表演水平和文化素质,为宝丰魔术文化可持续发展奠定了坚实的人才基础。

三 宝丰赵庄魔术文化产业发展的环境分析

任何产业的发展都面临着外部环境的影响。影响宝丰魔术文化产业发展的外部环境,主要有宏观和微观两个方面。

（一）宏观环境

党中央和国务院一直重视文化建设。而文化产业作为文化建设的重要组成部分，受到了各级党委政府的高度重视，各地深入贯彻落实中央大力发展文化产业的相关精神，采取有力措施，大力发展文化产业，使文化产业发展成为国民经济支柱性产业。特别是党的十八大以来，按照全面深化改革的要求，完善文化产业体系、建立健全现代文化市场体系，已经纳入各级党委政府的重要议事日程。文化产业具有低能耗、绿色生产、无污染等特点，且在第一、二产业出现产能过剩的情况下，表现出良好的发展态势，为经济增长做出了突出贡献。因此各级政府逐渐重视并日益加大对文化产业的扶持力度，促进文化产业的发展。河南省委、省政府把加快文化强省建设作为一项重要工作任务，并通过设立文化改革发展试验区、建设文化产业园区、设立河南省文化产业发展专项资金等方式，切实落实产业政策。2016年，《华夏历史文明传承创新区建设方案》正式发布，对文化产业发展作了系统规划和部署；河南省第十次党代会报告提出了"加快构筑全国重要的文化高地"的发展战略，为未来一个时期河南文化产业发展指明了方向。这些都为宝丰魔术文化产业发展提供了强有力的政策支持。宝丰魔术文化迎来了历史性发展机遇。

（二）微观环境

第一，消费市场。随着时代的进步，宝丰魔术文化产业的消费市场从河南省内乡村逐渐扩大至全国城乡地区，甚至一些规模较大、经济实力雄厚、表演技术水平高的团体还将消费市场扩展至日本、老挝、越南等周边国家。新中国成立初期，由于交通落后，农业生产力薄弱，赵庄乡一些魔术艺人在农闲时期，选择离家较近、出行较为容易的乡村从事简单的小魔术表演，吸引观众，同时开展小商品买卖。改革开放之后，农村的经济条件得到了一定程度的改善，但农村的文化娱乐生活仍十分贫乏，农民对文化的需求逐渐提高。此时，由于赵庄魔术表演团体相对于专业的文艺表演团体来说门槛较低,农民有经济能力欣赏相关节目表演,因此赵庄魔术开始在农村市场上成为令广大农民朋友喜闻乐见的文艺活动。赵庄魔术演出团体充分抓住这一市场机遇,在农忙时期回家务农的同时将目光投向家乡附近乡村的集市上,搭建简单表演场地,收取门票,赚取收益。在冬春季节,由于北方气温较低,天气恶劣,魔术团体大多数将中国的南方乡村地区作为表演市场。在夏季,又转移至气温较为适宜的华北、东北和西北地区的农村集会上。在中国农村经济还相对落后的情况下,赵庄乡农民已经从全国的消费市场上用最少的投资赚取了丰厚的回报。20世纪八九十年代,随着电视的逐渐普及,农民对文化表演的水平要求开始提高,单一的"小魔术"表演已难以满足农民对文化的多样化需求,赵庄魔术表演团体便将魔术表演、歌舞表演、杂技表演、武术表演等结合起来,使表演的节目更加丰富多彩,迎合了各个年龄段观众的需求,赵庄魔术的消费市场也从乡村扩展至中国的大部分城市。由此赵庄魔术在全国的知名度有了很大程度的提高,赵庄魔术开始成为宝丰县的一张文化名片,享誉全国。在新世纪,随着人民收入水平的提高,对文化产品的需求不断增加,以及文化产业政策扶持力度的加大,赵庄魔术的消费市场将更加开阔。

第二,人才供给。赵庄魔术表演团体众多,占全国魔术表演团体的50%以上,因此需要大量魔术表演方面的专业人才。赵庄乡魔术专业户大约2000多个,有以周营村、大黄村为代表的15个魔术专业村,魔术团体一般以本乡镇的农民为主,不限年龄段。在农闲时期,团长会招聘同村表演人员,组成表演团体后外出谋生,农忙时期魔术团集体返乡务农。魔术表演的专业人才培训基本上分为家族传承制、师徒制、以团代培制和学校培训制四种。例如在央视春晚节目中被广大观众所熟知的赵庄乡农民魔术师丁德龙先生是在父亲丁发生的教导下走上了魔术师的道路,并且将赵庄魔术搬上春晚的舞台。宝丰县老一辈农民魔术师,也是最早组建魔术表演团队的团长毛玉山老人则将自己的手艺传给了自己的三个儿子毛建华、毛强和毛新强,之后三人也开始组建自己的团体。家族传承制具有较强的排他性,虽然使传统技艺得以完全保存,但是不利于交流和技艺的提高;师徒制集观察、交流、传承于一体,例如赵庄乡著名的农民魔术师兼企业家刘顺早年拜陕西魔术师王志富为师,青年魔术师靳全亮早年拜浙江省著名魔术师金刚为师。师徒制使赵庄魔术文化的发展不仅仅局限于赵庄乡本土的传统技艺,而且有利于该技艺在不同地域间的交流、碰撞和水平的提升。以团代培制是应用最广泛的培训方式,每年魔术表演团返乡后会重新组建团体,因此很多技艺水平纯熟的魔术师便会另起炉灶,离开原来团体。而新进的团员没有魔术表演基础,因此便会在团体内部边学边演,赵庄乡50%的从业人员是通过以团代培方式进入魔术表演行业。除此之外,赵庄乡还开办了专门教授魔术表演技艺的艺术学校,但是学习费用较高,而以团代培制不仅不需学员交纳学费,还能为学员提供劳务费,因此,通过专门到魔术技术学校学习魔术来从事魔术表演的人员很少。魔术技术学校还需要承载大部分传统教学工作。例如,赵庄乡星光艺术学校并不单纯以传授魔术表演为办学宗旨,而是如其他普通教育学校一样,以教授文化课为主,仅在每周开设少量的声乐、器乐、魔术、舞蹈等艺术课,丰富学生的学习生活。

第三,经济收入。魔术文化产业带来的经济收益占赵庄乡全乡经济收入的70%,赵庄乡的储蓄银行存款量在宝丰县同类银行的存款总额方面名列前茅。且在赵庄乡各魔术专业村,豪华的乡村别墅屡见不鲜,农村村容整洁。魔术专业户的魔术表演所得收益占家庭总收益的70%~100%,且每个表演团队年收益在保守情况下是40万~50万元,团体成员的平均月工资水平在5000元左右。魔术文化产业改变了赵庄乡农民的命运,目前赵庄乡魔术专业村的收入来源仍以魔术表演及魔术道具销售为主。赵庄魔术在全面推动赵庄乡经济发展、提高农民收入、促进城乡一体化建设的同时,经济收入可观的农民魔术师也将资金投资于与魔术产业相关的项目之中,为赵庄魔术的节目创新和产业发展提供了良好的经济基础。

四 宝丰赵庄魔术文化产业发展的经验启示

赵庄魔术文化产业的蓬勃发展带给人们诸多经验启示,比较重要的有以

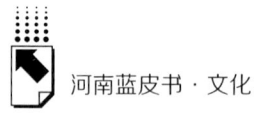

下三个方面。

第一,因地制宜,主动开拓市场。宝丰魔术文化产业的市场可以分为本土市场和外地市场两部分。在赵庄乡本地,因为全乡基本以外出表演魔术为谋生手段,所以魔术表演在本土没有市场。但是由于中国还没有完整的魔术道具市场,而魔术表演离不开道具、服装、音响设备等,所以赵庄乡一些魔术师便将闲散资金投资于魔术道具研发、制作与销售等,为魔术表演团体提供真正意义上的一条龙服务,所有与魔术表演相关的商品都可以在赵庄乡魔术商贸街获得。而在外地,随着赵庄魔术的知名度逐渐提高,以及表演水平的不断提升,赵庄魔术产业成功开拓了农村和城市两种不同的市场,且根据演出地的经济条件因地制宜制定不同的出场费用和门票价格。

第二,抓住机遇,变文化优势为经济优势。俗话说"一业兴则百业旺"。改革开放以来,国家日益重视对传统文化资源的保护,且文化产业对经济的促进作用越来越明显。当地政府认真分析形势,充分发挥赵庄乡民间传统文化优势,将赵庄魔术作为特色文化产业给予大力扶植,以魔术文化产业来带动全乡经济的发展。同时,赵庄乡农民勇于探索,大胆创新,充分挖掘魔术文化产业的经济价值。此外,还根据时代的变迁加入歌舞、音响、特效等元素,使过去传统的魔术杂耍变成形式多样、节目精致的表演艺术。

第三,政府牵线搭桥,提高知名度和社会影响力。宝丰县政府着力扩大赵庄魔术的社会影响力,在宝丰荣获"中国魔术之乡"称号的基础上,于每年的农历四月初八日举办宝丰县魔术文化节。随着魔术文化知名度的提高,在政府的牵线搭桥下,赵庄魔术发展成为中国对外文化交流项目,名扬海内外。日本电视网1993年在赵庄乡举办了"中日魔术擂台赛",拍摄了专题记录片《中国魔术之乡》;俄罗斯国家电视台1994年来赵庄乡拍摄了《中国民间气功》纪录片。赵庄魔术还多次为来华外宾举办专场演出,其精湛的表演艺术受到了外宾的一致好评。赵庄魔术表演团体还应新加坡、韩国和中国台湾省之邀,先后前往进行文化交流演出。在政府的大力宣传以及民间演出团体的共同努力下,赵庄乡魔术文化产业的发展市场并不局限于国内中小城市及广大乡村,而是扩展到世界各地,广泛参与国际演出与交流。政府的强力支持,极大地促进了赵庄魔术产业的发展,也对赵庄魔术技术的提高发挥了重要作用。

宝丰赵庄魔术文化历史悠久,属于典型的草根文化,是农民用智慧将文化艺术转化为经济收益的成功典范,在全国引起极大的关注,为中国其他传统非物质文化遗产的保护、文化产业的发展壮大提供了一定的借鉴意义。赵庄魔术文化改变了赵庄乡农民的命运和生活状况,对地区经济起到了强大的拉动作用。同时也在市场开拓、优势转变和政府作为等方面带给了人们诸多经验启示。

参考文献

[1]《"中国魔术之乡"宝丰:"魔法界"的道具大本营》,http://news.xinhuanet.com/local/2014-10/15/c_1112839812.htm。

[2]《台湾〈大陆寻奇〉栏目走进"中国魔术之乡"宝丰》,http://news.dahe.cn/2015/01-21/104156731.html。

[3]《中国魔术之乡宝丰文化现象叫响全国》,《河南日报》2012年8月9日。

B.21
中原礼乐文化现代传承和产业发展的调研建议

王媛媛[*]

摘　要： 以河南省为核心的中原地区是传统礼乐文化的发源地和现代礼乐文明的重要传承地。本文以礼乐文化相关文献及文物为基础，通过对目前河南省官方、民间礼乐文化传承情况的调研与分析，寻绎中原礼乐文明传承发展生态、现状和问题，并尝试探讨现代社会中华礼乐文明发扬光大的可能性和可行性，使传统礼乐文明真正融入当代精神文明建设和产业发展中。

关键词： 中原礼乐文化　拜祖大典　现代传承　产业发展

中国自古就被誉为"礼乐之邦"，礼乐文化是中国优秀传统文化的核心。关于礼乐，概括来说，乐是由声音为主体，艺术化表达人类情感的方式，可以表现个人情绪中的喜怒哀乐。礼所传达至高至纯的意义也随着人类文明发展，被逐渐赋予越来越多的社会功能。当人类需要仪式化的情感诉求，礼和乐结合在一起，这种仪式化的情感表达中所用的乐就属于礼乐的范畴了。结合当前社会发展呼唤传统文化回归的大趋势，以及当今与礼乐相关音乐文化现象进行实地考察及调研分析，就中原礼乐文化相关的文化产业进

---

[*] 王媛媛，郑州师范学院传播学院讲师，主要研究方向为音乐史理论。

行深入研究，让传统礼乐观念真正融入现代礼乐文明和文化产业发展之中，具有重要的现实意义。

一　中原礼乐传统文化的发展

礼乐本和其他音乐本体一样，是以音声来表达复杂而美好情感的，只有当仪式性用乐产生，礼乐观念便随之产生，而礼乐观念的形成最终促成了礼乐制度的产生，两者之间相辅相成，密不可分。没有仪式伴随，礼乐本身就成了普通的音乐，就不再有礼乐存在；乐为礼烘托了仪式气氛，礼又为乐充分表达了人类丰富的仪式化情感。中国传统社会中的仪式之乐，必然是和礼相辅相成而存在的。

传统礼乐的起始是由周公制礼作乐开始。为了巩固阶级统治，周公建立了一套完整森严，谓之"华夏正声"的礼乐制度，在周代"礼不下庶民"理念的支配下，[1] 能拥有和享用礼乐的只有王、侯、卿大夫、士四级以上级别的人。并且即使是王侯将相之间，也要被划分严格等级来享有不同规格的配套礼乐，乐队所用的礼器数量也要完全依官位等级而定，不同级别之间不可逾越。

随着汉魏之后的两千年发展，与周代礼制最大不同在于礼制不断由宫廷向民间下移，民间老百姓又在长期的生产生活中将乐分为"礼乐"和"俗乐"两大类，[2] 用于仪式且程式固定的为礼乐，不用于重大仪式的就归属于"俗乐"的范畴。自从礼乐文化下移民间，宫廷民间同步发展之后，礼乐文化便呈现了多种发展状态。自南北朝以来形成的具有全国性的专业、贱民、官属乐人的乐籍制度。官府必须按照礼制设在职的官属乐人群体方便使用，这就是这个制度的全国性、体系化存在。由于声音形态具有特殊的时效性和空间性，在古代没有录音、录像等现代化设备的辅助和存储形式帮助沉淀积

---

[1] 项阳：《礼乐与俗乐两条主脉是中国传统音乐文化的特征》，http://blog.sina.com。
[2] 项阳：《中华礼乐文明、礼仪之邦的历史与现代意义》，《中国音乐》2013年第1期，第18页。

累的情况下，历朝历代一直将乐籍制度在从上到下的实际规范操作中让礼乐制度得以延续、深化，从而形成国家体系化与规范化意义的各种礼制仪式用乐的模式，有效保障了国家乐籍制度作为礼乐文化而存在，国家的礼乐体系也因此得以具象化。

二 中原民间礼乐文化现代传承

民间礼乐文化是传统礼乐文化现代传承中非常重要的一环。所谓的"俗乐"，也就是我们现在提到的民间礼乐文化形式，其实并不是真正意义上失去了礼乐血脉的世俗音乐，只是官方礼乐下移民间，在民间演变发展的分支。相对于官方礼制仪式用乐固定的用乐形态而言，民间礼乐文化在老百姓的日常生活运用更为灵活、普及、广泛。比起官方一成不变的仪式用乐模式，礼乐文化在民间的不断传承演化过程中，逐步造就了它更加形式多样、风格灵活多变的特点。那么考察民间礼乐文化的现代传承，对于点面结合、全面把握传统礼乐文化的传承现状，民间礼乐文化研究就显得尤为重要。

我国古代的国家重要典礼可以分为吉、嘉、宾、军、凶五类。① 现代社会里礼乐中的"吉礼"主要包括祭祀祖先、祭奠先人、祈福场合的仪式用乐。如今在民间集中体现为各类宗庙的民间祭祀活动用乐。河南省现在的大型公祭黄帝故里拜祖大典就属于"吉礼"的范畴。这类仪式活动礼乐型制相对固定，乐曲风格端庄肃穆，才能更好显示出对祖先的敬仰之情；嘉礼包括现代民间民众生活中具喜庆意义的大事，诸如开业、庆典、婚礼、上梁、祝寿等。宾礼是接待宾客需要的仪式用乐，现在各种商业活动的开业典礼、各种会议、比赛的开幕式等都还会广泛用到。"军礼"则主要用于官方各种大型的阅兵、演习等军事活动，民间鲜有涉及。至于丧礼，经笔者调查，是从古至今，民间运用最为普及和广泛的，直到现在为止，河南地区几乎所有的丧葬仪式都少不了丧礼用乐。

---

① 项阳：《礼乐与俗乐两条主脉是中国传统音乐文化的特征》，http：//blog.sina.com。

（一）鹤壁市杜家庄龙宫村杜家班乐班生存现状调查

杜家班是河南省鹤壁市杜家庄当地规模比较大的一个民间乐班。杜海洋今年48岁，班子里接近一半的人都是他亲手带出来的徒弟，很多人都慕名来找他学习技艺，本村和邻村的徒弟们大多跟着他来乐班接活儿，外县、外市的徒弟学成之后，很多回到当地各自创办新乐班，大多也搞得有声有色。杜家班属于职业性的乐班，就是通常意义上的以鼓吹作为稳定的职业，以接各种民间礼乐活动作为自己谋生手段的乐人，平时没有活儿的时候就是班主带着练习或传统或创新的曲目。班子成员组成基本情况如下：

	姓名	年龄	住址	主要演奏乐器
杜家班固定人员构成	杜海洋	48	河南省鹤壁市杜家庄龙宫村	唢呐、小号
	王华盛	27（徒弟）	河南省鹤壁市望水镇马家乡	笙
	田国保	32	河南省鹤壁市善应镇小石村	笙、电子琴
	张韶华	40	河南省鹤壁市善应镇小石村	大号、次中音号
	吴金栓	25（徒弟）	河南省鹤壁市杜家庄龙宫村	笙、唢呐、小号
	杜俊生	25	河南省鹤壁市杜家庄龙宫村	笙、唢呐
	张俊楚	41（徒弟）	河南省鹤壁市杜家庄龙宫村	笙、唢呐
	马四海	24（徒弟）	河南省鹤壁市望水镇马家乡	唢呐、萨克斯
	盛喜田	67	河南省鹤壁市望水镇马家乡	镲
	李亭连	58	河南省鹤壁市望水镇马家乡	二锣
	吴建林	55	河南省鹤壁市善应镇小石村	云锣
	钱厚福	49	河南省鹤壁市善应镇小石村	笙
	杜洪春	38（徒弟）	河南省鹤壁市杜家庄龙宫村	笙
	张家立	39（徒弟）	河南省鹤壁市杜家庄龙宫村	唢呐
	洪旭升	31（徒弟）	河南省鹤壁市杜家庄龙宫村	唢呐
聘用人员	尚晓平	36	河南省鹤壁市豫剧团	唱各种戏曲
	琴手、鼓手	17	职业艺校学生	电子琴、爵士鼓
	流行歌手	17	职业艺校学生	流行歌舞

分析杜家班的人员构成，可以看出如下两大特点。（1）班子里的人群年龄结构以中年居多，青年为辅。来学艺的小孩子也很多，农闲时中年人也不少，在年轻人这个层面，技艺传承是有断层的，很多年轻人现在都不懂得

一些礼俗礼节的规矩了。杜家班吹管乐器实力较为强劲，而且演奏者年龄在壮年期，所以乐班的演出听觉效果应该很强劲。戏曲演唱、流行音乐、舞蹈等元素的加入，使得班社活动的范围可以更加多元，更能满足各类嘉礼活动的喜庆气氛。（2）乐班配备乐器类型，除了配备唢呐、笙等吹拉弹唱传统的鼓吹乐器之外，还少量加入了西洋乐器的铜管吹管乐器弥补鼓吹乐音域上的缺失；为了迎合现在潮流的需要，购置电子琴、爵士鼓、电贝司、电吉他等电声乐器来增加乐队的震撼力。另外，搭建专业舞台、配备灯光、扩音器设备促进用乐效果。杜家班比较注重自我宣传，所以班子的活儿常常多的接不过来。

杜家班的主要仪式活动涉及吉礼、嘉礼和凶礼。笔者以2015年12月到2016年2月两个月的时间为期限，对杜家班所接民间礼乐活动的数量、频率和类别进行了追踪采访。这两个月是乐班所谓的旺季，天气寒冷，白事儿、祭祖，还有年前的喜事、活动特别多。这两个月杜家班共接活儿38件，其中吉礼类活动多达21场，以给家里已逝老人办三周年、五周年之类的祭祀活动为主，凶礼活动10场，嘉礼活动6场，庙会1场。

杜家班的经营收入和分配依据分工不同而不同。杜师傅接活儿根据工作强度大小，持续时间长短，事主要求的排场大小、持续活动的规格等综合进行收费，一般600~2000不等，比如开业典礼1200~2000元每次，丧葬涉及人少，费用一般在600~800每次。分配时再结合班子里人员在每次活动中承担任务的多少，还有技术的好坏，划分薪金高低。通过采访得知，每年到了年底的旺季，各种各样的活儿接连不断，生意应接不暇，当然班社的经济创收也非常可观，在旺季班社成员最高每月可以拿到2500~3000元的收入，班子里的乐器需要更换、添置，等等，都是到旺季挣到钱之后来实现。到了每年五六月份进入淡季，每个月接活儿少的时候，人均每月收入也在1000元左右，连班子里工资最低的打击乐人员，每月也至少可以拿到500元左右的工资。这对于农村群众来说，无疑是一笔不小的收入。因此，现在豫南地区很多农村的家长都愿意让孩子来学些民间乐器演奏技艺，目前从杜家班生存发展现状来看，这种民间礼乐文化传承生机勃勃。

（二）当前民间乐班在发展中遇到的问题

传统礼乐礼制已经较为全面广泛地被现代民间礼俗用乐所沿用，如今，这些用乐的仪式多数已被国家非物质文化遗产法纳入保护范畴。正因如此，在调查研究过程中，也发展一些实际存在的问题。

一是传承人群的流失。目前在我国的民间广大地区，依附礼俗而生存的"专业乐人群体"数量还是比较庞大的。但不同于古时乐籍制度鼎盛时期的乐人，现代专业乐人群体的生存现状并不乐观。他们依然较大程度依赖当地传统文化习俗，靠参与当地礼俗仪式用乐营生。但随着现代观念意识的转变和外来文化的冲击，目前民间传统礼制仪式用乐已逐步压缩到只较多运用在婚丧嫁娶习俗仪式，很多现代人更是对承载着礼乐的社会乐人报以藐视的态度，使得这些专业乐人面临无以为继的尴尬传承境地。如有朝一日民俗不在，这个庞大的社会乐人群将失去赖以生存的民俗传统文化土壤，他们将失去施展传统技能技艺的最后空间和阵地，为生计不得不转行。

二是文化环境的限制。由于多年来不重视民间礼乐的传承，许多宝贵的中国传统民俗文化遗产消失殆尽。近些年来，国家越发重视对中国本土传统文化环境的保护，在保护非物质文化遗产方面制定了相关法律，其中以声音形态为主的行业，例如戏曲、曲艺、鼓吹乐等，绝大多数依赖当下民间礼俗形式而生存，所以对民间礼俗文化的整体保护至关重要，只有保护了礼俗文化的生存空间，民众达成较高程度的文化共识，并持有尊重珍惜和保护的态度，深刻认识到如果没有赖以生存的文化土壤，一切宝贵的传统文化都将变得毫无意义。只要文化认同的默契还在，那些与礼俗仪式息息相关、共生共存的传统礼乐才能继续得以延续和生存。

三是文化观念的错位。传统礼俗有着亲缘和血缘关系的牢固性，使传统礼乐文化从古至今始终以特殊的形态演变存在着，但是，当前社会发展日新月异，以城市为中心向民间的传统礼乐文化土壤辐射已经渐渐没落萎缩，中国几千年一脉相承的礼乐文化传统，如今已经离消亡近在咫尺。这对一个现代社会来说，似乎显示着社会在进步，似乎影响不到人们实质的生活和工作，正如婚礼葬礼现在开始沿用西式婚礼和葬礼形式一样,人们已经逐渐习惯并接受了这种现实。国人对于传统礼乐观念的逐渐淡漠,不仅使传统礼乐失去了存在的土壤,而且也可能让传统礼乐文明、传统文化礼仪最终走向终结。

三　中原官方礼乐文化现代传承

中原是中华民族传统文化的重要发源地,这里保留着的祖祭文化遗址不胜枚举。为了弘扬优秀传统文化,保存祭祖风俗,增强民族凝聚力,河南各级政府和社会组织注重发挥根亲文化优势,举办了不同形式、不同级别的中原根亲文化节。

1992年,在新郑市的推进下,经河南省政府批准,确定在每年农历的三月三举办炎黄文化节,吸引着全球各地的华人到河南来寻根拜祖。由于这一拜祖活动受到了社会各界华人的高度关注和参与,2008年6月,黄帝故里拜祖大典被国务院批准为国家级非物质文化遗产。按照拜祭礼制,黄帝故里拜祖大典仪式流程如下(2016年拜祭流程)。

时　间	2016年3月31日上午9:50
地　点	新郑的黄帝故里景区
主　题	盛世中国,和谐社会
第一项	盛事鸣炮,全体肃立,鸣炮21响
第二项	敬献花篮:分四组向黄帝塑像敬献9个花篮
第三项	净手上香:分四组一次敬9炷高香
第四项	行施拜礼。现场全体人员向轩辕黄帝像行施拜礼,三鞠躬
第五项	恭读拜文
第六项	点燃圣火
第七项	吟唱颂歌
第八项	乐舞敬拜
第九项	天地人和

从2002年起,经过了十四年不断对拜祖活动文化层次的提升尝试、仪式仪礼的修改与完善,对华夏传统文明的共鸣和感染激发,2016年的这次

黄帝拜祖大典，靠着文化和情感的召唤，吸引了来自英、法、美、加拿大、澳大利亚、意大利、瑞典、新加坡、马来西亚、泰国等30多个国家和地区的海外侨胞和港澳台同胞，以及国内近万名来宾参加了这次拜祖大典。拜祖大典在进一步弘扬中原优秀传统文化的同时，更凝聚了全球炎黄子孙的心。

（一）黄帝故里拜祖大典对中原礼乐文化的传承及影响

1. 建和谐社会，倡树时代好风尚。作为人文始祖的黄帝，在其肇造中华文明的漫长岁月里表现出"容、创、持、实、和"的黄帝精神，是全世界炎黄子孙宝贵的精神信仰的源泉，① 更是我们整个中华民族精神家园精髓的核心。弘扬黄帝精神，对树立时代良好风尚、构建和谐社会具有积极的推动作用。

2. 促文化交流，推动经济社会发展。新郑黄帝故里拜祖大典的成功案例，充分证明中原传统礼乐文化可以促进文化交流，推动经济社会发展。每年大典期间，来自海内外的企业界人士在进行文化交流的同时，考察项目，寻求合作，为河南对外开放和经济发展注入了新的活力。丙戌年拜祖大典期间签约金额达102亿元，丁亥年大典期间签约金额达106.6亿元，戊子年仅拜祖大典签约金额达111.2亿元。近几年，新郑市先后引进项目465个，招商引资到位资金266亿元，② 为经济社会发展提供了强大动力。

3. 树良好形象，提升河南影响力。伴随着宣传报道黄帝故里拜祖大典活动的图片、文字、语音、视频的大量传播，一个厚重文明、进取向上的文化河南新形象跃然纸上，展现在世人面前。河南人民的热情好客、河南山川的锦绣壮美、河南历史的悠久长远、河南发展的巨大变化、河南面貌的日新月异，迅速传遍世界各地、远播五洲四海，参加拜祖大典的众多嘉宾对河南经济社会的迅猛发展赞叹不已，河南的影响力在进一步提升。

---

① 苏国庆：《丙申年黄帝故里拜祖大典隆重举行》，http://blog.sina.com。
② 任民：《十年大典，铸就河南闪亮文化品牌——黄帝故里拜祖大典十年综述》，《协商论坛》2015年4月。

（二）黄帝故里拜祖大典文化品牌的制约因素

作为已经产生了广泛影响的根亲文化节会，新郑黄帝拜祖大典要持续健康发展，将会受到其文化定位和礼乐文化转型的制约。其一，是定位不具普遍性。拜祖大典对本土资源考虑比较少，忽略比较多，更多关注在海外侨胞和全球华人的情感认同上。黄帝故里拜祖大典礼乐文化的根基在国内，应注重本土资源的培养和利用，加大对黄帝文化的宣传力度和转换本土宣传策略，让中原人民和国人都能对中国传统历史文化有依恋。只有全民的传统文化意识和素养都提高了，传统文化才有了继续生存和传承下去的大环境和鲜活力。其二是中原礼乐文化向旅游产业转型比较艰难。由于礼乐文化是以传统文化礼仪、民间俗乐为承载的一种文化形式，所以它的传承很大程度依赖于优秀传统文化资源的深度开发，以及文化产业与旅游产业的融合发展。但是，河南省文化旅游产业的发展一直比较滞后，只有作为传统文化重要载体的河南的文化旅游产业成功转型，才能进一步推动传统礼乐文化的推广发展。

四 中原礼乐文化产业化的主要瓶颈

（一）市场机制不健全阻碍文化产业发展

市场机制不健全，对河南礼乐文化产品竞争力的进一步提升造成很大制约；而文化市场投融资机制的不健全，则使得文化产品开发得不到强大的资金支持；由于缺乏有效资金支持，文化产品入口端的技术和创意支持跟不上，即使是很好的文化创意，也很难后续生产出好的衍生产品。礼乐文化产业是河南省文化产业中具有文化内涵和广泛影响的文化名片，如何进一步健全市场机制，很好地配置礼乐文化产业资源，最大限度地与现代科技创新相结合，推动礼乐文化产业进一步发展，还需要努力探索。

（二）文化产业人才匮乏阻碍文化产业发展

礼乐文化产业的发展离不开人才支撑。目前河南礼乐文化产业则面临着人才匮乏的局面。一是缺乏有远见有魄力的企业家和有经验的生产经营管理人才。河南省礼乐文化产业主要以民营为主，而且往往是当地独特的世代相传的独有绝活，照搬传统比比皆是，但是缺乏产品研发和创新，给企业的进一步发展带来诸多限制。二是匮乏专业技术创新人才。礼乐文化产业发展正处于起步阶段，企业资金实力不够强大，工资待遇低，很难招收到具有创新创意才能的专业人才，严重制约着礼乐文化产业发展。三是文化企业内部人员结构老化，人员文化水平普遍偏低。很多文化技艺是独门绝活，很少对外交流培训，所以引进人才和留住人才都是一个很大的难题。

（三）研发投资不足阻碍礼乐文化产业发展

研发投入不足是制约礼乐文化产业发展的原因之一。以2013年全国科学研究与实验发展经费为例，当年R&D为11846.6亿元，R&D经费投入强度为2.08。但文教、工美、体育和娱乐用品制造业R&D仅为49.6亿元，占总量的0.38%。河南省当年R&D共投入355.1亿元，R&D经费投入强度为1.11，在全国排第17位，用于文化、体育和娱乐行业的研发经费少得可怜。没有研发资金的投入，没有政策上的扶持，文化科技自主研发经费严重不足，严重制约了文化产业发展，礼乐文化产业发展自然也受到不利影响。

（四）文化旅游产业生态系统和功能配套不健全

河南的文化旅游产业生态系统不够完善，相应的功能配套也有待完善，严重制约河南旅游产业的可持续性发展。需要政府给予宏观性指导性调控，重新构建文化旅游产业生态系统，加强资源整合，构建新的符合本省省情的生态旅游创新模式，促进包括礼乐文化产业在内的河南文化旅游产业有更大的发展。

五　推动中原礼乐文化产业发展的建议

各级政府高度重视传承弘扬中华优秀传统文化，使中国礼乐文化进入一个全新的发展时期。在现代传播学的影响下，传统礼乐受到传播媒介、主体

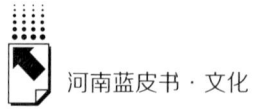

以及受众的影响发生改变，中原礼乐文化的传承与当代发展，需要找到既适合礼乐文化发展又具有时代文化特征的新途径。

（一）传统化策略：回归传统，建立新型传播模式

礼乐文化传承方式可以分为官方与民间两种类型，而在民间的流传更具传统特性。与西洋文化相比，传统文化祥和恬淡自然，有自身的独特魅力，也是它能独立存在的很大优势。在都市生活久了会产生厌倦快节奏的现代都市生活，在此时反倒对宁静泰然的传统本土礼乐文化有浓厚的返璞归真之情。因此，建立在民族自豪感之上，在人们怀念传统礼乐的需求下，让民间礼乐文化保留其原汁原味的传统气息，让古朴方式和现代快节奏形成极大反差，呼唤人们对中华优秀传统德行之美的渴望与追求。

（二）产业化策略：更新思路，走上新型产业化道路

如果从文化产业理论的角度上去看待中原礼乐文化，那么它就是经济市场中的一种文化商品。在物质形态上，礼乐文化是不可触碰的，基本上都是在博物馆展示，但是非物质形态的礼乐文化是可再生的产品。[①] 在弘扬中华文化的同时可以进行改革与创新，以崭新的面貌示人。打破旧有思路的局限，往产业化方向发展，中原礼乐文化传承与发展才具有广阔前景。第一，必须转换观念，尝试把中原礼乐文化当作商品。引导中原礼乐文化产品往实质性的生产开发方向走，用现代化的广告创意和消费方式来引导其向产业化方向发展。第二，必须树立正确的礼乐文化产业化意识，以新郑模式等来引导礼乐文化向产业化道路去发展。第三，应打造以礼乐文化为首的文化产业链，把民俗民风融入历史特色的产业链当中，实现礼乐文化与旅游、观光、购物等元素相结合。第四，以中原礼乐文化为主来打造复合型的文化旅游产业模式，在其中融入各种原生态的因素，注重还原历史情景的相关配套设施发展。第五，提升礼乐文化的当代价值，举办一些影响力较大的活动或者拍

---

① 姚志华：《文化产业发展战略研究概述》，《艺术百家》2008年10月。

摄一些大型的影片来营造烘托，以多种手段来提升和强化传统礼乐文化功能价值，在中国传统节日举办各类传统文化主题的大型互动展演活动，推动礼乐文化产业化。

（三）网络化策略：打造新型的传播平台

据相关统计数据显示，截至2016年我国的网民人数达7.10亿，占总人口的51.7%。因此，发展礼乐文化产业，应注重打造网络传播平台，通过网络扩大礼乐文化的传播。一是认清中原礼乐文化的发展需要借助信息时代网络化发展，传统礼乐文化的延续和传承必须融入新时代的元素，在保留原有韵味的同时添加时代元素，促使其全面发展。二是网站建设应符合现代化发展需求，具有个性化特色，在展示的同时达到良好的宣传效果。三是不断提升网站人气，不断推陈出新，以此来吸引观众。四是在网站中建立交流的区域，前提是其必须具备浓郁的中国传统文化色彩和传统仪式的神圣庄严感。五是把传统礼乐文化相关的故事和神圣的仪式意义等挖掘出来，增强人们浓浓的民族自豪感、优越感，用民族自豪感来推动传统礼乐文化产业发展。六是中国礼乐文化传播网站要传播具有时代特色的图片与视频，融入多媒体技术，把礼乐文化产品制作得更加精美动人，以满足人们的审美需求。七是把中原礼乐文化的血缘以及传统礼乐文化的精神延续下去，不断加强礼乐文化建设。

参考文献

［1］ 项阳：《礼乐与俗乐两条主脉是中国传统音乐文化的特征》，http：//blog.sina.com。

［2］ 项阳：《中华礼乐文明、礼仪之邦的历史与现代意义》，《中国音乐》2013年1月18日。

［3］ 任民：《十年大典，铸就河南闪亮文化品牌——黄帝故里拜祖大典十年综述》，《协商论坛》2015年4月。

［3］ 姚志华：《文化产业发展战略研究概述》，《艺术百家》2008年10月。

Abstract

2016 was an important year for Henan in its cultural construction. Aligned with our plan and task of finishing building a moderately prosperous society in all respects and building a Succession and Innovation Zone of Chinese Historical Civilization, we set a new goal of accelerating to build an important cultural highland of our country. 'The Development Scheme for the Succession and Innovation Zone of Chinese Historical Civilization' published by Henan Provincial Party Committee and Government clearly indicated the guideline, the mission and the work focus for the Zone construction. And 'Implementing Opinions on Booming Socialist Literature and Art' issued by Henan Provincial Party Committee was a comprehensive plan for Henan in flourishing its socialist literature and art. Standing on a new springboard, Henan pushed forward all works in all respects. Fresh progress was made in the construction of the demonstration areas of public cultural service system with further improvement achieved in public internet facilities and in public services. Notable achievements were made in creating cultural products of high quality so that some works were awarded big prizes. Great achievements were also made in protecting cultural heritages in which 16 historical and cultural heritages were listed into the national protection of big sites specially programmed by the 13th five-year plan. The data base for intangible cultural heritage of Henan was being built in an orderly way. Cultural industries struggled to growth rapidly with the added cultural value of the year 2015 reaching 111.187 billion yuan, firstly breaking through one hundred billion, 3% of GDP. In 2017, maintaining the good momentum of development and keeping to the goal of 'speed up building Henan as the cultural highland of the country', we will give full play to our superiority and complement our weakness, and realize a new breakthrough in the important cultural projects and the construction of cultural highland.

Keywords: Henan; Cultural Highland; Cultural Competitivenss

Contents

Ⅰ General Report

B. 1 Analysis and Outlook at Cultural Development Trend
of Henan Province from 2016 to 2017
Research Group of Henan Academy of Social Sciences / 001
1. Main Achievements Henan got in Cultural Construction in 2016 / 002
2. Analysis of the Cultural Development Trend of Henan Province
in 2016 / 018
3. Prospect on the Cultural Development Trend of Henan Province
in 2017 / 023
4. Strategies and Suggestions in Pushing forward Henan Province
in Cultural Development / 026

Abstract: In 2016, Henan accelerated its cultural construction from the aspects as follows: The Tenth Henan Provincial People's Congress of CCP held on Nov. 7, 2016 promoted 'to speed up building Henan as a cultural highland of the country'; The Constructing Plan for the Succession and Innovation Zone of Chinese and Historical Civilization was published and put into implementation; The building of demonstration areas (projects) for public and cultural service system was actively put forward; The service level of public culture was continually improved; Cultural heritages were effectively protected; 16 historical and cultural heritages were listed into the special protection of the 13th five-year plan; The data base for intangible cultural heritages of Henan was being built in an orderly way; Cultural industries became stronger with the added cultural value of the year 2015

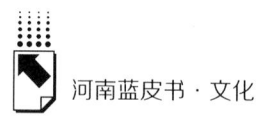

reaching 111. 187 billion yuan, firstly breaking through one hundred billion; The soft power and influence of culture was increased continually in the course of cultural exchanges with foreign countries; The cultural construction of Henan stood on a higher springboard. However, the comparatively low GDP per capital constituted restriction to the general investment of Henan in its cultural construction. The cultural resources couldn't be effectively integrated or protected and utilized. Middle and small sized enterprises couldn't develop without any difficulties. Cultural and innovative talent were still scarce. Cultural industries lacked of creativity and innovation. All of the above factors inevitably restricted the development speed of the cultural construction in different degree. In 2017, faced with the serious situation, in order to reach our new goal from a higher springboard, we should spare no effort to adjust the development idea, create a development mode, optimize a development environment and perfect a development mechanism so as to lay a more solid foundation.

Keywords: Cultural Highland; A New Springboard; Development Trend

B. 2 Report on Analysis and Evaluation for Regional Cultural Competitiveness of Henan Province in 2015

Research Group of Henan Academy of Social Sciences / 032

1. *Basic Trend of Regional Cultural Construction of Henan Province in 2015*　　　　　　　　　　　　　　　　　/ 033

2. *Analysis on Regional Cultural Competitiveness of Henan Province in 2015*　　　　　　　　　　　　　　　　/ 042

3. *Evaluation on Regional Cultural Competitiveness of Henan Province in 2015*　　　　　　　　　　　　　　　　/ 067

4. *Suggestions for Improving Regional Cultural Competitiveness of Henan Province*　　　　　　　　　　　　　　　/ 072

Abstract: In 2015, earnestly implementing new ideas and strategies sent from the Party Central Committee for national development, governments at all levels of Henan Province devoted great effort to the cultural construction and launched a series of development plans for cultural innovation and relevant measures. The basic public services in culture are more and more accurate, the integration of culture and relevant industries was much deeper, the agglomeration efficiency of key parks of cultural industry became more and more prominent and cultural tourism was becoming more and more important in international economic development of Henan Province, all of which brought us great pleasure. However, many constrains also existed, such as the unbalanced development, difficulties in implementing cultural policies, uncertain financial support specially used for cultural industry, lack of impetus in urban and rural culture consumption and lack of top talent for cultural construction. Through the relevant measure evaluation on more than 40 objective targets ranging from cultural undertakings, cultural industries, talent teams coming from 18 provincially administered municipalities and 10 administered counties, this article sketches the general situation of cultural construction and cultural level of the 18 municipalities and 10 counties at the end of the 12th five-year plan and promotes policy suggestions on speeding up building regional cultural development of Henan, which can be used to further enhance regional cultural competitiveness and for reference in building Henan as an important cultural highland of the country.

Keywords: 18provincially Administered Municipalities; 10 Provincially Administered Counties; Cultural Competitiveness; General Evaluation

Ⅱ Culture Undertakings

B. 3 On Construction of Demonstration Areas of Public Cultural Service System in Henan Province

Wei Shaosheng, Tian Dan / 075

Abstract: Since Henan started the construction of the demonstration areas of public cultural service system in 2014, 24 cities, counties and districts had been entitled

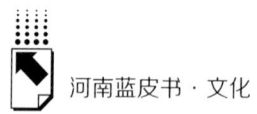

to build demonstration areas by the end of the year 2016, in which 12 demonstration areas had been basically completed the construction respectively from two stages and were waiting for officially acceptance for their remarkable achievements in perfecting public cultural facilities, providing cultural products, improving public cultural services and creating cultural brands. Their achievements set good examples for the other demonstration areas in their future construction. Even so, there still exposed some common deficiencies in the construction of the two stages, for which a deep research should undoubtedly contribute to the construction of the third and fourth entitled demonstration areas, and moreover, will further accelerate the construction of modern public service system, improve public services and powerfully support Henan in making itself into a national cultural highland.

Keywords: Public Culture; Service System; the Construction of Demonstration Areas

B.4 On Demonstration Projects of Public Cultural Service System in Henan Province

Xi Ge / 090

Abstract: Public cultural service demonstration project is an important foundation for the construction of modern public cultural service system. In recent years, in order to accelerate the construction, Henan Province has built up some demonstration projects of public service system and has gained good effect and accumulated experiences. Even so, in the process of achieving the goal, problems emerged one by one, such as the unbalanced distribution between rural and urban areas, the lack of competitive products and the shortage of social support. As a real modern public service system should be oriented to improving the sense of people's happiness in the cultural and mental dimension, priority should be given to such measures as creating the mechanism, broadening the source of funds, building professional talent team and hiring and creating regional culture, etc.

Keywords: Public Cultural Service System; Demonstration Project; Establishment Effect

B. 5　Investigation and Thinking on In heriting and Developing Chinese Excellent Traditional Culture

Research Group of Henan Academy of Social Sciences / 100

Abstract: In heriting and developing Chinese traditional culture is a necessary requirement for a strong country of culture. As a main birthplace of Chinese historical civilization, Henan has been attaching more importance to the top-level design, core value as guide, deep research, publicizing and promoting, protecting and utilizing and highlighting the local features. While in the campaign some aspects shouldn't be neglected, for example: the cognition cannot be completely consistent with the action, there isn't enough innovation, and the contradiction between fast urbanization process and nostalgia keeping is more and more obvious. Combining with the practical experience of the cultural construction in Henan, this article promotes the following suggestions which are to improve the understanding of passing on and promoting the excellent traditional culture, strengthen innovation capacity and perpetuate Chinese humanistic spirit to keep our nostalgia.

Keywords: Transmission and Development; Chinese Excellent Traditional Culture; Henan

B. 6　Investigation and Thinking on Protection and Development of Historical Villages in Henan Province

Li Lixin, Guo Yan and Yang Bo / 113

Abstract: Containing rich material and non-material heritage, the ancient villages in Henan Province are endowed with high aesthetic and cultural values,

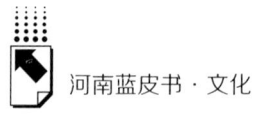

with their tourism market having a wide prospect. However, the present protection and development on them still make us worried, for some problems need to be solved as soon as possible. Reasonable development on the tourism resource of the historical villages and the villages famous for special landscape is a long-term and systematic project, absolutely not a short-term duty that can be finished overnight. We must strictly follow the scientific law, make full use of the successful experiences on protecting and developing traditional villages at home and abroad and adhere to the sustainable idea of attaching equal importance to both tourism development and cultural protection. Only in this way can we gradually realize our long-term effective goal of environment, economy and society, and then can our protection and development play an active role in building the cultural highland.

Keywords: Historical Villages; Material Culture; Immaterial Culture; Henan

B.7 On Current Development and Tactics for Henan Opera in the New Century

Zhang Houping / 128

Abstract: Since the new century, with the joint efforts from all works of the society, Henan opera has presented a good momentum in its succession and development, for example, there has appeared talent reserve, high-quality opera works are continually created, Henan opera has been made into a good brand in communicating with outside, opera units have established their own specialties. Generally speaking, Henan has finished a butterfly-like change in its opera development with its symbol of a big opera province being transformed into a strong one. Whereas, there still exist some problems seriously constraining the its succession and development, such as the lack of funds, the imperfect management, the unbalanced talent distribution, the scarce play for children and the aging of audience. In future, facing the problems existing in the development of Henan opera, the related departments should actively take relevant measures and tactics to forge a good ecological chain, thus Henan opera can be propelled to higher development as soon as possible.

Keywords: Henan; Opera; Opera Talents

B. 8 Performance Evaluation on Public Cultural Service System in Henan Province

Research Group of Henan Academy of Social Sciences / 142

Abstract: As an important part of cultural construction, the construction of public cultural service system embodies the sense of public responsibility of governments at all levels concerning culture. In building the performance evaluation index system for public cultural service system, we should on one hand follow the principle of comprehensiveness, practicability, innovation and fairness, on the other hand clearly make the reference standards and the theoretical grounds for the evaluation index system, and more emphasis should be put on the policy guidance, data authority, Henan flavor and public satisfaction index. The performance evaluation index system should be based on the comprehensive performance evaluation theory of local governments, combining qualitative evaluation with quantitive evaluation, macro index with micro index, objective index with subjective index, relative index with absolute index, and composite index with single index, thus can the performance evaluation index system objectively mirror the comprehensive level and development trend of municipalities and the province-administered counties in the construction of public cultural service system.

Keywords: Public Cultural Service System; Performance Evaluation; Index System; Model Application

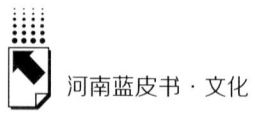
河南蓝皮书·文化

Ⅲ Cultural Industries

B.9 Report on Industrial Development of Zhongyuan Publishing & Media Group in 2016

Zhongyuan Publishing and Media Group Corp. / 157

Abstract: In 2016, on the basis of 12th five-year plan, Zhongyuan Publishing and Media Group insisted on correct guidance and continually adhered to the general requirements of reaching the criterion of enterprise scale, adjusting structure of development, promoting transition of economy, strengthening opening up to the outside and creating famous brands. Thanks to the steady rising in production and business and the comprehensive advance in industrial transition as well, we gained a lot of achievement. Nowadays, faced with the downward pressure, the domestic economic situation has entered a new normal, under such condition, we should focus our work this year on implementing the 13th five-year plan comprehensively, accelerating the reform and further upgrading the industrial transition.

Keywords: Publishing Industry; Henan; Zhongyuan Publishing and Media Group Corp

B.10 Report on Development of Henan Radio, Film and Television Industry in 2016

Li Juan / 171

Abstract: The Tenth Henan Provincial People's Congress of CCP held on Nov. 7, 2016 reported that Henan Province "will speed up building Henan as the cultural highland of the country." The goal corresponds with the new idea and the new strategy promoted by our central committee of the CCP about the cultural confidence. And it promotes the position of Chinese Civilization In heritance and

Innovation District. Henan ridio, film and television industry should continually deepen its structural reform to activate its endogenous power, strengthen the construction in new media to put forward media convergence, implement the strategy on brand to increase product added value, strengthen the leading role of projects to produce products of high quality, and train much more talents to build powerful teams of innovation.

Keywords: Cultural Highland; Radio, Film and Television; Products of High Quality; Strategy of Creating Brands

B. 11　Analysis and outlook at Development Trend of Henan in Exhibition Industry in Recent Years

Xu Chunyan / 182

Abstract: In recent years, with the progress in economy, transportation, and the construction and the use of large-scaled exhibition venues, Henan Province has stepped onto the road to a comprehensive development in its exhibition industry. Especially since the time of the 12th five-year plan, depending on its regional advantages and industrial basis, Henan has not only gained an amazing achievement but also driven its economic and industrial structures to adjust and upgrade. With the unprecedented achievement, Henan has ranked among the first ten strongest provinces in exhibition in the country. With Zhenzhou, the provincial capital, as the core, the districts of Luoyang, Kaifeng, Xinyang, Anyang and Xinxiang, etc. as the synergetic power, an exhibition economy and industry has initially shaped in central China and at present, it has kept a good trend in development. But in terms of the overall situation, there have still existed some unsatisfactory facts such as big but not strong, many but not exquisite, which need us to improve and perfect.

Keywords: Henan; Exhibition Industry; Development Trend

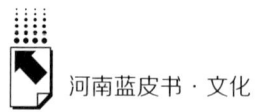

B.12　Report on Animation Industry of Henan Province in 2016

Li Mengshun / 196

Abstract: During the 12th five-year plan, Henan adjusted the development structure through attaching importance to quality and elaborate projects, creating animation high-way network and expanding industries into the mode of diversified and integrated development. Nowadays, Henan has led the middle and the west in animation industry, and has steadily stood on the second square of Chinese animation industry. However, there still existed some problems, for example, the industrial transition was not as fast as expected under the single agglomeration, brand-making met resistance because of lacking creativity and market awareness, and the talent cultivation couldn't keep up with the current development as well. Suggestions are promoted as follows: the animation industry of Henan Province should adopt industrial transformation to promote industrial integration, use innovation and creation to set up cooperation between enterprises, make brands to dig out resources, follow up the market guide to perfect policy design and create educational idea to improve talent construction system.

Keywords: Henan Province; The Animation Industry; Brand; Talent

B.13　Analysis of Industrial Development Trend
　　　　of Henan in Internet Culture in 2016

Guo Hairong / 209

Abstract: 2016 saw a steady progress in the network infrastructure and a fast development in cross-border e-commerce. In this year, the internet cultural products became more and more various, culture and science and technology were increasingly integrated, the comprehensive test area of the national big data in Henan Province was ratified, and the internet was used more and more deeply in all fields of social economy. However, there are still some aspects waiting us to improve, for example, we haven't accumulated enough knowledge on internet cultural industry, with which our internet cultural production is relatively lagged behind, we lack of leading cultural commerce websites, we can't keep up our e-commerce platform construction with the latest development and we are faced with the serious shortage of talents, all of which are the obstacles keeping our internet cultural industry from developing well.

Keywords: Henan Province; Internet Culture; Strong Province in Internet Economy

B.14 On the Development of Cultural Industrial Parks of Henan Province

Song Yanqin / 224

Abstract: Building cultural industrial parks has become an important carrier for Henan Province in developing its cultural industry, which has swiftly pushed forward the development of our cultural industry. But most of the parks are still in construction so that many problems and difficulties cannot be avoided. Our parks lack of mature types or innovative types of science and technology. Through analyzing the current situation and problems met by Henan in building its cultural industrial parks, this article specially promotes some suggestions and advises.

Keywords: Cultural Industrial Parks; Sustainable Development; Henan

B.15 Outlook on Transformation and Upgrading in Cultural Industry in Henan Province

Xi Ge / 235

Abstract: Historically, Henan has gained remarkable achievement in the development of cultural industry and the trend has been kept in a good

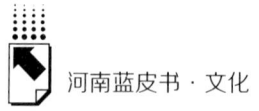

momentum. While, compared with those advanced provinces, Henan is still on the medium level and has a long way to go. Exactly positioning the development level of Henan cultural industry makes us see clearly a lot of difficulties lying on the way of our development. We have innovated our cultural idea, accumulated enough experience, improved the general production for cultural industry year by year and made the cultural consumption more and more mature, but difficulties we are faced with are intractable, such as how to realize a leapfrog development for leading industries, how to foster new cultural formats, and how to integrate culture with science and technology. Based on the situation, in order to realize the connotative development in cultural industry, we should strengthen the top-design to adjust the strategic plan, actively take measures to optimize talent team and investment structure and increase technological contribution rate, thus can we finally realize transformation and upgrading to promote the form of cultural pillar industries.

Keywords: Henan Province; Cultural Industry; Transformation and Upgrading

Ⅳ Special Researches

B.16 Building Root Cultural Mecca for Chinese All over the World Is the Focus of Building Cultural Highland All over the Country

Li Lixin / 252

Abstract: The Tenth Henan Provincial People's Congress of CCP held on Nov. 7, 2016 promoted a new goal of building Henan Province as the highland of culture all over the country. Henan is famous for historical resources, especially root cultural resources, among which the root cultural mecca for Chinese all over the world is most likely to be the cultural highland of the country, so building Henan as the root mecca for all Chinese people should be the focus of the highland construction. Building root mecca for all Chinese people has a great significance. Henan enjoys rich resources of root culture and realistic basis. Making Henan a root cultural mecca for Chinese people all over the world, we should give priority to setting up a cultural mark for Zhongyuan (central China, mainly pointing Henan Province and some places of its neighbor provinces), regularizing folk activities from clans, communicating overseas and absorbing investment, promoting root cultural tourism and developing innovative products of root culture.

Keywords: An Important Cultural Highland of the Country; Root Cultural Mecca for Chinese all Over the World; Focus

B. 17 "The Belt and Road" and Zhongyuan Culture "Walking Out"

Wei Shaosheng / 264

Abstract: Accelerating the construction of a cultural highland of our country, Henan should not only continually construct the socialist core value system, the modern public cultural service system and the modern cultural market system, but also integrate the construction into the strategy of 'the Belt and Road' and give full play to Zhengzhou Airport Economic Comprehensive Experimental Area and China – Europe freight trains as the core that connects the center with the west, and even radiates its power outside. We should also put more importance on producing cultural products, strengthening cultural exchanges and further cementing trade relations, thus can we take a bigger step in accelerating the campaign of Zhongyuan culture 'walking out'.

Keywords: Zhongyuan Culture; Cultural Exchanges; Cultural Trade; Cultural Highland

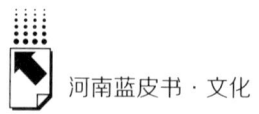

B.18 Zhongyuan Cultural Expo: Self Development Boosting Construction of Cultural Highland in Henan Province

Jin Ruixia / 273

Abstract: Since 2014, Zhongyuan Culture Industrial Expo has been held for three times and both the participants and the exhibitions have been increasing in number. The exhibited were rich in category and high in artistic standard, and the transaction was creative in way and in time. For three years, having efficiently shown the cultural images of different areas of Henan Province, Zhongyuan Cultural Expos have greatly promoted cultural exchanges and mutual study between different places and therefore opened up regional culture market. Meanwhile, there still exist some weak points, for example: the Expo is not very well-known, the cultural market is too small and the Expo mode looks stereotyped. Combining the spirit released from the Tenth Henan Provincial People's Congress of CCP, we should catch the good opportunity to draw on further reform to boost development and depend on ourselves to boost the construction of the cultural highland in Henan.

Keywords: Zhongyuan Cultural Expo; Exhibition Result; Cultural Highland

B.19 Investigation and Suggestion on Cultural and Creative Industry Parks in Zhengzhou

Guo Shuwei / 285

Abstract: Zhengzhou (the capital city of Henan Province) enjoys peculiar resources of culture, policies and regional advantages. The park construction strengthened the combination between culture and science and technology, how to tell China stories well, industrial attraction and industry-chain lengthening. Gradually, the accumulative effect appeared with the development became clearer and clearer. In the meantime, there exist some problems of finance, brand and talent. This article suggests taking culture plus as the core to find more fields to invest, focusing on cultural innovation, cultivating more creative talents, building more stages for technology and creation, giving play to the park as a cultural carrier to radiate effects and creating industrial brands of our own national culture so as to further accelerate the park construction.

Keywords: Zhengzhou; Industrial Parks of Cultural Innovation; Cultural Industry Brand

B. 20 Investigation Report on Magic Industry of Zhaozhuang in Baofeng County

Wang Zhibiao, Zhang Junfei / 297

Abstract: Since the reform and opening to the outside, the magic industry of Baofeng has been developing in a good momentum till to form the 'Baofeng phenomenon'. Taking Zhaozhuang as an example of our investigation and research, we divided Zhao's magic industry into four periods of revitalization, silence, neogenesis and prosperity. After having generalizing the important role played by Zhao's magic industry in booming local economy and lengthening industrial chains, and combining with some factors such as policy, industry, market, talent and income, etc., we concentrated ourselves on the macro and micro environments where Zhao stayed in developing their industries, and later, from the perspective of market opening, transformation and governance, we discussed the enlightenment brought by Zhao in its magic development.

Keywords: Magic; Cultural Industry; Local Economy; Chain of Cultural Industry

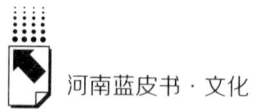

B.21 Investigation and Suggestion for Modern Succession and Industrial Development on Zhongyuan Rituals and Music *Wang Yuanyuan* / 308

Abstract: Zhongyuan, with Henan Province as the core of this area, is the origin of traditional rituals and music, and it is also the most important in heritance place of modern rituals and music. On the basis of the relevant data and relics of rituals and music culture, this article did an investigation and analysis on the rituals and music succession presently prevailing among authority and folk. That we did such investigation is to find the possibility and feasibility of under what development ecology Zhongyuan rituals and music being successfully passed on, how about the current situation and existing problems, and whether the traditional rituals and music being able to integrate with the present spiritual civilization and the modern industrial development.

Keywords: Zhongyuan Rituals and Music Culture; The Ceremony for Ancestor Worship; Modern Succession; Industrial Development

（本书英文摘要和目录翻译者为河南农业大学外国语学院教授张莉，其主要研究方向为翻译及对外传播）

社会科学文献出版社　　　　　　　　　　　　　**皮书系列**

❖ 皮书起源 ❖

"皮书"起源于十七、十八世纪的英国，主要指官方或社会组织正式发表的重要文件或报告，多以"白皮书"命名。在中国，"皮书"这一概念被社会广泛接受，并被成功运作、发展成为一种全新的出版形态，则源于中国社会科学院社会科学文献出版社。

❖ 皮书定义 ❖

皮书是对中国与世界发展状况和热点问题进行年度监测，以专业的角度、专家的视野和实证研究方法，针对某一领域或区域现状与发展态势展开分析和预测，具备原创性、实证性、专业性、连续性、前沿性、时效性等特点的公开出版物，由一系列权威研究报告组成。

❖ 皮书作者 ❖

皮书系列的作者以中国社会科学院、著名高校、地方社会科学院的研究人员为主，多为国内一流研究机构的权威专家学者，他们的看法和观点代表了学界对中国与世界的现实和未来最高水平的解读与分析。

❖ 皮书荣誉 ❖

皮书系列已成为社会科学文献出版社的著名图书品牌和中国社会科学院的知名学术品牌。2016年，皮书系列正式列入"十三五"国家重点出版规划项目；2012~2016年，重点皮书列入中国社会科学院承担的国家哲学社会科学创新工程项目；2017年，55种院外皮书使用"中国社会科学院创新工程学术出版项目"标识。

权威报告·热点资讯·特色资源

皮书数据库
ANNUAL REPORT(YEARBOOK) DATABASE

当代中国与世界发展高端智库平台

所获荣誉

- 2016年，入选"国家'十三五'电子出版物出版规划骨干工程"
- 2015年，荣获"搜索中国正能量 点赞2015""创新中国科技创新奖"
- 2013年，荣获"中国出版政府奖·网络出版物奖"提名奖
- 连续多年荣获中国数字出版博览会"数字出版·优秀品牌"奖

成为会员

通过网址www.pishu.com.cn或使用手机扫描二维码进入皮书数据库网站，进行手机号码验证或邮箱验证即可成为皮书数据库会员（建议通过手机号码快速验证注册）。

会员福利

- 使用手机号码首次注册会员可直接获得100元体验金，不需充值即可购买和查看数据库内容（仅限使用手机号码快速注册）。
- 已注册用户购书后可免费获赠100元皮书数据库充值卡。刮开充值卡涂层获取充值密码，登录并进入"会员中心"—"在线充值"—"充值卡充值"，充值成功后即可购买和查看数据库内容。

卡号：516544611211
密码：

数据库服务热线：400-008-6695
数据库服务QQ：2475522410
数据库服务邮箱：database@ssap.cn
图书销售热线：010-59367070/7028
图书服务QQ：1265056568
图书服务邮箱：duzhe@ssap.cn

子库介绍
Sub-Database Introduction

中国经济发展数据库

涵盖宏观经济、农业经济、工业经济、产业经济、财政金融、交通旅游、商业贸易、劳动经济、企业经济、房地产经济、城市经济、区域经济等领域，为用户实时了解经济运行态势、把握经济发展规律、洞察经济形势、做出经济决策提供参考和依据。

中国社会发展数据库

全面整合国内外有关中国社会发展的统计数据、深度分析报告、专家解读和热点资讯构建而成的专业学术数据库。涉及宗教、社会、人口、政治、外交、法律、文化、教育、体育、文学艺术、医药卫生、资源环境等多个领域。

中国行业发展数据库

以中国国民经济行业分类为依据，跟踪分析国民经济各行业市场运行状况和政策导向，提供行业发展最前沿的资讯，为用户投资、从业及各种经济决策提供理论基础和实践指导。内容涵盖农业，能源与矿产业，交通运输业，制造业，金融业，房地产业，租赁和商务服务业，科学研究，环境和公共设施管理，居民服务业，教育，卫生和社会保障，文化、体育和娱乐业等100余个行业。

中国区域发展数据库

对特定区域内的经济、社会、文化、法治、资源环境等领域的现状与发展情况进行分析和预测。涵盖中部、西部、东北、西北等地区，长三角、珠三角、黄三角、京津冀、环渤海、合肥经济圈、长株潭城市群、关中—天水经济区、海峡经济区等区域经济体和城市圈，北京、上海、浙江、河南、陕西等34个省份及中国台湾地区。

中国文化传媒数据库

包括文化事业、文化产业、宗教、群众文化、图书馆事业、博物馆事业、档案事业、语言文字、文学、历史地理、新闻传播、广播电视、出版事业、艺术、电影、娱乐等多个子库。

世界经济与国际关系数据库

以皮书系列中涉及世界经济与国际关系的研究成果为基础，全面整合国内外有关世界经济与国际关系的统计数据、深度分析报告、专家解读和热点资讯构建而成的专业学术数据库。包括世界经济、国际政治、世界文化与科技、全球性问题、国际组织与国际法、区域研究等多个子库。

法律声明

"皮书系列"（含蓝皮书、绿皮书、黄皮书）之品牌由社会科学文献出版社最早使用并持续至今，现已被中国图书市场所熟知。"皮书系列"的LOGO（ ）与"经济蓝皮书""社会蓝皮书"均已在中华人民共和国国家工商行政管理总局商标局登记注册。"皮书系列"图书的注册商标专用权及封面设计、版式设计的著作权均为社会科学文献出版社所有。未经社会科学文献出版社书面授权许可，任何使用与"皮书系列"图书注册商标、封面设计、版式设计相同或者近似的文字、图形或其组合的行为均系侵权行为。

经作者授权，本书的专有出版权及信息网络传播权为社会科学文献出版社享有。未经社会科学文献出版社书面授权许可，任何就本书内容的复制、发行或以数字形式进行网络传播的行为均系侵权行为。

社会科学文献出版社将通过法律途径追究上述侵权行为的法律责任，维护自身合法权益。

欢迎社会各界人士对侵犯社会科学文献出版社上述权利的侵权行为进行举报。电话：010-59367121，电子邮箱：fawubu@ssap.cn。

社会科学文献出版社

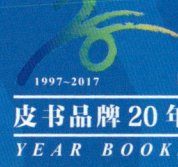

皮书系列

2017年

智库成果出版与传播平台

社会科学文献出版社
SOCIAL SCIENCES ACADEMIC PRESS (CHINA)

社长致辞

2017年正值皮书品牌专业化二十周年之际，世界每天都在发生着让人眼花缭乱的变化，而唯一不变的，是面向未来无数的可能性。作为个体，如何获取专业信息以备不时之需？作为行政主体或企事业主体，如何提高决策的科学性让这个世界变得更好而不是更糟？原创、实证、专业、前沿、及时、持续，这是1997年"皮书系列"品牌创立的初衷。

1997~2017，从最初一个出版社的学术产品名称到媒体和公众使用频率极高的热点词语，从专业术语到大众话语，从官方文件到独特的出版型态，作为重要的智库成果，"皮书"始终致力于成为海量信息时代的信息过滤器，成为经济社会发展的记录仪，成为政策制定、评估、调整的智力源，社会科学研究的资料集成库。"皮书"的概念不断延展，"皮书"的种类更加丰富，"皮书"的功能日渐完善。

1997~2017，皮书及皮书数据库已成为中国新型智库建设不可或缺的抓手与平台，成为政府、企业和各类社会组织决策的利器，成为人文社科研究最基本的资料库，成为世界系统完整及时认知当代中国的窗口和通道！"皮书"所具有的凝聚力正在形成一种无形的力量，吸引着社会各界关注中国的发展，参与中国的发展。

二十年的"皮书"正值青春，愿每一位皮书人付出的年华与智慧不辜负这个时代！

社会科学文献出版社社长
中国社会学会秘书长

2016年11月

社会科学文献出版社简介

社会科学文献出版社成立于1985年，是直属于中国社会科学院的人文社会科学学术出版机构。成立以来，社科文献出版社依托于中国社会科学院和国内外人文社会科学界丰厚的学术出版和专家学者资源，始终坚持"创社科经典，出传世文献"的出版理念、"权威、前沿、原创"的产品定位以及学术成果和智库成果出版的专业化、数字化、国际化、市场化的经营道路。

社科文献出版社是中国新闻出版业转型与文化体制改革的先行者。积极探索文化体制改革的先进方向和现代企业经营决策机制，社科文献出版社先后荣获"全国文化体制改革工作先进单位"、中国出版政府奖·先进出版单位奖，中国社会科学院先进集体、全国科普工作先进集体等荣誉称号。多人次荣获"第十届韬奋出版奖""全国新闻出版行业领军人才""数字出版先进人物""北京市新闻出版广电行业领军人才"等称号。

社科文献出版社是中国人文社会科学学术出版的大社名社，也是以皮书为代表的智库成果出版的专业强社。年出版图书2000余种，其中皮书350余种，出版新书字数5.5亿字，承印与发行中国社院院属期刊72种，先后创立了皮书系列、列国志、中国史话、社科文献学术译库、社科文献学术文库、甲骨文书系等一大批既有学术影响又有市场价值的品牌，确立了在社会学、近代史、苏东问题研究等专业学科及领域出版的领先地位。图书多次荣获中国出版政府奖、"三个一百"原创图书出版工程、"五个'一'工程奖"、"大众喜爱的50种图书"等奖项，在中央国家机关"强素质·做表率"读书活动中，入选图书品种数位居各大出版社之首。

社科文献出版社是中国学术出版规范与标准的倡议者与制定者，代表全国50多家出版社发起实施学术著作出版规范的倡议，承担学术著作规范国家标准的起草工作，率先编撰完成《皮书手册》对皮书品牌进行规范化管理，并在此基础上推出中国版芝加哥手册——《SSAP学术出版手册》。

社科文献出版社是中国数字出版的引领者，拥有皮书数据库、列国志数据库、"一带一路"数据库、减贫数据库、集刊数据库等4大产品线11个数据库产品，机构用户达1300余家，海外用户百余家，荣获"数字出版转型示范单位""新闻出版标准化先进单位""专业数字内容资源知识服务模式试点企业标准化示范单位"等称号。

社科文献出版社是中国学术出版走出去的践行者。社科文献出版社海外图书出版与学术合作业务遍及全球40余个国家和地区并于2016年成立俄罗斯分社，累计输出图书500余种，涉及近20个语种，累计获得国家社科基金中华学术外译项目资助76种、"丝路书香工程"项目资助60种、中国图书对外推广计划项目资助71种以及经典中国国际出版工程资助28种，被商务部认定为"2015-2016年度国家文化出口重点企业"。

如今，社科文献出版社拥有固定资产3.6亿元，年收入近3亿元，设置了七大出版分社、六大专业部门，成立了皮书研究院和博士后科研工作站，培养了一支近400人的高素质与高效率的编辑、出版、营销和国际推广队伍，为未来成为学术出版的大社、名社、强社，成为文化体制改革与文化企业转型发展的排头兵奠定了坚实的基础。

经济类

经 济 类

经济类皮书涵盖宏观经济、城市经济、大区域经济，提供权威、前沿的分析与预测

经济蓝皮书
2017年中国经济形势分析与预测

李扬 / 主编　2017年1月出版　定价：89.00元

◆ 本书为总理基金项目，由著名经济学家李扬领衔，联合中国社会科学院等数十家科研机构、国家部委和高等院校的专家共同撰写，系统分析了2016年的中国经济形势并预测2017年中国经济运行情况。

中国省域竞争力蓝皮书
中国省域经济综合竞争力发展报告（2015～2016）

李建平　李闽榕　高燕京 / 主编　2017年5月出版　定价：198.00元

◆ 本书融多学科的理论为一体，深入追踪研究了省域经济发展与中国国家竞争力的内在关系，为提升中国省域经济综合竞争力提供有价值的决策依据。

城市蓝皮书
中国城市发展报告No.10

潘家华　单菁菁 / 主编　2017年9月出版　估价：89.00元

◆ 本书是由中国社会科学院城市发展与环境研究中心编著的，多角度、全方位地立体展示了中国城市的发展状况，并对中国城市的未来发展提出了许多建议。该书有强烈的时代感，对中国城市发展实践有重要的参考价值。

人口与劳动绿皮书

中国人口与劳动问题报告 No.18

蔡昉 张车伟/主编 2017年10月出版 估价：89.00元

◆ 本书为中国社会科学院人口与劳动经济研究所主编的年度报告，对当前中国人口与劳动形势做了比较全面和系统的深入讨论，为研究中国人口与劳动问题提供了一个专业性的视角。

世界经济黄皮书

2017年世界经济形势分析与预测

张宇燕/主编 2017年1月出版 定价：89.00元

◆ 本书由中国社会科学院世界经济与政治研究所的研究团队撰写，2016年世界经济增速进一步放缓，就业增长放慢。世界经济面临许多重大挑战同时，地缘政治风险、难民危机、大国政治周期、恐怖主义等问题也仍然在影响世界经济的稳定与发展。预计2017年按PPP计算的世界GDP增长率约为3.0%。

国际城市蓝皮书

国际城市发展报告（2017）

屠启宇/主编 2017年2月出版 定价：79.00元

◆ 本书作者以上海社会科学院从事国际城市研究的学者团队为核心，汇集同济大学、华东师范大学、复旦大学、上海交通大学、南京大学、浙江大学相关城市研究专业学者。立足动态跟踪介绍国际城市发展时间中，最新出现的重大战略、重大理念、重大项目、重大报告和最佳案例。

金融蓝皮书

中国金融发展报告（2017）

王国刚/主编 2017年2月出版 定价：79.00元

◆ 本书由中国社会科学院金融研究所组织编写，概括和分析了2016年中国金融发展和运行中的各方面情况，研讨和评论了2016年发生的主要金融事件，有利于读者了解掌握2016年中国的金融状况，把握2017年中国金融的走势。

经济类 皮书系列 重点推荐

农村绿皮书
中国农村经济形势分析与预测（2016~2017）

魏后凯 杜志雄 黄秉信/主编　2017年4月出版　估价：89.00元

◆ 本书描述了2016年中国农业农村经济发展的一些主要指标和变化，并对2017年中国农业农村经济形势的一些展望和预测，提出相应的政策建议。

西部蓝皮书
中国西部发展报告（2017）

徐璋勇/主编　2017年7月出版　估价：89.00元

◆ 本书由西北大学中国西部经济发展研究中心主编，汇集了源自西部本土以及国内研究西部问题的权威专家的第一手资料，对国家实施西部大开发战略进行年度动态跟踪，并对2017年西部经济、社会发展态势进行预测和展望。

经济蓝皮书·夏季号
中国经济增长报告（2016~2017）

李扬/主编　2017年9月出版　估价：98.00元

◆ 中国经济增长报告主要探讨2016~2017年中国经济增长问题，以专业视角解读中国经济增长，力求将其打造成一个研究中国经济增长、服务宏微观各级决策的周期性、权威性读物。

就业蓝皮书
2017年中国本科生就业报告

麦可思研究院/编著　2017年6月出版　估价：98.00元

◆ 本书基于大量的数据和调研，内容翔实，调查独到，分析到位，用数据说话，对中国大学生就业及学校专业设置起到了很好的建言献策作用。

皮书系列重点推荐　社会政法类

社会政法类

社会政法类皮书聚焦社会发展领域的热点、难点问题，提供权威、原创的资讯与视点

社会蓝皮书
2017年中国社会形势分析与预测

李培林　陈光金　张翼／主编　2016年12月出版　定价：89.00元

◆ 本书由中国社会科学院社会学研究所组织研究机构专家、高校学者和政府研究人员撰写，聚焦当下社会热点，对2016年中国社会发展的各个方面内容进行了权威解读，同时对2017年社会形势发展趋势进行了预测。

法治蓝皮书
中国法治发展报告 No.15（2017）

李林　田禾／主编　2017年3月出版　定价：118.00元

◆ 本年度法治蓝皮书回顾总结了2016年度中国法治发展取得的成就和存在的不足，对中国政府、司法、检务透明度进行了跟踪调研，并对2017年中国法治发展形势进行了预测和展望。

社会体制蓝皮书
中国社会体制改革报告 No.5（2017）

龚维斌／主编　2017年3月出版　定价：89.00元

◆ 本书由国家行政学院社会治理研究中心和北京师范大学中国社会管理研究院共同组织编写，主要对2016年社会体制改革情况进行回顾和总结，对2017年的改革走向进行分析，提出相关政策建议。

社会政法类 — 皮书系列 重点推荐

社会心态蓝皮书
中国社会心态研究报告（2017）

王俊秀　杨宜音/主编　2017年12月出版　估价：89.00元

◆ 本书是中国社会科学院社会学研究所社会心理研究中心"社会心态蓝皮书课题组"的年度研究成果，运用社会心理学、社会学、经济学、传播学等多种学科的方法进行了调查和研究，对于目前中国社会心态状况有较广泛和深入的揭示。

生态城市绿皮书
中国生态城市建设发展报告（2017）

刘举科　孙伟平　胡文臻/主编　2017年7月出版　估价：118.00元

◆ 报告以绿色发展、循环经济、低碳生活、民生宜居为理念，以更新民众观念、提供决策咨询、指导工程实践、引领绿色发展为宗旨，试图探索一条具有中国特色的城市生态文明建设新路。

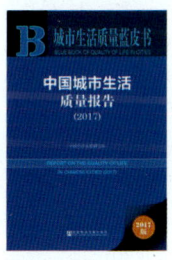

城市生活质量蓝皮书
中国城市生活质量报告（2017）

中国经济实验研究院/主编　2017年7月出版　估价：89.00元

◆ 本书对全国35个城市居民的生活质量主观满意度进行了电话调查，同时对35个城市居民的客观生活质量指数进行了计算，为中国城市居民生活质量的提升，提出了针对性的政策建议。

公共服务蓝皮书
中国城市基本公共服务力评价（2017）

钟君　刘志昌　吴正杲/主编　2017年12月出版　估价：89.00元

◆ 中国社会科学院经济与社会建设研究室与华图政信调查组成联合课题组，从2010年开始对基本公共服务力进行研究，研创了基本公共服务力评价指标体系，为政府考核公共服务与社会管理工作提供了理论工具。

行业报告类

行业报告类皮书立足重点行业、新兴行业领域，提供及时、前瞻的数据与信息

企业社会责任蓝皮书
中国企业社会责任研究报告（2017）

黄群慧　钟宏武　张蒽　翟利峰／著　2017年10月出版　估价：89.00元

◆ 本书剖析了中国企业社会责任在2016~2017年度的最新发展特征，详细解读了省域国有企业在社会责任方面的阶段性特征，生动呈现了国内外优秀企业的社会责任实践。对了解中国企业社会责任履行现状、未来发展，以及推动社会责任建设有重要的参考价值。

新能源汽车蓝皮书
中国新能源汽车产业发展报告（2017）

中国汽车技术研究中心　日产（中国）投资有限公司
东风汽车有限公司／编著　2017年7月出版　估价：98.00元

◆ 本书对中国2016年新能源汽车产业发展进行了全面系统的分析，并介绍了国外的发展经验。有助于相关机构、行业和社会公众等了解中国新能源汽车产业发展的最新动态，为政府部门出台新能源汽车产业相关政策法规、企业制定相关战略规划，提供必要的借鉴和参考。

杜仲产业绿皮书
中国杜仲橡胶资源与产业发展报告（2016~2017）

杜红岩　胡文臻　俞锐／主编　2017年4月出版　估价：85.00元

◆ 本书对2016年杜仲产业的发展情况、研究团队在杜仲研究方面取得的重要成果、部分地区杜仲产业发展的具体情况、杜仲新标准的制定情况等进行了较为详细的分析与介绍，使广大关心杜仲产业发展的读者能够及时跟踪产业最新进展。

企业蓝皮书
中国企业绿色发展报告 No.2（2017）

李红玉 朱光辉 / 主编　　2017 年 8 月出版　　估价：89.00 元

◆ 本书深入分析中国企业能源消费、资源利用、绿色金融、绿色产品、绿色管理、信息化、绿色发展政策及绿色文化方面的现状，并对目前存在的问题进行研究，剖析因果，谋划对策，为企业绿色发展提供借鉴，为中国生态文明建设提供支撑。

中国上市公司蓝皮书
中国上市公司发展报告（2017）

张平 王宏淼 / 主编　　2017 年 10 月出版　　估价：98.00 元

◆ 本书由中国社会科学院上市公司研究中心组织编写的，着力于全面、真实、客观反映当前中国上市公司财务状况和价值评估的综合性年度报告。本书详尽分析了 2016 年中国上市公司情况，特别是现实中暴露出的制度性、基础性问题，并对资本市场改革进行了探讨。

资产管理蓝皮书
中国资产管理行业发展报告（2017）

智信资产管理研究院 / 编著　　2017 年 6 月出版　　估价：89.00 元

◆ 中国资产管理行业刚刚兴起，未来将成为中国金融市场最有看点的行业。本书主要分析了 2016 年度资产管理行业的发展情况，同时对资产管理行业的未来发展做出科学的预测。

体育蓝皮书
中国体育产业发展报告（2017）

阮伟 钟秉枢 / 主编　　2017 年 12 月出版　　估价：89.00 元

◆ 本书运用多种研究方法，在体育竞赛业、体育用品业、体育场馆业、体育传媒业等传统产业研究的基础上，并对 2016 年体育领域内的各种热点事件进行研究和梳理，进一步拓宽了研究的广度、提升了研究的高度、挖掘了研究的深度。

国际问题类

国际问题类皮书关注全球重点国家与地区，提供全面、独特的解读与研究

美国蓝皮书
美国研究报告（2017）

郑秉文 黄平 / 主编　2017年6月出版　估价：89.00元

◆ 本书是由中国社会科学院美国研究所主持完成的研究成果，它回顾了美国2016年的经济、政治形势与外交战略，对2017年以来美国内政外交发生的重大事件及重要政策进行了较为全面的回顾和梳理。

日本蓝皮书
日本研究报告（2017）

杨伯江 / 主编　2017年5月出版　估价：89.00元

◆ 本书对2016年日本的政治、经济、社会、外交等方面的发展情况做了系统介绍，对日本的热点及焦点问题进行了总结和分析，并在此基础上对该国2017年的发展前景做出预测。

亚太蓝皮书
亚太地区发展报告（2017）

李向阳 / 主编　2017年4月出版　估价：89.00元

◆ 本书是中国社会科学院亚太与全球战略研究院的集体研究成果。2017年的"亚太蓝皮书"继续关注中国周边环境的变化。该书盘点了2016年亚太地区的焦点和热点问题，为深入了解2016年及未来中国与周边环境的复杂形势提供了重要参考。

国别与地区类 皮书系列 重点推荐

德国蓝皮书
德国发展报告（2017）

郑春荣 / 主编　2017年6月出版　估价：89.00元

◆ 本报告由同济大学德国研究所组织编撰，由该领域的专家学者对德国的政治、经济、社会文化、外交等方面的形势发展情况，进行全面的阐述与分析。

日本经济蓝皮书
日本经济与中日经贸关系研究报告（2017）

张季风 / 编著　2017年5月出版　估价：89.00元

◆ 本书系统、详细地介绍了2016年日本经济以及中日经贸关系发展情况，在进行了大量数据分析的基础上，对2017年日本经济以及中日经贸关系的大致发展趋势进行了分析与预测。

俄罗斯黄皮书
俄罗斯发展报告（2017）

李永全 / 编著　2017年7月出版　估价：89.00元

◆ 本书系统介绍了2016年俄罗斯经济政治情况，并对2016年该地区发生的焦点、热点问题进行了分析与回顾；在此基础上，对该地区2017年的发展前景进行了预测。

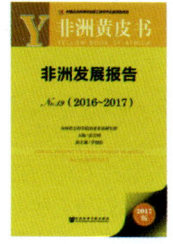

非洲黄皮书
非洲发展报告No.19（2016～2017）

张宏明 / 主编　2017年8月出版　估价：89.00元

◆ 本书是由中国社会科学院西亚非洲研究所组织编撰的非洲形势年度报告，比较全面、系统地分析了2016年非洲政治形势和热点问题，探讨了非洲经济形势和市场走向，剖析了大国对非洲关系的新动向；此外，还介绍了国内非洲研究的新成果。

地方发展类

地方发展类皮书关注中国各省份、经济区域，提供科学、多元的预判与资政信息

北京蓝皮书
北京公共服务发展报告（2016~2017）

施昌奎 / 主编　2017年3月出版　定价：79.00元

◆ 本书是由北京市政府职能部门的领导、首都著名高校的教授、知名研究机构的专家共同完成的关于北京市公共服务发展与创新的研究成果。

河南蓝皮书
河南经济发展报告（2017）

张占仓　完世伟 / 主编　2017年4月出版　估价：89.00元

◆ 本书以国内外经济发展环境和走向为背景，主要分析当前河南经济形势，预测未来发展趋势，全面反映河南经济发展的最新动态、热点和问题，为地方经济发展和领导决策提供参考。

广州蓝皮书
2017年中国广州经济形势分析与预测

庾建设　陈浩钿　谢博能 / 主编　2017年7月出版　估价：85.00元

◆ 本书由广州大学与广州市委政策研究室、广州市统计局联合主编，汇集了广州科研团体、高等院校和政府部门诸多经济问题研究专家、学者和实际部门工作者的最新研究成果，是关于广州经济运行情况和相关专题分析、预测的重要参考资料。

 文化传媒类

皮书系列
重点推荐

文化传媒类

文化传媒类皮书透视文化领域、文化产业，
探索文化大繁荣、大发展的路径

新媒体蓝皮书

中国新媒体发展报告 No.8（2017）

唐绪军 / 主编　2017年6月出版　估价：89.00元

◆ 本书是由中国社会科学院新闻与传播研究所组织编写的关于新媒体发展的最新年度报告，旨在全面分析中国新媒体的发展现状，解读新媒体的发展趋势，探析新媒体的深刻影响。

移动互联网蓝皮书

中国移动互联网发展报告（2017）

官建文 / 主编　2017年6月出版　估价：89.00元

◆ 本书着眼于对2016年度中国移动互联网的发展情况做深入解析，对未来发展趋势进行预测，力求从不同视角、不同层面全面剖析中国移动互联网发展的现状、年度突破及热点趋势等。

传媒蓝皮书

中国传媒产业发展报告（2017）

崔保国 / 主编　2017年5月出版　估价：98.00元

◆ "传媒蓝皮书"连续十多年跟踪观察和系统研究中国传媒产业发展。本报告在对传媒产业总体以及各细分行业发展状况与趋势进行深入分析基础上，对年度发展热点进行跟踪，剖析新技术引领下的商业模式，对传媒各领域发展趋势、内体经营、传媒投资进行解析，为中国传媒产业正在发生的变革提供前瞻行参考。

经济类

"三农"互联网金融蓝皮书
中国"三农"互联网金融发展报告（2017）
著（编）者：李勇坚 王弢　　2017年8月出版／估价：98.00元
PSN B-2016-561-1/1

G20国家创新竞争力黄皮书
二十国集团（G20）国家创新竞争力发展报告（2016~2017）
著（编）者：李建平 李闽榕 赵新力 周天勇
2017年8月出版／估价：158.00元
PSN Y-2011-229-1/1

产业蓝皮书
中国产业竞争力报告（2017）No.7
著（编）者：张其仔　　2017年12月出版／估价：98.00元
PSN B-2010-175-1/1

城市创新蓝皮书
中国城市创新报告（2017）
著（编）者：周天勇 旷建伟　　2017年11月出版／估价：89.00元
PSN B-2013-340-1/1

城市蓝皮书
中国城市发展报告 No.10
著（编）者：潘家华 单菁菁　　2017年9月出版／估价：89.00元
PSN B-2007-091-1/1

城乡一体化蓝皮书
中国城乡一体化发展报告（2016~2017）
著（编）者：汝信 付崇兰　　2017年7月出版／估价：85.00元
PSN B-2011-226-1/2

城镇化蓝皮书
中国新型城镇化健康发展报告（2017）
著（编）者：张占斌　　2017年8月出版／估价：89.00元
PSN B-2014-396-1/1

创新蓝皮书
创新型国家建设报告（2016~2017）
著（编）者：詹正茂　　2017年12月出版／估价：89.00元
PSN B-2009-140-1/1

创业蓝皮书
中国创业发展报告（2016~2017）
著（编）者：黄群慧 赵卫星 钟宏武等
2017年11月出版／估价：89.00元
PSN B-2016-578-1/1

低碳发展蓝皮书
中国低碳发展报告（2016~2017）
著（编）者：齐晔 张希良　　2017年3月出版／估价：98.00元
PSN B-2011-223-1/1

低碳经济蓝皮书
中国低碳经济发展报告（2017）
著（编）者：薛进军 赵忠秀　　2017年6月出版／估价：85.00元
PSN B-2011-194-1/1

东北蓝皮书
中国东北地区发展报告（2017）
著（编）者：姜晓秋　　2017年2月出版／定价：79.00元
PSN B-2006-067-1/1

发展与改革蓝皮书
中国经济发展和体制改革报告No.8
著（编）者：邹东涛 王再文　　2017年4月出版／估价：98.00元
PSN B-2008-122-1/1

工业化蓝皮书
中国工业化进程报告（2017）
著（编）者：黄群慧　　2017年12月出版／估价：158.00元
PSN B-2007-095-1/1

管理蓝皮书
中国管理发展报告（2017）
著（编）者：张晓东　　2017年10月出版／估价：98.00元
PSN B-2014-416-1/1

国际城市蓝皮书
国际城市发展报告（2017）
著（编）者：屠启宇　　2017年2月出版／定价：79.00元
PSN B-2012-260-1/1

国家创新蓝皮书
中国创新发展报告（2017）
著（编）者：陈劲　　2017年12月出版／估价：89.00元
PSN B-2014-370-1/1

金融蓝皮书
中国金融发展报告（2017）
著（编）者：王国刚　　2017年2月出版／定价：79.00元
PSN B-2004-031-1/6

京津冀金融蓝皮书
京津冀金融发展报告（2017）
著（编）者：王爱俭 李向前
2017年4月出版／估价：89.00元
PSN B-2016-528-1/1

京津冀蓝皮书
京津冀发展报告（2017）
著（编）者：文魁 祝尔娟　　2017年4月出版／估价：89.00元
PSN B-2012-262-1/1

经济蓝皮书
2017年中国经济形势分析与预测
著（编）者：李扬　　2017年1月出版／定价：89.00元
PSN B-1996-001-1/1

经济蓝皮书·春季号
2017年中国经济前景分析
著（编）者：李扬　　2017年6月出版／估价：89.00元
PSN B-1999-008-1/1

经济蓝皮书·夏季号
中国经济增长报告（2016~2017）
著（编）者：李扬　　2017年9月出版／估价：98.00元
PSN B-2010-176-1/1

经济信息绿皮书
中国与世界经济发展报告（2017）
著（编）者：杜平　　2017年12月出版／定价：89.00元
PSN G-2003-023-1/1

就业蓝皮书
2017年中国本科生就业报告
著（编）者：麦可思研究院　　2017年6月出版／估价：98.00元
PSN B-2009-146-1/2

经济类 — 皮书系列 2017全品种

就业蓝皮书
2017年中国高职高专生就业报告
著（编）者：麦可思研究院　2017年6月出版 / 估价：98.00元
PSN B-2015-472-2/2

科普能力蓝皮书
中国科普能力评价报告（2017）
著（编）者：李富　强李群　2017年8月出版 / 估价：89.00元
PSN B-2016-556-1/1

临空经济蓝皮书
中国临空经济发展报告（2017）
著（编）者：连玉明　2017年9月出版 / 估价：89.00元
PSN B-2014-421-1/1

农村绿皮书
中国农村经济形势分析与预测（2016~2017）
著（编）者：魏后凯　杜志雄　黄秉信
2017年4月出版 / 估价：89.00元
PSN G-1998-003-1/1

农业应对气候变化蓝皮书
气候变化对中国农业影响评估报告 No.3
著（编）者：矫梅燕　2017年8月出版 / 估价：98.00元
PSN B-2014-413-1/1

气候变化绿皮书
应对气候变化报告（2017）
著（编）者：王伟光　郑国光　2017年6月出版 / 估价：89.00元
PSN G-2009-144-1/1

区域蓝皮书
中国区域经济发展报告（2016~2017）
著（编）者：赵弘　2017年6月出版 / 估价：89.00元
PSN B-2004-034-1/1

全球环境竞争力绿皮书
全球环境竞争力报告（2017）
著（编）者：李建平　李闽榕　王金南
2017年12月出版 / 估价：198.00元
PSN G-2013-363-1/1

人口与劳动绿皮书
中国人口与劳动问题报告 No.18
著（编）者：蔡昉　张车伟　2017年11月出版 / 估价：89.00元
PSN B-2000-012-1/1

商务中心区蓝皮书
中国商务中心区发展报告 No.3（2016）
著（编）者：李国红　单菁菁　2017年4月出版 / 估价：89.00元
PSN B-2015-444-1/1

世界经济黄皮书
2017年世界经济形势分析与预测
著（编）者：张宇燕　2017年1月出版 / 定价：89.00元
PSN Y-1999-006-1/1

世界旅游城市绿皮书
世界旅游城市发展报告（2017）
著（编）者：宋宇　2017年4月出版 / 估价：128.00元
PSN G-2014-400-1/1

土地市场蓝皮书
中国农村土地市场发展报告（2016~2017）
著（编）者：李光荣　2017年4月出版 / 估价：89.00元
PSN B-2016-527-1/1

西北蓝皮书
中国西北发展报告（2017）
著（编）者：高建龙　2017年4月出版 / 估价：89.00元
PSN B-2012-261-1/1

西部蓝皮书
中国西部发展报告（2017）
著（编）者：徐璋勇　2017年7月出版 / 估价：89.00元
PSN B-2005-039-1/1

新型城镇化蓝皮书
新型城镇化发展报告（2017）
著（编）者：李伟　宋敏　沈体雁　2017年4月出版 / 估价：98.00元
PSN B-2014-431-1/1

新兴经济体蓝皮书
金砖国家发展报告（2017）
著（编）者：林跃勤　周文　2017年12月出版 / 估价：89.00元
PSN B-2011-195-1/1

长三角蓝皮书
2017年新常态下深化一体化的长三角
著（编）者：王庆五　2017年12月出版 / 估价：88.00元
PSN B-2005-038-1/1

中部竞争力蓝皮书
中国中部经济社会竞争力报告（2017）
著（编）者：教育部人文社会科学重点研究基地
　　　　　南昌大学中国中部经济社会发展研究中心
2017年12月出版 / 估价：89.00元
PSN B-2012-276-1/1

中部蓝皮书
中国中部地区发展报告（2017）
著（编）者：宋亚平　2017年12月出版 / 估价：88.00元
PSN B-2007-089-1/1

中国省域竞争力蓝皮书
中国省域经济综合竞争力发展报告（2017）
著（编）者：李建平　李闽榕　高燕京
2017年2月出版 / 定价：198.00元
PSN B-2007-088-1/1

中三角蓝皮书
长江中游城市群发展报告（2017）
著（编）者：秦尊文　2017年9月出版 / 估价：89.00元
PSN B-2014-417-1/1

中小城市绿皮书
中国中小城市发展报告（2017）
著（编）者：中国城市经济学会中小城市经济发展委员会
　　　　　中国城镇化促进会中小城市发展委员会
　　　　　《中国中小城市发展报告》编纂委员会
　　　　　中小城市发展战略研究院
2017年11月出版 / 估价：128.00元
PSN G-2010-161-1/1

中原蓝皮书
中原经济区发展报告（2017）
著（编）者：李英杰　2017年6月出版 / 估价：88.00元
PSN B-2011-192-1/1

自贸区蓝皮书
中国自贸区发展报告（2017）
著（编）者：王力　2017年7月出版 / 估价：89.00元
PSN B-2016-559-1/1

社会政法类

北京蓝皮书
中国社区发展报告（2017）
著(编)者：于燕燕　2017年4月出版／估价：89.00元
PSN B-2007-083-5/8

殡葬绿皮书
中国殡葬事业发展报告（2017）
著(编)者：李伯森　2017年4月出版／估价：158.00元
PSN G-2010-180-1/1

城市管理蓝皮书
中国城市管理报告（2016~2017）
著(编)者：刘林　刘承水　2017年5月出版／估价：158.00元
PSN B-2013-336-1/1

城市生活质量蓝皮书
中国城市生活质量报告（2017）
著(编)者：中国经济实验研究院
2018年7月出版／估价：89.00元
PSN B-2013-326-1/1

城市政府能力蓝皮书
中国城市政府公共服务能力评估报告（2017）
著(编)者：何艳玲　2017年4月出版／估价：89.00元
PSN B-2013-338-1/1

慈善蓝皮书
中国慈善发展报告（2017）
著(编)者：杨团　2017年6月出版／估价：89.00元
PSN B-2009-142-1/1

党建蓝皮书
党的建设研究报告 No.2（2017）
著(编)者：崔建民　陈东平　2017年4月出版／估价：89.00元
PSN B-2016-524-1/1

地方法治蓝皮书
中国地方法治发展报告 No.3（2017）
著(编)者：李林　田禾　2017年4月出版／估价：108.00元
PSN B-2015-442-1/1

法治蓝皮书
中国法治发展报告 No.15（2017）
著(编)者：李林　田禾　2017年3月出版／定价：118.00元
PSN B-2004-027-1/1

法治政府蓝皮书
中国法治政府发展报告（2017）
著(编)者：中国政法大学法治政府研究院
2017年4月出版／估价：98.00元
PSN B-2015-502-1/2

法治政府蓝皮书
中国法治政府评估报告（2017）
著(编)者：中国政法大学法治政府研究院
2017年11月出版／估价：98.00元
PSN B-2016-577-2/2

法治蓝皮书
中国法院信息化发展报告 No.1（2017）
著(编)者：李林　田禾　2017年2月出版／定价：108.00元
PSN B-2017-604-3/3

反腐倡廉蓝皮书
中国反腐倡廉建设报告 No.7
著(编)者：张英伟　2017年12月出版／估价：89.00元
PSN B-2012-259-1/1

非传统安全蓝皮书
中国非传统安全研究报告（2016~2017）
著(编)者：余潇枫　魏志江　2017年6月出版／估价：89.00元
PSN B-2012-273-1/1

妇女发展蓝皮书
中国妇女发展报告 No.7
著(编)者：王金玲　2017年9月出版／估价：148.00元
PSN B-2006-069-1/1

妇女教育蓝皮书
中国妇女教育发展报告 No.4
著(编)者：张李玺　2017年10月出版／估价：78.00元
PSN B-2008-121-1/1

妇女绿皮书
中国性别平等与妇女发展报告（2017）
著(编)者：谭琳　2017年12月出版／估价：99.00元
PSN G-2006-073-1/1

公共服务蓝皮书
中国城市基本公共服务力评价（2017）
著(编)者：钟君　刘志昌　吴正昊　2017年12月出版／估价：89.
PSN B-2011-214-1/1

公民科学素质蓝皮书
中国公民科学素质报告（2016~2017）
著(编)者：李群　陈雄　马宗文
2017年4月出版／估价：89.00元
PSN B-2014-379-1/1

公共关系蓝皮书
中国公共关系发展报告（2017）
著(编)者：柳斌杰　2017年11月出版／估价：89.00元
PSN B-2016-580-1/1

公益蓝皮书
中国公益慈善发展报告（2017）
著(编)者：朱健刚　2018年4月出版／估价：118.00元
PSN B-2012-283-1/1

国际人才蓝皮书
中国国际移民报告（2017）
著(编)者：王辉耀　2017年4月出版／估价：89.00元
PSN B-2012-304-3/4

国际人才蓝皮书
中国留学发展报告（2017）No.5
著(编)者：王辉耀　苗绿　2017年10月出版／估价：89.00元
PSN B-2012-244-2/4

海洋社会蓝皮书
中国海洋社会发展报告（2017）
著(编)者：崔凤　宋宁而　2017年7月出版／估价：89.00元
PSN B-2015-478-1/1

社会政法类 — 皮书系列 2017全品种

行政改革蓝皮书
中国行政体制改革报告（2017）No.6
著(编)者：魏礼群　2017年5月出版 / 估价：98.00元
PSN B-2011-231-1/1

华侨华人蓝皮书
华侨华人研究报告（2017）
著(编)者：贾益民　2017年12月出版 / 估价：128.00元
PSN B-2011-204-1/1

环境竞争力绿皮书
中国省域环境竞争力发展报告（2017）
著(编)者：李建平　李闽榕　王金南
2017年11月出版 / 估价：198.00元
PSN G-2010-165-1/1

环境绿皮书
中国环境发展报告（2017）
著(编)者：刘鉴强　2017年4月出版 / 估价：89.00元
PSN G-2006-048-1/1

基金会蓝皮书
中国基金会发展报告（2016~2017）
著(编)者：中国基金会发展报告课题组
2017年4月出版 / 估价：85.00元
PSN B-2013-368-1/1

基金会绿皮书
中国基金会发展独立研究报告（2017）
著(编)者：基金会中心网　中央民族大学基金会研究中心
2017年6月出版 / 估价：88.00元
PSN G-2011-213-1/1

基金会透明度蓝皮书
中国基金会透明度发展研究报告（2017）
著(编)者：基金会中心网　清华大学廉政与治理研究中心
2017年12月出版 / 估价：89.00元
PSN B-2015-509-1/1

家庭蓝皮书
中国"创建幸福家庭活动"评估报告（2017）
国务院发展研究中心"创建幸福家庭活动评估"课题组著
2017年8月出版 / 估价：89.00元
PSN B-2015-508-1/1

健康城市蓝皮书
中国健康城市建设研究报告（2017）
著(编)者：王鸿春　解树江　盛继洪
2017年9月出版 / 估价：89.00元
PSN B-2016-565-2/2

教师蓝皮书
中国中小学教师发展报告（2017）
著(编)者：曾晓东　鱼霞　2017年6月出版 / 估价：89.00元
PSN B-2012-289-1/1

教育蓝皮书
中国教育发展报告（2017）
著(编)者：杨东平　2017年4月出版 / 估价：89.00元
PSN B-2006-047-1/1

科普蓝皮书
中国基层科普发展报告（2016~2017）
著(编)者：赵立　新陈玲　2017年9月出版 / 估价：89.00元
PSN B-2016-569-3/3

科普蓝皮书
中国科普基础设施发展报告（2017）
著(编)者：任福君　2017年6月出版 / 估价：89.00元
PSN B-2010-174-1/3

科普蓝皮书
中国科普人才发展报告（2017）
著(编)者：郑念　任嵘嵘　2017年4月出版 / 估价：98.00元
PSN B-2015-512-2/3

科学教育蓝皮书
中国科学教育发展报告（2017）
著(编)者：罗晖　王康友　2017年10月出版 / 估价：89.00元
PSN B-2015-487-1/1

劳动保障蓝皮书
中国劳动保障发展报告（2017）
著(编)者：刘燕斌　2017年9月出版 / 估价：188.00元
PSN B-2014-415-1/1

老龄蓝皮书
中国老年宜居环境发展报告（2017）
著(编)者：党俊武　周燕珉　2017年4月出版 / 估价：89.00元
PSN B-2013-320-1/1

连片特困区蓝皮书
中国连片特困区发展报告（2017）
著(编)者：游俊　冷志明　丁建军
2017年4月出版 / 估价：98.00元
PSN B-2013-321-1/1

流动儿童蓝皮书
中国流动儿童教育发展报告（2016）
著(编)者：杨东平　2017年1月出版 / 定价：79.00元
PSN B-2017-600-1/1

民调蓝皮书
中国民生调查报告（2017）
著(编)者：谢耘耕　2017年12月出版 / 估价：98.00元
PSN B-2014-398-1/1

民族发展蓝皮书
中国民族发展报告（2017）
著(编)者：郝时远　王延中　王希恩
2017年4月出版 / 估价：98.00元
PSN B-2006-070-1/1

女性生活蓝皮书
中国女性生活状况报告No.11（2017）
著(编)者：韩湘景　2017年10月出版 / 估价：98.00元
PSN B-2006-071-1/1

汽车社会蓝皮书
中国汽车社会发展报告（2017）
著(编)者：王俊秀　2017年12月出版 / 估价：89.00元
PSN B-2011-224-1/1

皮书系列 2017全品种

社会政法类

青年蓝皮书
中国青年发展报告（2017）No.3
著(编)者：廉思 等　2017年4月出版 / 估价：89.00元
PSN B-2013-333-1/1

青少年蓝皮书
中国未成年人互联网运用报告（2017）
著(编)者：李文革 沈洁 季为民
2017年11月出版 / 估价：89.00元
PSN B-2010-165-1/1

青少年体育蓝皮书
中国青少年体育发展报告（2017）
著(编)者：郭建军 杨桦　2017年9月出版 / 估价：89.00元
PSN B-2015-482-1/1

群众体育蓝皮书
中国群众体育发展报告（2017）
著(编)者：刘国永 杨桦　2017年12月出版 / 估价：89.00元
PSN B-2016-519-2/3

人权蓝皮书
中国人权事业发展报告 No.7（2017）
著(编)者：李君如　2017年9月出版 / 估价：98.00元
PSN B-2011-215-1/1

社会保障绿皮书
中国社会保障发展报告（2017）No.8
著(编)者：王延中　2017年1月出版 / 估价：98.00元
PSN G-2001-014-1/1

社会风险评估蓝皮书
风险评估与危机预警评估报告（2017）
著(编)者：唐钧　2017年8月出版 / 估价：85.00元
PSN B-2016-521-1/1

社会管理蓝皮书
中国社会管理创新报告 No.5
著(编)者：连玉明　2017年11月出版 / 估价：89.00元
PSN B-2012-300-1/1

社会蓝皮书
2017年中国社会形势分析与预测
著(编)者：李培林 陈光金 张翼
2016年12月出版 / 定价：89.00元
PSN B-1998-002-1/1

社会体制蓝皮书
中国社会体制改革报告 No.5（2017）
著(编)者：龚维斌　2017年3月出版 / 定价：89.00元
PSN B-2013-330-1/1

社会心态蓝皮书
中国社会心态研究报告（2017）
著(编)者：王俊秀 杨宜音　2017年12月出版 / 估价：89.00元
PSN B-2011-199-1/1

社会组织蓝皮书
中国社会组织发展报告（2016~2017）
著(编)者：黄晓勇　2017年1月出版 / 定价：89.00元
PSN B-2008-118-1/2

社会组织蓝皮书
中国社会组织评估发展报告（2017）
著(编)者：徐家良 廖鸿　2017年12月出版 / 估价：89.00元
PSN B-2013-366-1/1

生态城市绿皮书
中国生态城市建设发展报告（2017）
著(编)者：刘举科 孙伟平 胡文臻
2017年9月出版 / 估价：118.00元
PSN G-2012-269-1/1

生态文明绿皮书
中国省域生态文明建设评价报告（ECI 2017）
著(编)者：严耕　2017年12月出版 / 估价：98.00元
PSN G-2010-170-1/1

土地整治蓝皮书
中国土地整治发展研究报告 No.4
著(编)者：国土资源部土地整治中心
2017年7月出版 / 估价：89.00元
PSN B-2014-401-1/1

土地政策蓝皮书
中国土地政策研究报告（2017）
著(编)者：高延利 李宪文
2017年12月出版 / 定价：89.00元
PSN B-2015-506-1/1

医改蓝皮书
中国医药卫生体制改革报告（2017）
著(编)者：文学国 房志武　2017年11月出版 / 估价：98.00元
PSN B-2014-432-1/1

医疗卫生绿皮书
中国医疗卫生发展报告 No.7（2017）
著(编)者：申宝忠 韩玉珍　2017年4月出版 / 估价：85.00元
PSN G-2004-033-1/1

应急管理蓝皮书
中国应急管理报告（2017）
著(编)者：宋英华　2017年9月出版 / 估价：98.00元
PSN B-2016-563-1/1

政治参与蓝皮书
中国政治参与报告（2017）
著(编)者：房宁　2017年9月出版 / 估价：118.00元
PSN B-2011-200-1/1

宗教蓝皮书
中国宗教报告（2016）
著(编)者：邱永辉　2017年4月出版 / 估价：89.00元
PSN B-2008-117-1/1

行业报告类

皮书系列 2017全品种

SUV蓝皮书
中国SUV市场发展报告（2016~2017）
著（编）者：靳军　2017年9月出版／估价：89.00元
PSN B-2016-572-1/1

保健蓝皮书
中国保健服务产业发展报告 No.2
著（编）者：中国保健协会　中共中央党校
2017年7月出版／估价：198.00元
PSN B-2012-272-3/3

保健蓝皮书
中国保健食品产业发展报告 No.2
著（编）者：中国保健协会
　　　　　中国社会科学院食品药品产业发展与监管研究中心
2017年7月出版／估价：198.00元
PSN B-2012-271-2/3

保健蓝皮书
中国保健用品产业发展报告 No.2
著（编）者：中国保健协会
　　　　　国务院国有资产监督管理委员会研究中心
2017年4月出版／估价：198.00元
PSN B-2012-270-1/3

保险蓝皮书
中国保险业竞争力报告（2017）
著（编）者：项俊波　2017年12月出版／估价：99.00元
PSN B-2013-311-1/1

冰雪蓝皮书
中国滑雪产业发展报告（2017）
著（编）者：孙承华　伍斌　魏庆华　张鸿俊
2017年8月出版／估价：89.00元
PSN B-2016-560-1/1

彩票蓝皮书
中国彩票发展报告（2017）
著（编）者：益彩基金　2017年4月出版／估价：98.00元
PSN B-2015-462-1/1

餐饮产业蓝皮书
中国餐饮产业发展报告（2017）
著（编）者：邢颖　2017年6月出版／估价：98.00元
PSN B-2009-151-1/1

测绘地理信息蓝皮书
新常态下的测绘地理信息研究报告（2017）
著（编）者：库热西·买合苏提
2017年12月出版／估价：118.00元
PSN B-2009-145-1/1

茶业蓝皮书
中国茶产业发展报告（2017）
著（编）者：杨江帆　李闽榕　2017年10月出版／估价：88.00元
PSN B-2010-164-1/1

产权市场蓝皮书
中国产权市场发展报告（2016~2017）
著（编）者：曹和平　2017年5月出版／估价：89.00元
PSN B-2009-147-1/1

产业安全蓝皮书
中国出版传媒产业安全报告（2016~2017）
著（编）者：北京印刷学院产业安全研究院
2017年4月出版／估价：89.00元
PSN B-2014-384-13/14

产业安全蓝皮书
中国文化产业安全报告（2017）
著（编）者：北京印刷学院文化产业安全研究院
2017年12月出版／估价：89.00元
PSN B-2014-378-12/14

产业安全蓝皮书
中国新媒体产业安全报告（2017）
著（编）者：北京印刷学院文化产业安全研究院
2017年12月出版／估价：89.00元
PSN B-2015-500-14/14

城投蓝皮书
中国城投行业发展报告（2017）
著（编）者：王晨艳　丁伯康　2017年11月出版／估价：300.00元
PSN B-2016-514-1/1

电子政务蓝皮书
中国电子政务发展报告（2016~2017）
著（编）者：李季　杜平　2017年7月出版／估价：89.00元
PSN B-2003-022-1/1

杜仲产业绿皮书
中国杜仲橡胶资源与产业发展报告（2016~2017）
著（编）者：杜红岩　胡文臻　俞锐
2017年4月出版／估价：85.00元
PSN G-2013-350-1/1

房地产蓝皮书
中国房地产发展报告 No.14（2017）
著（编）者：李春华　王业强　2017年5月出版／估价：89.00元
PSN B-2004-028-1/1

服务外包蓝皮书
中国服务外包产业发展报告（2017）
著（编）者：王晓红　刘德军
2017年6月出版／估价：89.00元
PSN B-2013-331-2/2

服务外包蓝皮书
中国服务外包竞争力报告（2017）
著（编）者：王力　刘春生　黄育华
2017年11月出版／估价：85.00元
PSN B-2011-216-1/2

工业和信息化蓝皮书
世界网络安全发展报告（2016~2017）
著（编）者：洪京一　2017年4月出版／估价：89.00元
PSN B-2015-452-5/7

工业和信息化蓝皮书
世界信息化发展报告（2016~2017）
著（编）者：洪京一　2017年4月出版／估价：89.00元
PSN B-2015-451-4/5

19

皮书系列 2017全品种 — 行业报告类

工业和信息化蓝皮书
世界信息技术产业发展报告（2016~2017）
著（编）者：洪京一　　2017年4月出版／估价：89.00元
PSN B-2015-449-2/5

工业和信息化蓝皮书
移动互联网产业发展报告（2016~2017）
著（编）者：洪京一　　2017年4月出版／估价：89.00元
PSN B-2015-448-1/5

工业和信息化蓝皮书
战略性新兴产业发展报告（2016~2017）
著（编）者：洪京一　　2017年4月出版／估价：89.00元
PSN B-2015-450-3/5

工业设计蓝皮书
中国工业设计发展报告（2017）
著（编）者：王晓红　于炜　张立群
2017年9月出版／估价：138.00元
PSN B-2014-420-1/1

黄金市场蓝皮书
中国商业银行黄金业务发展报告（2016~2017）
著（编）者：平安银行　　2017年4月出版／估价：98.00元
PSN B-2016-525-1/1

互联网金融蓝皮书
中国互联网金融发展报告（2017）
著（编）者：李东荣　　2017年9月出版／估价：128.00元
PSN B-2014-374-1/1

互联网医疗蓝皮书
中国互联网医疗发展报告（2017）
著（编）者：宫晓东　　2017年9月出版／估价：89.00元
PSN B-2016-568-1/1

会展蓝皮书
中外会展业动态评估年度报告（2017）
著（编）者：张敏　　2017年4月出版／估价：88.00元
PSN B-2013-327-1/1

金融监管蓝皮书
中国金融监管报告（2017）
著（编）者：胡滨　　2017年6月出版／估价：89.00元
PSN B-2012-281-1/1

金融蓝皮书
中国金融中心发展报告（2017）
著（编）者：王力　黄育华　　2017年11月出版／估价：85.00元
PSN B-2011-186-6/6

建筑装饰蓝皮书
中国建筑装饰行业发展报告（2017）
著（编）者：刘晓一　葛道顺　　2017年7月出版／估价：198.00元
PSN B-2016-554-1/1

客车蓝皮书
中国客车产业发展报告（2016~2017）
著（编）者：姚蔚　　2017年10月出版／估价：85.00元
PSN B-2013-361-1/1

旅游安全蓝皮书
中国旅游安全报告（2017）
著（编）者：郑向敏　谢朝武　　2017年5月出版／估价：128.00元
PSN B-2012-280-1/1

旅游绿皮书
2016~2017年中国旅游发展分析与预测
著（编）者：宋瑞　　2017年2月出版／定价：89.00元
PSN G-2002-018-1/1

煤炭蓝皮书
中国煤炭工业发展报告（2017）
著（编）者：岳福斌　　2017年12月出版／估价：85.00元
PSN B-2008-123-1/1

民营企业社会责任蓝皮书
中国民营企业社会责任报告（2017）
著（编）者：中华全国工商业联合会
2017年12月出版／估价：89.00元
PSN B-2015-510-1/1

民营医院蓝皮书
中国民营医院发展报告（2017）
著（编）者：庄一强　　2017年10月出版／估价：85.00元
PSN B-2012-299-1/1

闽商蓝皮书
闽商发展报告（2017）
著（编）者：李闽榕　王日根　林琛
2017年12月出版／估价：89.00元
PSN B-2012-298-1/1

能源蓝皮书
中国能源发展报告（2017）
著（编）者：崔民选　王军生　陈义和
2017年10月出版／估价：98.00元
PSN B-2006-049-1/1

农产品流通蓝皮书
中国农产品流通产业发展报告（2017）
著（编）者：贾敬敦　张东科　张玉玺　张鹏毅　周伟
2017年4月出版／估价：89.00元
PSN B-2012-288-1/1

企业公益蓝皮书
中国企业公益研究报告（2017）
著（编）者：钟宏武　汪杰　顾一　黄晓娟　等
2017年12月出版／估价：89.00元
PSN B-2015-501-1/1

企业国际化蓝皮书
中国企业国际化报告（2017）
著（编）者：王辉耀　　2017年11月出版／估价：98.00元
PSN B-2014-427-1/1

企业蓝皮书
中国企业绿色发展报告No.2（2017）
著（编）者：李红玉　朱光辉　　2017年8月出版／估价：89.00元
PSN B-2015-481-2/2

企业社会责任蓝皮书
中国企业社会责任研究报告（2017）
著（编）者：黄群慧　钟宏武　张蒽　翟利峰
2017年11月出版／估价：89.00元
PSN B-2009-149-1/1

企业社会责任蓝皮书
中资企业海外社会责任研究报告（2016~2017）
著（编）者：钟宏武　叶柳红　张蒽
2017年1月出版／定价：79.00元
PSN B-2017-603-2/2

行业报告类 — 皮书系列 2017全品种

汽车安全蓝皮书
中国汽车安全发展报告（2017）
著(编)者：中国汽车技术研究中心
2017年7月出版 / 估价：89.00元
PSN B-2014-385-1/1

汽车电子商务蓝皮书
中国汽车电子商务发展报告（2017）
著(编)者：中华全国工商业联合会汽车经销商商会
　　　　　北京易观智库网络科技有限公司
2017年10月出版 / 估价：128.00元
PSN B-2015-485-1/1

汽车工业蓝皮书
中国汽车工业发展年度报告（2017）
著(编)者：中国汽车工业协会 中国汽车技术研究中心
　　　　　丰田汽车（中国）投资有限公司
2017年4月出版 / 估价：128.00元
PSN B-2015-463-1/2

汽车工业蓝皮书
中国汽车零部件产业发展报告（2017）
著(编)者：中国汽车工业协会 中国汽车工程研究院
2017年10月出版 / 估价：98.00元
PSN B-2016-515-2/2

汽车蓝皮书
中国汽车产业发展报告（2017）
著(编)者：国务院发展研究中心产业经济研究部
　　　　　中国汽车工程学会 大众汽车集团（中国）
2017年8月出版 / 估价：98.00元
PSN B-2008-124-1/1

人力资源蓝皮书
中国人力资源发展报告（2017）
著(编)者：余兴安　2017年11月出版 / 估价：89.00元
PSN B-2012-287-1/1

融资租赁蓝皮书
中国融资租赁业发展报告（2016～2017）
著(编)者：李光荣 王力　2017年8月出版 / 估价：89.00元
PSN B-2015-443-1/1

商会蓝皮书
中国商会发展报告No.5（2017）
著(编)者：王钦敏　2017年7月出版 / 估价：89.00元
PSN B-2008-125-1/1

输血服务蓝皮书
中国输血行业发展报告（2017）
著(编)者：朱永明 耿鸿武　2016年8月出版 / 估价：89.00元
PSN B-2016-583-1/1

社会责任管理蓝皮书
中国上市公司社会责任能力成熟度报告（2017）No.2
著(编)者：肖红军 王晓光 李伟阳
2017年12月出版 / 估价：98.00元
PSN B-2015-507-2/2

社会责任管理蓝皮书
中国企业公众透明度报告(2017)No.3
著(编)者：黄速建 熊梦 王晓光 肖红军
2017年4月出版 / 估价：98.00元
PSN B-2015-440-1/2

食品药品蓝皮书
食品药品安全与监管政策研究报告（2016～2017）
著(编)者：唐民皓　2017年6月出版 / 估价：89.00元
PSN B-2009-129-1/1

世界能源蓝皮书
世界能源发展报告（2017）
著(编)者：黄晓勇　2017年6月出版 / 估价：99.00元
PSN B-2013-349-1/1

水利风景区蓝皮书
中国水利风景区发展报告（2017）
著(编)者：谢婵才 兰思仁　2017年5月出版 / 估价：89.00元
PSN B-2015-480-1/1

碳市场蓝皮书
中国碳市场报告（2017）
著(编)者：定金彪　2017年11月出版 / 估价：89.00元
PSN B-2014-430-1/1

体育蓝皮书
中国体育产业发展报告（2017）
著(编)者：阮伟 钟秉枢　2017年12月出版 / 估价：89.00元
PSN B-2010-179-1/4

网络空间安全蓝皮书
中国网络空间安全发展报告（2017）
著(编)者：惠志斌 唐涛　2017年4月出版 / 估价：89.00元
PSN B-2015-466-1/1

西部金融蓝皮书
中国西部金融发展报告（2017）
著(编)者：李忠民　2017年8月出版 / 估价：85.00元
PSN B-2010-160-1/1

协会商会蓝皮书
中国行业协会商会发展报告（2017）
著(编)者：景朝阳 李勇　2017年4月出版 / 估价：99.00元
PSN B-2015-461-1/1

新能源汽车蓝皮书
中国新能源汽车产业发展报告（2017）
著(编)者：中国汽车技术研究中心
　　　　　日产（中国）投资有限公司 东风汽车有限公司
2017年7月出版 / 估价：98.00元
PSN B-2013-347-1/1

新三板蓝皮书
中国新三板市场发展报告（2017）
著(编)者：王力　2017年6月出版 / 估价：89.00元
PSN B-2016-534-1/1

信托市场蓝皮书
中国信托业市场报告（2016～2017）
著(编)者：用益信托研究院
2017年1月出版 / 定价：198.00元
PSN B-2014-371-1/1

信息化蓝皮书
中国信息化形势分析与预测（2016～2017）
著(编)者：周宏仁　2017年8月出版 / 估价：98.00元
PSN B-2010-168-1/1

皮书系列 2017全品种

行业报告类

信用蓝皮书
中国信用发展报告（2017）
著(编)者：章政 田侃　2017年4月出版 / 估价：99.00元
PSN B-2013-328-1/1

休闲绿皮书
2017年中国休闲发展报告
著(编)者：宋瑞　2017年10月出版 / 估价：89.00元
PSN G-2010-158-1/1

休闲体育蓝皮书
中国休闲体育发展报告（2016~2017）
著(编)者：李相如 钟炳枢　2017年10月出版 / 估价：89.00元
PSN G-2016-516-1/1

养老金融蓝皮书
中国养老金融发展报告（2017）
著(编)者：董克用 姚余栋
2017年8月出版 / 估价：89.00元
PSN B-2016-584-1/1

药品流通蓝皮书
中国药品流通行业发展报告（2017）
著(编)者：佘鲁林 温再兴　2017年8月出版 / 估价：158.00元
PSN B-2014-429-1/1

医院蓝皮书
中国医院竞争力报告（2017）
著(编)者：庄一强 曾益新　2017年3月出版 / 定价：108.00元
PSN B-2016-529-1/1

邮轮绿皮书
中国邮轮产业发展报告（2017）
著(编)者：汪泓　2017年10月出版 / 估价：89.00元
PSN G-2014-419-1/1

智能养老蓝皮书
中国智能养老产业发展报告（2017）
著(编)者：朱勇　2017年10月出版 / 估价：89.00元
PSN B-2015-488-1/1

债券市场蓝皮书
中国债券市场发展报告（2016~2017）
著(编)者：杨农　2017年10月出版 / 估价：89.00元
PSN B-2016-573-1/1

中国节能汽车蓝皮书
中国节能汽车发展报告（2016~2017）
著(编)者：中国汽车工程研究院股份有限公司
2017年9月出版 / 估价：98.00元
PSN B-2016-566-1/1

中国上市公司蓝皮书
中国上市公司发展报告（2017）
著(编)者：张平 王宏淼
2017年10月出版 / 估价：98.00元
PSN B-2014-414-1/1

中国陶瓷产业蓝皮书
中国陶瓷产业发展报告（2017）
著(编)者：左和平 黄速建　2017年10月出版 / 估价：98.00元
PSN B-2016-574-1/1

中国总部经济蓝皮书
中国总部经济发展报告（2016~2017）
著(编)者：赵弘　2017年9月出版 / 估价：89.00元
PSN B-2005-036-1/1

中医文化蓝皮书
中国中医药文化传播发展报告（2017）
著(编)者：毛嘉陵　2017年7月出版 / 估价：89.00元
PSN B-2015-468-1/1

装备制造业蓝皮书
中国装备制造业发展报告（2017）
著(编)者：徐东华　2017年12月出版 / 估价：148.00元
PSN B-2015-505-1/1

资本市场蓝皮书
中国场外交易市场发展报告（2016~2017）
著(编)者：高峦　2017年4月出版 / 估价：89.00元
PSN B-2009-153-1/1

资产管理蓝皮书
中国资产管理行业发展报告（2017）
著(编)者：智信资产管理研究院
2017年6月出版 / 估价：89.00元
PSN B-2014-407-2/2

文化传媒类

传媒竞争力蓝皮书
中国传媒国际竞争力研究报告（2017）
著(编)者：李本乾 刘强
2017年11月出版 / 估价：148.00元
PSN B-2013-356-1/1

传媒蓝皮书
中国传媒产业发展报告（2017）
著(编)者：崔保国　　2017年5月出版 / 估价：98.00元
PSN B-2005-035-1/1

传媒投资蓝皮书
中国传媒投资发展报告（2017）
著(编)者：张向东 谭云明
2017年6月出版 / 估价：128.00元
PSN B-2015-474-1/1

动漫蓝皮书
中国动漫产业发展报告（2017）
著(编)者：卢斌 郑玉明 牛兴侦
2017年9月出版 / 估价：89.00元
PSN B-2011-198-1/1

非物质文化遗产蓝皮书
中国非物质文化遗产发展报告（2017）
著(编)者：陈平　　2017年5月出版 / 估价：98.00元
PSN B-2015-469-1/1

广电蓝皮书
中国广播电影电视发展报告（2017）
著(编)者：国家新闻出版广电总局发展研究中心
2017年7月出版 / 估价：98.00元
PSN B-2006-072-1/1

广告主蓝皮书
中国广告主营销传播趋势报告 No.9
著(编)者：黄升民 杜国清 邵华冬 等
2017年10月出版 / 估价：148.00元
PSN B-2005-041-1/1

国际传播蓝皮书
中国国际传播发展报告（2017）
著(编)者：胡正荣 李继东 姬德强
2017年11月出版 / 估价：89.00元
PSN B-2014-408-1/1

国家形象蓝皮书
中国国家形象传播报告（2016）
著(编)者：张昆　　2017年3月出版 / 定价：98.00元
PSN B-2017-605-1/1

纪录片蓝皮书
中国纪录片发展报告（2017）
著(编)者：何苏六　　2017年9月出版 / 估价：89.00元
PSN B-2011-222-1/1

科学传播蓝皮书
中国科学传播报告（2017）
著(编)者：詹正茂　　2017年7月出版 / 估价：89.00元
PSN B-2008-120-1/1

两岸创意经济蓝皮书
两岸创意经济研究报告（2017）
著(编)者：罗昌智 林咏能
2017年10月出版 / 估价：98.00元
PSN B-2014-437-1/1

媒介与女性蓝皮书
中国媒介与女性发展报告(2016~2017)
著(编)者：刘利群　　2017年9月出版 / 估价：118.00元
PSN B-2013-345-1/1

媒体融合蓝皮书
中国媒体融合发展报告（2017）
著(编)者：梅宁华 宋建武　　2017年7月出版 / 估价：89.00元
PSN B-2015-479-1/1

全球传媒蓝皮书
全球传媒发展报告（2017）
著(编)者：胡正荣 李继东 唐晓芬
2017年11月出版 / 估价：89.00元
PSN B-2012-237-1/1

少数民族非遗蓝皮书
中国少数民族非物质文化遗产发展报告（2017）
著(编)者：肖远平（彝）柴立（满）
2017年8月出版 / 估价：98.00元
PSN B-2015-467-1/1

视听新媒体蓝皮书
中国视听新媒体发展报告（2017）
著(编)者：国家新闻出版广电总局发展研究中心
2017年7月出版 / 估价：98.00元
PSN B-2011-184-1/1

文化创新蓝皮书
中国文化创新报告（2017）No.7
著(编)者：于平 傅才武　　2017年7月出版 / 估价：98.00元
PSN B-2009-143-1/1

文化建设蓝皮书
中国文化发展报告（2016~2017）
著(编)者：江畅 孙伟平 戴茂堂
2017年6月出版 / 估价：116.00元
PSN B-2014-392-1/1

文化科技蓝皮书
文化科技创新发展报告（2017）
著(编)者：于平 李凤亮　　2017年11月出版 / 估价：89.00元
PSN B-2013-342-1/1

文化蓝皮书
中国公共文化服务发展报告（2017）
著(编)者：刘新成 张永新 张旭
2017年12月出版 / 估价：98.00元
PSN B-2007-093-2/10

文化蓝皮书
中国公共文化投入增长测评报告（2017）
著(编)者：王亚南　　2017年2月出版 / 定价：79.00元
PSN B-2014-435-10/10

皮书系列 2017全品种
文化传媒类·地方发展类

文化蓝皮书
中国少数民族文化发展报告（2016~2017）
著(编)者：武翠英 张晓明 任乌晶
2017年9月出版 / 估价：89.00元
PSN B-2013-369-9/10

文化蓝皮书
中国文化产业发展报告（2016~2017）
著(编)者：张晓明 王家新 章建刚
2017年4月出版 / 估价：89.00元
PSN B-2002-019-1/10

文化蓝皮书
中国文化产业供需协调检测报告（2017）
著(编)者：王亚南 2017年2月出版 / 定价：79.00元
PSN B-2013-323-8/10

文化蓝皮书
中国文化消费需求景气评价报告（2017）
著(编)者：王亚南 2017年2月出版 / 定价：79.00元
PSN B-2011-236-4/10

文化品牌蓝皮书
中国文化品牌发展报告（2017）
著(编)者：欧阳友权 2017年5月出版 / 估价：98.00元
PSN B-2012-277-1/1

文化遗产蓝皮书
中国文化遗产事业发展报告（2017）
著(编)者：苏杨 张颖岚 王宇飞
2017年8月出版 / 估价：98.00元
PSN B-2008-119-1/1

文学蓝皮书
中国文情报告（2016~2017）
著(编)者：白烨 2017年5月出版 / 估价：49.00元
PSN B-2011-221-1/1

新媒体蓝皮书
中国新媒体发展报告No.8（2017）
著(编)者：唐绪军 2017年6月出版 / 估价：89.00元
PSN B-2010-169-1/1

新媒体社会责任蓝皮书
中国新媒体社会责任研究报告（2017）
著(编)者：钟瑛 2017年11月出版 / 估价：89.00元
PSN B-2014-423-1/1

移动互联网蓝皮书
中国移动互联网发展报告（2017）
著(编)者：官建文 2017年6月出版 / 估价：89.00元
PSN B-2012-282-1/1

舆情蓝皮书
中国社会舆情与危机管理报告（2017）
著(编)者：谢耘耕 2017年9月出版 / 估价：128.00元
PSN B-2011-235-1/1

影视蓝皮书
中国影视产业发展报告（2017）
著(编)者：司若 2017年4月出版 / 估价：138.00元
PSN B-2016-530-1/1

地方发展类

安徽经济蓝皮书
合芜蚌国家自主创新综合示范区研究报告（2016~2017）
著(编)者：黄家海 王开玉 蔡宪
2017年7月出版 / 估价：89.00元
PSN B-2014-383-1/1

安徽蓝皮书
安徽社会发展报告（2017）
著(编)者：程桦 2017年4月出版 / 估价：89.00元
PSN B-2013-325-1/1

澳门蓝皮书
澳门经济社会发展报告（2016~2017）
著(编)者：吴志良 郝雨凡 2017年6月出版 / 估价：98.00元
PSN B-2009-138-1/1

北京蓝皮书
北京公共服务发展报告（2016~2017）
著(编)者：施昌奎 2017年3月出版 / 定价：79.00元
PSN B-2008-103-7/8

北京蓝皮书
北京经济发展报告（2016~2017）
著(编)者：杨松 2017年6月出版 / 估价：89.00元
PSN B-2006-054-2/8

北京蓝皮书
北京社会发展报告（2016~2017）
著(编)者：李伟东 2017年6月出版 / 估价：89.00元
PSN B-2006-055-3/8

北京蓝皮书
北京社会治理发展报告（2016~2017）
著(编)者：殷星辰 2017年5月出版 / 估价：89.00元
PSN B-2014-391-8/8

北京蓝皮书
北京文化发展报告（2016~2017）
著(编)者：李建盛 2017年4月出版 / 估价：89.00元
PSN B-2007-082-4/8

北京律师绿皮书
北京律师发展报告No.3（2017）
著(编)者：王隽 2017年7月出版 / 估价：88.00元
PSN G-2012-301-1/1

北京旅游蓝皮书
北京旅游发展报告（2017）
著(编)者：北京旅游学会 2017年4月出版 / 估价：88.00元
PSN B-2011-217-1/1

皮书系列 2017全品种 地方发展类

北京人才蓝皮书
北京人才发展报告（2017）
著（编）者：于淼　2017年12月出版 / 估价：128.00元
PSN B-2011-201-1/1

北京社会心态蓝皮书
北京社会心态分析报告（2016~2017）
著（编）者：北京社会心理研究所
2017年8月出版 / 估价：89.00元
PSN B-2014-422-1/1

北京社会组织管理蓝皮书
北京社会组织发展与管理（2016~2017）
著（编）者：黄江松　2017年4月出版 / 估价：88.00元
PSN B-2015-446-1/1

北京体育蓝皮书
北京体育产业发展报告（2016~2017）
著（编）者：钟秉枢　陈杰　杨铁黎
2017年9月出版 / 估价：89.00元
PSN B-2015-475-1/1

北京养老产业蓝皮书
北京养老产业发展报告（2017）
著（编）者：周明明　冯喜良　2017年8月出版 / 估价：89.00元
PSN B-2015-465-1/1

滨海金融蓝皮书
滨海新区金融发展报告（2017）
著（编）者：王爱俭　张锐钢　2017年12月出版 / 估价：89.00元
PSN B-2016-424-1/1

城乡一体化蓝皮书
中国城乡一体化发展报告·北京卷（2016~2017）
著（编）者：张宝秀　殷序　2017年5月出版 / 估价：89.00元
PSN B-2012-258-2/2

创意城市蓝皮书
北京文化创意产业发展报告（2017）
著（编）者：张京成　王国华　2017年10月出版 / 估价：89.00元
PSN B-2012-263-1/7

创意城市蓝皮书
天津文化创意产业发展报告（2016~2017）
著（编）者：谢思全　2017年6月出版 / 估价：89.00元
PSN B-2016-537-7/7

创意城市蓝皮书
武汉文化创意产业发展报告（2017）
著（编）者：黄永林　陈汉桥　2017年9月出版 / 估价：99.00元
PSN B-2013-354-4/7

创意上海蓝皮书
上海文化创意产业发展报告（2016~2017）
著（编）者：王慧敏　王兴全　2017年8月出版 / 估价：89.00元
PSN B-2016-562-1/1

福建妇女发展蓝皮书
福建省妇女发展报告（2017）
著（编）者：刘群英　2017年11月出版 / 估价：88.00元
PSN B-2011-220-1/1

福建自贸区蓝皮书
中国（福建）自由贸易实验区发展报告（2016~2017）
著（编）者：黄茂兴　2017年4月出版 / 估价：108.00元
PSN B-2017-532-1/1

甘肃蓝皮书
甘肃经济发展分析与预测（2017）
著（编）者：安文华　罗哲　2017年1月出版 / 定价：79.00元
PSN B-2013-312-1/6

甘肃蓝皮书
甘肃社会发展分析与预测（2017）
著（编）者：安文华　包晓霞　谢增虎
2017年1月出版 / 定价：79.00元
PSN B-2013-313-2/6

甘肃蓝皮书
甘肃文化发展分析与预测（2017）
著（编）者：王俊莲　周小华　2017年1月出版 / 定价：79.00元
PSN B-2013-314-3/6

甘肃蓝皮书
甘肃县域和农村发展报告（2017）
著（编）者：朱智文　包东红　王建兵
2017年1月出版 / 定价：79.00元
PSN B-2013-316-5/6

甘肃蓝皮书
甘肃舆情分析与预测（2017）
著（编）者：陈双梅　张谦元　2017年1月出版 / 定价：79.00元
PSN B-2013-315-4/6

甘肃蓝皮书
甘肃商贸流通发展报告（2017）
著（编）者：张应华　王福生　王晓芳
2017年1月出版 / 定价：79.00元
PSN B-2016-523-6/6

广东蓝皮书
广东全面深化改革发展报告（2017）
著（编）者：周林生　涂成林　2017年12月出版 / 估价：89.00元
PSN B-2015-504-3/3

广东蓝皮书
广东社会工作发展报告（2017）
著（编）者：罗观翠　2017年6月出版 / 估价：89.00元
PSN B-2014-402-2/3

广东外经贸蓝皮书
广东对外经济贸易发展研究报告（2016~2017）
著（编）者：陈万灵　2017年8月出版 / 估价：98.00元
PSN B-2012-286-1/1

广西北部湾经济区蓝皮书
广西北部湾经济区开放开发报告（2017）
著（编）者：广西北部湾经济区规划建设管理委员会办公室
广西社会科学院广西北部湾发展研究院
2017年4月出版 / 估价：89.00元
PSN B-2010-181-1/1

巩义蓝皮书
巩义经济社会发展报告（2017）
著（编）者：丁同民　朱军　2017年4月出版 / 估价：58.00元
PSN B-2016-533-1/1

广州蓝皮书
2017年中国广州经济形势分析与预测
著（编）者：庾建设　陈浩钿　谢博能
2017年7月出版 / 估价：85.00元
PSN B-2011-185-9/14

皮书系列 2017全品种 — 地方发展类

广州蓝皮书
2017年中国广州社会形势分析与预测
著(编)者：张强 陈怡霓 杨素　2017年6月出版／估价：85.00元
PSN B-2008-110-5/14

广州蓝皮书
广州城市国际化发展报告（2017）
著(编)者：朱名宏　2017年8月出版／估价：79.00元
PSN B-2012-246-11/14

广州蓝皮书
广州创新型城市发展报告（2017）
著(编)者：尹涛　2017年7月出版／估价：79.00元
PSN B-2012-247-12/14

广州蓝皮书
广州经济发展报告（2017）
著(编)者：朱名宏　2017年7月出版／估价：79.00元
PSN B-2005-040-1/14

广州蓝皮书
广州农村发展报告（2017）
著(编)者：朱名宏　2017年8月出版／估价：79.00元
PSN B-2010-167-8/14

广州蓝皮书
广州汽车产业发展报告（2017）
著(编)者：杨再高 冯兴亚　2017年7月出版／估价：79.00元
PSN B-2006-066-3/14

广州蓝皮书
广州青年发展报告（2016~2017）
著(编)者：徐柳 张强　2017年9月出版／估价：79.00元
PSN B-2013-352-13/14

广州蓝皮书
广州商贸业发展报告（2017）
著(编)者：李江涛 肖振宇 荀振英
2017年7月出版／估价：79.00元
PSN B-2012-245-10/14

广州蓝皮书
广州社会保障发展报告（2017）
著(编)者：蔡国萱　2017年8月出版／估价：79.00元
PSN B-2014-425-14/14

广州蓝皮书
广州文化创意产业发展报告（2017）
著(编)者：徐咏虹　2017年7月出版／估价：79.00元
PSN B-2008-111-6/14

广州蓝皮书
中国广州城市建设与管理发展报告（2017）
著(编)者：董皞 陈小钢 李江涛
2017年7月出版／估价：85.00元
PSN B-2007-087-4/14

广州蓝皮书
中国广州科技创新发展报告（2017）
著(编)者：邹采荣 马正勇 陈爽
2017年7月出版／估价：79.00元
PSN B-2006-065-2/14

广州蓝皮书
中国广州文化发展报告（2017）
著(编)者：徐俊忠 陆志强 顾涧清
2017年7月出版／估价：79.00元
PSN B-2009-134-7/14

贵阳蓝皮书
贵阳城市创新发展报告No.2（白云篇）
著(编)者：连玉明　2017年10月出版／估价：89.00元
PSN B-2015-491-3/10

贵阳蓝皮书
贵阳城市创新发展报告No.2（观山湖篇）
著(编)者：连玉明　2017年10月出版／估价：89.00元
PSN B-2011-235-1/1

贵阳蓝皮书
贵阳城市创新发展报告No.2（花溪篇）
著(编)者：连玉明　2017年10月出版／估价：89.00元
PSN B-2015-490-2/10

贵阳蓝皮书
贵阳城市创新发展报告No.2（开阳篇）
著(编)者：连玉明　2017年10月出版／估价：89.00元
PSN B-2015-492-4/10

贵阳蓝皮书
贵阳城市创新发展报告No.2（南明篇）
著(编)者：连玉明　2017年10月出版／估价：89.00元
PSN B-2015-496-8/10

贵阳蓝皮书
贵阳城市创新发展报告No.2（清镇篇）
著(编)者：连玉明　2017年10月出版／估价：89.00元
PSN B-2015-489-1/10

贵阳蓝皮书
贵阳城市创新发展报告No.2（乌当篇）
著(编)者：连玉明　2017年10月出版／估价：89.00元
PSN B-2015-495-7/10

贵阳蓝皮书
贵阳城市创新发展报告No.2（息烽篇）
著(编)者：连玉明　2017年10月出版／估价：89.00元
PSN B-2015-493-5/10

贵阳蓝皮书
贵阳城市创新发展报告No.2（修文篇）
著(编)者：连玉明　2017年10月出版／估价：89.00元
PSN B-2015-494-6/10

贵阳蓝皮书
贵阳城市创新发展报告No.2（云岩篇）
著(编)者：连玉明　2017年10月出版／估价：89.00元
PSN B-2015-498-10/10

贵州房地产蓝皮书
贵州房地产发展报告No.4（2017）
著(编)者：武廷方　2017年7月出版／估价：89.00元
PSN B-2014-426-1/1

贵州蓝皮书
贵州册亨经济社会发展报告（2017）
著(编)者：黄德林　2017年3月出版／估价：89.00元
PSN B-2016-526-8/9

地方发展类 | 皮书系列 2017全品种

贵州蓝皮书
贵安新区发展报告（2016~2017）
著(编)者：马长青 吴大华 2017年6月出版 / 估价：89.00元
PSN B-2015-459-4/9

贵州蓝皮书
贵州法治发展报告（2017）
著(编)者：吴大华 2017年5月出版 / 估价：89.00元
PSN B-2012-254-2/9

贵州蓝皮书
贵州国有企业社会责任发展报告（2016~2017）
著(编)者：郭丽 周航 万强
2017年12月出版 / 估价：89.00元
PSN B-2015-511-6/9

贵州蓝皮书
贵州民航业发展报告（2017）
著(编)者：申振东 吴大华 2017年10月出版 / 估价：89.00元
PSN B-2015-471-5/9

贵州蓝皮书
贵州民营经济发展报告（2017）
著(编)者：杨静 吴大华 2017年4月出版 / 估价：89.00元
PSN B-2016-531-9/9

贵州蓝皮书
贵州人才发展报告（2017）
著(编)者：于杰 吴大华 2017年9月出版 / 估价：89.00元
PSN B-2014-382-3/9

贵州蓝皮书
贵州社会发展报告（2017）
著(编)者：王兴骥 2017年6月出版 / 估价：89.00元
PSN B-2010-166-1/9

贵州蓝皮书
贵州国家级开放创新平台发展报告（2017）
著(编)者：申晓庆 吴大华 李泓
2017年6月出版 / 估价：89.00元
PSN B-2016-518-1/9

海淀蓝皮书
海淀区文化和科技融合发展报告（2017）
著(编)者：陈名杰 孟景伟 2017年5月出版 / 估价：85.00元
PSN B-2013-329-1/1

杭州都市圈蓝皮书
杭州都市圈发展报告（2017）
著(编)者：沈翔 戚建国 2017年5月出版 / 估价：128.00元
PSN B-2012-302-1/1

杭州蓝皮书
杭州妇女发展报告（2017）
著(编)者：魏颖 2017年6月出版 / 估价：89.00元
PSN B-2014-403-1/1

河北经济蓝皮书
河北省经济发展报告（2017）
著(编)者：马树强 金浩 张贵
2017年4月出版 / 估价：89.00元
PSN B-2014-380-1/1

河北蓝皮书
河北经济社会发展报告（2017）
著(编)者：郭金平 2017年1月出版 / 定价：79.00元
PSN B-2014-372-1/2

河北蓝皮书
京津冀协同发展报告（2017）
著(编)者：陈路 2017年1月出版 / 定价：79.00元
PSN B-2017-601-2/2

河北食品药品安全蓝皮书
河北食品药品安全研究报告（2017）
著(编)者：丁锦霞 2017年6月出版 / 估价：89.00元
PSN B-2015-473-1/1

河南经济蓝皮书
2017年河南经济形势分析与预测
著(编)者：王世炎 2017年3月出版 / 定价：79.00元
PSN B-2007-086-1/1

河南蓝皮书
2017年河南社会形势分析与预测
著(编)者：刘道兴 牛苏林 2017年4月出版 / 估价：89.00元
PSN B-2005-043-1/8

河南蓝皮书
河南城市发展报告（2017）
著(编)者：张占仓 王建国 2017年5月出版 / 估价：89.00元
PSN B-2009-131-3/8

河南蓝皮书
河南法治发展报告（2017）
著(编)者：丁同民 张林海 2017年5月出版 / 估价：89.00元
PSN B-2014-376-6/8

河南蓝皮书
河南工业发展报告（2017）
著(编)者：张占仓 丁同民 2017年5月出版 / 估价：89.00元
PSN B-2013-317-5/8

河南蓝皮书
河南金融发展报告（2017）
著(编)者：河南省社会科学院
2017年6月出版 / 估价：89.00元
PSN B-2014-390-7/8

河南蓝皮书
河南经济发展报告（2017）
著(编)者：张占仓 完世伟 2017年4月出版 / 估价：89.00元
PSN B-2010-157-4/8

河南蓝皮书
河南农业农村发展报告（2017）
著(编)者：吴海峰 2017年4月出版 / 估价：89.00元
PSN B-2015-445-8/8

河南蓝皮书
河南文化发展报告（2017）
著(编)者：卫绍生 2017年4月出版 / 估价：88.00元
PSN B-2008-106-2/8

河南商务蓝皮书
河南商务发展报告（2017）
著(编)者：焦锦淼 穆荣国 2017年6月出版 / 估价：88.00元
PSN B-2014-399-1/1

黑龙江蓝皮书
黑龙江经济发展报告（2017）
著(编)者：朱宇 2017年1月出版 / 定价：79.00元
PSN B-2011-190-2/2

皮书系列 重点推荐   地方发展类

黑龙江蓝皮书
黑龙江社会发展报告（2017）
著（编）者：谢宝禄　2017年1月出版／定价：79.00元
PSN B-2011-189-1/2

湖北文化蓝皮书
湖北文化发展报告（2017）
著（编）者：吴成国　2017年10月出版／估价：95.00元
PSN B-2016-567-1/1

湖南城市蓝皮书
区域城市群整合
著（编）者：童中贤　韩未名
2017年12月出版／估价：89.00元
PSN B-2006-064-1/1

湖南蓝皮书
2017年湖南产业发展报告
著（编）者：梁志峰　2017年5月出版／估价：128.00元
PSN B-2011-207-2/8

湖南蓝皮书
2017年湖南电子政务发展报告
著（编）者：梁志峰　2017年5月出版／估价：128.00元
PSN B-2014-394-6/8

湖南蓝皮书
2017年湖南经济展望
著（编）者：梁志峰　2017年5月出版／估价：128.00元
PSN B-2011-206-1/8

湖南蓝皮书
2017年湖南两型社会与生态文明发展报告
著（编）者：梁志峰　2017年5月出版／估价：128.00元
PSN B-2011-208-3/8

湖南蓝皮书
2017年湖南社会发展报告
著（编）者：梁志峰　2017年5月出版／估价：128.00元
PSN B-2014-393-5/8

湖南蓝皮书
2017年湖南县域经济社会发展报告
著（编）者：梁志峰　2017年5月出版／估价：128.00元
PSN B-2014-395-7/8

湖南蓝皮书
湖南城乡一体化发展报告（2017）
著（编）者：陈文胜　王文强　陆福兴　邝奕轩
2017年6月出版／估价：89.00元
PSN B-2015-477-8/8

湖南县域绿皮书
湖南县域发展报告No.3
著（编）者：袁准　周小毛　黎仁寅
2017年3月出版／估价：79.00元
PSN G-2012-274-1/1

沪港蓝皮书
沪港发展报告（2017）
著（编）者：尤安山　2017年9月出版／估价：89.00元
PSN B-2013-362-1/1

吉林蓝皮书
2017年吉林经济社会形势分析与预测
著（编）者：邵汉明　2016年12月出版／定价：79.00元
PSN B-2013-319-1/1

吉林省城市竞争力蓝皮书
吉林省城市竞争力报告（2016~2017）
著（编）者：崔岳春　张磊　2016年12月出版／定价：79.00元
PSN B-2015-513-1/1

济源蓝皮书
济源经济社会发展报告（2017）
著（编）者：喻新安　2017年4月出版／估价：89.00元
PSN B-2014-387-1/1

健康城市蓝皮书
北京健康城市建设研究报告（2017）
著（编）者：王鸿春　2017年8月出版／估价：89.00元
PSN B-2015-460-1/2

江苏法治蓝皮书
江苏法治发展报告No.6（2017）
著（编）者：蔡道通　龚廷泰　2017年8月出版／估价：98.00元
PSN B-2012-290-1/1

江西蓝皮书
江西经济社会发展报告（2017）
著（编）者：张勇　姜玮　梁勇　2017年10月出版／估价：89.00元
PSN B-2015-484-1/2

江西蓝皮书
江西设区市发展报告（2017）
著（编）者：姜玮　梁勇　2017年10月出版／估价：79.00元
PSN B-2016-517-2/2

江西文化蓝皮书
江西文化产业发展报告（2017）
著（编）者：张圣才　汪春翔
2017年10月出版／估价：128.00元
PSN B-2015-499-1/1

街道蓝皮书
北京街道发展报告No.2（白纸坊篇）
著（编）者：连玉明　2017年8月出版／估价：98.00元
PSN B-2016-544-7/15

街道蓝皮书
北京街道发展报告No.2（椿树篇）
著（编）者：连玉明　2017年8月出版／估价：98.00元
PSN B-2016-548-11/15

街道蓝皮书
北京街道发展报告No.2（大栅栏篇）
著（编）者：连玉明　2017年8月出版／估价：98.00元
PSN B-2016-552-15/15

街道蓝皮书
北京街道发展报告No.2（德胜篇）
著（编）者：连玉明　2017年8月出版／估价：98.00元
PSN B-2016-551-14/15

街道蓝皮书
北京街道发展报告No.2（广安门内篇）
著（编）者：连玉明　2017年8月出版／估价：98.00元
PSN B-2016-540-3/15

皮书系列 地方发展类 重点推荐

街道蓝皮书
北京街道发展报告No.2（广安门外篇）
著（编）者：连玉明　2017年8月出版／估价：98.00元
PSN B-2016-547-10/15

街道蓝皮书
北京街道发展报告No.2（金融街篇）
著（编）者：连玉明　2017年8月出版／估价：98.00元
PSN B-2016-538-1/15

街道蓝皮书
北京街道发展报告No.2（牛街篇）
著（编）者：连玉明　2017年8月出版／估价：98.00元
PSN B-2016-545-8/15

街道蓝皮书
北京街道发展报告No.2（什刹海篇）
著（编）者：连玉明　2017年8月出版／估价：98.00元
PSN B-2016-546-9/15

街道蓝皮书
北京街道发展报告No.2（陶然亭篇）
著（编）者：连玉明　2017年8月出版／估价：98.00元
PSN B-2016-542-5/15

街道蓝皮书
北京街道发展报告No.2（天桥篇）
著（编）者：连玉明　2017年8月出版／估价：98.00元
PSN B-2016-549-12/15

街道蓝皮书
北京街道发展报告No.2（西长安街篇）
著（编）者：连玉明　2017年8月出版／估价：98.00元
PSN B-2016-543-6/15

街道蓝皮书
北京街道发展报告No.2（新街口篇）
著（编）者：连玉明　2017年8月出版／估价：98.00元
PSN B-2016-541-4/15

街道蓝皮书
北京街道发展报告No.2（月坛篇）
著（编）者：连玉明　2017年8月出版／估价：98.00元
PSN B-2016-539-2/15

街道蓝皮书
北京街道发展报告No.2（展览路篇）
著（编）者：连玉明　2017年8月出版／估价：98.00元
PSN B-2016-550-13/15

经济特区蓝皮书
中国经济特区发展报告（2017）
著（编）者：陶一桃　2017年12月出版／估价：98.00元
PSN B-2009-139-1/1

辽宁蓝皮书
2017年辽宁经济社会形势分析与预测
著（编）者：曹晓峰　梁启东
2017年4月出版／估价：79.00元
PSN B-2006-053-1/1

洛阳蓝皮书
洛阳文化发展报告（2017）
著（编）者：刘福兴　陈启明　2017年7月出版／估价：89.00元
PSN B-2015-476-1/1

南京蓝皮书
南京文化发展报告（2017）
著（编）者：徐宁　2017年10月出版／估价：89.00元
PSN B-2014-439-1/1

南宁蓝皮书
南宁法治发展报告（2017）
著（编）者：杨维超　2017年12月出版／估价：79.00元
PSN B-2015-509-1/3

南宁蓝皮书
南宁经济发展报告（2017）
著（编）者：胡建华　2017年9月出版／估价：79.00元
PSN B-2016-570-2/3

南宁蓝皮书
南宁社会发展报告（2017）
著（编）者：胡建华　2017年9月出版／估价：79.00元
PSN B-2016-571-3/3

内蒙古蓝皮书
内蒙古反腐倡廉建设报告 No.2
著（编）者：张志华　无极　2017年12月出版／估价：79.00元
PSN B-2013-365-1/1

浦东新区蓝皮书
上海浦东经济发展报告（2017）
著（编）者：沈开艳　周奇　2017年2月出版／定价：79.00元
PSN B-2011-225-1/1

青海蓝皮书
2017年青海经济社会形势分析与预测
著（编）者：陈玮　2016年12月出版／定价：79.00元
PSN B-2012-275-1/1

人口与健康蓝皮书
深圳人口与健康发展报告（2017）
著（编）者：陆杰华　罗乐宣　苏杨
2017年11月出版／估价：89.00元
PSN B-2011-228-1/1

山东蓝皮书
山东经济形势分析与预测（2017）
著（编）者：李广杰　2017年7月出版／估价：89.00元
PSN B-2014-404-1/4

山东蓝皮书
山东社会形势分析与预测（2017）
著（编）者：张华　唐洲雁　2017年6月出版／估价：89.00元
PSN B-2014-405-2/4

山东蓝皮书
山东文化发展报告（2017）
著（编）者：涂可国　2017年11月出版／估价：98.00元
PSN B-2014-406-3/4

山西蓝皮书
山西资源型经济转型发展报告（2017）
著（编）者：李志强　2017年7月出版／估价：89.00元
PSN B-2011-197-1/1

皮书系列重点推荐 地方发展类

陕西蓝皮书
陕西经济发展报告（2017）
著(编)者：任宗哲 白宽犁 裴成荣
2017年1月出版 / 定价：69.00元
PSN B-2009-135-1/5

陕西蓝皮书
陕西社会发展报告（2017）
著(编)者：任宗哲 白宽犁 牛昉
2017年1月出版 / 定价：69.00元
PSN B-2009-136-2/5

陕西蓝皮书
陕西文化发展报告（2017）
著(编)者：任宗哲 白宽犁 王长寿
2017年1月出版 / 定价：69.00元
PSN B-2009-137-3/5

上海蓝皮书
上海传媒发展报告（2017）
著(编)者：强荧 焦雨虹 2017年2月出版 / 定价：79.00元
PSN B-2012-295-5/7

上海蓝皮书
上海法治发展报告（2017）
著(编)者：叶青 2017年6月出版 / 估价：89.00元
PSN B-2012-296-6/7

上海蓝皮书
上海经济发展报告（2017）
著(编)者：沈开艳 2017年2月出版 / 定价：79.00元
PSN B-2006-057-1/7

上海蓝皮书
上海社会发展报告（2017）
著(编)者：杨雄 周海旺 2017年2月出版 / 定价：79.00元
PSN B-2006-058-2/7

上海蓝皮书
上海文化发展报告（2017）
著(编)者：荣跃明 2017年2月出版 / 定价：79.00元
PSN B-2006-059-3/7

上海蓝皮书
上海文学发展报告（2017）
著(编)者：陈圣来 2017年6月出版 / 估价：89.00元
PSN B-2012-297-7/7

上海蓝皮书
上海资源环境发展报告（2017）
著(编)者：周冯琦 汤庆合
2017年2月出版 / 定价：79.00元
PSN B-2006-060-4/7

社会建设蓝皮书
2017年北京社会建设分析报告
著(编)者：宋贵伦 冯虹 2017年10月出版 / 估价：89.00元
PSN B-2010-173-1/1

深圳蓝皮书
深圳法治发展报告（2017）
著(编)者：张骁儒 2017年6月出版 / 估价：89.00元
PSN B-2015-470-6/7

深圳蓝皮书
深圳经济发展报告（2017）
著(编)者：张骁儒 2017年7月出版 / 估价：89.00元
PSN B-2008-112-3/7

深圳蓝皮书
深圳劳动关系发展报告（2017）
著(编)者：汤庭芬 2017年6月出版 / 估价：89.00元
PSN B-2007-097-2/7

深圳蓝皮书
深圳社会建设与发展报告（2017）
著(编)者：张骁儒 陈东平 2017年7月出版 / 估价：89.00元
PSN B-2008-113-4/7

深圳蓝皮书
深圳文化发展报告(2017)
著(编)者：张骁儒 2017年7月出版 / 估价：89.00元
PSN B-2016-555-7/7

丝绸之路蓝皮书
丝绸之路经济带发展报告（2017）
著(编)者：任宗哲 白宽犁 谷孟宾
2017年1月出版 / 定价：75.00元
PSN B-2014-410-1/1

法治蓝皮书
四川依法治省年度报告No.3（2017）
著(编)者：李林 杨天宗 田禾
2017年3月出版 / 估价：118.00元
PSN B-2015-447-1/1

四川蓝皮书
2017年四川经济形势分析与预测
著(编)者：杨钢 2017年1月出版 / 定价：98.00元
PSN B-2007-098-2/7

四川蓝皮书
四川城镇化发展报告（2017）
著(编)者：侯水平 陈炜 2017年4月出版 / 估价：85.00元
PSN B-2015-456-7/7

四川蓝皮书
四川法治发展报告（2017）
著(编)者：郑泰安 2017年4月出版 / 估价：89.00元
PSN B-2015-441-5/7

四川蓝皮书
四川企业社会责任研究报告（2016~2017）
著(编)者：侯水平 盛毅 翟刚
2017年4月出版 / 估价：89.00元
PSN B-2014-386-4/7

四川蓝皮书
四川社会发展报告（2017）
著(编)者：李羚 2017年5月出版 / 估价：89.00元
PSN B-2008-127-3/7

四川蓝皮书
四川生态建设报告（2017）
著(编)者：李晟之 2017年4月出版 / 估价：85.00元
PSN B-2015-455-6/7

地方发展类·国际问题类 — 皮书系列 重点推荐

四川蓝皮书
四川文化产业发展报告（2017）
著(编)者：向宝云 张立伟　2017年4月出版／估价：89.00元
PSN B-2006-074-1/7

体育蓝皮书
上海体育产业发展报告（2016~2017）
著(编)者：张林 黄海燕
2017年10月出版／估价：89.00元
PSN B-2015-454-4/4

体育蓝皮书
长三角地区体育产业发展报告（2016~2017）
著(编)者：张林　2017年4月出版／估价：89.00元
PSN B-2015-453-3/4

天津金融蓝皮书
天津金融发展报告（2017）
著(编)者：王爱俭 孔德昌
2017年12月出版／估价：98.00元
PSN B-2014-418-1/1

图们江区域合作蓝皮书
图们江区域合作发展报告（2017）
著(编)者：李铁　2017年6月出版／估价：98.00元
PSN B-2015-464-1/1

温州蓝皮书
2017年温州经济社会形势分析与预测
著(编)者：潘忠强 王春光 金浩
2017年4月出版／估价：89.00元
PSN B-2008-105-1/1

西咸新区蓝皮书
西咸新区发展报告（2016~2017）
著(编)者：李扬 王军　2017年6月出版／估价：89.00元
PSN B-2016-535-1/1

扬州蓝皮书
扬州经济社会发展报告（2017）
著(编)者：丁纯　2017年12月出版／估价：98.00元
PSN B-2011-191-1/1

长株潭城市群蓝皮书
长株潭城市群发展报告（2017）
著(编)者：张萍　2017年12月出版／估价：89.00元
PSN B-2008-109-1/1

中医文化蓝皮书
北京中医文化传播发展报告（2017）
著(编)者：毛嘉陵　2017年5月出版／估价：79.00元
PSN B-2015-468-1/2

珠三角流通蓝皮书
珠三角商圈发展研究报告（2017）
著(编)者：王先庆 林至颖
2017年7月出版／估价：98.00元
PSN B-2012-292-1/1

遵义蓝皮书
遵义发展报告（2017）
著(编)者：曾征 龚永育 雍思强
2017年12月出版／估价：89.00元
PSN B-2014-433-1/1

国际问题类

"一带一路"跨境通道蓝皮书
"一带一路"跨境通道建设研究报告（2017）
著(编)者：郭业洲　2017年8月出版／估价：89.00元
PSN B-2016-558-1/1

"一带一路"蓝皮书
"一带一路"建设发展报告（2017）
著(编)者：孔丹 李永全　2017年7月出版／估价：89.00元
PSN B-2016-553-1/1

阿拉伯黄皮书
阿拉伯发展报告（2016~2017）
著(编)者：罗林　2017年11月出版／估价：89.00元
PSN Y-2014-381-1/1

北部湾蓝皮书
泛北部湾合作发展报告（2017）
著(编)者：吕余生　2017年12月出版／估价：85.00元
PSN B-2008-114-1/1

大湄公河次区域蓝皮书
大湄公河次区域合作发展报告（2017）
著(编)者：刘稚　2017年8月出版／估价：89.00元
PSN B-2011-196-1/1

大洋洲蓝皮书
大洋洲发展报告（2017）
著(编)者：喻常森　2017年10月出版／估价：89.00元
PSN B-2013-341-1/1

皮书系列重点推荐 — 国际问题类

德国蓝皮书
德国发展报告（2017）
著（编）者：郑春荣　　2017年6月出版 / 估价：89.00元
PSN B-2012-278-1/1

东盟黄皮书
东盟发展报告（2017）
著（编）者：杨晓强　庄国土
2017年4月出版 / 估价：89.00元
PSN Y-2012-303-1/1

东南亚蓝皮书
东南亚地区发展报告（2016～2017）
著（编）者：厦门大学东南亚研究中心　王勤
2017年12月出版 / 估价：89.00元
PSN B-2012-240-1/1

俄罗斯黄皮书
俄罗斯发展报告（2017）
著（编）者：李永全　　2017年7月出版 / 估价：89.00元
PSN Y-2006-061-1/1

非洲黄皮书
非洲发展报告 No.19（2016～2017）
著（编）者：张宏明　　2017年8月出版 / 估价：89.00元
PSN Y-2012-239-1/1

公共外交蓝皮书
中国公共外交发展报告（2017）
著（编）者：赵启正　雷蔚真
2017年4月出版 / 估价：89.00元
PSN B-2015-457-1/1

国际安全蓝皮书
中国国际安全研究报告(2017)
著（编）者：刘慧　　2017年7月出版 / 估价：98.00元
PSN B-2016-522-1/1

国际形势黄皮书
全球政治与安全报告（2017）
著（编）者：张宇燕
2017年1月出版 / 定价：89.00元
PSN Y-2001-016-1/1

韩国蓝皮书
韩国发展报告（2017）
著（编）者：牛林杰　刘宝全
2017年11月出版 / 估价：89.00元
PSN B-2010-155-1/1

加拿大蓝皮书
加拿大发展报告（2017）
著（编）者：仲伟合　　2017年9月出版 / 估价：89.00元
PSN B-2014-389-1/1

拉美黄皮书
拉丁美洲和加勒比发展报告（2016～2017）
著（编）者：吴白乙　　2017年6月出版 / 估价：89.00元
PSN Y-1999-007-1/1

美国蓝皮书
美国研究报告（2017）
著（编）者：郑秉文　黄平　　2017年6月出版 / 估价：89.00元
PSN B-2011-210-1/1

缅甸蓝皮书
缅甸国情报告（2017）
著（编）者：李晨阳　　2017年12月出版 / 估价：86.00元
PSN B-2013-343-1/1

欧洲蓝皮书
欧洲发展报告（2016～2017）
著（编）者：黄平　周弘　江时学
2017年6月出版 / 估价：89.00元
PSN B-1999-009-1/1

葡语国家蓝皮书
葡语国家发展报告（2017）
著（编）者：王成安　张敏　　2017年12月出版 / 估价：89.00元
PSN B-2015-503-1/2

葡语国家蓝皮书
中国与葡语国家关系发展报告·巴西（2017）
著（编）者：张曙光　　2017年8月出版 / 估价：89.00元
PSN B-2016-564-2/2

日本经济蓝皮书
日本经济与中日经贸关系研究报告（2017）
著（编）者：张季风　　2017年5月出版 / 估价：89.00元
PSN B-2008-102-1/1

日本蓝皮书
日本研究报告（2017）
著（编）者：杨伯江　　2017年5月出版 / 估价：89.00元
PSN B-2002-020-1/1

上海合作组织黄皮书
上海合作组织发展报告（2017）
著（编）者：李进峰　吴宏伟　李少捷
2017年6月出版 / 估价：89.00元
PSN Y-2009-130-1/1

世界创新竞争力黄皮书
世界创新竞争力发展报告（2017）
著（编）者：李闽榕　李建平　赵新力
2017年4月出版 / 估价：148.00元
PSN Y-2013-318-1/1

泰国蓝皮书
泰国研究报告（2017）
著（编）者：庄国土　张禹东
2017年8月出版 / 估价：118.00元
PSN B-2016-557-1/1

土耳其蓝皮书
土耳其发展报告（2017）
著（编）者：郭长刚　刘义　　2017年9月出版 / 估价：89.00元
PSN B-2014-412-1/1

亚太蓝皮书
亚太地区发展报告（2017）
著（编）者：李向阳　　2017年4月出版 / 估价：89.00元
PSN B-2001-015-1/1

印度蓝皮书
印度国情报告（2017）
著（编）者：吕昭义　　2017年12月出版 / 估价：89.00元
PSN B-2012-241-1/1

国际问题类 　皮书系列重点推荐

印度洋地区蓝皮书
印度洋地区发展报告（2017）
著(编)者：汪戎　　2017年6月出版 / 估价：89.00元
PSN B-2013-334-1/1

英国蓝皮书
英国发展报告（2016～2017）
著(编)者：王展鹏　　2017年11月出版 / 估价：89.00元
PSN B-2015-486-1/1

越南蓝皮书
越南国情报告（2017）
著(编)者：谢林城
2017年12月出版 / 估价：89.00元
PSN B-2006-056-1/1

以色列蓝皮书
以色列发展报告（2017）
著(编)者：张倩红　　2017年8月出版 / 估价：89.00元
PSN B-2015-483-1/1

伊朗蓝皮书
伊朗发展报告（2017）
著(编)者：冀开运　　2017年10月出版 / 估价：89.00元
PSN B-2016-575-1/1

中东黄皮书
中东发展报告 No.19（2016～2017）
著(编)者：杨光　　2017年10月出版 / 估价：89.00元
PSN Y-1998-004-1/1

中亚黄皮书
中亚国家发展报告（2017）
著(编)者：孙力　吴宏伟　　2017年7月出版 / 估价：98.00元
PSN Y-2012-238-1/1

　　皮书序列号是社会科学文献出版社专门为识别皮书、管理皮书而设计的编号。皮书序列号是出版皮书的许可证号，是区别皮书与其他图书的重要标志。

　　它由一个前缀和四部分构成。这四部分之间用连字符"-"连接。前缀和这四部分之间空半个汉字（见示例）。

《国际人才蓝皮书：中国留学发展报告》序列号示例

　　从示例中可以看出，《国际人才蓝皮书：中国留学发展报告》的首次出版年份是2012年，是社科文献出版社出版的第244个皮书品种，是"国际人才蓝皮书"系列的第2个品种（共4个品种）。

社会科学文献出版社　　　　　　　　　　　**皮书系列**

❖ 皮书起源 ❖

"皮书"起源于十七、十八世纪的英国,主要指官方或社会组织正式发表的重要文件或报告,多以"白皮书"命名。在中国,"皮书"这一概念被社会广泛接受,并被成功运作、发展成为一种全新的出版形态,则源于中国社会科学院社会科学文献出版社。

❖ 皮书定义 ❖

皮书是对中国与世界发展状况和热点问题进行年度监测,以专业的角度、专家的视野和实证研究方法,针对某一领域或区域现状与发展态势展开分析和预测,具备原创性、实证性、专业性、连续性、前沿性、时效性等特点的公开出版物,由一系列权威研究报告组成。

❖ 皮书作者 ❖

皮书系列的作者以中国社会科学院、著名高校、地方社会科学院的研究人员为主,多为国内一流研究机构的权威专家学者,他们的看法和观点代表了学界对中国与世界的现实和未来最高水平的解读与分析。

❖ 皮书荣誉 ❖

皮书系列已成为社会科学文献出版社的著名图书品牌和中国社会科学院的知名学术品牌。2016年,皮书系列正式列入"十三五"国家重点出版规划项目;2012~2016年,重点皮书列入中国社会科学院承担的国家哲学社会科学创新工程项目;2017年,55种院外皮书使用"中国社会科学院创新工程学术出版项目"标识。

中国皮书网
www.pishu.cn

发布皮书研创资讯，传播皮书精彩内容
引领皮书出版潮流，打造皮书服务平台

栏目设置

关于皮书：何谓皮书、皮书分类、皮书大事记、皮书荣誉、
皮书出版第一人、皮书编辑部
最新资讯：通知公告、新闻动态、媒体聚焦、网站专题、视频直播、下载专区
皮书研创：皮书规范、皮书选题、皮书出版、皮书研究、研创团队
皮书评奖评价：指标体系、皮书评价、皮书评奖
互动专区：皮书说、皮书智库、皮书微博、数据库微博

所获荣誉

2008年、2011年，中国皮书网均在全国新闻出版业网站荣誉评选中获得"最具商业价值网站"称号；

2012年，获得"出版业网站百强"称号。

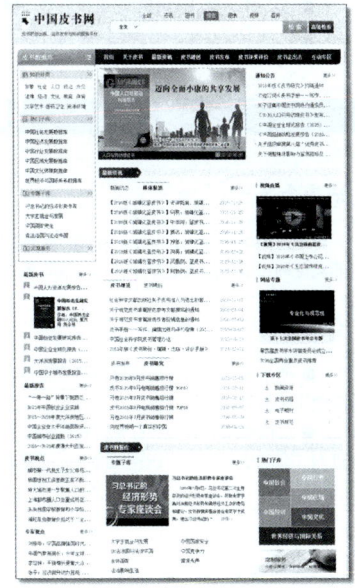

网库合一

2014年，中国皮书网与皮书数据库端口合一，实现资源共享。更多详情请登录www.pishu.cn。

权威报告·热点资讯·特色资源

皮书数据库

ANNUAL REPORT(YEARBOOK) DATABASE

当代中国与世界发展高端智库平台

所获荣誉

- 2016年,入选"国家'十三五'电子出版物出版规划骨干工程"
- 2015年,荣获"搜索中国正能量 点赞2015""创新中国科技创新奖"
- 2013年,荣获"中国出版政府奖·网络出版物奖"提名奖
- 连续多年荣获中国数字出版博览会"数字出版·优秀品牌"奖

成为会员

通过网址www.pishu.com.cn或使用手机扫描二维码进入皮书数据库网站,进行手机号码验证或邮箱验证即可成为皮书数据库会员(建议通过手机号码快速验证注册)。

会员福利

- 使用手机号码首次注册会员可直接获得100元体验金,不需充值即可购买和查看数据库内容(仅限使用手机号码快速注册)。
- 已注册用户购书后可免费获赠100元皮书数据库充值卡。刮开充值卡涂层获取充值密码,登录并进入"会员中心"—"在线充值"—"充值卡充值",充值成功后即可购买和查看数据库内容。

数据库服务热线:400-008-6695　　　　图书销售热线:010-59367070/7028
数据库服务QQ:2475522410　　　　　　图书服务QQ:1265056568
数据库服务邮箱:database@ssap.cn　　　图书服务邮箱:duzhe@ssap.cn

1997~2017
皮书品牌20年
YEAR BOOKS

更多信息请登录

皮书数据库
http://www.pishu.com.cn

中国皮书网
http://www.pishu.cn

皮书微博
http://weibo.com/pishu

皮书博客
http://blog.sina.com.cn/pishu

皮书微信"皮书说"

请到当当、亚马逊、京东或各地书店购买，也可办理邮购

咨询/邮购电话：010-59367028 59367070
邮　　箱：duzhe@ssap.cn
邮购地址：北京市西城区北三环中路甲29号院3号楼
　　　　　华龙大厦13层读者服务中心
邮　　编：100029
银行户名：社会科学文献出版社
开户银行：中国工商银行北京北太平庄支行
账　　号：0200010019200365434